어머니의 숨결 Ⅲ

김선희 회상록

어머니의 숨결 Ⅲ
| 어머니는 神人출현을 예고했다 |

글쓴이 김 선 희

도서출판 신정

작가의 말

내가
부모님 공경하고
사노라면
바로 그것이
나의 미래
모습이 될 것이다.

차례

작가의 말 / 5

제5장

큰 남동생이 어머님 드리고자 꽃다발을 사왔다 ················· 11
부처님 같으신 우리 엄마 이젠 비상 하시려는지 ················ 55
오랜만에 엄마 3자매가 상봉했다 ································· 66
나는 울 엄마 성화에 못 이겨 다시 고향에 다녀온다 ············ 78
병든 어머님을 서글프게 한 죄 값이 혹독하다 ··················· 127
고향 내려가고자 하시는 마음은 급한데 집이 좀처럼 매매될 기미가
　　보이지 않는다 ··· 171

제6장

큰딸은 이제 어엿한 대학생이 되어 나의 품을 떠난다 ···················· 235
이번 구정 명절은 유난히 쓸쓸한 명절이 되었다 ······················· 247
못마땅하게 여기는 남편 의사를 외면하고 나는 또 어머님 뜻 쫓아
    고향집으로 출발한다 ··· 263
고향 다녀오신 후 어머님 얼굴빛이 많이 어둡다 ······················· 272
쓸쓸한 아버지 기일을 맞이한다 ······································ 278
어머니께서는 추석이 가까워지니 다시 고향집에 다녀오자고 하신다 ····· 298
의당, 나는 친정어머니를 모시고 살 자격이 있는 사람이다 ················ 324
분명 좋은 일이 있으면 반듯이 궂은 일도 있다 ························· 365

제5장

큰 남동생이 어머님 드리고자 꽃다발을 사왔다

어느새 5월 달이 되었다. 그러나 엄마는 아직 걷지 못하는 상태다. 하지만 엄마는 요즘 소파에서 혼자 일어나시고 아이들 책상 의자를 이용해 화장실 다니실 정도로 많이 회복되었다. 그래서 이젠 언니랑 작년 7월 비지땀을 뻘뻘 흘리며 심혈을 기울려 만들어 놓은 이동식 좌변기는 마루에서 쫓겨나 욕실로 옮겨놓고 엄마 샤워하실 때만 잠깐 잠깐 사용하는 용도로 요긴하게 쓰고 있다. 울 엄마 기분이 요즘 들어 영 좋지 않다는 것이 문제다. 특히 걷지 못하시니 마냥 무기력하게 누워만 계시는 부분이 그저 옆에서 보기가 안타깝다. 예전처럼 TV를 시청하시는 것도 없어 더욱 안타까운 부분이다. 그저 누워계시면서 본인 옷에 나있는 보푸라기를 집어 뜯고 계신다거나 아니면 이불에 나있는 보푸라기를 떼어내시는 것 정도의 움직임이 전부라면 전부다.

어머니께서 너무 긴 시간 누워만 계셔 재활 운동을 권하고 싶은 마음이 굴뚝같다. 하지만 어머님 심기가 요즘 들어 썩 좋아 보이지 않아 운동 해보자는 말을 꺼내보지 못한 상황이다. 어머니는 식사는 다행스럽게 잘 드시고 계신다. 여전히 수저질을 하실 의향(意向)이 전혀 없으신지 아예 수저를 잡지 않고 계셔 나는 아직도 엄마 식사를 떠드리고 있는 중이다. 옆에서 보기에는 수저질 정도는 엄마 혼자서도 능히 하실 수 있는 상황이다. 무슨 조화인지 어머니는 수저질을 거부하신 뒤로는 전혀 수저질을 하실 생각이 전혀 없어 보이니 이것은 무엇을 뜻하시는 것인지 엄마가 수저질 하시지 않는 이유를 나는 대강 알고는 있다. 보이지 않는 세계의 요구라 무엇이라 설명 할 수 없다. 우리 인간 세상에는 보이는 것 보다 보이지 않는 세상이 나는 더 무서워 엄마의 요구들을 거절하지 못한 이유이기도 한 것이다. 비상식적(非常識的)이고 비과학적(非科學的)이며 비의학적(非醫學的)인 것들 대부분 보이지 않는 암흑물질로 운영되고 있다는 사실을 알기에 더욱더 울 엄마 말씀을 따르는 이유다. 냉장고 사건으로 엄마는 충격이 컸는지 둘째 동생 전화 받으신 뒤론 눈에 띄게 얼굴에 그늘져 있는 모습이다. 명절 때 아들들 연락 없어 전화기를 던져버리신 이후 휴대폰을 일체 보지 않고 계신 것이 명절 이전과 다른 차이라면 차이다. 나는 울 엄마 기분을 좀 풀어드리고 싶은 마음에 재주라곤 1도 없는 주제에 재롱도 부려보고 노래도 같이 불러보자고 권하고 있다. 침묵과도 같은 적막감이 너무 싫어 나는 억지 부려 엄마에게 노래 불러보자고 제안한다. 엄마는 거절 하시지 않으시곤 곧 잘 따라 부르시곤 하신다. 어느 부분에 가서는 서로 가사를 까먹고 서로 얼굴을 쳐다보며 웃는다. 웃다가 멋쩍으면 엄마는 제 얼굴에 이마를 갖다 대 주신다. 우리가 이렇게 저렇게 하루하루를 보내는 시간들이 어쩌면 지루하다면 지루한 나날들이다. 엄마는 이렇게 지내시다가 가끔 옷을 사달라고 하신다. 엄마가 옷 사달라고 하시면 가슴이 덜컹거릴 정도로 노이로제 현상이 있다. 누워 계신 엄마 입장을 바꿔 놓고 생각해보면 누워 계신 분에게는 가능한 편하고 질 좋고 간편한 옷이 좋을 것이라 생각이 들어서 나는 거절하지 않고 옷 사로 다닌다. 누워 계신분이 입을 만한 옷을 찾기란 쉽지 않다는 사실이다. 애써 골라 온 옷 대부분 울 엄마 마음에 들지 않아 여러 번 바꿔 드리는 사연을 만든다. 사람은 실수를 함으로써 지혜도 생기고 실수 속에서 성장도 한다지만 울 엄마 옷 한 번 사로 다니면 진땀 뺀다. 지금도 엄마가 옷이 없다. 라는 말씀 떨어지면 긴장하는 이유다. 저 나름대로 이것저것을 고려해 하나 골라오면 퇴자 맞는 일이 다반사였으니 엄마 옷 사드리는 일은 분명 나에게는 보통일은 아니었다. 엄마께서 옷이 없다고 옷 사달라고 말씀 하시니 울 엄마 삐지시기 전에 빨리 다녀와야만 된다. 나는 아이들에게 할머니 살펴달라고 해놓고 서둘러 여러 상점들을 돌아본다. 그 결과 편하고 몸에 달라붙지 않은 옷 두세 개를 골라 집으로 달렸다. 나는 옷가게에다 울 엄마가 원치 않으시면 바꿔달라는 부탁까지 해놓았다. 엄마는 내가 사가지고 온 옷들을 입어 보시더니 이번에는 마음에 드신다고 하신다. 울 엄마가 마음에 드신다고 하시니 나로서는 정말 다행이지 싶다. 오늘도 옷들이 엄마 마음에 들기까지는 세 번 바꿔드렸다. 이번 옷은 다행히 마음에 드신다고 하시니 내 마음도 기쁘다. 엄마가 같은 것으로 하나 더 사다 달라고 하시는 바람에 나는 또 열심히 내리막길을 달려 같은 것으로 하나 더 사가지고 왔다. 엄마도 기분이 좋으셨는지 좋다. 라고 하신다. 이번에는 신발을 사달라고 하신다. 신발을 사달라는 울 엄마 말씀 듣고 나는 바로 막내 여동생한테 전화를 걸어 엄마가 신발을 사달라고 하신다고 말을 했다. 막내 여동생은 벌써 비싼 것으로 사놓았단다. 나는 물건 사는 안목이 좋지 않다. 신발은 막내 여동생에게 부탁하고 싶었는데 막내는 엄마 신발을 벌써 사놓았다고 하니 어느새 막내도 엄마 마음을 읽었나 싶다. 나는 어머니에게 엄마

"벌써 막내가 신발을 사 놓았다고 하네요."

라고 전한다. 엄마는 아 그래. 라고 하신다. 엄마는 또 다시 없다. 이제는 없다. 라고 하신 것이다. 이번 없다. 라는 말씀은 아마 로션 병을 기울이며 하시는 말씀으로 보아 로션이 없다는 뜻이라 생각된다. 언어가 불편하다보니 주로 대화가 아니고 몸동작으로 표현(表現)을 하시는데 주로 필요한 물건 들고서 없다. 라는 말씀을 하시면 우리도 알아듣기가 수월하다. 이번 엄마가 없다. 라고 하신 말씀은 분명 로션이 없다. 라는 뜻이다. 엄마와 제가 의사소통(意思疏通)이 원활하게 될 때는 서로 마음이

편하지만 미처 제가 엄마 말씀 알아듣지 못 할 땐 정말 당황스럽다. 정말 하늘이 노랗고 뇌(腦)가 백지(白紙)상태라는 말이 과언(過言)이 아닐 정도로 나는 당황한다. 오늘은 울 엄마가 원하는 것이 무엇인지를 금방 알아들으니 엄마도 마음이 흡족하신지

"바로 그것이다잉 바로 그것이야."

라고 하신다. 아마 울 엄마 이 말씀은 그래 그렇게 마음으로 들어야 된다. 라는 말씀으로 나는 해석한다. 제 입장에서는 어머니께서 바로 그것이다. 라는 칭찬을 해주시면 기분이 좋다. 한편으로는 제발 제가 빨리 깨달아 저희 어머님 말씀을 마음으로 빨리 알아들었으면 좋겠다. 라는 생각을 많이 했다. 울 엄마가 사달라고 하시는 것들이 다소 있어 왠지 기분이 좋다. 엄마께서 무언가를 요구한다는 것은 삶의 의지가 있다는 뜻이기 때문이다. 엄마는 근 3개월가량 너무 무기력하게 누워만 계셨다. 나름 기도하는 마음으로 3개월가량 나는 근신하는 마음으로 지냈던 것이다. 저희 어머님 모든 병 훌훌 털어버리시고 빨리 일어나시기를 빌고. 빌고 또 빌었다. 이제는 나의 그 염원들이 이루어 질 조짐(兆朕)인지 어머니께서 이젠 비상(飛翔)하실 준비를 하시는 듯해 제 마음도 기쁘고 힘이 난다. 최근 들어 말씀은 없으셨지만 엄마는 세안하시고 열심히 얼굴에다 로션 바르시고 정성스럽게 에센스를 바르셨다. 정성스럽게 로션을 바르셔서 그랬는지 모르겠지만 요즘 엄마 얼굴이 환자 같지 않고 많이 건강해보여 옆에서 보기가 참 좋았다. 마음도 많이 밝아지신 듯 오늘따라 기운도 있어 보이니 제 마음도 한결 가볍다. 며칠 후 막내 여동생이 주말이 되니 오랜만에 그동안 사놓고 전해주지 못했던 엄마 신발을 가지고 제부와 함께 어머니를 찾아 왔다. 여러 달 만에 여동생 부부가 찾아오니 우리 집에는 활기가 띄었다. 엄마께서는 막내딸을 오랜만에 만나보니 반가우셔서 그런지 벌써 눈가가 촉촉해지셨다. 그동안 자식들이

그 얼마나 그리웠으면 강인하셨던 분이 눈물을 보이신 것이다. 엄마도 근래 들어 많이 유약해지신 것이 느껴졌다. 입장 바꿔 생각해보면 병들면 의지가 되는 것이 자식이지 않겠나 하는 생각이 든다. 이렇게 종종 찾아주는 자식들이 몹시 반가우신 모양이지 싶다. 지금 저희 어머니는 막내딸을 보시곤 너무 반가운 나머지 자동적으로 눈가가 젖었다. 저희 어머님은 분명 이전에는 이렇게 유약한 분이 아니셨다. 언제나 당당하셨던 분이셨지만 이제는 몸이 늙고 병이 들고 보니 마음도 정신도 약해지신 것이다. 막내 여동생은 나에게 우리 엄마 건강이 많이 좋아져 보이네! 라고 한다. 간병하는 입장에서는 제일 듣고 싶은 말이 이런 말이 아닐까 생각한다. 막내 여동생은 새로 사온 구두하고 로션을 꺼내면서 아주 비싸게 주고 사왔다며 어머니에게 구두와 로션을 내밀었다. 값비싼 과일들도 많이 사가지고 와서는 냉장고에 넣어준다. 내가 형편이 되지 않아 엄마에게 좋은 것 비싼 것을 사드리지 못해 제 마음 한 구석은 언제나 미안한 마음을 갖고 살고 있다. 막내 여동생이 이렇게 좋은 것들을 많이 사가지고 와서 어머니 드리고 있으니 나 역시 덩달아 기분이 좋아졌다. 나이 들어 갈수록 좋은 것을 쓰는 기회는 줄어들기 때문에 이왕이면 저희 어머니에게 최고로 좋은 것으로만 사드리고 싶은 마음이다. 형편이 여의치 않아 좋은 물건들은 그림에 떡이지만 종종 막내 여동생이 어머니에게 이런 좋은 선물을 사온지라 제 마음이 오히려 행복해졌고 대리만족이라는 것도 느낀다. 작년 어머니께서 일반 병원에 계실 때 막내 제부는 그 비싼 산삼을 사다드렸다. 정성 지극한 효심에서 우러난 정성이라 여겨진 부분이다. 지금은 그 산삼 효과가 나타났는지 아니면 막내 부부의 정성이 닿았는지 아무튼 울 엄마는 이렇게 호전돼 스스로 일어나 앉아 식구들을 맞이하니 이것이 바로 보람이라 여겨진다. 엄마는 막내가 사온 신발을 신어보시고서 신발이 편하셨는지 좋다. 라고 하시며 신발장에 갖다놓으라고 손짓으로 나에게 의사 표시를 하셨다. 엄마는 지금 당장이라도 걸어 여행 가자고 하실 기세다. 어머니는 막내 부부가 와 있어 그런지 다른 날 보다는 다르게 생기가 돋아 보인다. 우리에게 무료한 일상의 부분위기를 바꿔 주는 것은 역시나 형제들이 다녀갔을 때다 제 입장에서는 많은 식구들이 오게 되면 식사 챙겨주는 과정도 번거로울 수 있겠으나 저 역시도 사람 오는 것을 좋아해서 오히려 북적거리는 집안 부위기가 저에게도 좋다. 지금은 큰 딸이 기숙사에 가 있어 다섯 식구뿐이라 단출 하다면 단출 하다. 그렇지만 이전에는 저희 집은 항상 7~8명 식구들을 유지하고 살았다. 그런데 시동생 졸업하고 직장 얻어 저희 집을 나가게 됐고 사촌 시동생은 근처에 방을 얻어나가고 친정 막내 동생은 결혼을 해서 우리 집 근처에 신혼살림을 차렸다. 친정 조카는 학교를 옮기는 바람에 우리 집을 떠났던 이유다. 이런저런 이유로 우리 집은 항상 사람이 많았다. 그리고 어머니께서 오셔 우리와 함께 살게 된지 7~8년이 된다. 막내 여동생은 바쁘다고 하루 밤 보내고 다음 날 아침 일찍 떠났다. 막내딸이 다녀 가고난 뒤로 어머니는 로션 바르고 계시는 손놀림이 정성이 더 들어가 보였다. 그렇게 생각한 자체가 인간의 간사한 마음이 작용한 것 같기도 하다는 생각을 해본다. 사람 정성(精誠)도 물질(物質)에 비례(比例)하기도 한다는 생각이 든다. 요즘 남편이 몸이 많이 좋아져 일을 나가게 된지 한 달이 넘은 듯하다. 그런데 문제는 남편 차를 팔아버렸기에 내 차를 가지고 다닌다는 것이 환자 모시고 있는 제 입장에서는 많이 불편하다. 이전에 있던 남편 차는 암 진단 받을 무렵 패차 비 만 받고 판 것으로 알고 있다. 남편은 아직 차를 사지 못해 아쉬운 데로 내 차를 가지고 일을 가게 되니 오히려 내가 많이 불편하다. 급할 때는 택시를 탄다지만 그 택시비도 나는 아껴야 되는 상황이라 될 수 있으면 가까운 곳을 찾아 갈 땐 대부분 걸어 다니니 여간 몸도 마음도 힘이 든다. 이유는 성치 않으신 어머니를 두고 나오면 자연스럽게 종종걸음이 되니 몸이 많이 지친다. 이제는 남편에게 트럭이 하나 필요하지 않겠는가? 라는 생각이 든다. 트럭 살 수 있는 형편이면 좋겠지만 사실상 우리 지금 형편에는 차사는 것이 무리다. 남편 암 수술비만해도 카드가 꽉 차 있는 상황이라 사실 트럭 사는 것도 무리다. 여기저기서 빌려서 생활비를 썼기에 아직은 불편하면 불편한대로 살아야 될 상황이지 싶다. 오늘은 가정의 달 5월 8일 어버이날이다. 며칠 후면 음력으로 4월 14일 울 엄마 생신날이다. 지금 우리가 처한 사정을 볼라치면 엄마 생신을 어떻게 지냈으면 좋겠는가? 라는 주제를 놓고 형제들과 의논하기가 참으로 애매한 시기다. 내 입장은 그저 형제들 반응만 살피는 중이다. 예전 같았으면 어디로 여행을 간다든지 어디로 모이던지 했을 것이다. 요즘은 1년 넘게 다들 경제적으로 어려운 과정을 겪다보니 엄마 생신날 모두 모여 밥이나 먹자. 라는 말을 꺼내는 것 자체도 서로에게 부담이라는 생각이 든다. 나는 이번에는 엄마 생신 이야기를 꺼내지 않는 것이 좋을 것 같다는 생각을 한다. 저녁이 되니 생각지도 않은 마산 큰 남동생이 오랜만에 어버이날을 맞아 커다란 카네이션 한 다발을 사들고 들어왔다. 생각하지도 않은 큰 동생 방문에 저희 모녀는 깜짝 놀랬다. 나는 너무 놀라 엉겁결에 꽃다발 들고 들어선 동생을 향해

"연락도 없이 네가 웬일이냐."

라고 물었다. 동생은 내 물음에

"오늘 어버이날이고 내일 모레면 엄마생신이라 왔어."

라고 했다. 그 말은 너무 반가운 말이다. 그리고 잊지 않고 어버이날을 챙겨 이렇게 찾아와준 큰 동생은 역시 울 엄마 장남이 맞았다. 연락도 없이 커다란 꽃다발을 사들고 퇴근길에 들려준 큰 동생이 고맙고 고맙다. 어버이날이 되었지만 그래도 거제도까지 직장 다니는 큰 동생이

평일이라 올 것이라는 생각을 나는 전혀 하지 못하고 있었던 상황이었다. 큰 동생이 퇴근길에 이렇게 찾아준 것을 예상하지 못해 더욱 놀라움 컸던 이유다. 오랜만에 찾아준 큰아들 보신 엄마도 많이 놀라워하셨다. 엄마는 여러 달 만에 장남을 본 순간 얼마나 그리웠는지 벌써 어머님 눈가에는 뜨거운 눈물이 촉촉이 배어들고 있는 것이 보인다. 이 모습은 예전 울 엄마 모습은 분명 아니다. 아니 이렇게 유약해 보이신 적이 없었건만 요즘 들어 간간히 찾아주는 자식들이 반가우셨는지 막내 여동생 올 때도 그랬고 장남이 오니 더욱 눈가에 뜨거운 눈물이 맺힌 것을 보니 울 엄마 이런 모습이 나에게는 낯설게 느껴졌다. 어머니는 말씀은 다로 하시지는 않으셨지만 나름 장남이 그동안 많이 그리우셨던 모양이지 싶다. 아니 얼마나 반가웠는지 소파에서 일어나 앉으시면서 장남 두 손을 부여잡고 자기 볼에 갖다 대고서 부비신다. 엄마는 이제껏 누군가를 그리워하는 표현이나 말씀이 없으셨다. 마음속으로는 나름 큰아들을 많이 그리워하셨는지 애정 표현이 남다르시다는 것이 느껴진다. 나이 들고 병이 들어 몸을 마음대로 가누지 못한 분의 슬픈 현실이 바로 이런 상황이지 싶다. 이런 울 엄마 애통함을 그 누가 있어 알겠는가? 싶다. 이런 모습들이 미래의 우리들 모습이 될 것이라는 것을 생각하니 가슴이 저민다. 누구나 그러하듯 젊은 시절에는 호랑이도 때려잡을 기세(氣勢)이고 높은 산도 파서 옮겨 놓고 싶을 정도의 굳건함이 있었겠지만 세월(歲月)흐르다 보니 자기 육신하나 자기 마음대로 움직일 수 없는 처지(處地)가 되고 보니 마음마저도 나약해질 대로 나약해진 것이다. 어느 누가 이렇게 병이 들고 늙고 싶은 사람 어디 있을까? 싶다. 어리석은 나는 저희 어머니만은 항상 건강 하실 줄 알았고 늙지 않으실 줄 알았는데 세월 이기는 장사(壯士)없고 나이 거스르는 사람 없다하더니 그 말이 진정 진리이고 순리라는 사실 앞에 나는 인생이 덧없음을 깨우친 것이다. 큰 남동생이 오니 어머니께서 생기가 도신 것이 역력하다. 그렇다. 내가 원하는 것은 과분한 것을 원했던 것이 아니다. 소박한 바로 이런 행(行)을 원했다. 지척에 살면서 성의만 있으면 퇴근길에 이렇게 잠깐 들일 수 있는 일이지만 큰아들로써 이 도리를 하지 않았던 부분이 조금은 서운한 마음이었다. 누구나 자식이라면 일회성(一回性)이 아닌 한결 같은 마음으로 언제나 부모님 생각나거든 전화 한통으로도 부모님 안부를 물을 수 있다는 사실을 잊어서는 안 되는 일이다. 병중(病中)이라 기력(氣力)없으신 부모님께는 자식들의 안부 전화는 커다란 활력소이며 원동력이 된다는 사실을 알았으면 좋겠다. 어떤 일이든 혼자의 힘으로는 오래 버티지 못하는 법이다. 특히나 병중이신 부모님을 모시는 것이 더욱 그랬다고 본다. 그러나 여러 형제가 합심하여 서로 번갈아가며 병든 부모님을 살뜰히 살피고 자식들의 다정한 마음을 자주 전하노라면 병든 부모님도 쾌차가 분명 빠를 것이라 생각한다. 저희 형제들도 처음 어머니가 쓰러지실 때에 지극한 마음은 그야말로 조선 팔도에는 그런 자식들이 없을 정도로 지극했다. 지금은 솔직히 말해서 1년이 넘고 보니 다들 많이 소원해진 것은 사실이다. 나도 어딘지 모르게 무관심 해져가는 형제들에게 약간 서운한 감정이 들던 차 동생이 이렇게 오니 그 마음은 다 사라지고 반가운 마음뿐이다. 나는 퇴근해서 온 동생이 배고플 것 같아 저녁밥을 차려 주려고하니 동생은 회사에서 저녁을 먹고 왔다고 한다. 나는 따로 저녁 준비를 하지 않았다. 동생은 조심스럽게 어머니 옆으로 다가가 앉더니 봉투 하나를 꺼내 어머니에게 드린다. 나는 엄마를 대신해

"너도 돈이 없을 텐데 이런 걸 준비했어?"

라고 했다. 동생은

"내 용돈 모아 가져왔으니 신경 안 써도 돼."

라고 한다. 우리나라 가장들은 어떤 부분에서는 자기 용돈 한번 제대

로 쓰지 못하고 사는 사람도 허다해 정말 이 부분은 가슴 아픈 현실이다. 우리나라 제도가 어디서 어떻게 잘 못 되었는지 국민들은 열심히 현장에 나가 돈을 벌지만 현실은 부모님 용돈 한번 챙겨드리고 싶어도 자기 용돈 아끼지 않고는 여유 돈이 보통 가정은 없다는 보통 가정들이 직면한 애로사항이 바로 이 부분이지 싶다. 이유야 어찌되었든 큰 동생은 그동안 엄마에게 용돈 한번 제대로 드리지 못한 부분에 대한 미안함으로 자기 용돈을 아껴서라도 어머님께 용돈을 챙겨주려는 마음이라 생각이 든다. 한편으로는 아내와 의논이 되지 않아 자기 용돈 아껴 가지고 온 것을 생각하니 마음이 애잔타. 이런 우리의 현실(現實)이 슬프고 슬프다. 어버이날이라고 이렇게 카네이션 꽃바구니와 용돈을 챙겨온 큰 동생 성의가 참 고맙다. 마음 한 구석은 무거운 장남의 소임(所任)을 조금이라도 해보려는 정성(精誠)에 감동을 받는다. 동생이 잠깐 손을 씻으러 욕실로 들어간다. 그 사이 어머니는 작은 목소리로 제게

"자는 괜찮은데 모른께 그런다."

라고 말씀을 하신 것이다. 그리고 다시

"나중에는 괜찮을 것이다."

라는 말씀을 하셨다. 엄마 말씀을 해석하자면 큰아들은 괜찮은데 아직 며느리는 몰라서 경우 없이 굴지만 나중에는 그도 깨우쳐서 괜찮아질 것이다. 라는 뜻이지 싶다. 나도 어머님 말씀에

"그래요 모르니 그리 하겠지요. 설마 알면 그리 행동 하겠습니까? 나도 엄마 말씀처럼 올케도 나중에는 괜찮아 질 것이라 믿습니다. 나는 엄마 말씀만 믿고 있을게요."

라고 답했다. 울 엄마 특유의 대답

"오냐. 바로 그것이다. 바로 그것이야잉."

라고 하신다. 반가운 큰아들이 와있으니 기분이 좋으신지 엄마 얼굴

에는 화색이 돈다. 동생은 퇴근길이라 몹시 피곤한지 지쳐보였다. 거제도에서 여기까지 온다는 것은 큰마음을 가져야 올 수 있는 거리다. 퇴근길이라 오는 길이 많이 정체가 심했을 것이다. 그런지 일단 동생은 선걸음에 마산으로 내려간다고 떠나갔다. 엄마나 나는 큰 동생이 이렇게라도 다녀간 것이 너무 고맙다. 장기간 병중이셨기에 괄호밖에 사람이 될 수 있었는데 이렇게 어버이날 잊지 않고 찾아와주니 너무 감사하다. 이때는 종종 안부 전화 정도만이라도 감사 할 시기다. 엄마 용돈까지 챙겨드리고 가니 눈물이 날 정도이다. 큰 동생이 떠나고 나니 엄마는 동생이 주고 간 꽃다발을 보시며 잠시 무슨 생각에 잠기 신 듯 한참 꽃을 바라보시다. 자리에 누우셨다. 한 참 꽃을 바라본 엄마의 이 모습은 왠지 쓸쓸함이 가득하다는 느낌이 든다. 저물어 가는 석양빛에 비치는 쓸쓸함 같다는 느낌… 일주일 후 울 엄마 생신날이 되었다. 이번 엄마 생신날은 유독 쓸쓸한 생일이지 싶다. 며칠 전 큰 동생이 사다놓은 카네이션 바구니가 아직도 싱싱하니 거실을 장식하고 있어 엊그제 어버이날 반가웠던 여운을 느끼게 한다. 이젠 5월 중순으로 접어드니 주변 가로수가 녹음이 짙게 물들여져 싱그러움을 자아내고 있다. 여름이 성큼 우리 곁에 다가오고 있음을 느끼게 하는 초여름의 길목이다. 오늘은 울 엄마 82번째 생신날이다. 나는 오늘 아침 미역국을 끓여 드렸다. 미역국을 드시며 엄마는 맛다. 하시며 밥 한 그릇을 다 비우셨다. 나는 이렇게 맛있게 드시는 울 엄마를 모시고 살고 있어 행복한 사람이라 생각한다. 정성 들여 상을 차려드려도 잘 드시지 못하시면 마음이 많이 아팠을 부분이다. 울 엄마는 다행스럽게도 내가 만들어 드린 모든 음식을 맛있게 드시니 아마도 이것은 내 복이고 행복이라 생각한다. 내가 행복하다는 표현을 쓰는 이유가 아마도 오래전 제가 시어머님 간병 할 때 그 당시 시어머님께서는 오십대 초반이셨지만 식사를 전혀 하시지 못하셨기 때문에 옆에서 지켜보는 자식 입장에서는 몹시도 괴로운 일이 되었던 것이다. 시어머님을 생각하노라면 이렇게 환자가 식사를 맛있게 하시는 것을 보면 행복감을 느낀다. 우리 엄마 생신날인 것을 잊지 않고 언니와 여동생이 안부전화를 아침부터 했다. 간간히 딸들이 있어 안부를 잊지 않고 해주니 그나마 다행이다. 옛말에 이르기를 자식은 많을수록 좋다. 라는 말이 맞는 것이다. 제 경험을 비추어 보았을 때다. 형제가 많다보니 그래도 간간히 이렇게라도 잊지 않고 소식 전해주는 형제들이 있는 것을 보면 형제가 많은 것도 복 받은 것이다. 오늘은 어머니 생신이라 할지라도 특별할 것 없는 하루를 보냈다. 엊그제 다녀갔던 큰 동생이 이번도 생각지도 않았는데 연락도 없이 회사 마치고 바로 왔다면서 커다란 꽃다발을 또 사가지고 왔다. 엄마 생신이라는 것을 잊지 않고 또 찾아온 것이다. 놀랠 일이다. 아니 엊그제 다녀갔기에 생각지도 않은 사람이 찾아오니 반가움을 떠나 놀라움이 컸다. 이렇게 어머니 생신을 잊지 않고 찾아주니 반갑다. 생각지도 않던 사람이 찾아주니 그랬을까? 어머니 생신인데도 오후가 되도록 찾아주는 사람이 없어 서글픈 마음이 있는 가운데 큰 동생이 찾아와 그랬을까? 평소보다는 큰 동생이 더욱 반갑게 느껴진 순간이다. 어머니도 생각지도 않은 큰아들 방문에 깜짝 놀라시면 소파에서 벌떡 일어나 앉으셨다. 소파에서 혼자 일어나신 동작이 어찌나 빠르신지 아마 너무 반가워 자신도 모르게 일어나는 반사작용이지 싶다. 엄마는 큰 아들에게 왔어. 라고 하시면 아들 손을 또 부여잡고 본인 얼굴에다 대시고선 또 부비신다. 울 엄마만의 특유의 반가운 표시이다. 그 옛날 시골에 사시던 우리 엄마는 누군가 고향집에 찾아오면 토방마루를 버선발로 뛰어나가 반겨주셨던 분이다. 그만큼 다정함이 남다르셨던 분이 바로 우리 엄마다. 큰아들 손을 본인 얼굴에 갖다 되시고선 부비시는 울 엄마 눈가가 또 촉촉이 젖는다. 나는 다시 눈가가 촉촉이 젖는 엄마 모습에 가슴이 먹먹해진다. 엄마도 어느새 마음마저 나약해지셨는지 엄마 눈가가 촉촉이 젖는 모습을 보고 있노라니 가슴이 아린다. 이렇게 애틋한 울 엄마의 자식 사랑하는 깊은 마음을 누가 알아 줄까나? 싶은 것이다. 나이 들면 자식들 얼굴보고 사는 것이 부모님들 유일한 낙인지도 모르겠다는 생각이 든다. 그 마음으로 어머니는 이렇게 애정표현을 강하게 하신지도 모르겠다는 생각이 든다. 몸이 성치 않으니 더욱 자식들이 그리웠던 모양이라 생각한다. 동생은 조심스럽게 어머니 옆에 가서 앉는다. 호주머니 속에서 봉투 하나를 꺼내서 어머니에게 드리며

"이것 누나랑 같이 맛있는 것 사드세요."

라고 한다. 이 상황은 정말 믿기지 않은 상황이라 생각한다. 엄마와 나는 뜻밖의 선물을 받은 격이다. 큰 동생한테 이런 말을 듣고 보니 내 가슴도 뜨거워졌다. 어머니는 더 놀라워하신 눈치다. 내가 그 틈을 타

"엄마 기분이 좋으시겠어요. 아들이 이렇게 엄마생신이라고 꽃다발도 사오고 용돈까지 챙겨드리니."

라는 너스레를 나는 떨었다. 엄마는 내 말 끝에

"그렇지."

라고 하시며 나를 쳐다보신다. 그런데 나를 쳐다보신 엄마 눈빛이 예사롭지 않게 느껴졌다. 아니 왠지 아들에게 하고픈 말이 있으시다는 느낌이 강하게 든 것이다. 그러니까 울 엄마가 큰아들에게 하고 픈 말씀이 있다는 느낌이다. 나에게 강하게 들어오는 엄마 메시지라는 것이 큰아들에게 어떤 말을 묻고 싶은 마음이 있었고 그 묻고 싶은 말이 부부합심이 되어 돈을 가져왔는지를 묻고 싶어 하신 다는 느낌이 강하다는 사실이다. 그래서 제가 동생에게 물었다.

"너 이렇게 여기 오는 것을 니 마누라가 알고 있으며 이렇게 어머님에게 드리는 이 돈을 마누라가 알고 있는 것이냐?"

라고 나는 물었다. 그랬더니 큰 동생이

"내 용돈 아껴서 가져왔기 때문에 신경 쓰지 마세요."

라고 했다. 그래서 나는 동생 말끝에

"엄마가 돈이 필요해서 이제껏 엄마 용돈을 운운하고 자기 통장을 달라고 하셨던 것이 아니다. 다만 자식들 부부가 합심해서 작은 돈이라도 엄마에게 성의를 보여주는 것을 원했을 뿐이다."

당연히 어머니가 받아야 할 기초노령연금과 장애연금을 며느리한테 사정사정해서 받는 것이 불편해서 통장을 이제껏 달라고 찾아 갔던 이유다. 어디서 무엇이 어떻게 잘못 되었는지는 모르겠으나 서로 오해가 깊어져 그동안 집안에 불란(不亂)이 자자들지 않았던 이유가 바로 이 부분에서 발생한 것이다. 우리 엄마는 다른 분과는 유독 다르게 특별히 자식들 부부합심에서 오는 정성스런 마음이 필요 했던 것뿐이다. 앞으로는 마누라 모르게 엄마 용돈은 챙겨 오지 말아라. 우리는 너의 그 마음을 충분히 이해하고 네 정성 또한 충분히 마음으로 받았으며 그 마음이 진심이었다는 것을 가름하고 남음이다. 엄마는 아주 특별하신분이라 자식들이 합심(合心)해서 부모 생각하고 위하는 것만 바라고 원할 뿐이지 용돈을 주지 않는다고 자식들을 원망했던 적은 한 번도 없다. 라고 나는 말 했다. 저희 어머니는 이런 과정들을 바르게 잡아주시고자 하시는 이유는 자식들에게 닥칠 궂은 운명(運命)의 흠(欠)을 고쳐주시고자 하시는 과정이다. 과학으로 증명이 되지 않는 부분이라 논쟁의 소지도 다분한 것이라 이제껏 말씀하지 못한 것이다. 안목이 열려있는 자만이 아는 영역이다. 조금은 조심스러운 부분이기도하다. 내가 안목(眼目)이 깊게 열려 있어 바로 이것이다. 저것이다. 라고 따로 설명해줄 수 있는 깊은 학문(學文)을 갈고 닦은 사람도 아니고 많은 책을 섭렵한 사람도 아니다. 어머니와 오래 살다 보니 울 엄마 깊은 의중(意中)을 조금 읽게 되었을 뿐이다. 어머니는 이제껏 돈이 없어 자식들에게 용돈을 구걸한 것이 분명 아니다. 자식들 성의(誠意)와 부모 향한 진심어린 마음을 알고자 하였을 뿐이고 간혹 자식들에게 좋지 않은 조짐(兆朕)이 보이시면 종종 돈을 따로 요구하신 경우가 있었을 뿐이다. 누구에게나 정성(精誠)의 표시(標示)로는 물질(物質)에 비례한다는 말이 있듯이 신(神)의 세계에서도 어느 정도 성의(誠意)표시(表示)로 물질을 배재 할 수 없다는 뜻이다. 저희 어머니는 큰아들이 마누라 몰래 이렇게 엄마 용돈 챙겨주는 것은 바람직하지 않다고 여기시고 부부(夫婦)합의(合意)된 돈 아니고서는 굳이 엄마 용돈 따로 가져오지 말라는 뜻이다. 그래서 나는 동생에게

"엄마는 일단 니 성의는 충분이 받았고. 이제껏 엄마가 자기 통장 달라고 하고 용돈 달라고 했던 이유는 용돈이 없어 그런 것이 아니고 다만 우리가 모르고 있었던 엄마의 권리를 찾고자 했던 이유다. 이제라도 우리가 엄마의 깊은 뜻을 알아 드리고 우리도 니 마음 알았으니 마누라 몰래 무리해서 용돈은 따로 챙기지 마라. 다만 부부가 합심해서 부모님 생각하는 마음은 거절하지 않겠다. 그리고 이제부터는 마누라 모르게 오지도 말아라."

라고 동생에게 말 했다. 옆에서 제가 동생에게 하는 말을 조용히 듣고만 계시던 어머니는 제가 동생에게 했던 말들이 엄마가 생각하고 계셨던 뜻과 일치(一致)했는지 아주 근엄하고 단호하게

"그렇지 바로 그것이야 잉 바로 그것이야잉."

라고 하신다. 울 엄마 바로 그것이다. 라는 말씀이 끝나고 나니 세 사람 사이에 잠시 침묵이 흘렀다. 잠시 무거운 침묵이 흐르자 어머니는 다시 바로 그것이여 그래야 써 라는 말씀을 아주 근엄하게 되풀이 하셨다. 아마 이렇게 힘을 주어 다시 각인 시키시는 이유가 아마도 울 엄마가 이제껏 원(願)하고 바라는 부분을 분명하게 하기 위함이지 싶다. 뭐가 달

라도 분명 다르셨던 울 엄마. 보통 부모님들은 자식이 용돈 드리면 이유 묻지 않으시고 좋아 하셨겠지만 울 엄마는 아무튼 달라도 너무 다르신 부분이 이 부분이지 않을까? 라는 생각을 해 본다. 울 엄마가 원 하신 것은 부부 합심하여 주는 돈을 원 했을 뿐이라는 사실이다. 유별나신 저희 어머님 원칙(原則)을 벗어난 일이라면 귀신(鬼神)도 좋다하는 돈도 싫으시다 하시니 정말 유별나신 것은 맞다. 일단 어머니는 아들이 내민 돈은 받으셨다. 그렇지만 썩 내키지 않으셨는지 쉽게 지갑에다 넣으시지 않고 손에 꽉 지고만 계신다. 저는 어머니의 이런 모습을 보면서 큰 아들부부가 합심해서 엄마 용돈을 기쁜 마음으로 드렸으면 더 좋아 하셨을 텐데 그 마음이 아니라 어머니는 쉬이 돈을 지갑에 챙겨 넣어두기에는 많이 불편하시다는 뜻으로 해석했다. 회사가 거제도에 있어서 퇴근해 김해오기란 쉽지 않았을 텐데 그래도 어머니 생신 잊지 않고 이곳까지 와준 동생에게 고마움과 감사하는 마음이다. 그동안 잘못된 부분이 있었던 것을 뉘우치는 마음도 느낀다. 그렇다. 사람은 누구나 실수할 수 있다. 누구나 실패도 할 수도 있다. 그러나 실수를 했으면 빨리 고치려는 마음가짐이 중요하지 실수한 부분이 중요하지는 않다. 어찌 실수 없이 깨달음을 얻을 것이며 어찌 실패 없이 성공을 이루겠는가? 실패를 했으면 실패의 원인을 찾아 분석하고 보강해 포기하지 않은 다면 누구나 자기가 목적(目的)한 바를 이루리라 생각한다. 성공의 척도는 포괄적이라 각자가 품은 목표에 따라 다르겠지만 그래도 본인(本人)이 추구(追求)하는 목표(目標)점에는 다다르게 될 것이라 생각한다.

며칠 뒤에 주말이 되어 막내아들이 어머니를 보려 아이들과 함께 왔다. 어느새 조카들도 키가 훌쩍 자라 우리가 작아지는 느낌이 든다. 어머니는 손자들을 보시면서 손자 손을 부여잡고 본인 얼굴에다 가져다가 또 부비셨다. 울 엄마가 이렇게 아프신 이후에 생긴 울 엄마만의 애정 표현이다. 엄마는 그동안 말씀은 따로 없으셨지만 그래도 손자들이 많이 보고 싶으셨던 모양이다. 반면 막내 남동생 아이들은 사는 곳이 마산이라 아빠 따라 자주 할머니를 찾아오는 손자손녀. 막내아들이 피치 못 할 사연으로 혼자 서럽게 키운 자식들이라 그런지 어머니는 유독 쏟은 애정(愛情)이 이 손자들에게만은 남다르시다. 저희 어머님께서 시골에 살고 계실 때 집 나가 있던 자식들이나 일가친척들이 찾아오면 버선발로 토방마루를 뛰어나오시며 반겨주셨던 분이셨다. 지금은 소파에 앉아 계시는 정도라 그저 손을 부여잡고 얼굴에다 부비시는 것이 엄마가 사람들을 반기는 애정표시가 전부라서 더러는 서글픈 마음도 있다. 저희 어머니 건강 하실 때 다른 분과 비교하자면 유독 찾아오시는 분들 반기는 모습이 남달랐다. 그때 생각하기를 울 엄마는 정말 사람을 귀히 여기시구나? 라는 생각을 했었다. 더구나 찾아오는 사람 차등을 두지 않고 반갑게 반겨주는 엄마의 모습을 보면서 우리도 저렇게 사람을 반겨주는 것이 당연한 처사라 생각한 것이다. 저희가 기억하는 저희 어머니는 정말로 여장부셨다. 남에게 베푸는 아량과 배포가 남다르셨던 것이 철없는 제 눈에도 보였을 정도다. 다정함이 남다르셨다. 남녀노소(男女老少)를 불문(不問)하고 모든 사람을 한결 같은 마음으로 따뜻하게 대해주셨던 분이셨다. 지금은 몸을 부리시고 난 후 그저 누웠다 앉았다만 하시는 것이 어머니 활동 범위가 전부다. 사람들 반기는 어머니 행동이 고작 상대 손을 잡아 자기얼굴에다 부비시는 표현이 최상의 표현이 된 것이다. 말씀을 잘하신 것도 아니다. 지금 울 엄마가 하시는 애정표현이야 말로 구차한 말이 필요 없는 그저 오롯이 따뜻한 정(情)이 진하게 느껴지는 순간이다. 구차한 말은 없었지만 옆에서 보더라도 정(情)이 듬뿍 담겨져 있는 정말 가슴으로 느껴지는 진한 사랑이라 걸 느끼게 한 장면이다. 옆에서 지켜보는 내 마음은 무겁다. 내가 아무리 좋고 이쁘게 포장해도 20년 넘은 세월 어눌해져버린 언어 때문에 엄마 속은 까맣다 못해 이제는 잿빛으로 변해있을 것이라 생각하니 가슴이 먹먹해진 것이다. 이쁜 손자손녀가 오랜만에 왔는데 반갑다는 표현을 말로 할 수 없고 몸으로도 않아 줄 수 없으니 울 엄마 서글픈 마음을 어디다 하소연을 할까? 싶다. 지금 엄마 상태는 어떤가? 이제 겨우 사선을 넘어 한고비를 넘긴 상태다. 나는 아직도 노심초사(勞心焦思)격으로 어머니를 매의 눈으로 예의 주시하며 긴장감을 늦춰 보지 못하고 있는 상태다. 울 엄마 행동 하나하나를 감시 카메라로 찍고 있듯 나는 울 엄마 일거수일투족(一擧手一投足)을 눈에 넣고 있다. 이렇게 하고 있는 나는 아마도 염려 불감증에 걸려있는 일종의 병이라 생각한다. 아니 사실 울 엄마 병은 조화가 유독 많이 붙어 있어 한 순간도 내가 소홀히 여기면 탈이 나는 병이라 나는 조심하고 조심하는 차원이다. 울 엄마 그 다정다감(多情多感)한 애정표현이 많이 줄어들고 있어서 자식 입장에선 어딘지 모르게 씁쓸함이 더해간다. 객관적인 입장에서 저희 어머니를 논하게 된다면 저희 어머니는 정말로 누구에게나 따뜻한 정(情)으로 대해주셨던 다정다감하신 분이 맞다 그리고 웃어른 일가친척 공경함도 저희 어머님 따라 갈 사람 없을 정도로 정성스러운 부분이 남다르셨던 분이셨다는 사실이다. 제가 생각하기론 저희 어머님 인품(人品)이야말로 고매(高邁)하셨다고 자부(自負)한 것이다. 어떻게 생각하면 한 여인으로써 존경스럽다. 그러므로 나는 하나하나 저희 어머님 역사를 풀어놓고 싶은 마음이 많은 것이다. 막상 이야기보따리를 풀어 해쳐놓으면 방대한 량의 이야기가 될 것 같아 이쯤해서 자재한다. 저에게만은 저희 어머니가 교과서와 같은 존재였으면 스승과 같은 존재였다는 사실이다. 오늘도 나는 울 엄마를 생각하며 탐욕도 버리고 성냄도 버리고 바르게 정의롭게 다정하게 그리고 때로는 준엄하게 나의 길을 갈 것이다. 가장 소외된 곳에서 가장 절박한 곳에서 가장 외로운 곳에서 나는 진솔한 삶을 배우려 노력 할 것이다. 그 옛날 어머니는 저에게 인간됨을 배우거나 어떤 일을 할 때는 항상 강함과 부드러움을 함께 갖추어야 한다고 종종 말씀 해주셨다. 제가 어려서 그랬는지 관심이 없어 그랬는지 모르겠지만 그 말씀의 뜻을 정확히 잘 몰랐다. 나이 들어 지천명(知天命)을 넘고 보니 울 엄마 그 말씀이 무슨 의미를 지녔고 무엇을 뜻하셨는지를 지금에 와서야 조금 가름할 정도이다. 어머니는 저에게 유독 만행(萬行)을 겪게 해서 마음을 닦게 하실 적에는 반듯이 나도 언젠가는 분명 어느 곳에 쓰임이 있어 그렇지 않았을까?라는 의구심도 없진 않다. 나도 나의 인생길에 어떤 일이 전개될지는 잘 모른다. 그저 막연하지만 마냥 이렇게 일개 주부로 남아 있지는 않을 것 같은 예감은 든다. 서두르지는 않을 생각이다. 내가 추구(追求)하는 목적(目的)이 있을 뿐이다. 제가 추구하는 궁극적(窮極的) 목표(目標)은 우리가 함께 상생(相生)해서 잘 사는 세상으로 가는 길을 추구(追求)하게 될 것이며 그 길이 더러는 막연할지라도 바로 나의 궁극적인 목표(目標)가 될 것이다. 엊그제 큰아들이 다녀갔고 오늘은 막내아들이 이렇게 찾아오니 어머님도 기분이 좋으신지 얼굴 표정이 생기가 돋아 보여 옆에서 보는 나도 마음이 기쁘다. 형제들이 많으니 좋다. 나는 서둘러 점심상을 차려 막내 식구들과 같이 먹을 수 있도록 준비를 했다. 나는 종종 형제들이 이렇게 찾아와서 한상에서 같이 어머니와 함께 식사 할 수 있는 것도 작은 행복이라 생각하는지라 가능한 찾아오는 식구들 하고 어머니가 겸상 할 수 있도록 식사마련 해주는 것이 바로 내 역할이라 생각한다. 진수성찬은 아닐지라도 이렇게 손주들과 같이 한 상에서 밥을 먹게 되니 이 상황도 엄마는 즐거우신지 안색이 많이 밝아 보여 옆에서 보는 나도 참 좋다. 매일 같은 얼굴 같은 일과 속에서 이렇게 종종 찾아와 주는 형제들이 바로 어머니에게나 저에게는 보약과 같은 존재들이고 활력소를 주는 영양제 같다. 어머니는 본인 몸도 불편하건 만 그 와중에 손주에게 이것도 먹어보라 하고 저것도 먹어보라는 신호를 하시는 것이 제 눈에 비춰진다. 참 오래도록 간직하고 픈 애정 가득한 장면들이지 싶다. 어머니는 손주들 와서 이렇게 밥상을 같이 하고보니 마음도 든든하신 듯 연거푸 손주들 반찬 골고루 먹어보라고 권하는 모습이 환자 같지 않아 보기가 정말 좋다. 환자가 되어버린 부모 집에 이렇게 자식들이 잊지 않고 자주 들락거리면 집안 분위기가 활기가 돈다는 말이 이 시점에서는 맞는 말 같다. 하루 온종일 앉았다 누웠다만 반복하실 텐데 그래도 간간히 아들들이 오고 손자까지 근래 들어 자주 찾아오니 요즘 어머님 생활은 활기가 있다고 볼 수 있다. 제 입장에서는 오는 손님들 밥 차리느라 번거로운 부분도 없지 않다. 하지만 그래도 하루 온 종일 어머니 발밑을 사수하고 있는 입장에서는 더러는 형제들이 이렇게 찾아와 북적되면 그 분위기도 괜찮은 것이다. 저하고 퐁당 퐁당 돌을 던지자. 라는 노래도 어느 선에서는 한계가 느껴질 때가 있다. 그 분위기를 바꿔주는 것이 형제들이 이렇게 번갈아 다녀가노라면 한동안은 기분전환이 된 것이다. 막내 남동생은 어머니 옆에 3~4시간 있다가 차 밀리기 전에 간다고 나섰다. 막내네 식구들 3사람이 떠나고 나니 집안 분위기가 다시금 고요해졌다. 나는 어머니께서 소파에 눕기 전에 목욕을 시켜 드리려 욕조에 따뜻한 물을 받아 놓았다. 몇 달 전만 해도 몸을 부려버리셨을 당시에는 일명 거품 샴푸를 사용해서 머리만 감겨 드렸지만. 요즘 엄마는 발을 부벼서라도 약간씩 움직여 주시니 나는 운동하는 의미로 더 자주 목욕(沐浴)을 시켜드렸다. 내가 엄마를 자주 목욕 시켜드리는 이유는 따로 운동하자고 하면 바로 화내시고 혀를 쯧 쯧 쯧 차고 못 마땅해 하시니 나는 이렇게 씻는다는 명분으로 엄마를 움직이도록 유도하는 차원이다. 엄마가 집에서 유일(唯一)하게 움직일 수 있는 행동(行動)이 바로 트위스트 보행이라 이렇게 발 스텝을 부벼서라도 걷게 했다. 요즘 몸이 많이 호전 되셔서 그런지 약간의 부추김만 받고 제법 3~4m정도는 움직여 이동(移動)하시니 나는 일부로

"엄마 오늘도 우리 씻어볼까요?"

라고 부추기는 것이다. 아마 이렇게 자주 씻을 수 있다는 것은 울 엄마 목욕시켜드리는 부분이 많이 수월해졌다는 증거다. 예전에 엄마가 건강하셨을 때는 다른 분하고는 달리 유독 남이 자기 몸에 손대는 것을 싫어하셔서 주물러드린다거나 부추겨준다는 것은 상상도 못 할 일이었다. 나이 들고 병이 깊으니 어쩔 수 없이 자기 몸을 남에게 의탁하는 신세인지라 왠지 우리가 엄마를 잘 모시지 못해서 이렇게 고생시켜드리는 것 같아 참으로 죄송스러운 마음이다. 욕조에 받아 놓은 물이 식기 전 엄마를 욕실로 모시려 한다. 아이들 책상의자에 엄마를 앉혀 주로 이동한다. 이전에는 휠체어가 있었을 땐 휠체어를 이용했지만 이제는 건보에서 빌려 주는 휠체어 기간인 6개월이 넘어 반납한 상태라 주로 아이들 책상의자를 사용한다. 이가 없으면 잇몸으로 먹고 살 듯 불편하면 불편한대로 사는 것이 아마 우리네 인생이지 싶다. 물론 집에서는 아이들 책상의자가 오히려 편하다. 책상 의자에 엄마 앉혀드리고선 욕실이든 식탁이든 밀고만 가면 된다. 욕실 안에는 언니와 제가 지난여름 비지땀을 흘리면서 만들어 놓은 이동식 좌변기를 아주 유용하게 이용하고 있어 지난여름 언니와 제가 땀 흘린 보람을 느낀다. 사실 이동식 좌변기가 이제는 필요 없다. 어머니는 갖다버리라고 말씀하셨지만 나는 욕실에 나두고 아주 요긴하게 잘 활용(活用)하고 있으며 더러는 지난여름을 기억하는 추억의 물건이 되었다. 나는 나름 잘 돌아가지 않는 머리를 써서 오늘은 지난번 보다는 힘들이지 않는 방법을 채택해 보려한다. 아무리 머리를

써 봐도 어쩔 수 없이 겪는 과정은 있기 마련이라 생각한다. 이동식 변기에 어머니를 앉혀드리는 과정이 나에게는 난코스다. 왜냐하면 욕실 바닥과 마루 바닥면의 높이가 제법 차이가 있다 보니 욕실 안으로 어머니를 모시고 들어가는 것이 관건이었다. 내가 먼저 욕실로 들어가 엄마 발을 먼저 욕실 바닥에 내려놓았다. 엄마 발이 욕실 바닥에 닿는 것을 확인하고 나는 엄마 겨드랑에 팔을 집어놓고 힘껏 책상 의자에서 어머니를 일으켜 세운다. 그 다음 조심스럽게 어머니 팔을 제목에 걸쳐놓고 한 두어 발 조심스럽게 옮겨 이동 좌변기에 앉혀드렸다. 간담도 길에 스턴트를 삽입해 놓은 상태라 최대한 엄마 옆구리 잡는 것을 피해야 했다. 엄마는 스턴트를 삽입해 논 상태라 다른 환자에 비해 엄마를 껴안고 옮겨 드리는 과정이 유독 조심스러운 부분이다. 어머님을 부추겨 한발 한발 딛는 발걸음은 살얼음판에서 미끄러지지 않으려고 덜덜덜 떨며 걷는 모습과 흡사하다. 하지만 이 과정은 제가 좀 더 조심스럽게 힘 조절을 하면서 옮겨드리면 별 문제는 되지 않으나 고관절 수술 하신 한 쪽다리가 힘이 전혀 들어가지 않아 부자연스럽게 딛는 모습이 보여 걱정이 된 것이다. 이제 이렇게라도 걸음을 띄어보시니 그나마 다행이라고는 하지만 사실 한족 다리가 옮겨 딛는 과정에서 힘이 전혀 들어가지 않으니 이렇게 마냥 간과만 하고 있어야 할지? 일단 이 문제는 차후 생각하기로 하고 나는 엄마를 보조의자에 조심스럽게 앉혀 드렸다. 엄마가 안전하게 앉으신 걸 보니 내 마음도 안도했는지 내 다리에 힘이 풀려 내 다리가 자동으로 덜덜덜 떨렸다. 엄마 다리에 힘이 들어가지 않아 바로 욕실 바닥에 주저앉게 될까봐 나는 사력(死力)을 다해 어머니를 부추겨야만 했기에 내 다리도 함께 힘이 풀려버렸던 모양이다. 나의 몸은 벌써 땀으로 범벅이 된지 오래다. 땀 흐른다는 것은 당연한 현상이다. 사람이 움직였으면 몸에 열이 생겨 땀이 흐르는 것이 자연현상이고 건강한 사람

몸에 표출이다. 땀이 흐르면 제일 고약한 것이 무엇인가? 라고 누군가 나에게 묻는다면 나는 이렇게 말 할 준비가 되어 있다. 그것은 바로 땀이 눈으로 들어갔을 때 그때 느끼는 통증이라고 말을 할 것이다. 아마 그 통증은 사람마다 다를 수는 있겠으나 나에게 느껴지는 그 통증은 머리 뼈 속까지 들어가서 통증을 유발시키는 2~3초 동안이 나는 제일 참기 힘든 통증이다. 이런 상황을 이해 못한 분들은 반론으로 빨리 닦으면 되지. 라는 답이 있을 수 있다. 상황에 따라 땀을 닦을 수 없는 상황에 맞닿게 되면 어쩔 수 없이 땀이 눈으로 들어가게 된다는 사실도 있다고 말하고 싶다. 땀이 흘러 눈으로 들어갔을 때 쓰라림이란 참으로 고통스러웠다는 것… 지금 이 상황에서는 제 눈에 땀이 들어가서 아픈 것쯤은 참아 낼 수 있다. 조금이라도 제가 시간을 지체하면 어머니 심기(心氣)가 불편하실 것이고 불편해진 심기 때문에 몸에 이상반응이 나타나면 더욱 곤란한 상황으로 연결되니 최소한 나는 울 엄마를 빨리 씻겨드리는 일이 급선무(急先務)다. 엄마는 이동좌변기에 앉은 자세가 편하셨는지 저에게 아이고 좋네. 라고 하신다. 울 엄마 아이고 좋네. 라고 하신 것은 저 희자매가 스텐 의자를 개조해서 만든 좌변기가 편하고 좋다. 라는 의미다. 볼품은 없어도 어머니를 앉혀서 목욕시켜드리는 대는 완성맞춤이었다. 지난번 실수를 다시는 하지 않을 것이라 명심하고 그 실수를 교훈삼아 좀 더 엄마를 불편하지 않게 해드리려 잔머리라도 써 본 것이다. 옛말에 실패는 성공에 어머니다! 라는 말이 있듯 지난번 어머니를 욕조에서 꺼내드리지 못했을 때 그 고통스러웠던 경험(經驗)을 거울삼아 잔머리를 써서라도 성치 않으신 울 엄마를 편하게 해드리는 것이 나의 사명이요 의무(義務)다. 그 옛날 저희 어머님께서도 고향집 아래채에 함께 사셨던 다리 없으신 작은 할머니의 불편한 사항들을 고려해서 엄마는 여러 가지 편리한 생활용품들을 손수 만들어 드렸듯 나도 몸이 불편해져버린 울 엄마에게 작은 것 하나라도 사용하신데 불편한 부분이 보이면 미세한 변화를 줘서라도 어머니에게 편리하도록 보정(補正)하고 수리해서 사용 할 수 있도록 해드리고 있다. 제가 만들어 드린 것들이 더러는 어설프겠지만 그래도 편리 부분에서는 다소 이점이 있었는지 종종 제가 만든 것들을 사용하시면서 어머니는 제게 이마를 갖다 대시며 그랬어. 라는 말씀을 종종 해주셨다. 어머님 표현이 그것이 전부일지라도 나에게는 최고의 칭찬이라 생각한다. 제가 이렇게 하는 이유도 우리어머니에게서 배웠던 학습 효과다. 울 엄마 유전적 법칙이 작용했을 수도 있을 것이다. 학계에서 연구한 결과 모계(母系)의 유전적인 부분이 대부분 사람에게 64%로 작용한다. 라고 나왔던 부분을 참고하면 나 역시나 울 엄마 유전적 영향이 없지는 않다는 사실을 가끔 느끼고 있다. 그 옛날 엄마는 작은 할머니가 한쪽 다리로 바느질 하시고자 재봉틀 의자에 올라앉았다. 내렸다. 하시는 과정에서 다리가 아파 쩔쩔 매시는 모습을 보시고선 바로 다음날 집수리하시는 분들을 모셔 와 방구들장을 밑으로 1m가량 파내고 재봉틀을 밑으로 넣어드렸던 사건하며 아래채 목욕탕을 만들기 전 하루에 세 번씩 냉수 목욕하시는 작은 할머니 차가운 시멘트바닥에서 씻지 말라고 판자에다 바퀴 달아 밀고 다니시며 목욕하시도록 만들어 주셨던 부분들과 재래식 측간을 사용하실 때는 고무 물통에 구멍을 뚫어 작은 할머님께서 앉아서 볼 일 보시도록 편리를 강구하셨던 부분들을 생각하면 나는 저절로 울 엄마의 지극한 정성(精誠)에 고개가 숙여지는 부분이다. 나는 아무것도 하지 않고 편리를 추구하기보다는 있는 것을 잘 활용해 우리 엄마에게 작은 편리를 드리고자 하는 것이 나의 일상이다. 저는 남들처럼 영민(穎敏)하지 못하다. 제 머리로 만든 작품들은 대부분 1회성으로 끝나버린 것들이 많다. 사람은 아무것도 하지 않고 불편한 상황만 불만 하는 것보다는 실패를 하더라도 무엇인가를 해보려하는 마음도 중요하다고 생각을 해서 종종 만들어 보는 이유다. 실패하는 경험도 곧 좋은 교육이 될 수 있다는 생각에서다. 사람은 생각하는 고등동물이라 실패했던 원인이 무엇인가를 깊이생각하게 되는 부분도 있다는 사실이다. 그러다보면 거기에 합당한 아이디어가 떠오르고 편리한 기구들이 나왔고 인간은 더 편리하게 살기 위해 생활에 필요한도구들을 착안(着眼)하여 새로운 물건들이 출시되었던 것이다. 문명과 과학은 많은 실패 속에서 거듭 발전하게 된 것이고 많은 실패 속에서 성공이라는 결실을 얻게 되었던 부분이다. 우리들은 대부분 사회는 교실이다. 라고 일컫는다. 아마도 이 말을 되새겨보면 이 사회는 너무 배울 것이 많기 때문일 것이라 생각한다. 너무 배울 것이 넘쳐나다 보니 검증되지 않은 정보들과 짜깁기해서 남을 비방하는 글들이 인터넷을 뜨겁게 달구고 있는 요즘 사회가 교실의 범주를 넘어 혼돈 시대를 야기 시키는 부분이 나타나고 있어 사회가 너무 혼탁해졌다는 것을 실감한다. 며칠 전 남편에게 사과를 깎아 줬다. 어느 매체에서 사과가 밤에 먹는 좋지 않고 아침에 좋다는 말이 나왔다며 남편은 밤에 사과 먹는 것을 거부한 것이다. 검증되지 않은 정보들이 너무 범람(氾濫)하고 있으니 그런 정보를 접할 때면 과연 무엇이 참이고 무엇이 거짓인가? 라는 의구심이 든 부분이 우리가 접하고 있는 인터넷 속 이야기들이지 싶다. 얼마 지나지 않아 어느 매체에서 사과가 밤에 나쁘다는 말은 검증되지 않은 말이라 확신(確信) 할 수 없다는 말을 얼핏 들었다. 인터넷을 통해 수많은 정보를 공유하니 우리들은 가능한 직접 수년간 걸쳐 직접 체험하고 경험해서 알게 된 정보도 신중해서 올리는 것이 좋을 것이다.

엄마는 푹신한 좌변기를 활용해 힘들이지 않고 씻겨드리니 우습기도 하고 기특하기도 하시는지 아이고 참 말로. 라는 말씀을 하시면서 웃으신다. 지난번 욕조사건을 생각하면 지금도 아찔하다. 그때 그 실수로 하여금 사람은 무슨 일을 함에 있어 힘보다는 지혜가 있어야 된다는 것을 깨닫다. 그 고통의 과정을 밟고 나니 이렇게 어머니와 웃을 수 있는 여유도 생겨 행복하다. 물론 엄마 몸 상태가 많이 호전되어 예전보다 몸놀림이 가벼워지셔 이렇게 목욕을 자주 시켜드리는 부분이 더러는 나의 위안(慰安)이 되기도 한다. 의자가 푹신해서 그런지 엄마는 몸을 조금 움직여 본인 스스로 편한 자세를 잡으셨다. 하시는 말씀이 아이고 좋네. 라고 하시며 직접 비누칠도 하시고 물도 직접 떠서 몸에 붓는다. 옆에서 엄마의 이 모습을 지켜보고 있는 제 입장에선 기적에 가까운 일이라 가슴이 뭉클했다. 힘주어 때도 본인이 직접 밀기까지 하신 것이다. 나는 울 엄마 이런 모습 보고 엄마 건강이 많이 호전(好轉)되신 것이라 생각한다. 1시간 후 목욕 마치신 엄마를 수월하게 소파로 이동시켜드렸다. 엄마는 씻고 나오시니 개운하신지 또 다시 아이고 좋네 좋다 좋아. 라고 하셨다. 저 역시 우리 엄마가 좋다고 하시니 비록 좁은 공간에서 땀을 뻘뻘 흘리고 흘린 땀이 눈으로 들어가서 고통스럽기도 했지만 그래도 좋다. 라고 하신 엄마를 보고 있잖니 뿌듯하고 행복하다.

어느새 노구(老軀)가 되어버린 우리 엄마 지난날 어린 저희들을 추운 겨울 특히 설날을 앞에 두고 목욕을 시켜주시던 모습이 아련하게 떠오른다. 그 시절 울 엄마는 겨울이면 가마솥에다 물을 가득 데워 어린 저희들을 번갈아 가면서 씻겨주셨던 것이다. 우리 집 정지는 다른 집과는 달리 부엌 안에 설거지를 마치면 바로 물을 버릴 수 있는 하수구 시설은 그런대로 잘 되어있었던 것으로 기억한다. 바로 물을 부엌 안에서 버렸던 것을 생각하면 아마 시멘트로 물을 버리게 되어있었다. 하지만 우리가 목욕 할 때는 아궁이 바로 옆에다가 커다란 고무 통을 가져다 놓고 아궁이 앞에서 장작불을 쬐며 목욕을 했던 시절이다. 시골 부엌은 사방에서 바람이 들어와 물이 빨리 식었기 때문에 우리들은 아궁이 앞에 커다란 대아 놓고 씻을 수밖에 없었다. 그 시절 언니를 뺀 우리 5남매를 차례대로 씻어주셨던 우리 엄마 젊고 곱던 시절의 모습은 어데 가고 어느새 노구 된 모습으로 내 옆에 계시니 무상한 세월이 야속하다. 저희 어머니는 그때 열악한 환경에도 저희 6남매를 귀찮다 여기지 않으셨던 이유 중 하나가 그 옛날 외할아버지도 딸들이 많아 딸들을 외할머니께서 구박이라도 하시면 외할아버지는 깜짝 놀라시며 외할머니께 왜 귀한 딸들을 구박하느냐. 라고 하시며 우리 귀한 딸들 구박하지 마시오. 라는 말씀을 외할머니께 자주하셨다는 이야기를 나는 어머니로부터 종종 들었다. 유전자가 자식을 귀하게 여기시는 유전자라서 그랬는지는 모르겠지만 저희 어머니는 사람 좋기만 하셨지 경제 계념 없으신 아버지로 인하여 자식들이 많이 미웠을 텐데 그런 환경을 탓하지 않으시고 저희들에게 함부로 욕을 한다든가 매질을 하시지는 않으셨던 것으로 기억한다. 가난하고 척박한 시절이라 할지라도 자식들을 함부로 대하지 않으셨던 외할아버지 교육 그리고 그런 아버지 밑에서 자라신 저희 어머님 인성(人性)은 바로 눈에 보이지는 않지만 사람을 바로 세우는데 촉매제(觸媒劑)역할이었으며 가정교육의 근간(根幹)이 될지 않았을까? 라고 나는 생각한 부분이다. 왜? 그렇게 생각하는가? 라고 묻는다면 그 이유는 본성(本性)이 어진사람 대부분 성향이 아무리 척박한 환경이라 할지라도 가족들이나 주위사람들을 귀(貴)하게 여겼지 천(賤)하게 여기지 않는다는 뜻이다. 저희 어머니도 유전적 영향으로 천성이 어진분이 맞다. 경제 개념 없으신 저희 아버지 밑에서 대가족을 이끌고 사시느라 참말로 고생 많으셨던 분이지 싶다. 울 엄마는 아무리 삶이 피폐하고 고단한 삶이라 할지라도 남 배려하는 대는 일가견을 가지고 사셨던 분이다.

희생정신(犧牲精神)이 유독 남다르셨다고 생각한다. 시골 부엌 환경(環境)이 열악(劣惡)했지만 우리 외할머니 지극(至極)봉양(奉養)하신 부분은 정말로 자식이라면 의당(宜當)그렇게 모셔야 되는 것으로 알게끔 실천하신 것은 정말 타인의 추종을 불허 할 정도였으니 나도 당연히 늙으신 부모는 그렇게 섬겨야 되는 것으로 알고 자랐다. 자식들이 여러 명이라 하나하나 목욕시키는 것이 쉽지 않았을 텐데 그래도 엄마는 한 번도 귀찮다거나 힘들다는 말씀 않고 오히려 자식들이 추워 할까봐 아궁이에 오래 탈 수 있도록 장작불까지 피워 놓고 저희들을 차례로 불러 씻어주셨던 아련한 울 엄마 모습이 되새겨진다. 지난 날 가난했던 생활을 돌이켜 보면 비록 환경은 척박했을지라도 누구나 순수한 마음들이 있었고 누구나 남을 먼저 배려하는 문화가 바로 우리 문화였던 것이다. 그래서 우리들도 자연스럽게 남을 먼저 배려하려는 마음으로 살았던 것이 엊그제 같은데 반세기만에 이기심(利己心)으로 가득 찬 사회가 되어가고 젊은이들은 결혼을 하지 못하고 부모님께 기생하는 추세이고 보니 그 옛날 정(情)으로 살았던 시절이 더러는 그리운 것이다. 울 엄마 배려심 많은 행동들을 보고 자란 나는 작은 것 하나에도 세심한 마음을 가지셨던 분이 바로 울 엄마셨던 것이 자랑스럽다. 지금은 그 모습은 어디가고 어느새 세월에 무상함 앞에 이제는 오히려 자신의 몸을 자식들에게 의탁해야 되는 신세이고 보니 어머니 마음도 마냥 편치만은 않을 것이라 생각한다. 진기(眞氣)가 다 빠져버린 엄마 모습을 보자니 가슴이 저민다. 어느새 노구가 되어 자식의 부추김을 받아야하는 어머니의 노쇠(老衰)한 모습에 나도 모르게 울컥하니 설분마음이 일어난다. 분명 우리 인간은 만물에 영장이라 일컫는다. 인간을 칭해 고등동물이라 일컫고 있지만 세월의 무상(無常)함 앞에 우리인간은 미약하기 그지없다는 사실을 우리 어머니를 보면서 깨닫는다. 그 누가 있어 대자연의 순리를 거스를 것이며 초인(超人)이라 불러졌던 깨달은 존자(尊者)들도 세월만은 비껴가지 못하였던 것을 나는 기억함이다. 대지를 정복(征服)하고 시대를 풍미(風味)하던 협객(俠客)이나 영웅호걸(英雄豪傑)들도 세월 이기는 장사는 분명 없었던 것이 인간 세상이 아니던가? 싶다. 우리 인간(人間)은 현인(賢人)은 군자가 되고자 아량을 베풀며 살았을 것이고 군자는 도인이 되고자 자기를 수도(修道)했던 것이고 도인(道人)은 성인(聖人)이 되고자 자신을 갈고 닦았을 것이다. 그 결과 우리는 그러한 분들의 가르침들을 지침서 삼아 근간을 만들어 부모님에게만은 효(孝)하는 자식으로 남고자 했던 이유라 생각한다. 저는 어머니를 모시고 살면서 세상 제일 부러운 부분은 바로 고령인데도 불구하고 건강하셔 허리 꼿꼿하니 걸어 다니시는 어르신들을 거리에서 종종 보고 있노라면 그런 모습이 나는 세상에서 제일 부러운 모습이다. 내가 살면서 가장 욕심냈던 부분이 바로 이 부분이고 제일 부러운 것 중에 하나도 바로 이 부분이다.

 옛말에 사람 욕심은 끝이 없다. 라는 말을 되새겨보면 제 경험상 사람 욕심은 정말 끝이 없다는 사실이다. 내가 가장 욕심 부리고 가장 소중히 여긴 부분이 있다면 저희 부모님들께서 건강하게 오랫동안 자식들 관심과 효(孝)를 받고 저희 6남매 서로 우애(友愛)하는 모습 보시면서 좀 더 우리 곁에 오래 머물러 주시기를 바라고 산 것이 나의 욕심이었다. 지금 그 욕심을 이루지 못한 것이 저에게는 가장 큰 한(恨)으로 남았고 가장 슬픈 일이 되었다. 더 후회(後悔)하는 마음보다는 이렇게 엄마 살아 계실제 나의 작은 수고로움이라도 어머니를 위해 아끼지 않을 것이라 굳게 마음 먹는다. 지금 이 상황에 엄마에게 지극(至極)한 정성은 아니더라도 저희 어머님 모심에 있어 최소한 꾀부리지 않을 것이다. 목욕을 깨끗이 하고 나오신 어머님 얼굴에서 오늘만큼은 세상시름 다 잊은듯한 고운 모습을 본다. 엄마는 정말 기분이 좋으신지 또 다시 좋다. 라고 하셨다. 나는 욕실 앞에 놓여있는 책상의자를 엄마 앞으로 잡아당겨 앉기 편하게 방향을 돌려 앉혀드리고

"자 우리 이제 출발 합니다."

슝우웅 소리를 내며 나는 책상 의자를 밀고 소파 앞에 가서 멈추었다. 다시 어머니를 일으켜 세워 엄마 궁둥이를 약간 돌려 조심스럽게 소파에 앉혀드렸다. 소파에 앉으신 우리 엄마 소파에 앉자마자 파우치를 옆에 가져다놓고서 또 열심히 머리 매만지시고 얼굴에는 스킨로션을 정성스럽게 바르신다. 나는 울 엄마 이 모습에서 생동감이 느껴져 마음 한쪽이 흐뭇해졌다. 어머니가 스킨로션 다 바르시기를 기다렸다가 어머니 옷을 새로 갈아 입혀 드릴 것이다. 일단 나는 어머니께서 스킨로션 바르시는 부분만큼은 일절 도움을 드리지 않고 있다. 이유는? 이렇게 해서라도 엄마가 손가락 발가락 움직이는 운동이 필요하다고 생각하기 때문이다. 저는 울 엄마가 머리를 간결하게 빗어 뒤로 넘기시고 로션을 정성스럽게 바르시고 계신 모습을 보면 어딘지 모르게 우아하고 단아하며 인품이 있어 보여 너무 좋다. 나만의 생각일 수도 있다. 현재 병중이시지만 어딘지 모르게 귀품(貴品)있어 보여 자식 입장에선 보기가 참 좋다. 엄마는 휴지 조각 하나라도 각을 맞추시는 분이다. 엄마 얼굴에 로션 스킨 발라 드리는 부분이 조심스러워 내가 나서지 못한 이유다. 나는 로션 바르는 작업이 끝나서 서둘러 옷을 입혀드리고 잠시 쉬시게 한 다음 서둘러 저녁 준비했다. 건강한 사람도 물속에 오래 있다 나오면 시장 끼를 빨리 느껴진다. 그래서 성치 않으신 울 엄마 시장하시기 전에 빨리 저녁상 차려드리고 싶어 서둘렀다. 나는 엄마를 모시게 되면서 다른 가족들은 뒷전이 되었다. 남편은 항상 이 부분을 못 마땅히 여기고 불만이 많았던 부분이었다. 나는 무엇이 우선시 되어야 하는가? 라는 주제를 놓고

생각해 볼 때면 당연히 성치 않으신 어머니가 우선시 되어야 된다고 생각한 사람이다. 다른 가족들은 스스로 배고프면 밥 정도는 챙겨 먹을 줄 알고 있는 터라 특별한 보살핌이 필요 하다고는 생각하지 않는다. 환자가 되어버린 어머니를 전담하다보니 다른 식구들 살펴 볼 여지가 없을 뿐이지 내가 가족들에게 관심이 없어 가족들을 살피지 않은 것은 전혀 아니라는 사실이다. 남편이 불만이 많은 마음도 어느 정도 이해는 한다. 분명 나는 주부의 역할을 망각하고 살지는 않는다는 사실을 남편이 알았으면 한다. 남편은 내가 자기 수족(手足)처럼 움직여 주기를 너무 바라는 마음 있어 사실 남편이 버거운 것이다. 죄(罪)는 짓는 대로 가고 덕(德)은 쌓은 대로 간다는 말의 법칙(法則)을 너무 모르고 있어 안타깝다. 훗날 남편은 이 법칙이 작용하게 되지 않을까? 싶어 조금 염려스럽다. 일단 나는 그래도 남편이 살아있기 때문에 과부 소리 듣지 않고 있다는 사실에 입각해 가능한 남편 비위도 맞춰보려 노력하는 중이다. 워낙 불만이 많은 사람이라 그 불만(不滿)을 잠식시켜주기란 쉽지 않은 것이 나의 현실이다. 나는 어머니께서 사경(死境)을 헤매던 과정을 잘 넘기고 이렇게 호전되어 병원 생활 청산하고 집에 와서 식구들과 함께 계시니 내 입장에서는 이 생활도 너무 감사하게 생각한 부분이다. 다른 각도로도 생각해봐도 수개월동안 어머님 따라 이 병원 저 병원을 전전할 때 그 생활에 비교하면 나는 지금 이 생활도 극락이라고 생각한다. 자고로 사람이라 하면 현재 생활에 감사 할 줄도 알아야 되는 것을 모르고 하는 말일 수 있겠으나 불평만 늘어놓는 남편 마음도 어느 정도 이해는 한다. 수저질 못하시고 걷지도 못하시는 어머님이라 할지라도 이렇게 제 옆에 계셔주신 것에 나는 감사하고 더러는 음식솜씨가 없더라도 제가 만들어 드린 음식들을 언제나 맛있다. 라고 하시며 맛있게 잡수시고 그 답으로 이마 땡을 해주시는 저희 어머니가 지금 바로 제 옆에 계신다는 사실만으로도 나는 정말 행복한 사람이라 여긴다. 간간히 이마땡을 해주시며 그랬어? 라는 울 엄마 그 한마디는 저의 고단함과 서러움을 잠식시켜주는 마력(魔力)과 같았던 것이다. 그리고 그랬어. 라는 말을 해석(解釋)하면 우리새끼 고생했다. 라는 의미로 들였다. 나 때문에 네가 고생이 많다. 라는 뜻으로 나는 해석된다. 말이나 글로는 울 엄마 감정을 묘사하기는 다소 어려움이 있다. 울 엄마 사랑만은 마음 가득히 느낄 수가 있었으니 바로 이것이 엄마만의 깊은 사랑 일 것이고 깊은 정(情)이 듬뿍 들어있는 세상에서 가장 따뜻한 울 엄마 사랑 일 것이다. 저희 모녀에게는 긴 말이 필요 없다. 구차한 설명도 필요 없다. 바로 이것이 적사지심(赤子之心)의 마음이지 싶다. 이것이 바로 불가(佛家)에서 소위 말하는 염화미소(拈華微笑)교외별전9敎外別傳)이다. 울 엄마는 예전부터 자식들에게 바라는 것은 공부 잘해 출세하기를 원하지 않으신 분이다. 그러니까 엄마는 오직 진실한 마음과 때 묻지 않는 깨끗한 마음을 갖고 살기를 원하셨고 바라셨던 분이다. 울 엄마 뜻이 그러하므로 울 엄마 그 마음에 나는 입각(立脚)해 언제나 정직한 마음과 정성스러운 마음에 비중을 두려 한다. 어머니 원칙은 머리 영리하고 공부 잘해 지식(知識)이 많이 쌓인다거나 돈이 많아 잘 사는 것에 비중을 두지 않으셨던 것은 확실하다. 평소 누군가가 영리하고 지식을 앞세운다거나 돈 많아 거들먹거리는 부분을 아주 싫어 하셨다. 꾸밈이 있다든가 아니면 가식(假植)이 느껴지면 천하에 없는 것을 사다드려도 달갑게 여기지 않으셨던 분이다. 그래서 그랬는지는 모르겠지만 본인 스스로도 남에게 흐트러짐 없이 언제나 한결 같은 온화한 마음으로 주위사람들을 대해주셨지만 더러는 상대가 거짓이 보일 때는 눈길조차 주지 않는 싸늘하고 냉소적인 부분도 없지는 않으셨던 분이 바로 저희 어머님이셨다는 사실이다. 더구나 저희 형제 중에 어머님의 장애자(障碍者)증을 이용해서 사회기본법을 유린하려는 형제가 있었는데 그때 어머니는 몹시도 언짢아하셨다. 상대가 워낙 상그럽게 나오니 한숨 쉬시며 어머니는 저에게 모르게 그러지 모르게 그래 그것이 아닌데. 라고 하시며 몹시 불쾌하게 여기시고 장애자증을 달라는 사람에게 보내주라고 지갑에서 장애자증을 꺼내 휙 하고 던져버리시는 바람에 제가 장애자증을 주워 보내주었던 사례도 있었다. 저 역시도 주변에서 환자가 되어버린 부모님을 모시고 있으니 요양보호사 자격증이 있으면 건보에다 신청을 하면 담은 얼마라도 생활비가 나온다고 해서 엄마 간식비라도 챙겨 볼 마음으로 자격증을 따놓기는 했지만 저희 어머니께서 그것이 아니다. 라는 말씀을 하시는 바람에 나는 건보에다 요양비 신청을 한 번도 신청 하지 못한 사연이다. 저 역시나 굳이 어머님 마음 불편하게 만들면서까지 요양비 신청은 하고 싶지 않았던 것이다. 그러다보니 제가 어머니를 모시면서 나라에서 유일하게 해택 받았던 부분은 5개월 동안 휠체어를 무료로 렌트한 것이 전부이다. 나이 드시고 환자가 되어버리신 분들에게 나라에서 여러 가지 복지해택이 마련되어 있다고는 하나 엄마는 유독 나라에서 시행하는 복지해택을 나에게만은 전혀 못 받게 하셨으니 아마 이것도 내 복이라 여기며 불평하지 않는다. 이러한 혜택들을 지원 받는 것을 엄마가 유난히 극구반대 하시는 부분에 대해서는 우리가 알지 못하는 그럴만한 이유가 분명 있을 것이라 생각만 하고 있다. 처음 어머님 퇴원하시고 몸을 부려버리신 어머님을 생각해서 등받이 높이가 조절이 가능한 환자용 침상이 절실히 필요 할 당시 환자용 침상을 사려고 하였으나 워낙 어머니께서 완강하게 거부하시는 바람에 우리는 의료용 침대 사는 것도 그만 두었던 사연이다. 건보에서 빌려주는 것을 활용 하면 어떻겠느냐고 여쭈어도 보았다. 빌리는 것 또한 역정만 내셨기 때문에 최종적으로는 겨우 휠체어만 허락 받아 빌려 쓰게 된 이유이다. 무엇 하나 수월하게 하고자 하는 마음이 우리에게 있으면 울 엄마는 극구 반대 하셨으니 분명 평범한 어머니가 아니신 것은 분명하다. 저변(底邊)에는 어머니 의도(意圖)가 자식들에게 먼저 덕(德)을 많이 쌓아 운명의 흠을 고쳐 다가오는 미래에 복을 많이 받으라는 뜻으로 나는 해석하고 더 이상 꾀부리지 않는다. 심도 깊으신 울 엄마 뜻을 어리석은 저희는 알 수 없으나 분명 우리가 모르는 보이지 않은 세계에 그 어떤 무엇인가 있을 것이라 여기고 저희 어머니 의사(意思)를 존중(尊重)해 드린다. 돌이켜보면 엄마는 자식들이 병든 부모님을 조금이나마 편하게 모시려 하는 부분을 아주 싫어하셨다는 것이 관건이라면 관건이다. 이 부분을 분석해 보면 분명 엄마 생각은 평범(平凡)한 사람들 생각에 범주(範疇)를 분명히 벗어나 있다는 것이다. 다른 각도로 이해를 돕자면 잘 못 해석하면 아주 고약한 계모수준의 심술이라 표현하고 싶다. 나도 인간인지라 가끔은 이렇게 까다로우신 어머니를 누가 과연 모시겠는가? 라는 생각을 했던 이유다. 다른 사람들에게 엄마간병을 맡겨보지 못한 이유도 엄마가 너무 완강하게 거부하시는 바람에 간병을 의뢰하지 못한 이유이기도 하다. 엄마는 우리들에게 가장 가르치고 싶었던 부분과 가장 중요시 여겼던 부분은 바로 생명을 주신 부모님 공경하는데 꾀부리지 말아야 하고 지극해야 된다는 것을 강조하신 부분이라 나는 생각한다. 형제간에는 우애하는 것을 최고(最高)로 여기셨으며 어떠한 경우라도 본인 욕심(慾心)을 부린 부분을 가장 싫어하셨다. 울 엄마 형제들이 우애 깊었던 이유가 아마도 엄마가 본인 스스로 욕심내지 않고 양보하는 마음가짐을 실천하셨던 관계로 저희 어머님 형제우애가 대한민국에서 으뜸이 가는 형제애를 가졌을 것이라 생각한다. 우리 엄마 형제들만큼만 우애하면 여한(餘恨)은 없을 것 같아 엄마 형제들 우애 깊은 모습을 답습(踏襲)하고 싶었다. 나도 형제 우애하는 일이라면 궂은일도 마다하지 않는 편이다. 형제들 각자 생각이 다르고 나 역신 신뢰 받지 못한 상황이라 지금 현재로는 형제 우애하는 것이 아직 내가 풀지 못한 숙제다. 형제끼리는 가급적 손해(損害)가 있을지라도 이익(利益)을 추구(追求)하지 않았노라고 말은 할 수 있다. 사물 하나를 놓고도 보는 사람 관점과 시선(視線)의 각도(角度)또한 다르고 해석하는 사람 마음이 달라 더러는 고깝게 보고 아니꼽게 보는 마음들이 있다는 것을 알게 되었다. 나는 이런 부분을 거울삼아 더욱 더 진솔해야만 됐고 더욱 마음 깊어져 만사를 중도(中道)로 보는 안목을 길러야만 했다. 지난날을 돌이켜보면. 고깝게 보는 시선과 아니꼽게 보는 사람들이 있어서 나는 더 진실 되고자 마음을 다짐하게 되었고 행동을 바르게 세우게 하는 촉매제가 되었다. 아니 오히려 그런 저런 오해와 질타들로 하여금 나를 바로 세우는데 커다란 원동력이 된 부분이다. 저에게 뱉어진 모진 말들을 이정표 삼아 나 자신을 바르게 인도하고자 하는 마음과 나만이라도 타인(他人)을 나의 안목(眼目)에서 평가(評價)는 절대로 하지 말자라는 다짐도 하게 된다. 참 하버드대학교 교훈이 바로 사람을 외모만 보고 판단하지 말자. 이다. 특히 하버드대학교가 이 말을 슬로건으로 내세운 이유가 허름한 옷을 입고 찾아왔던 사람을 단순히 외모(外貌)만 보고 판단(判斷)해서 큰 손실(損失)을 보았던 사례(事例)가 있어 이런 표어(標語)를 교훈(敎訓)으로 삼았던 이유다. 나는 탁월(卓越)하신 어머님 덕분에 자연(自然)의 순리(順理)에 순응(順應)하며 살고자 함이다. 그 옛날 세존(世尊)께서 말씀하시길 이것이 있기에 저것이 있는 것이다. 라는 말씀을 상기해보면 세상만사(世上萬事)는 둘이 아니고 하나라고 하셨던 불이법(不二法)을 생각하게 된다. 즉 만사(萬事)를 이분법(二分法)으로 보았을 땐 8풍(風)인 선악(善惡)과 미추(美醜)가 있으며 진가(眞假)와 애증(愛憎)로 나눠지지만 이 모든 것은 인간들 마음에서 만들어낸 파장일 뿐이지 하늘에서는 그러한 것을 논하지 않는다는 의미가 될 것이다. 세상의 만법(萬法)이 귀일(歸一)할 진데 (만 가지 법이 결국하나로 돌아감) 주변 사람들이 저를 사기꾼으로 본들 어쩠고 그렇게 생각한들 나에게 무슨 의미가 있겠는가? 라는 생각이 들었다. 이 또한 누명을 벗고자 했던 나의 어리석은 생각에서 나온 집착(執著)이 낳은 소치(所致)다. 한 생각 버리면 극락일진데 그 무엇에 집착할까? 싶다. 어차피 영원한 것 없는 세상이 바로 인간 세상이다. 곱깝게 보는 시선들 탓해서 어디다 쓸 것이며 아니꼽게 보는 마음들 원망해서 무엇에다 쓸 것인가? 이 또한 마음에서 일어났다 멸하는 번뇌일 뿐 그 또한 잠시 불다가 사라지는 바람이요. 잠시 머물다 사라지는 한 조각구름일 뿐인데 나는 그 무엇에 집착 할까? 그렇다. 우리는 영원하지 않는 것에 너무 집착하고 살고 있는 것이 번뇌를 불어 일으키고 있다는 사실을 알아야 한다. 나는 우리 어머니 형제분들을 존경한다. 어머니 형제들은 유독 다정하기가 친구 이상이다. 형제 우애하기가 남달랐던 것을 나는 옆에서 이제껏 지켜보면 살았다. 형제 다정하게 사는 모습을 나는 배우려 한 것이다. 이왕지사 우리들은 사회에서 회자(膾炙)되고 있는 좋은 모습들을 답습(踏襲)하며 좋은 풍습을 지켜가고 아름다운 사례(事例)들을 동경하면서 형제뿐 아니라 이웃과도 서로 돕고 살아야한다. 우리 형제들도 한때는 남들이 부러워 할 정도의 우애를 갖고 살았었다. 하늘에 시험이었는지는 알 수 없지만 어느 순간 오해(誤解)가 깊어져 형제 만남 그 자체도 더러는 서먹한 관계가 된지 오래다. 물론 머지않아 옛날처럼 다정하게 지내던 형제로 거듭날 것이라 생각 한다. 옛말에 비온 뒤 땅이 더 단단하게 굳어진다. 라는 속담이 있듯 언젠가 오해가 풀리고 나면 저희 형제들도 다시 뭉쳐 서로 화합 할 날이 올 것이라 생각한다. 반면 어머니는 잡음이 일어나는 일에 대해서는 항상 저에게 모르게 그런다. 모르게 그러지. 라고 하시면서 나중에는 괜찮을 것이다. 라는 여지를 항상 남겨두셨던 이유가 아마도 곡해(曲解)에서 일어난 오해는 언젠가는 지 성질을 다하고 나면 언젠가는 사라진다는 뜻이다. 그러니까 엄마 말씀 모른게 그러지. 라는 말씀의 의미는 제아무리 험한 파도라 할지라도 바람이라는 인연 없이는 일어나지 않는 법이니 그 바람이 자자들면 파도는 자연스럽게 잔잔해지는 법이라는 의미로 해석된 생각이라는 추상적인 마음 작용으로 더러는 괴롭기도 하고 더러는 행복하다는 기분이 일어난다는 사실을 깨우치게 된 동기다. 제가 이 부분에서 깨달은 것이 있다면 세상만사 모든 일에는 순서가 있으므로 그 순간의 감정에 치우치지 말고 좀 더 심중(深重)하여 더 멀리 보고 마음은 좀 더 넓게 가지며 속은 더 깊어져 매사(每事)에 여지(餘地)를 남겨두는 지혜(智慧)도 필요(必要)하다는 의미로 해석한다. 그리고 6~7년 전에 있었던 사례를 하나 더 들자면 어머니는 둘째 남동생과 나와 관계가 유독 오해가 많고 깊다는 것을 누구보다 더 잘 알고 계셨던 분이라서 어머니는 저에게 광주에서 둘째 남동생 첫아이 돌잔치가 있다는 애기를 알려주셨다. 엄마 의도는 자기랑 같이 돌잔치에 가자는 뜻이다. 다시 말하면 엄마 뜻은 형제간에는 오해가 있더라도 자주 만나노라면 오해도 풀릴 수 있다는 의미다. 이 무렵 엄마는 마산 막내아들 집에 1년 반가량 손자들을 챙겨주시며 살고 계셨던 무렵 있었던 사연이다. 그리고 나는 어머니께서 막내 아들집에 계셔 이틀에 한 번 마산 동생 집에 들려 엄마도 뵙고 엄마와 조카들 먹으라고 반찬 만들어 갖다 드리며 청소하고선 김해로 돌아오는 것을 반복하게 된다. 물론 제가 그렇게 이틀이 멀다않고 어머니에게 자주 다니는 것을 누군가는 못 마땅하게 여겼던 부분이기도 하다. 그렇지만 제가 엄마에게 자주 들렸던 이유 또한 성치 않으신 엄마가 피치 못 할 사정 때문에 막내아들집에 계셔 저라도 엄마를 자주 찾아뵙고 살펴드려야 했던 상황이 되었다. 그러나 내가 엄마를 자주 찾아뵙는 것을 누군가는 못마땅하게 생각하고 있는 것을 알고 있었지만 그래도 내 도리는 해야 될 것 같아 못 마땅히 여기는 사람 시선 아랑곳 하지 않고 눈치코치 없이 동생 집을 자주 찾아 다녔다. 제가 그렇게 마산 엄마 뵈러 다닐 무렵 엄마는 제게 둘째 아들 딸 돌잔치 한다고 하니 광주에 같이 가자는 말씀을 하셨다. 내 입장에서는 초대받지 않는 곳에 간다는 사실이 조금 망설여지는 부분이다. 그렇지만 달리 생각하면 말 못하신 엄마가 둘째 아들 딸 돌잔치에 꼭, 같이 갔으면 좋겠다. 라는 메시지를 강력한 눈빛으로 전한 것이다. 나를 유독 고깝게 보는 둘째 동생 딸 돌잔치에 가는 것이 솔직히 많이 불편해 선뜻 답을 하지 못하고 있으니 어머니는 저에게 그러면 못써 모르께 그러지 그것이 아니다잉. 라는 말씀을 반복하시는 어머님 속 마음이 어쩌면 저에게 꼭 참석하라는 의미라 여겼다. 그리고 형제간에는 사이가 좋지 않더라도 자주 만나 형제도리는 하고 살라는 의미라 여겨졌다. 둘째 동생 딸 돌잔치에 가는 것이 마음이 조금 불편 할 뿐 못 갈 이유는 없었다. 그렇지만 나에게 자기 딸 돌잔치 한다는 것을 알려주지 않았는데 굳이 간다는 것이 사실 많이 불편했다. 그래서 마음은 썩 내키지 않았지만 어머니께서 저와 함께 가기를 간곡히 원하시니 광주 돌잔치에 가야겠다는 생각을 했다. 나는 엄마에게 이런 말까지 했었다,

"엄마 자기들이 나보기를 역겨워하는데 굳이 내가 갈 필요 있을까? 축의금만 엄마 편에 보내주면 안될까요?"

라고 했었다. 하지만 엄마는 바로

"모르께 그러지 모르께 그래 나중에는 괜찮을 것이다."

라고 하셨던 것이다. 어머니는 20여 년 동안 고작 단어 몇 개로 사시면서 그 단어들을 아주 시기적절하게 사용하시는 바람에 나는 엄마 말씀에 아직까지 반박된 말을 한 번도 못하고 살아왔다. 그러니 어떤 부분에서는 사람을 공감하게 하는 부분에서 만큼은 울 엄마는 아주 재주가

남다르셨던 것이다. 저는 울 엄마의 모르게 그런다. 나중에는 괜찮을 것이다. 라는 말씀에 반박된 말 한마디 못하고 같이 광주가기로 결정을 한다. 달리 생각하면 울 엄마 모르게 그런다. 라는 말씀은 왠지 사람을 넓은 아량을 갖도록 이끌어가는 마법 같다는 생각이 들었다. 그리고 언제나 여지를 남겨두셨던 그 한마디는 나중에는 그도 괜찮을 것이다. 라는 이 단어는 왠지 저에게 마음을 넓고 깊게 가지고 살라는 메시지다. 이 말씀은 왠지 저에게 해석되기를 모든 일은 오해가 풀리고 나면 다 좋아질 것이다. 라는 의미로 해석된 것이다. 이 무렵 엄마는 몸이 썩 좋지 않으셨지만 그래도 갑자기 이혼 하게 된 막내아들 집에 계시면서 어린 손주들 학교 갔다 왔을 때 반겨주시기도 하고 설거지 정도는 해주셨다. 하지만 제 입장에서는 건강히 썩 좋지 않으시고 말씀도 잘 못하신 부분 때문에 어머님께 자주 들려야했다. 이 당시 막내 동생은 큰 동생네 집 근처로 이사를 해서 살았지만 그래도 큰며느리 보다는 딸인 내가 자주 다니는 것을 엄마도 원하셨고 내 생각도 반찬 문제와 청소정도는 내가 해드리는 것이 오히려 나을 것 같았다. 더구나 손주들과 소통도 어렵고 몸 상태가 썩 좋지 않으신 울 엄마 말벗이 되어주는 것이 내 목적이기도 했다. 더구나 같이 계시던 어머니께서 우리 집에 계시지 않아 저 역시도 허전함도 있어 자주 찾아뵙던 이유다. 어머니는 제가 가면 가끔 돈을 주시면서 김치를 담아달라고 하셨고 밑반찬도 만들어 달라고 하신 경우가 많았다. 더구나 동생 집에 필요한 생활용품들도 사오라고 심부름도 종종 시키셨지만 대부분 생활용품을 살 때는 나는 어머니와 동행해서 샀다. 어머님 입장에서는 막내아들집 살림살이 하나씩 바꿔주셨던 이유가 아마도 남자 혼자 사는 집에 살림살이라도 깨끗했으면 하는 이유에서 그랬을 것이라 생각하여 가급적 나는 어머님 뜻을 따르게 된다. 막내아들이 정상적인 가정생활을 하고 있었더라면 걱정하는 마음을 놓고 사셨을 것이다. 하지만 갑자기 환경이 바뀌고 혼자 애들을 챙겨야 하는 막내아들이 울 엄마에게는 아린 손가락이다. 엄마는 막내아들을 더욱 살펴주고 싶은 마음이 컸던 이유다. 엄마에게 막내아들은 언제나 어머니 편에 서서 어머니 말씀을 한 번도 거역하지 않고 살아온 속 깊은 막내아들이라 더욱 애정을 쏟았던 것으로 나는 생각한다. 나는 그런 엄마 마음을 헤아려 엄마가 원하신 것이나 시키시는 일은 그 무엇이라도 반대 하지 않고 따랐다. 하지만 그 누군가는 나의 이런 행동을 몹시도 못 마땅히 여기고 마음 불편하게 생각을 했었는지 여러 형제들에게 이런저런 말들을 곱지 않게 하는 바람에 한동안 집안이 좀 시끄러웠다. 그러다보니 여기저기서 내가 엄마 앞장 세워 돈을 쓸데없이 쓰고 다닌다는 말들이 제 귀에 여러 차례 들렸고 그런 소리를 듣는 내 입장에서는 마음이 많이 불편했다. 더구나 자기들이 어머니에게 용돈을 따로 주지도 않았을 뿐더러 그렇다고 어머니께 생활비를 따로 준적 없던 인사들이 왜? 그렇게도 본인 용돈 아껴 본인 쓰시고 싶은데 쓰는 일에 대해 그리도 말도 많고 탈도 많았는지? 지금 와서 생각해봐도 이 부분은 도무지 이해가 가지 않은 부분이라 하겠다. 그리고 아마 이런 경우를 직접 겪어보지 않은 사람들은 이해하기 좀 난해한 부분이다. 그렇지만 저희 어머니는 나름 지혜로우신 분이셨다. 그래서 나는 그저 저희 어머니께서 하시고자 하는 일에 손과 발이 되어 주고자했을 뿐인데 왜? 그리도 이 무렵은 형제들 간에 오해도 많고 탈도 많았던지… 아무튼 이 무렵 내가 저희 형제들에게서 많은 오해를 받으면서 느낀 점이 있다면 그것은 바로 정확히 알지 못하는 일에 관해서는 가능한 중용을 지켜주는 것도 필요하다는 것을 깨달은 사연이다. 형제간에 어떤 문제가 발생되었다면 한쪽 말보다는 양쪽에 말을 다 들어보고 난 후 옳고 그름을 가름하는 지혜도 필요하다는 것을 절실히 깨달은 사례이다. 저 역시도 사람인지라 억울한 소리를 들었을 때에는 감정이 격해진다. 그러나 울 엄마 말씀 중에는 묘약(妙藥)도 들었었는지 모르니 그러지. 라는 그 한마디 말씀에 나의 모든 감정을 내려놓게 된다. 울 엄마 모르게 그러지. 라는 단어는 나에게만은 모든 감정(感情)을 진정(鎭定)시키는 특효약(特效藥)이다. 모르게 그러지. 라는 말씀은 길지 않는 말이다. 그렇다고 보충 설명이 있는 것도 아니다. 그러나 상대를 이해시키고 공감하는 마음을 갖게 하는 마력(魔力)을 가지고 있었다. 그래서 나는 울 엄마 그 말씀 한마디에 늘 넉 다운이 된다. 특히 세상만사 이치를 모르고 하는 소리에 귀기우르지 말고 묵묵히 네의 도리만 해라. 라는 뜻으로도 해석되기도 했다. 많은 오해로 상처 받은 내 마음의 안식처가 되어주기도 했다. 내가 울 엄마 그 말에 귀기우려 듣지 않고 참고 살았더라면 언젠가는 감정의 싹이 돋아나 제 스스로가 감정의 노예가 되었을 수 있겠으나 울 엄마 명대사처럼 보통은 모르고 하는 쓴 소리요 질타라 여기고 나면 우선 먼저 내 마음부터 평온을 갖게 된다는 사실을 깨우친 부분이다. 더구나 옛말에 이르기를 참을 인(忍)자 3개면 살인(殺人)도 면한다. 라는 속담이 되새겨지는 부분이기도 했다. 그러니까 참을 인(忍)자를 파자(破子)해 보면 마음 심(心)변에 칼도(刀)가 있고 칼도(刀)라는 글자 중앙에 비수가 꽂히듯 획이 그어져 있어서 아마도 참는다는 것은 마음속에 앙금을 쌓아두는 격이라는 뜻이 되는 것이다. 나는 참는다는 것이 마냥 좋은 뜻만으로 해석하기에는 어딘지 모르게 조금 여운(餘韻)이 남는 글자다. 왜? 그렇게 생각 하는가? 라고 묻는다면 그러니까 참는다는 것은 그 순간의 감정을 억누르는 다는 생각이 든 것이다. 그래서 참을 인(忍) 자(字)를 풀어보노라면 마음에 칼이 꽂혀있다는 의미(意味)로 해석된 것이다. 그래서 참는다는 것은 언젠가는 두고 보자는 의미로 해석(解釋)되기도 한 부분이다. 이해(理解)라는 글자는 사전적 의미(意味)로는(남의 사정을 잘 헤아려 너그러이 받아들임)이라고 적혀있다. 풀해(解)자를 파자 해보면 소뿔을 칼로 잘 다듬어 위험 요소를 없애버린다는 뜻으로 해석했다. 그러니까 엄마는 나에게 참고 사는 것보다는 상대가 몰라 그러니 네가 이해[理解]하라. 라는 뜻으로 말씀하신 것이다. 그렇다. 옛말에 이르기를 모르고 저지른 죄(罪)는 신(神)께서도 용서를 한다. 라고 했다. 나 역시 울 엄마 말씀처럼 형제들이 몰라 그랬을 것이라 생각하고 내게 쏟아진 모진 소리를 이해하려한다. 더구나 울 엄마 모른께 그러지. 라는 말씀은 나에게만은 진리(眞理)였다. 내 해석(解釋)이 다 옳은 것은 아니다. 울 엄마 심성(心性)을 헤아려볼 때 분명 엄마 뜻은 네가 참기보다는 네가 먼저 상대(相對)를 이해(理解) 하다보면 상대 또한 생각이 깊어져 나중에는 그 또한 괜찮아 질 것이다. 라는 의미다. 울 엄마 모른께 그런다. 라는 간결한 그 말씀은 나의 모든 감정을 내려놓게 만든 마력이 분명 들어있다. 어느 부분에서는 내 감정이라기보다는 여운(餘韻)이 남아있다. 그 이유는 내 개인적인 입장에서 생각하면 일단 성치 않으신 어머니께서 하시는 일마다 굳이 고깝게만 보는가? 라고 묻고 싶은 마음이 남아 있다. 그러니까 우리는 상대 입장 바꿔 생각 할 필요(必要)가 있다는 뜻이다. 다시 말해 역지사지(易地思之) 즉 서로 입장을 조금이라도 바꿔 놓고 생각 했더라면 최소한 울 엄마 가슴에 자식들이 우애하지 못한 한(恨)은 만들지 않았지 싶은 것이다. 형제들이 어머니를 이해(理解)하고 바로 보았더라면 존경해도 부족함이 없었을 부분인데 이 부분을 놓친 것이 나로서는 아쉬운 부분이다. 그리고 성치 않으신 노구(老軀)인데도 불구하고 자신의 의무(義務)를 조금이라도 실천하고자 하셨던 강한 의지의 소유자(所有者)가 바로 울 엄마였다는 사실을 알았으면 했다. 그렇지만 일부는 병든 노인으로만 보았는지 아니면 고집 센 노인으로 보았는지 어쨌든 곱깝게 보는 시선(視線)이 있어 너무 안타까운 부분이 바로 이 부분이다. 더구나 나와 피를 나눈 형제지만 엄마를 그저 늙고 고집 센 노인으로 치부해버린 부분에 대해선 우리 형제들은 바보였다. 어머니를 가까이에서 모시고 산 내 입장에선 너무 존경스러운 분이 바로 울 엄마다. 더구나 자신은 돌보지 않고 타인에게 헌신적(獻身的)인 분이라 자랑스럽다. 본인(本人)도 타인(他人)의 도움을 받아야 하지만 본인 불편함은 뒤로하고 가슴에 멍울진 사람들을 먼저 챙기신 부분은 분명 타인의 귀감(龜鑑)이 된다. 엄마는 나이 들어 병(病)이 찾아와 거동(擧動)불편하고 소통이 불편할지라도 본인이 꼭 해야 할 일이다. 라고 생각하시고 남을 이롭게 하고자 했던 부분은 어쩌면 정신이 살아 있고 의식이 살아 있다는 증거라고 나는 표현한다. 그래서 나는 가능한 어머니가 비록 곤란한 일을 시키더라도 불평하지 않고 손발이 되어 드리고자 한 이유다. 이유를 모르는 형제들은 오히려 제가 옆에서 엄마를 옆에서 부추기고 조장(助長)하는 사람으로 오인(誤認)하여 나를 엄마를 앞장 세워 비열한 짓거리만 골라서 하고 다닌다는 말을 했을 것이다. 나는 누가 뭐라 해도 성치 않으신 몸을 움직여 자기 할 일을 찾아 살아가시는 저희 어머니가 자랑스럽다. 특히 8순(旬)연세에 그저 누워 약봉지에 의존해 저 세상 가기를 바라고 사시는 보통노인들 보다는 할 일이 많으신 저희 어머니가 아주 특별하게 느껴지기도 한 부분이다. 더구나 저희 어머니의 특별한 예지(叡智)력이 존경스러운 부분이며 엄마로 인하여 나름 보이지 않은 세계의 신비감도 경험 할 수 있어 좋은 사례였다. 어머니가 이제껏 행하셨던 일들이 훗날 어떻게 반영(反影)이 될지는 아직 미지수(未知數)이지만 그래도 어머니께서 할 수 있는 일이 80이 넘은 연세에도 있다는 것에 대해 나름 보람을 느끼는 부분이며 감사하게 생각한 부분이라 하겠다. 막내 남동생 집을 자주 들리다보니 반찬도 못 먹을 것만 해다 줘서 냉장고 속에서 썩어가고 있다는 말도 여러 차례 들었다. 그렇지만 나는 울 엄마 부탁으로 열심히 반찬 만들어 날랐던 부분이라 후회는 없다. 그리고 이 또한 내가 어머님 생각하고 남동생 가족들 생각해서 만들었던 음식들이라 후회 할 일은 아니다. 제가 만든 음식들이 어찌 다 각자에 입맛에 맞을 수 있겠는가만 그래도 만들어다준 음식들을 막내 동생식구들이나 어머니는 맛있다고 해 나름 열심히 만들어 갖다드린 것이다. 그리고 아이들이 잘 먹지 않은 음식이 있으면 막냇동생은 나에게 이 반찬은 아이들이 잘 먹지 않네. 라고 하면 나는 바로 챙겨서 우리 집으로 가져오곤 한다. 물론 그 음식들은 엄마가 주시면서 이것은 아니네. 라고 하셨던 것이다. 그런데 매사를 고깝게 봐서 그런지 내가 만들어다준 반찬을 먹어보지 않는 인사들이 옆에서 내는 소리란 맛없는 음식만 골라 갖다 주었다든지 아니면 어머니 통풍에 해(害)로운 지방만 갖다드렸다는 말들을 많이 했다. 그 당시 이런 말들을 듣고 깨달은 것은 다산 정약용 선생님 말씀처럼 풀 한 포기도 밉게 보면 밉게 보이는 것이고 이쁘게 보면 이쁘게 보이는 것이다. 라는 말이 진리라는 것을 느낀 것이다. 이 무렵 어머니께서 반찬해달라고 시키기도 했지만 저 또한 성치 않으신 어머니 생각하고 홀로된 남동생 생각해 작은 것 하나라도 챙겨보노라면 막내 동생에게 큰 위안이 되지 않을까? 싶었는데 나의 이런 행동을 어찌나 고깝게 보는 소리가 난무하였던지 제가 이 과정에서 크게 깨달은 것이 있다면 사람이란 본시 간사한 동물이라 할지라도 말은 항상 덕(德)이 있어야 하고 행동(行動)은 언제나 곧아야 하며 눈으로 보이는 세상 것은 가능한 아름답게 보아야 될 것이며 들리는 잡다한 소리들은 자신을 일깨우는 경문이라 여길 것이며 걷는 발걸음에 부딪치는 돌이라면 한쪽으로 옮겨 놓아 지나가는 나그네 가는 길을 편케 치워주는 것이 비록 간사한 동물이라 할지라도 고등동물만이 할 수 있는 행위라는 것을 깨달은 것이다. 세상만사를 고깝게 보거나 부정적으로 보지 말아야 한다는 사실을 깨우친다. 본디 사람 마음이란? 좁게 쓰다보면 좁다 못해 간사하기 그지없고 넓게 쓰다보면 깊고 낮음의 한계를 벗어나 한량없는 것이 인간의 마음이라는 것을 많은 체험으로 나는 깨닫는다. 피치 못한 어떤 기막힌 사연 때문에 내가 둘째 동생 딸 돌잔치에 가지 못한 사연이 있었지만 이 사연 또한 늘어놓고 나면 한이 없을 것 같아 적었다가 지웠다. 이유는 이 또한 부질없다는 생각이 들어 이 사연에 관한 이야기는 쓰지 않기로 한다.

부처님 같으신 우리 엄마 이젠 비상 하시려는지

울 엄마 넘어 뜨려 놓고 자식들이 깨우쳐 부모를 극진히 모시주기를 바라던 하늘은 자식들에게 간사한 마음 버리고 깨끗한 마음으로 도리(道理)에 치중하라는 뜻이었는지 아무튼 흔하지 않는 병 간담도가 막혔다. 나는 처음대학병원 응급실에서 어머니에게 간담도 말기 암이라고 진단을 내렸을 때. 이 병명은 나로서는 이제껏 한 번도 들어보지 못한 암이라는 생각을 했다. 문득 스치는 생각이 들어왔다. [간담도]라는 병명(病名)을 풀어 삼행시로 해석하자면 간담도=(간)간사한 마음을 버리고 (담)담백하고 깨끗한 마음으로 병든 부모 섬겨 자식에 (도)도리에 최선을 다 하라는 메시지라는 것을 느꼈다. 하루는 언니에게 간담도 라는 단어를 내가 이렇게 해석해서 표현을 했더니 언니가 너는 해석도 멋지게 한다. 라고 했다. 제 생각으론 신(神)께서는 자식들에게 은유법(隱喻法)을 써 멋지게 메시지를 전했지만 우리들은 어리석은 중생이고 자식이다 보니 신(神)의 메시지를 알아차리지 못했던 것이고 설령 알아차렸다. 하더라도 참 효(孝)를 실천하기란 어려운 것이고 어렵게 행(行)을 한다고는 하지만 오랜 세월 견디어내고 버터내기에는 쉽지 않는 것이 자식이 부모에게 효(孝)하는 길이라 생각이 든다. 세상에는 신(神)의 질서(秩序)가 엄연히 존재하고 그 질서는 호리(毫釐)에 어긋남이 없다는 사실을 절실히 깨달은 부분이기도 하다. 그리고 누구나 자기 몫은 따로 있는 법이라 생각한다. 상대가 밥을 먹었는데 내가 배부르지 않듯이 부모에게 자식된 도리만은 자기 몫이 기본적으로 있다는 사실이고 각자가 책임을 가져야 할 부분이 당연히 있다는 사실을 나는 어머니를 간병하면서 깨달은 바이다. 신(神)의 메시지를 이렇게 알아차리든 저렇게 알아차리든 간에 귀하신 내 부모 병들었다고 홀대(忽待)하지 말 것이며 자기 생각과 일치 하지 않는다고 무시하지 말 것이며 가난하다고 함부로 대해 병든 부모를 서럽게 하지 말아야 되는 것이 참 사람의 마음가짐이다. 우리 부모님 세대는 유난히 국운(國運)때문이라도 격동기를 많이 겪고 살아오신 분들이다. 우리나라가 유난히 많은 시련인 일제강점기를 지나 하물며 6. 25전쟁까지 치러야하는 척박한 환경 속에서 자신을 희생시켜 일구어낸 나라고 가정이었다. 우리나라는 외세침략이 유독 많았고 분단국가로써 6. 25와 같은 전쟁도 불가피하게 겪다 보니 불가항력으로 빈곤한 삶에서 살아가야만 했던 세대다. 그래서 우리 부모님 세대는 더 자손들에게 존중받아야 될 분들이라는 사실을 우리만이라도 망각(忘却)하지 말고 나이 들고 병든 육신이 되어버린 부모님께 따뜻한 손길 한 번 더 내밀어주는 자식이 되어주었으면 하는 바램이 저 개인적인 마음이다. 벌써 6월이 되었다. 녹음(綠陰)이 우거진 가로수를 보고서 나는 여름이 시작되었음을 느낀다. 하지만 나는 아직도 어머니 발밑을 벗어나지 못하고 있는 상황이다. 더구나 어머니 상태가 제자리걸음처럼 특별히 좋아지거나 나빠진 일 없이 엄마와 지내는 시간을 그저 나는 퐁당 퐁당 돌을 던지자. 라는 동요를 부르며 하루라는 시간을 보내고 있는 중이다. 이 동요는 저희 어릴 적 어머니와 함께 부르던 동요다. 그래서 동요 중간에 건너편에 앉아서 나물을 씻는 우리 누나 손등을 간 지러 주어라. 라는 대목에서 울 엄마는 유독 발음이 뚜렷하신 것이다. 그래서 가끔 엄마께서 어린 저에게 설거지해놓고 집안 청소도 깨끗하게 해놓고 있어라. 하시며 들로 나가시면 집안 청소는 뒷전으로 미뤄놓고 뒷산에서 산죽(山竹)하나 잘라 낚시대 만들어 집 앞 연못가에서 낚시를 한다든가 동생들과 바케스 하나들고 수로(水路)로 들어가 축대로 쌓아놓은 바위틈 사이사이에 들어있는 고기들을 바위틈 사이에 손 집어넣어 그 속에 숨어 있는 붕어나 메기들을 잡으러 다녔던 그야말로 천방지축 뛰어놀던 나의 유년시절을 상기(想起)하며 건강하셨던 울 엄마 모습을 회상(回想)하기도 한다. 그러다가 문득 어머니와 눈이 마주치면 어머니는 제가 그 옛날 어머니와 함께 했던 추억을 더듬고 있다는 것을 아셨는지 어머니는 엷은 미소를 띄우시며 염소처럼 어김없이 제게 이마를 갖다 붙여 놓고 마음 가득한 정(情)을 실어 이마를 부비부비 해주신 것이다. 그리고선 엄마는 제게 그랬어? 라고 하신다. 나는 울 엄마 그랬어. 라는 말씀을 보약삼아 갱년기와 맞서고 있다. 사실 나도 살집이 있어 그런지 내 허벅지는 오랫동안 짓눌러져 늘 쓰라린 고충이 따랐다. 그래서 이 부분이 또 다른 나의 고충(苦衷)이라면 고충이지 싶다. 그렇지만 이것이 뭐 그리 아프겠는가싶은 생각을 한다. 엄마께 정도라도 호전(好轉)되셔 제 곁에 이렇게 계셔주신 것만으로도 나는 너무 감사 하게 생각하기 때문에 이정도 나의 고충을 고충이라 말 하지 못한 것이다. 집에서 요양 중 더러는 위태로운 날들도 있었지만 그래도 오늘 하루 무탈하심에 감사하는 마음으로 하루하루를 보내고 있다. 반면 이렇게 보내는 것도 한계가 있는지 최근 들어 무기력해 보이시는 어머니 모습을 보고 있잖니 안쓰러운 생각이 든다. 아니 어떻게 하면 울 엄마를 즐겁게 해드릴까? 라고 나름 고민도 해보지만 아직 뾰족한 방법을 찾지 못하고 있어 더 애달프다. 더구나 나의 숙제라 할 수 있는 우리 집이 빨리 팔리지 않아 좌불안석(坐不安席)이다. 어머니는 고향으로 빨리 내려가기를 원하셔 가능한 빨리 이곳을 정리하고 고향집으로 내려가야 하는데 집 파는 일이 그리 쉽게 마음먹는 대로 되질 않고 있다. 그래 나는 어머니 눈치 보느라 마음이 무겁고 엄마는 빨리 시골로 내려가지 않는다고 못마땅하게 여기시고선 매서운 눈초리로 나를 쳐다보시며 한숨 쉬고 계시니 어머니 옆에 앉아 있는 것이 가시방석이다. 물론 세상만사가 우리가 뜻하는 대로 원(願)하는 대로 모든 일이 일사천리로 진행되었더라면 세상에는 고민(苦悶)이라는 말이 필요 없을 것이고 번뇌(煩惱)라는 단어도 파생되지 않았을 것이라 생각한다. 집이 팔리지 않아 애가 타신 엄마 얼굴 대하기가 미안하고 죄송스러워 이렇게 보내는 하루하루가 더러는 고통이고 지루하다는 생각을 잠시 한다. 그러나 어머님 쓰러지신 후 사경(死境)을 헤매고 숨 막히는 순간들을 넘나들면서 초를 다투는 과정이 되었을 때는 설마 이렇게 평온한 날이 올 수 있을까?싶은 생각에 그저 막연(漠然)했던 날 들이 참 많았었는데 막상 이런 날이 가고 여러 달이 지나 해를 넘기다보니 잠시 지난해 힘들었던 과거는 전혀 생각 못하고 지루하다는 생각을 하고 있다. 그렇지만 그 생각도 잠시 나는 작년 이맘때를 생각하고 지금 이 순간을 감사하게 생각하련다. 나는 한가한 시간을 틈타 울 엄마 기분을 전환 시켜드릴 겸 엄마 머리를 조금 다듬어 드려야겠다는 생각을 한다. 그래서 어머님께

"엄마 오늘 머리 좀 잘라 드릴까요?"

라고 여쭈어 보았다. 어머니도 그럴까. 라고 하신다. 그래서 나는 책상의자를 힘차게 밀고 와 엄마를 조심스럽게 의자에 앉혀드리고 목욕탕

앞으로 밀고 간다. 제가 엄마를 욕실 앞으로 모신 이유는 자른 머리 처리하는데 욕실 앞이 제일 편해서 욕실 앞으로 모신 것이다. 나는 노란보자기를 찾아서 엄마 목에 둘러드리다가 외소해진 울 엄마 모습을 마음에 담는다. 그 옛날 육덕(肉德)이 좋으셨던 저희 어머니 어느덧 옛 모습은 온데간데없고 진기가 다 빠져버려 앙상하게 메마른 노구(老軀)의 어머니 모습을 보노라니 마음 한켠이 씁쓸해진다. 그렇지만 작년을 비교하면 지금은 천당과 같은 생활이라는 생각이 들어서 이내 서글픈 마음을 접고 어머니 머리를 조심스럽게 잘라드린다. 저희 어머님 머리색은 정말 이모작(二毛作)을 아주 멋지게 하셨다. 그러니까 흑색과 백색이 아주 조화롭게 잘 섞여 회색 빛나는 머리색깔이 보기가 아주 좋다. 더구나 엄마 머리칼은 약간 곱슬머리이라서 손질하기가 편했다. 그래서 미용기술이 없어 서툰 제가 머리를 잘라드려도 보기 싫지 않아 거침없이 제가 엄마 전담반 미용사를 자처한 이유다. 엄마는 그 옛날 어린 저희들 머리를 직접 다 잘라주셨다. 그 때는 읍내 가는 길이 멀었고 미장원도 보지 못했던 시절이다. 하긴 어린 제 기억으로는 세상에 미장원이 있다는 사실을 몰랐던 시절이다.

그 시절은 어느 집을 막론하고 어머니들이 직접 자식들 머리를 잘라주시던 농촌풍경이 아니었나 싶기도 하다. 저희 어머니께선 저희들을 토방마루에 하나씩 앉혀놓고 우리들 목에다 보자기를 둘러주신 후 토방마루 한쪽 벽에 걸려있는 거울을 내려서 저희들 손에 들게 하고 저희들 머리를 한 명 한명 잘라주시곤 하시던 모습을 아련하게나마 기억된다. 그 당시 내 머리스타일은 항상 똑 같은 바가지 머리 스타일로 기억한다. 언니는 긴 머리라 항상 묶고 다녀 그랬는지 언니 머리 자르는 것을 본 기억은 없다. 그러니까 여성스러움이 있었던 언니 머리는 항상 양쪽으로 따준다거나 아니면 하나로 묶어주셨는데 아마도 나는 섬 머슴아 기질이 있어 그랬는지는 모르겠으나 항상 바가지 머리로만 해주셨다. 나는 어느새 머리카락은 반백 되고 자기 몸 하나 마음대로 움직여지지 않는 병든 노구의 몸이 되어버리신 엄마 머리를 자식인 제가 자르는 것이 낯설다. 지금 머리 자르는 상황이 그 옛날 우리 모습과 같지만 서로를 바라보고 생각하는 의미는 많이 다르다는 느낌이 든다. 그러니까 그 옛날 5 ~ 60년 전 울 엄마도 자라나는 저희 머리를 잘라주시면서 자식들이 바르게 잘 자라 대한민국을 이끌어 가는 역군이 되어줄 것이라는 희망을 가지셨을 것이다. 그러나 지금 백발이 다 되가는 울 엄마 머리를 자르면서 느끼는 자식의 감정은 확연이 다르다. 이제껏 척박한 환경 속에서도 좌절하지 않으셨던 분이셨고 격동에 시대를 겪으면서도 굴하지 않았으며 일제시대의 강압과 총칼 앞에서도 의연하셨던 당찬 기백의 당사자가 바로 저희 어머니라는 사실이다. 그러나 이렇게 세월이기지 못하시고 나약해진 것이다. 나는 할 수만 있다면 기백이 남다르셨던 울 엄마를 다시 일으켜드리고 싶다. 울 엄마 세대는 분단의 역사 앞에 나라를 위해 6. 25동란 때도 미력한 힘이라도 반공세력과 맞서며 굳건히 나라를 지켜내신 우리의 산조상이다. 더구나 나의 등불이 되어주신 분이 바로 울 엄마셨던 것이다. 그래서 점점 희미해져가는 울 엄마 생명 불을 꺼트리지 않으려 나는 노심초사(勞心焦思)하며 지키고 있는 중이다. 저희 어머니의 횃불은 다시는 이글거리지는 않더라도 최소한 꺼지려는 지금 이 순간만이라도 나는 꺼지지 않게 지켜드리려 한다. 그러나 세상을 풍미(風味)했던 영웅호걸들이나 시공(時空)을 초월(超越)하셨던 초인(超人)들도 떠나시는 부모님을 잡지 못한 것이 자연에 순리이듯 나 역시 부모님 가시는 길을 막지 못 한다는 사실이 슬프다. 이과정이 바로 자연의 이치(理致)이며 순리(順理)이며 질서라는 사실이다. 그래서 나는 지금 이 순간을 소중이 여기며 지금 이 순간만이라도 저희 어머님 마음 편케 해드리고 싶은지도 모르겠다. 우리가 아무리 거역하고 싶어도 거역할 수 없는 것이 바로 자연의 순리이고 사람 명(命)이라 우리 인간은 신(神) 앞에 아주 나약한 티끌과 같은 존재(存在)이며 신(神)의 피조물(被造物)이라는 사실이다. 나도 어느 순간 그 자연의 순리(順理)에 자연스럽게 순응(順應)하게 될 것이라 여겨진다. 옛 속담 중에 인명은 재천이다. 라는 말을 제가 해석하기론 하늘을 우러러 부끄럼 없이 살아라!' 뜻이며 우리는 찰나(刹那)의 흔적(痕迹)도 없이 사라지는 티끌 같은 존재다. 라는 의미로 해석되며 하늘이 부르시면 누구를 막론하고 시간을 다투지 않고 떠나게 되므로 매 순간 바르게 살라는 메시지로 해석한다. 지금은 비록 티끌과 같은 존재라 하지만 그래도 이 순간을 소중이 여기며 생명을 주신 어머니를 외롭지 않게 해드리고자 꾀부리지 않을 것이다. 이젠 나도 어느새 초로(初老)의 길목에 들어선 몸이라 돋보기를 쓰고 어머니 머리를 자르고 있는 제 모습이 제가 봐도 우습다. 사실 어릴 적에는 제가 유독 섬 머슴아 기질이 있어 유난히 다른 집 아이들에 비해 철이 없었다. 어머니께서 잘라주신 바가지 머리가 나에게선 비켜가지 못했다. 집 앞이 바로 커다란 용물소. 라는 연못이 있어 낚시대만 들고 다녔던 제 어린 시절 유독 울 엄마 속을 어지간히 썩혀드렸던 나였기에 지금 어린 시절 불효했던 마음을 속죄하는 뜻으로 나는 이렇게 어머니 옆에 딱 붙어 떨어 질줄 모르는 울 엄마 껌 딱지요. 엄마 전담반이라는 멋스런 별명까지 얻게 되었다. 엄마 머리를 다 자르고 나서 엄마에게 너스레로 아이고 우리엄마 이쁘네. 라는 말을 했다. 엄마도 빙그레 웃으시며 아이고 참말로. 라고 하신 것이다. 이 말씀의 뜻은 쓸데없는 소리 하지 마라. 라는 뜻인지 아니면 어색하다는 뜻인지 정확히 알 수는 없다. 아이고 참말로. 라는 말씀을 깔끔해서 좋다. 라는 말로 해석 할 것이다. 실

없는 나의 농담에 웃어주시는 울 엄마가 옆에 계셔서 나름 나는 행복하다. 그러니까 우리모녀는 기회만 있으면 웃으니 행복한 사람들이 맞다. 요즘 행복(幸福)이라는 추상적 의미(意味)는 기대한 것이 기대 이상이 되었을 때 행복하다고 한다. 이와는 반대로 불행한 삶 속에서도 웃을 수 있는 기회를 자주 만들어 어려운 고비 속에서도 웃으며 힘든 삶을 슬기롭게 대처해가는 지혜로운 사람도 있다는 사실이 관건이다. 척박하고 곤란한 환경 속에서도 소소(小小)하게 웃으시는 분들이 자주 쓰는 말이 행복해서 웃는 것이 아니라 웃으니 행복 하더라. 라는 말씀들을 하시는 이유가 바로 이런 이유이지 싶다. 그렇다. 우리가 웃으니 행복하다는 말이 맞은 것이다. 나도 이 부분 만큼은 공감(共感)하는 부분이라 하겠다. 대부분 삶이라는 굴레를 벗어놓고 살 수는 없다. 그래서 자신에게 씌워진 멍에처럼 삶은 싫든 좋든 누구나 태어났으면 살아가야 할 의무가 주어진 부분이라 굴레라고 하였을 것이고 우리는 그 굴레 속에서 행복하게 살든 불행하게 살든 살아가야 하므로 궁핍에서 오는 삶의 무게… 마찰에서 오는 삶에 갈등에 연속이다. 어쨌든 수많은 마찰과 갈등. 그리고 불일치에서 오는 파장들 때문에 어쩔 수 없이 삶의 노예가 된 것이다. 만사(萬事)는 마음먹은 대로 되지 않는 것이 인생이며 우리의 삶이다. 하지만 아무리 힘들어도 죽을 만큼은 아니었을 것이고 아무리 괴로워도 삶을 포기 할 만큼은 아니더라는 것이다. 우리는 고단한 삶 속에서도 소소(炤炤)하게(밝고 환하게)웃을 수 있는 여유를 갖고 살아가야 한다. 머리를 깔끔하게 자르신 엄마 모습에서 조금 생기가 느껴졌다. 특히나 요즘 들어 엄마는 움직이시는 것이 많이 수월해 지셨는지 책상의자에서 소파로 옮겨 앉으시는 모습이 많이 가벼워 보였다. 금방이라도 엄마는 자리를 박차고 곧 걸어 다니실 기세다. 그러나 항상 방심(放心)은 금물(禁物)이다. 더러는 잠시잠깐의 방심 때문에 나는 그 얼마나 혼 줄 났던 일을 많이 격었던가? 무슨 조화인지 엄마에게서 잠시 한 눈 팔게 되면 탈이 많아서 다시는 그런 아득한 일들은 두 번 다시 겪고 싶지 않다. 그래서 나는 늘 긴장하고 요의주시해가며 엄마를 살핀다. 엄마는 조심성 부족한 제가 미덥지 못하셨는지 머리 자르시는 동안 다리에 힘을 많이 주고 계셨다. 그래서 엄마가 소파에 앉자마자 나는 굳어진 어머니 다리를 주물러 풀어 드렸다. 엄마는 이렇게 몸을 부려버리기 전까지는 타인에게 자신의 신체를 만지는 것을 허락하시지 않으신 분이다. 그래서 저희 어머니 연세 80세가 되도록 우리는 엄마를 한 번도 주물러 드린 적이 없는 이유다. 우리 어릴 제 엄마 젖을 서로 만져보려고 엄마 허연 살을 헤집어 되던 때 말고는 특별히 우린 엄마 살을 만진다던가? 주물러 드린 기억이 없다. 그런데 요즘은 제가 다리를 주물러 드리면 싫지 않으신지 그저 맡겨놓고 계신 부분이 예전과는 사뭇 다른 모습이라면 다른 모습이다. 엄마는 내가 다리를 주물러드리니 노곤하신지 곧바로 누우신다. 엄마 누워계시는 틈을 타서 엄마 식사 준비하려 부엌으로 가던 차 전화벨이 울렸다. 언니다. 언니는 엄마에게 안부를 짧게 전하고 나에게 이모들께서 울 엄마소식이 궁금하고 보고 싶어 이번 주에 언니랑 같이 김해로 오시겠다는 연락이다. 참으로 반가운 소식이라 하겠다. 그러니까 장기간 병상에 계신 바람에 어쩌면 엄마가 괄호 밖 사람이 될 수도 있겠으나 이모들께서 잊지 않고 엄마를 찾아오신다고 하니 이렇게 기쁜 일이 어디 있겠는가? 싶다. 이모들은 저희 어머니를 작년 이만 때 아산병원에서 계실 때 잠깐 보시고 김해로 내려오신 뒤로는 못 봤으니 근 1년 동안 보지 못하고 소식만 종종 전하는 정도로 지냈다. 이모들은 언니 건강이 지금은 어떠하신지? 많이 염려스러워 언니를 찾아뵙겠다는 것이다. 이모들은 엄마를 친정어머님처럼 의지하고 살아오신 분들이라 유독 언니 걱정을 많이 하셨을 것이다. 그런데 방정맞게 이모들이 이번 김해오시는 이유는 언니살아생전 마지막으로 언니 얼굴보고 가신다는 뜻이라고 하니 가슴이 철렁 거렸다. 마지막으로 보시겠다는 말씀은 어쩌면 너무나 슬픈 말씀이다. 이모들께서 말씀을 그렇게 하셨을 때에는 혹시나 언니가 잘못 되실까봐 이제껏 전전긍긍 하시며 사셨던 이유라 생각이 들어 가슴이 먹먹해졌다. 언니가 잘못 될까봐 그동안 애가 많이 타는 심정으로 지내셨을 것을 생각하니 이모들에게 죄송하기 그지없다. 그도 그럴 것이 울 엄마 형제분들은 그 오랜 세월동안 형제간에 아직까지 삐거덕 거리는 소리 한번 내지 않았으며 다정하기가 친구 이상정도이고 보면 만인(萬人)의 귀감(龜鑑)이 되는 형제우애의 다정함이고 의(義)좋은 자매다. 그동안 얼마나 언니가 염려스러우셨으면 마지막 인사라도 나누시고자 이 먼 길을 오시고자 하시겠는가? 싶은 생각이다.

   이 또한 의(義)좋은 자매들 깊은 정(情)이 아닐까? 라는 생각을 저 개인적으로 해본다. 그래도 이모님들 두 분은 그나마 건강하셔서 자유롭게 해외여행을 자주가시는 편이고 국내 여행도 자주 떠나시곤 하신 분들이고 보면 부럽기 그지없는 모습이다. 한때는 저희 어머니도 국내여행은 마다하시지 않고 같이 다니셨지만 언제부터인지 모르지만 그 대열에 어머니가 빠지게 되셨다. 나이가 많아지셨고 건강에 이상이 생겨 함께 가시지 못하신 어머니를 보면 제 마음이 항상 무거웠던 부분이다. 어머니께서 쓰러지시기 전 까지만 해도 비록 발걸음이 조금 느리더라도 이모들과 함께 국내정도는 이곳저곳을 다녔는데 이제는 그마져도 함께 하시지 못하게 되었으니 설분 마음이다. 자식 입장에선 해외여행을 자주 떠나시는 이모들 대열에 엄마를 합류 시켜드리지 못한 것이 내 삶에 있어 가장 아쉬움이 많이 남은 부분이다. 정말로 부러운 부분이지 싶다. 더구나 지금은 엄마 건강마저 썩 좋지 않은 상태라 제 마음은 더욱 안타까운 것이다. 울 엄마가 제일 좋아하는 일이 두 동생 데리고 여행 다니시는 것이다. 아무튼 울 엄마 완쾌되시면 이모들과 가까운 곳이라도 가볍게 다녀 올 수 있도록 기회를 나는 만들 것이다. 어쩌면 세상만사 모든 일은 새옹지마(塞翁之馬) 아니던가? 싶다. 그래 분명 궂은일 있으면 좋은 일도 있는 법이 세상사 이치(理致)이고 인간세상 사이클이다. 그래서 나는 아직 이 희망(希望)을 놓지 않고 산다. 특히 지성(至誠)이면 감천(感天)이라 했다. 이 속담이 내포하는 의미에 나는 희망(希望)을 건다. 어쩌면 이 속담은 분명 진리(眞理)라 믿기 때문이다. 과연 진리(眞理)란 무엇을 뜻하는가? 라고 의구심(疑懼心)을 갖는다. 물론 사전적 의미론 참된 이치 참된 도리로 명시되어 있다. 반면 열린 길이라고 한다. 그러나 이 말은 일반인이 생각하기엔 좀 난해하다. 진리란 우리가 세상을 살아가는데 필요한 몸과 마음의 사용설명서라고 해석하면 쉬울 것이라 생각한다. 우리의 삶속에서 언제나 직면하게 되는 일 가운데 가장 먼저 우선시해야 되는 일을 알아가는 과정 정도로 생각하면 좋을 듯하다. 보통은 언제 어디서나 누구든지 타당하고 인정하는 일이라는 것을 우리는 진리라 여긴다. 라고 정의(定義)를 내리기도 하지만 더러는 모순된 부분이 많다는 사실이다. 그래서 진리는 시대나 역사의 흐름에 따라 보편타당하게 바뀌고 힘을 발휘하지는 못하는 것 또한 진리라는 사실을 우리는 알아야한다. 누구나가 인정하고 보통사람들이 수긍하는 일이 바로 진리라 할지라도 하늘에서 바로 내리는 섭리(攝理)앞에 우리는 한낮 티끌과 같은 존재라는 사실을 망각하지 말아야 한다. 나는 세상에서 떠도는 말 중에 으뜸이 있다면 지성이면 감천이다. 란 말을 으뜸으로 생각한다. 정신일도하사불성(精神一到何事不成)이란 말도 맥락이 같다고 할 수 있다. 마음이 어느 한곳에 정성을 드리고 집중하면 이루지 못할 것이 없다는 뜻으로 해석해도 무방하지 싶다. 일체유심조(一切唯心造)라는 말도 같은 뜻을 내포하고 있다. 아무리 일체유심조하여도 이루지 못한 일들이 사실 부지기수(不知其數)다. 그러나 현실이 그렇다 손 치더라도 맡은바 일에 대해선 최소한 노력하는 자세가 바람직하다. 더구나 부모님 섬기는 일에 대해서는 정말 정성스러운 마음, 한결같은 마음 때 묻지 않은 마음으로 모시는 것이 생명을 주신 분에 대한 예의가 아닐까? 싶다. 세상만사 이치가 쉽게 이룬 것 없다. 그렇다고 쉽게 포기해서도 안 될 것이다. 그리고 쉽게 이룬 것은 쉽게 무너지는 사실이다.

오랜만에 엄마 3자매가 상봉했다

 나는 이모들과 언니가 온다는 연락을 받고나니 괜스레 어린아이 마냥 설레는 마음이 든다. 작년 어머니가 퇴원해 집에 계실 때 막내이모께서 저에게 니가 효녀다. 라는 과(過)한 칭찬을 해주셨다. 막내 이모님 칭찬은 그러니까 저에게 힘들어도 엄마 포기하지 말라는 의미(意味)로 들렸다. 하지만 칭찬이 참 저렴하신 막내이모께서 칭찬을 해주시니 왠지 쑥스러웠지만. 그래도 이모님 그 말씀은 왠지 힘이 되기도 하였고 듣는 나도 싫지는 않았다. 칭찬은 둔한 고래도 춤을 추게 한다. 라는 말이 있듯이 칭찬은 지친 사람에게 용기(勇氣)를 불어 넣어주기도 하고 포기(暴棄)하려는 사람에게 희망(希望)을 주는 원동력(原動力)이며 지쳐가는 마음을 다시 잡게 하는 마력(魔力)의 힘도 있다. 저는 이모들이 오신다고 하니 조금이라도 반찬준비를 좀 해두는 것이 좋을 듯하다. 그래서 어머니에게 시장을 다녀와야겠다는 말을 한다. 그랬더니 어머니는 아 그래. 라고 하시며 시장 다녀오라고 하셨다. 나는 아들에게 엄마를 잠시 부탁해 놓고 새벽시장을 서둘러 다녀오게 되었다. 그리고 어머니 누워 계시는 틈을 타 몇 가지 반찬을 만들어 놓고 어머니 옆에 조심스럽게 앉는다. 평소 같았으면 엄마는 동생들 온다고 하면 자기 지갑을 열어 반찬 준비하라고 하셨을 것이다. 그런데 감각이 떨어지셨는지 동생들이 온다는 소식 듣고도 크게 반가워하는 분위기는 아니다. 워낙 점잖으신 분이 저희 어머니라 과하게 감정 표현은 하시지는 않더라도 표정은 살아있었는데 왠지 오늘은 기운이 없으신지 무력해 보여 나는 괜시리 엄마 눈치를 본다. 무슨 이유인지 모르겠지만 일단 어머니는 그저 말없이 눈을 감고 한참을 계셨다. 아마도 우리 집이 팔리지 않아 마음이 불편하신 것 같다는 느낌이다. 아무래도 침묵하는 시간이 길어진 것을 보면 고향집으로 빨리 가지 못한 것이 마음이 몹시 괴로우신 것이라 짐작 든다. 다음 날 이모들이 오시는 날이다. 평소처럼 어머니도 일찍 일어나셔서 소파에 앉아 계셨다. 나도 평소처럼 일찍 일어나 어머니에게 아침인사

"엄마 안녕히 주무셨어요?"

라고 인사를 했다. 그랬더니 엄마도

"오냐."

라고 하신다. 그래서 제가 어머니에게

"오늘 언니랑 이모들 오시는 날이네."

라는 말을 했다. 엄마도

"아 그래."

라고 한다.

어제보다는 사뭇 다르다는 느낌? 좀 밝아지셨다는 느낌? 나는 울 엄마 얼굴이 밝으면 내 마음도 자동으로 밝다. 새 털같이 많은 날 중에 제가 해드릴 수 있는 것이 한계가 있어 그런지 아무튼 울 엄마 쓸쓸한 모

습 하고 계시면 나도 따라 우울해져 울 엄마 쓸쓸한 표정은 나에게는 정말 괴로운 시간이 된다. 오후 3시쯤 그리웠던 이모들과 언니가 집에 도착을 했다. 근 1년 만에 이모들과 만남이다. 엄마도 이모들이 오시니 반가우신지 벌써 울 엄마 눈가가 촉촉함이 서려있다. 엄마를 마주한 이모들은 어머니를 보시고서 아이고 우리 언니 마지막 인사가 될 줄 알고 나름 걱정이 많았는데 이렇게 많이 좋아지셨네. 라고 하신 것이다. 나는 이런 말이 왠지 듣고 싶었는지도 모르겠다. 그러니까 우리이모들 그 말씀 한마디가 그동안 두 환자와의 힘겨웠던 시름이 한꺼번에 사라지는 순간이지 싶다. 환자 두 사람을 돌보는 입장에서는 이 말 한마디가 제일 듣고 싶었을 것이다. 오랜만에 재회한 엄마와 이모들은 언제나 만나면 반갑고 즐거운 것이 맞다. 어쩌면 형제란 당연히 이렇게 다정하게 지내는 것이 마땅하다. 그러나 우리 형제는 지금 어떤가? 아무튼 우리들은 이런 모습들을 보고 배우고 답습하여 동기간에 우애하는 마음을 가져야 할 부분이다. 내가 생각하고 바라는 형제란? 잘 살고 못 살고를 떠나 서로 우애로써 서로 존중해주고 귀히 여겨주는 마음이 제일 중요하며 서로가 믿어주고 이끌어주며 밀어주면서 서로 상생(相生)하는데 주력(主力)하는 것이 바람직한 자세라 여긴다. 비온 뒤 땅이 더 단단히 굳듯. 우리도 머지않아 지난날의 잘잘못을 훌훌 털어버리고 다 같이 한마음 한뜻이 되어 서로 화합(和合)하고 우애하는 마음으로 살아 갈 것이라 생각한다. 이모들이 오시니 집안 분위기가 다르다. 언제나 우리 이모들은 유쾌하신 분들이다. 더구나 이모들은 유머 있고 제치 있으시다. 그래서 언니와 나는 이모들 속에 끼어 만나기만 하면 언제나 하하 호호 하며 같이 어울렸던 것이다. 이모들 덕분에 집안 분위기가 확 바뀌었고 이 순간만큼은 시름이란 있을 수 없을 정도로 모든 시름 잊고 정다운 이야기꽃을 피웠다. 이렇게도 정다울 수가 있을까? 싶을 정도로 어머니와 이모들은 하하 호호가 연이어진 것이다. 그러니까 소녀 같은 동생들과 엄마 같은 언니가 있어서 그 어울림이 환상의 콤비 같다. 나는 이 모습을 가슴에 담는다. 부러워서 훗날 나도 우리 형제들과 이렇게 지내고자 가슴에 담는 이유다. 사실 엄마와 이모들의 다정함을 옆에서 보고 있는 내 입장에서는 자매가 이렇게 정다운데 헤어져 사는 것이 아쉽게만 느껴진다. 울 엄마자매들은 친구 같은 독특한 자매가 맞다. 이런 모습이 참된 형제들 우애하는 모습들이고. 타인(他人)의 모법(模法)이요 귀감(龜鑑)이 되는 부분이기도 하다는 느낌이다. 우리 형제들은 이런 모습들을 분명 같이 보고 자라면서 화목한 이 모습들을 왜? 답습(踏襲)하려들지 않는 것인지? 정녕 나에게 문제가 있는지? 정녕 문제가 있다면 과연 그 문제는 무엇인지? 그렇다면 문제가 굳이 나라고 한다면 그저 평범하지 않으신 어머니 뜻 쫓아 어머니 손과 발이 되었던 것뿐인데 왜? 일부 형제들은 이렇게 엄마 뜻 거역하지 못하고 나 역시 어쩔 수 없이 엄마 뜻 따르고 있는 내 입장은 전혀 이해하려 하지 않고 마냥 고깝게만 보는지? 흩어진 우리 형제 우애(友愛)는 과연 어디에서 찾아야 하는지? 그리고 나의 신뢰(信賴)가 진정 이것뿐이었는지? 궁금타 혹여 나를 이해하는 형제는 과연 있기나 한 것인지? 아무튼 이 현실이 그저 안타깝다. 나도 형제들처럼 하기 싫으면 하기 싫다고 말 하면서 살고 싶은 마음도 없지 않다. 허나 울 엄마 원하시는 일이고 돌이켜보면 남을 이롭게 하시는 일이라 그저 옆에서 보조 하는 입장인데 어쨌든 나는 말썽꾸러기며 미운 오리 새끼고 이단아이다. 내겐 우리형제와 화합은 난공불락(難攻不落)처럼 어려운 과제다. 아니 그 얼마나 옹이를 만들고 마디를 만들어야만 나는 형제들로부터 배척당하지 않고 살 수 있으련지? 과연 나는 어떤 방법으로 형제 화합의 문을 조화롭게 열어 갈 것인지? 정녕 형제 화합하는 날은 올 것인지? 아직 풀지 못한 오해 때문에 내 마음 한 쪽이 무겁다. 그러나 나는 결코 희망을 버리지 않으리라 마음먹는다. 우리 형제들도 어느 시점에서 스스로 성찰(省察)의 시간을 갖다보면 자연스럽게 성숙(成熟)해져 오해(誤解)되었던 부분들이 쉽게 풀리게 될 것이라 기대하는 마음이 크다. 절망(絕望)보다는 희망(希望)을 갖는다. 옛말에 이르기를 비 온 뒤에 땅이 더 단단해진다. 라고 했듯 우리형제들도 언젠가는 오해가 자연스럽게 풀어지고 나면 예전처럼 우애 깊은 형제로 남으리라는 생각한다. 우리가 세 살을 살다보면 보편적으로 사람들 유형(類型)을 보노라면 이해(理解)하는 쪽과 오해(誤解)하는 쪽으로 크게 양분(兩分)된다는 사실이다. 그러다보니 보통은 이해(理解)하는 쪽 사람들을 보노라면 대부분 긍정적(肯定的)인 성향(性向)이라 본인에게 맞지 않은 일이라 할지라도 보통은 그럴 수도 있겠구나. 라고 상대(相對)를 이해하려는 마음을 갖는다는 사실이다. 그러니까 작은 것 하나라도 아름답게 보려는 마음, 그리고 범사(凡事)에 감사할 줄 아는 마음 특히 살아 있는 것에 감사하며 세상을 아름답게 보려는 성향이 짙은 것으로 나타났다. 그러나 오해(誤解)하는 사람들 쪽 유형을 보면 세상 모든 것을 불공평(不公平)하게 보는 것이 특징(特徵)이며 만사(萬事)를 부정적(否定的)인 관점(觀點)에서부터 눈여겨본다는 사실이 도드라지게 나타난다는 사실이다. 그러니까 어떤 사물 하나를 보더라도 먼저 흠을 본다는 것이 특징이라 하겠다. 그러나 우리는 꼭 알아야 할 것이 있다. 세상사 모든 것을 시비(是非)로 보는 사람은 자신(自身)도 언젠가는 누군가의 시비 대상이 될 수도 있다는 사실을 기억했으면 한다. 우리가 알고 있는 자연법칙은 자기가 불러들인 의식(意識)이 반듯이 자신에게 반영(反影)된다는 사실이다. 그러니까 남을 의심하고 살던 사람은 언제가 자신도 남에게 의심의 대상이 되는 것이 기정사실이고 이것이 소위 말하는 불변(不變)의 법칙이라고 할 수 있다. 본의 아니게 특별하신 어머니 뜻 받들고 살다보니 많은 사람들의 오해 대상이 되었다는 것이다. 그렇지만 멀리 보았을 때 어머니 말씀과 뜻이 옳았다고 생각하기에 나는 엄마 뜻을 받들며 옆에서 열렬히 지지(支持)도 하는 이유다. 저희 어머니를 이해 못하는 형제로부터 이해를 구하지도 않을 것이다. 그렇지만 멀리 보고 좋은 쪽으로 생각하고 엄마를 본다면 엄마 나름 타인을 이롭게 하기위해 자식들 불만을 감내하시고 많은 선행(善行)을 실천하시며 살아오신 것이다. 그래서 나는 울 엄마가 존경스럽다. 하지만 저희 형제들은 일정 부분 나에게 감정이 있어 그랬는지 모르겠지만 어머니 하시고자 하시는 일을 마냥 좋게 보려는 마음이 없었던 이유가 이제껏 저희 친정에 일어났던 불협화음에 요소라 하겠다. 반면 나는 울 엄마 뜻하시는 일이 무엇이든 간에 미력한 힘이나마 보태드리고자 하는 마음으로 임한다. 그러나 유독 하나에서 열 가지를 못마땅하게 여기는 사람이 생겨 오히려 내가 형제우애에 걸림돌이 된 사례이다. 그러나 진리(眞理)의 개념(槪念)이 사필귀정(事必歸正)이듯 진실은 말없는 하늘은 알며 말 못하시는 어머니가 알고 계시니 나는 억울할 게 없다. 그리고 우주의 법칙은 호리도 어긋남이 없으니 분명 사필귀정(事必歸正)의 법칙이 작용 할 날이 있으리라 생각한다. 자연(自然) 순리(順理) 원형이정(元亨利貞)의 이치(理致)가 그러하고 우주법칙의 순리(順理)속 춘하추동(春夏秋冬)의 원리(原理)가 그러하듯 겨울은 봄을 낳고 그 봄은 다시 여름을 받아 생물들을 성장시키고 여름은 가을을 챙겨 열매 맺게 하며 겨울은 알곡을 거두어드린다. 그리고 그 겨울은 언 대지를 북돋아 따뜻한 봄을 맞도록 따스한 입김을 불어 넣으면 농부들은 또 다른 씨앗을 심어 새로운 봄을 다시 맞이하듯이 돌고 도는 것이 자연계 순리이다. 인간계(人間界)도 노쇠(老衰)해지신 부모님을 봉양(奉養)하는 것이 우리들의 의무요 인간이 사는 세상(世上)의 질서(秩序)다. 농부가 성장(成長)의 법칙(法則)을 믿고 봄에 씨앗을 심듯 우리도 그 성장의 법칙을 믿고 부모님 봉양에 있어 지극하지는 못 할지라도 꾀부림은 없어야 할 것이다. 우리 집은 지금 이모들과 언니 방문에 분위가 훈훈한 기운이 감돌고 있다. 반찬 한 가지를 놓고도 이모들이나 어머니는

"아이고 이것도 맛있고 저것도 맛있네."

라고 하며 하루해가 저물도록 이야기꽃을 피우시고 계신다. 유모감각들이 뛰어나신 저희 이모들과 제치와 위트가 남다른 우리언니 덕분에 나는 시간 간 줄도 모르고 3일을 보냈다. 그러니까 3일은 사랑하는 사람들과 화기애애하게 지내다 보니 너무 짧게 느껴진 것이다. 그러니까 아무래도 관계가 불편한 사람과 서로 얼굴 붉히며 지내는 3일은 길게 느껴졌을 것이라 생각한다. 그렇지만 우리 이모들이나 엄마는 그저 작은 것 하나라도 이것이 맛있으니 너 먹어봐라. 아니 언니가 많이 먹고 빨리 나아야 되니 언니가 많이 좀 먹소. 라고하며 서로 챙겨주는 모습들이 너무 정겨워 저는 이 추억과 이 분위기를 가슴 깊이 새겨두고 싶다. 이모님 두 분 그리고 언니와 함께 한 3일은 정말 쏜살같이 지나가고 벌써 이별을 고하는 날이 되었다. 엄마는 두 동생과 함께 지낸 것을 너무 좋아하시니 자식 입장에서는 이 순간들을 붙잡아 두고 싶은 것이다. 그렇지만 이제는 이모들이나 언니를 일상으로 보내드려야 하는 시간이다. 분명 우리의 삶속에는 만남이 있으면 이별도 당연히 따라오는 것이 필연이듯 언제나 우리는 이별과 만남을 반복하는 것이다. 삶도 마냥 즐겁지만은 않은 것이 인생살이인 것이 확실하다. 너무 편안 세상은 사람을 나태(懶怠)하게 만들기도 하고 교만(驕慢)하게 만들어 놓기도 한다. 그러나 하늘은 분명 쭉정이와 알곡을 선별하기 위해 지구라는 시험(試驗)대에 우리들을 내려놓으신 것이라 생각한다. 그래서 사람들에게 시련과 곤란한 삶을 겪어가게 만들어놓고 서로 공존(共存)하고 서로 공영(共

榮)해 살아가라는 의미로 인간들에게 고통을 주시는 뜻이라 여겨진다. 이렇게 생각한 것은 저 개인적인 생각일 뿐이다. 다만 사람은 많은 시련 속에서 상대를 이해하게 되고 상대를 귀히 여기는 것을 배우게 되지 싶다. 이 말의 뜻은 단순히 제 경험으로 아니면 추측이라고 치부하기에는 다소 미련이 남은 부분이다. 더구나 다양한 경험과 풍부한 지식을 얻고자 하였을 때 책에서 읽어두는 간접 경험보다는 다양한 일들을 직접 경험하고 스스로 어려운 고비들을 극복해서 얻은 경험과 지식은 곧 지혜가 될 것이고 그 지혜들이 축적되고 쌓이다보면 자신을 깨닫고자 하는데 원동력이 되지 않을까? 라는 생각이다. 더러는 편안하고 풍요로운 삶 속에서 쉽게 얻어진 지혜보다는 모진 시련 속에서 체득(體得)해 축척된 지혜(智慧)야말로 자기 자신을 발전시키고 자신을 극기(克己)하고 수양(修養)하는데 커다란 자양분이 되지 않겠는가? 라는 생각을 한다. 뜻이 있어 굴곡진 생을 살다간 호걸(豪傑)들이나 아무런 뜻 없이 주어진 세월(歲月)만 보내고 간 속인(俗人)들이나 한줌에 흙으로 돌아가기는 매한가지겠지만 어차피 주어진 삶이고 어차피 태어난 생명이라면 수동적(受動的)인 자세(姿勢)보다는 능동적(能動的)인 자세(姿勢)가 더 중요하고 좋을 것이며 부정적(否定的)인 마음보다는 긍정적(肯定的)인 마음이 훨씬 좋을 것이다. 그리고 오해(誤解)하기보다는 이해(理解)하면서 상대(相對)를 다독이며 사는 것이고 미워하기 보다는 사랑으로 감싸주고 살피며 사노라면 주고 살았는가? 라고 하겠지만 오히려 많은 것을 받고 많은 것을 얻었음을 깨닫게 되는 것이 바로 인생이요 우리의 삶이 아닌가? 싶다. 그래서 이왕지사 나쁜 생각으로 마음을 불편하게 사는 것보다는 이왕이면 좋은 생각으로 자신의 마음을 평온하게 유지하는 것도 현명한 마음가짐이요 지혜로운 처사이며 자신을 발전시키는데 좋은 자양분(滋養分)이 될 것이다. 그리고 가능한 칙칙한 음지(陰地)쪽에서 햇빛을 기다리기 보다는 양지(陽地)쪽에서 태양을 마주하는 것이 훨씬 더 이로울 것이라 생각한다. 아무튼 3일 동안 하하 호호 하시며 머물다 떠나간 세 분의 빈자리는 컸다. 세 사람이 떠난 후 우리 집은 하루 종일 허전함이 느껴진다. 어머니도 형제들이 떠난 자리의 허전함을 느끼시고 계시는지 쓸쓸하게 누워 계시는 모습이 어딘지 모르게 쓸쓸해 보이신다. 일단 하루 웬 종일 말씀 없으신 울 엄마의 무료한 시간을 어떻게 해서라도 채워 드리고 싶은데 나의 재롱도 이제는 한계를 느끼고 바닥을 친다. 더구나 이젠 풍당풍당도 싫증이 난 것이다. 그러니까 지금 우리모녀에게 새로운 활력소가 필요하고 돌파구가 필요함을 절실히 요구된 시간이라 하겠다. 어머니는 김해집이 팔리지 않아 화가 나있어 보여 불안하다. 사실 나 나름 빨리 집 정리를 하고 싶어 시세보다 월등하게 가격을 싸게 내 논다고 놓았건만 집이 팔릴 기미가 보이지 않은 것이다. 나는 그래서 이래저래 어머니 눈치를 살피다가 또 다시 정보지란 정보지를 다 활용해서 집을 거금을 주고 다시 내놓게 되었다. 저는 이렇게 집을 정보지를 내 놓은 지가 여러 차례라 정보지 활용하는 돈이 제법 들어 갔다. 그러던 중 한번은 정보지를 보았는지 웬 젊은 사람이 집이 넓어 사내(社內)숙소로 쓰기에 아주 좋을 것 같다며 전화가 왔었다. 그런데 감정평가를 받아야 회사에서 승낙을 한다고 하면서 감정평가 비 78만원을 송금하라고 했다. 내 입장에서는 그 돈을 지출하고서라도 빨리 팔고 싶은 마음이 컸다. 그래서 그 돈을 빌리고자 아는 동생에게 감정 평가비 그 돈을 용통해주라고 했다. 그랬더니 요즘 유행하는 보이스피싱이라고 조심하라고 한 것이다. 정말 그 동생 말을 듣고 나니 아차 싶은 생각이 들었다. 호주머니에 그런 큰돈이 내게 있었더라면 분명 나는 요즘 성행하고 있는 보이스피싱의 피해자가 분명 되었을 것이라 생각한다. 내 호주머니가 가벼워서 피해를 보지 않았을 뿐 마음이 절박하니 이런 미끼라도 덥석 물고 싶은 심정이었다. 집을 급히 팔아야 되는 절박한 심리(心理)를 이용해 부동산중개를 빙자(憑藉)해 사기(詐欺)를 칠거라는 것을 전혀 생각하지 못한 것이 제 불찰(不察)이다. 그렇지만 이렇게 교묘(巧妙)하게 사람의 절박(切迫)한 상황을 이용하는 집단들은 당연히 우리 사회에서 근절되어야 될 부분이다.

나는 생각한다. 과연 우리가 살면서 가장 으뜸이 되는 것이 무엇인가? 그리고 우리 삶에 가장 기본이 되는 것이 무엇인가? 라는 질문을 내 스스로에게 해본다. 나는 그것은 바로 자신의 양심이라 생각한다. 더구나 함께하는 세상에는 진솔한 마음과 서로 지켜가야 할 신뢰(信賴)가 가장 으뜸이 되지 않을까? 라는 생각을 하게 된다. 나 혼자만의 생각일 뿐이다. 그래서 나는 내 삶에 있어 가장 주안점(主眼點)을 두었던 부분이 바로 내 양심을 속이지 않는 것이다. 그러니까 남은 속일 수는 있지만 본인 양심은 속일 수가 없다는 것이 결론이다. 그리고 그 부분은 오직 자기 양심만이 아는 부분이라 자기 양심이 떳떳하지 않으면 누가 뭐라 하지 않아도 자신도 모르게 위축된다는 사실을 깨달은 것이라 하겠다. 그리고 자기 양심이 떳떳하면 무슨 일을 하더라도 당당하다는 사실이 관건이다. 다음은 신뢰와 신의(信義)며 도리(道理)이다. 물론 인간세상에서 요구하는 도리의 범위는 너무 광범위(廣範圍)하다. 그래서 옛말에 도리는 워낙 광범위해서 성현(聖賢)들도 실천을 다 하지 못한다. 라는 말이 있다. 우리가 도리를 다 행하고 산다는 것은 쉬운 일은 분명 아니다. 도리를 넓은 의미로 생각해보면 너무 광범위해서 끝이 없다는 뜻이다 그러나 도리를 좁은 의미로 접근해 보면 가족의 도리, 자식의 도리, 그리고 부모 도리, 부부 도리 정도만 기본적으로 실천하고 살아도 나쁘지 않다. 이 도리 된 부분도 나의 개인적인 생각이다. 그러나 내 개인적인 경험을 보았을 때 바로 이런 부분들이 바로 섰을 때 우리나라는 아름다운 나라가 될 것이라 나는 생각한다. 더구나 내 상식에서 보더라도 도(道)를 산속이나 절간에서 찾는다는 것은 어불성설(語不成說)이라는 생각이다. 예를 하나 들자면 병든 부모님 봉양은 뒤로 하고 도통[道通]을 하고자 산수(山水) 간(間)에 몸을 맡겨 유유자적(悠悠自適)한 납자(衲子)들 나름대로 뜻이 있어 그리하겠으나 생명을 주신 병든 부모님 봉양을 뒷전으로 하고 수양한다며 세상등지고 얻은 것이 깨달음이다. 하지만 그 깨달음을 과연 어디에다 쓸 것인가? 싶은 생각이다. 산수 간에 몸을 맡겼던 납자(衲子)들이 그렇게 저렇게 깨달았으면 부모 살아생전 따뜻한 밥 한 그릇이라도 정성으로 해드리는 마음가짐이 진정한 수행자의 자세가 아닐까? 싶다. 저는 비록 내세울 것 없고 자랑 할 학별 없는 초라한 민초(民草)지만 나에게는 확고한 신념 있다면 아마도 그것은 부모님 살아생전(生前)에 봉양(奉養)을 원칙(原則)으로 삼았던 것이다. 제가 영리하지 못해 더러는 어눌해진 어머님 말씀을 빨리 알아듣지 못해 가끔은 수수께끼 맞춰가듯 더러는 힘겨울 때도 많았지만 그래도 이렇게라도 어머니를 모시고 산다는 사실만으로도 나는 행복하다. 나는 아직까지 사실 최선이 무엇인지 잘 모른다. 하지만 내게 주어진 이 시간만큼은 병든 부모님 섬김에 꾀부리지 않을 것이고 생명(生命)을 주신 귀(貴)한 부모님 최소한 서럽게 만들지는 않을 것이라는 마음은 갖고 산다. 그리고 무엇이 진정한 효(孝)인지도 잘 모른다. 하지만 나는 매일 엄마에게 사랑 고백하며 사는 여자다. 그러니까 나는 매일 엄마에게 엄마 알라뷰. 라는 말을 달고 산 것이다. 사실 어머님 이렇게 되시기 전까지 저는 매일 아침 유치원 다니는 어린 아이가 자기 엄마에게 유치원 등원하는 차 앞에서 배꼽인사로 엄마 유치원 다녀오겠습니다. 라고 인사하는 모습이 너무 귀여웠다. 그래서 그런 모습이 너무 사랑스러워 나도 항상 아침이면 엄마 안녕히 주무셨어요. 라고 배꼽인사 드렸었다. 제가 이렇게 매일 두 손을 공손히 배꼽에 대고 인사드리노라면 엄마는 어이없어 하시며 아이고 참말로. 라고 하시며 웃곤 하셨다. 저는 웃는 울 엄마 그 모습이 너무 좋아서 비록 어이없어서 엄마가 웃으시긴 하지만 그래도 그렇게라도 웃는 엄마 모습이 좋아 일부로 철없는 아이가 되곤 했다. 엄마가 쓰러지신 이후론 아침 멘트가 바뀌어 내가 엄마 알 러브유 라고 하면 엄마도 비록 어눌한 발음이지만 아라브. 라고 하시며 웃으신다. 나는 울 엄마가 웃으시면 세상 근심이 사란진다. 나는 이렇게 실없고 철없는 자식이 되고자 한다. 저희 모녀는 이래서 웃고 저래서 웃으며 막연함에 대한 불안감을 최소한 해소(解消)해 가고 있는 중이다. 행복해서 웃는 것이 아니라 웃으니 행복하다. 라는 말의 뜻을 이해가 되기도 한 부분이다. 우리는 이 말이 가지고 있는 긍정의 힘이 주는 영향이 크기 때문에 헛투루 들어서는 안 될 부분이다. 왜냐고 묻는다면 우리가 웃는 사이 불안감은 잠깐이라도 사라지고 얼굴빛이 밝게 살아나는 현상을 나는 자주 보았다. 정신건강에는 웃음만한 것이 없다고 말 할 정도로 좋다는 것을 나는 경험했던 것이다. 의학계(醫學界)에서 소위 말하는 웃으면 염증수치는 내려가고 엔도르핀은 올라간다고 들었다. 그 말도 일리는 있다고 본다. 짜증내고 성질부리는 모습보다는 웃는 모습이 우리가 옆에서 봐도 훨씬 보기가 좋다. 징징대며 우는 소리보다는 까르르는 웃는 소리가 백 번 천 번 듣기 좋다는 사실을 삼척동자도 아는 사실이다. 세상 모든 것은 상대적이다. 최소한 우리만이라도 긍정적(肯定的)이고 능동적(能動的)이며 밝고 좋은 생각을 가지고 진취적이고 건설적인 생각으로 우리의 미래를 설계해 봄도 좋을 것이라는 생각이 든다. 우리는 사람으로서 해서는 안 되는 일과 해야 할 일을 구분 짖는 지혜도 겸비한다면 아마도 우리 스스로가 질서 있는 사회를 만들어가는 근간이 되어 갈 것이다.

나는 울 엄마 성화에 못 이겨 다시 고향에 다녀온다

　이모들과 즐거웠던 3일은 세상시름 다 잊고 지냈던 것은 사실이다. 그러나 이모들 떠나시고 나니 엄마는 이틀정도 심한 우울감에 사로잡혀 지내셨다. 나에게는 침울한 분위기를 바꿔드릴 극약처방 할 여력이 소진된 상태라 그저 옆에서 어머니 스스로 기분전환이 되시기를 관망만 한 상태로 지냈다. 이틀 뒤 어머니는 어김없이 다시고향집에 다녀오자고 하신다. 우울하게 지내고 있는 것보다는 오히려 고향 갔다 오는 것이 울 엄마 기분전환 시켜드리는 부분에선 괜찮을듯하다는 생각이 든다. 그렇지만 아직 거동을 못하신지라 망설이는 부분이 없지는 않았다. 하지만 나는 울 엄마 믿고 위험 할 수 있는 장거리를 또 강행하려한다. 형제들은 우리가 또 다시 고향집에 다녀와야 될 것 같다고 말하면 누구 하나 좋은 소리는 하지 않을 것이다. 그래서 이번에도 엄마는 아무에게 말하지 말고 조용히 고향집에 다녀오자고 하셨다. 내 입장에서는 엄마가 이렇게 누워서 무료하게 시간 보내고 계시는 것 보다는 오히려 바깥 공기도 마시고 기분전환도 할 겸 고향집 내려갔다오는 것도 정신적으로 좋을 것이라 생각한다. 그리고 고향 가는 것이 어쩌면 울 엄마 유일한 낙일 수도 있다. 더구나 울 엄마에게는 고향집을 지켜야 할 의무(義務)가 있다. 그러므로 나는 옆에서 울 엄마 뜻을 받들어 드리는 차원이고 이것이 한편으론 나의 의무(義務)라는 사실이다. 어머님 뜻을 쫓다보니 남편한테 좋은 소리를 듣지 못하고 다니는 신세다. 그러다보니 더러는 이 상황이 싫을 때가 있는 것이다. 그래서 한편으로는 이혼을 강행해서 마음이라도 편하게 울 엄마만 봉양하고 싶을 때가 있다. 그래서 더러는 마음으로 하루에도 열두 번도 넘게 이혼을 생각한다. 그러나 이혼이 능사(能事)는 아닐 것이라 생각해 마음속으로만 수 천 번 이혼한 여자가 바로 나이지 싶다. 또 고향 내려갔다 온다는 소리에 노발대발 하는 남편 성질부림을 뒤로하고 새벽부터 고향 내려갈 준비를 서두른다.

   요즘 날씨가 아침부터 무덥다. 시골 간다고 새벽부터 어머니 씻겨드리고 식사 떠드리고 식구들 뒷정리까지 하고 났더니 벌써부터 땀이 줄줄 흐른다. 시골 가기위해 다른 날보다는 움직임이 많았다. 그리고 몸을 부려버리신 어머니 모시고 가야된다는 긴장감이 있어 유독 땀이 다른 날보다는 줄줄 흐른 이유라 생각이 든다. 그렇지만 병 깊은 어머니 앞에서 어찌 덥다는 내색을 하겠는가? 싶다. 그러나 내 체력도 한계가 있는지 요즘 들어 자꾸 몸이 무겁고 처진다. 엄마는 뭐가 그리도 급하신지 그저 고향집으로 빨리 이사 가지 않는다고 성화가 심하니 옆에서 수발 들고 있는 나는 이런 상황들이 너무도 괴롭고 괴롭다. 특히나 엄마는 내가 고향 내려가는 것을 서둘지 않고 있다고 생각하시는지 아니면 빨리 집이 매매가 되지 않는 사항이 화가 나는지 아무튼 울 엄마는 집하나 해결 못하고 있다고 생각하시곤 나를 몹시 못마땅하게 여기시는 눈치다. 나는 며칠 동안 손님 치르느라 몸살기가 있다. 그렇지만 아프다는 말도 해보지 못하는 내 처지가 처량한 신세다. 엄마 눈치 살피며 고향집으로 집식구들도 모르게 출발을 한다. 그리고 얼마나 나는 말없이 달렸을까? 어느새 보성휴게소로 진입한다. 날씨는 6월말이라 그런지 한여름 수준이라 햇볕이 따가울 정도로 이글거린다. 나는 엄마에게 잠시 다리를 펴서 숨 좀 돌리고 가자고 했다. 그랬더니 어머니도 힘드셨는지 망설임 없이 그럴까!? 라고 하신다. 나는 차에서 내려 휴게소에 비치된 휠체어를 밀고와 차문 앞에다 세웠다. 그리고 차문을 열어 엄마를 부추겨 일으켜 세워 드렸다. 엄마는 한쪽 손은 차문을 의지하고 한쪽 팔은 저를 의지해

일어서셨다. 그리고 발을 조금 비벼 휠체어에 앉으신다. 엄마는 어느새 땀범벅이 된 제 얼굴을 보시더니
"그랬어?"
라고 하신다. 아마 울 엄마 이 말씀의 의미는 자기 때문에 고생한다. 라는 뜻으로 나는 해석한다. 나는 휠체어를 밀고 장애자(障碍者)화장실로 들어갔다. 엄마를 모시고 다니면서 장애자 화장실을 이용하게 되었다. 엄마가 건강하셨을 때는 눈길조차 주지 않던 곳이다. 그러나 엄마가 휠체어를 타신 이후 어쩔 수 없이 이용하게 된다. 그리고 장애자 화장실이 너무 잘 되어 있어 정말 우리나라 휴게소 화장실이나 공공화장실이 너무 관리가 잘 되어 있다는 사실에 이용하는 입장에서 감사하게 생각한 부분이다. 그래서 나는 생각한다. 일정부분 우리나라도 선진국처럼 국민 의식주(衣食住)정도는 나라에서 책임져 주는 나라 제도가 바뀌었으면 한다. 그리고 나라 예산 아껴 국민 배당금시대가 열렸으면 하는 것을 간절히 원한다. 독일은 우리나라보다 국민수가 두 배가 가까울 정도로 많다. 그렇지만 국가 예산은 우리나라 절반에도 못 미치는 것을 알고 있다. 그러나 실업급여는 3년 동안 100% 주는 것으로 알고 있다. 하지만 우리나라는 실업급여 주는 방식이 6개월 주면서 70%정도 주고 있다. 물론 실업급여 받을 조건이 부합해야만 주는 방식이다. 더구나 중간 중간 구직 활동을 하고 있는지 여부를 확인하고 있어 참으로 어처구니없는 법이라 생각한다. 그리고 중간 중간 일을 하게 되면 일정부분 빼고 준다고 하니 국민들 자존심을 짓밟는 형국 같아 불쾌하다. 이런 부분들을 제외하면 우리나라는 정말 살기 좋은 나라라고 생각한다. 그리고 우리세대까지는 보편적으로 부모님 봉양하고 자식들 뒷바라지 하느라 자신의 노후대책을 세워놓지 못한 세대다. 그래서 불현 듯 내 노후를 생각하면 아득해 질 때가 있다. 나는 설마 산 입에 거미줄 치겠어. 라는 생각

으로 노후 걱정은 내려놓았지만 그래도 불현 듯 찾아오는 노후생각을 하노라면 마냥 밝지만은 않다는 사실이다. 반면 내가 올곧게 살아가고 자식 된 도리를 다하고 사노라면 설마 굶어 죽기야 하겠는가? 싶어 더 이상 노후걱정은 하지 않기로 했지만 그래도 문득문득 나의 노후대책이 없다는 사실이 씁쓸하게 다가온다. 나는 6월의 파아란 하늘을 쳐다보면서 휴게소에서 20여분의 망중한(忙中閑)을 뒤로하고 또 1시간가량 열심히 달려 고향집에 도착한다. 막상 고향집에 들어서니 무성한 잡초들만 저희를 반기고 있어 공허함을 느끼게 된다. 어쩌면 자라지 말라는 잡초는 무성타. 특히 여름이 시작되어 그런지 고향집은 콘크리트로 된 마당만 빼놓고 뻥 둘러 집주변으론 한 달 전 다녀갈 때 풀 베어놓기를 열심히 했던 나의 수고로움은 온데간데없고 잡초가 숲을 이루 듯 무성하게 자라서 집 주인이 오랜 기간 부재중이라고 시위하는 모습 같다. 저는 마당에 차를 세워두고 어머니에게 방으로 들어가실 것인지를 엄마에게 물었다. 그런데 엄마는 방으로 들어가시지 않고 차에 계시겠다고 하신다. 그래서 그럼 차에 계세요. 나는 잠시 저 풀 좀 뜯어놓고 올게요. 라고 했다. 그랬더니 어머니는 차에 앉아서 주변을 살피셨다. 그리고 잡초가 무성하게 자란 것이 마음에 걸리셨는지 흔쾌히 그래라. 라고 하신 것이다. 저는 아무래도 짧은 시간 안에 풀을 제거하기란 어려울 듯 했다. 그래서 장시간 앉아계셨던 엄마 다리를 좀 펴드리고 잡초 제거 작업하는 것이 좋을 것 같아 차문을 열어 엄마를 일으켜 세워 드리려 하니 어머니는 나는 괜찮다. 라고 하신다. 일단 차에 앉아 계신 엄마를 뒤로하고 서둘러 낫을 찾았다. 저는 차에 계신 울 엄마의 고충을 생각 하지 않을 수가 없다. 그래서 최대한 빠른 속도를 내서 장독대 옆에 무성하게 자라있는 풀과 텃밭으로 향하는 풀들을 대강 베었다. 사실 농촌일이 서투른 나는 이런 일들이 익숙지 않아 그런지 대충한다고는 하나 잡초 제거 작업은 사실 내게는 힘에 부친 일이다. 그렇지만 울 엄마 마음을 불편하게 만든 잡초를 작은 것 하나라도 제가 이렇게 제거해 놓으면 울 엄마 마음이 편 할 것 같아서 나의 고단함 쯤은 당연히 감내(堪耐)한다. 그런데 아이러니하게 울 엄마 마음을 편안 하게 해드리기 위한 일인데 사실 제 마음이 먼저 가벼워지고 제 마음이 오히려 뿌듯하다는 것을 깨달은 것이다. 어쩌면 육체의 고단함으로 마음에 무게를 가볍게 하는 차원이라 생각하면 될 것이다. 더구나 마음이 무거우면 육체의 고단함보다 마음의 무게가 비중(比重)이 더 크다는 사실을 삼척동자도 아는 사실이다. 그래서 남을 위한다는 생각보다는 내 마음을 가볍게 하려는 차원이다. 그리고 이렇게 엄마 고민을 해결해 드리고 나면 그 또한 나름대로 보람도 크다는 사실이다. 아무튼 나는 울 엄마 마음 편하게 해드리는 일이라면 나의 고단함 쯤은 얼마든지 꾀부리지 않을 것이다. 서툰 솜씨고 쌀알이 보일 정도로 깔끔하지는 않지만 땀을 뻘뻘 흘리고 숨을 헐떡거려가며 한 시간 가량 낫질을 하고 났더니 그런대로 장독대 주변과 외할머니 산소 올라가는 길목이 나름 정리가 되어 보는 이로 하여금 시원한감을 느끼게 했다. 나는 풀과의 전쟁을 마무리하고 낫을 다시 토방마루 밑에 넣어두고 차에 너무 오래 앉아계시는 엄마에게 갔다. 그리고 엄마 어때요? 라고 묻는다. 그랬더니 엄마도 이제 그만 하면 되었다. 라고 하시며 이제는 가자고 하신다. 헉 아직 나는 방문 자물쇠도 열어보지 않았고 토방마루까지도 올라가지 않았는데 엄마는 앉아 계시는 것이 힘드셨는지 오늘은 그냥 가자고 하신 것이 수상하다. 어쩌면 나는 어머니가 고향집에 가자고해서 그저 울 엄마 마음이나 편안케 해드리고 싶어 먼 길을 달려왔다. 그래서 무슨 의미로 이 먼 길을 그리고 가족들이 이렇게 다니는 것을 싫어하는 줄 알면서 꼭 와야만 했었는지 잘 모른다. 그렇지만 어떤 이유가 꼭 있어 오는 곳은 분명 아니다. 이전에도 저희 모녀는 특별한 일 없이도 자주 왔었다. 그러기에 특별하게 어떤 이유가 있어야 하는 것은 아니지만 그래도 어느 정도 어머니 깊은 생각 정도는 가름 하고 싶다는 생각이 든다. 그래서 나는 어머니에게 엄마 그냥 이대로 김해가도 괜찮겠어요. 라고 물었다. 엄마는

"아직 아니네 아직 아니야."

라고 하신 것이다. 그런데 나는 어머니 아직 아니네. 라는 말씀의 의미가 무엇을 뜻 하는지? 아직 이해하지 못했다. 어쩌면 어머니 나름 깊은 뜻이 있을 것 만 같다는 느낌만 있다. 나는 어머니 툭 던진 이 한마디를 어떻게 받아드리고 어떤 이유로 하신 말씀인지? 어떻게 해석을 해야 될 것인지? 아무튼 미련한 머리가 갑자기 복잡해지고 마음은 해석하지 못해 심란하기 그지없다. 다만 침울한 어머니 표정을 보았을 때 느껴지는 감정으로 해석하자면 그다지 좋은 징조는 아니다. 그러나 그냥 가자고 하시는 엄마 말씀을 나는 거역하지는 못한다. 그렇지만 여기까지 내려온 김에 방문 정도는 열어봐야 될 듯싶어 나는 서둘러 방문 자물쇠를 열어 잠깐 방안만 겨우 살펴보고 그대로 방문을 잠그고 돌아선다. 사실 엄마는 보성 휴게소에서 잠시 다리를 폈을 뿐이다. 그러니까 엄마는 장장 두 세 시간을 꼼짝 않고 차에만 계셔서 내 마음이 불편해 눈에 들어오는 것이 사실 없었다. 그러다보니 작년 겨울 일주일 동안 머물면서 울 엄마 마음을 슬프게 했던 새 냉장고를 열어보지 못하고 돌아선 것이다. 더구나 고향집에 전기가 꺼져있을지는 상상도 하지 못한 부분이기도 하다. 엄마가 장시간 앉아계셔서 몹시 불편해 보이니 사실 눈에 들어온 것이 없었다. 그렇지만 왠지 무엇인가를 놓친 기분이다. 허나 엄마가 힘들어 하시니 미련 버리고 차에 앉았다. 사실 고향집 온 김에 풀을 조금이라도 더 메 놓고 오고 싶어 젖 먹던 힘까지 쏟을 정도로 나는 서둘렀다. 그래서 허둥지둥 뛰다 시피하며 다녔더니 옷이 땀으로 다 젖었다. 하지만 아

직 엄마 말씀을 이해 못해 마음이 편치 않다. 그러다보니 자동적으로 어머니 눈치를 나도 모르게 살핀다. 일단 시동을 걸고서 엄마 몸 상태를 살폈다. 엄마는 그런대로 나빠 보이지는 않는다. 나는 엄마 안전벨트를 다시 메 드리고서 고향집 마당을 조심스럽게 빠져나온다. 여름이라 집 앞 논에는 벼들이 파릇파릇하게 자리를 잡았고 연못가 주변에는 물풀들이 세상 넓음을 만끽하듯 무성하게 자라서 사람 키를 훌쩍 넘게 자라 있는 모습들이 눈에 들어왔다. 이젠 완연한 여름이라는 것을 느끼게 하는 풍경이다. 작년 이만 때 쯤 몸도 제대로 가누지 못하시는 엄마를 모시고 와서 태양열을 폐교에 설치해놓으신 사장님을 이곳에서 우리는 만나서 폐교를 저렴하게 저희에게 넘겨주시면 감사하겠다고 했던 장면이 눈에 선하게 그려졌다. 사실 폐교를 인수하고자 했던 계획은 우리의 막연한 바람인지도 몰겠다. 가진 돈도 없으면서. 아무튼 나는 이런저런 생각하며 고향집 앞을 미끄러지듯 벗어난다. 그리고 폐교 앞에 잠시 차를 세워놓고 물끄러미 태양열을 바라다본다. 그런데 이제껏 침묵만 지키고 계셨던 어머니께서 아직 아니네 아직 아니다잉. 라고 하신 것이다. 아마 울 엄마 이 말씀은? 상대가 아직 파실 의향이 없다는 뜻으로 저는 해석한다. 물론 이렇게 해석한 것은 나만의 울 엄마 말씀을 해석(解釋)하는 방법(方法)이라 하겠다. 그렇다면 아직 상대가 넘겨 줄 의향(意向)이 전혀 없다는 뜻이지 싶다.

저는 잠시 폐교 앞 다리 옆에다 차를 세워놓고 태양열을 한 참 물끄러미 쳐다보고서 조금 전 마당에서 엄마가 말씀하셨던 아직 아니네. 라는 의미를 알게 된다. 어머니는 이 문제로 고향을 내려가자고 했던 모양이다. 상대가 아직은 팔 의향이 없다는 것을 느끼고부터 마음이 애달파 그랬는지 그렇게 어두운 표정으로 계셨던 모양이다. 어머니 마음을 조금이라도 알고 나니 풀지 못 할 것 같은 숙제가 풀린 듯 심란했던 마음이 조금 진정 된다. 더구나 어려운 문제를 풀어 긴장감도 해제되었는지 땀마저 줄줄 흘러내렸다. 분명 에어컨이 틀어져 있건만 체감온도가 높아 그랬는지 하염없이 땀이 흐르고 있다. 어쩌면 날씨가 더운 탓도 있겠지만 아마도 갱년기 때문에 갑자기 후끈 오르는 현상도 한 몫 하지 싶다. 그렇지만 진짜 이유는 '아직 아니네. 라는 말씀을 알아차리지 못해 사실 많이 긴장한 탓이 더 컸을 것이다. 일단 운전하려면 눈에 땀이 들어가지 않아야 한다. 특히 제가 제일 싫은 것이 있다면 눈에 땀이 들어 갈 때가 아닌가 싶다. 아마 눈에 땀이 들어가서 오는 통증은 겪어 본 자만이 안다. 나는 다시 엄마 몸 상태를 살피며 휴지로 땀을 닦았다. 땀을 연신 닦는 제 모습을 보신 엄마는 그랬어. 라고 하신 것이다. 울 엄마만의 독특한 표현이 바로 이런 것이 아닐까? 싶은 생각이 든다. 그랬어. 라는 말씀은 본인 때문에 고생하는 자식들이 대부분 안쓰러울 때 주로 쓰시는 단어라 하겠다. 간단하고 절묘한 애정(愛情)표현이지 싶다. 굳이 말이 길어야 할 필요가 없음을 느끼게 하는 말씀이다. 정(情)이 듬뿍 들어 있어 그런지 아무튼 모든 시름과 고단함을 잊게 하는 마력(魔力)을 지니고 있는 말씀이라 생각한다. 그러니까 간단한 말 한마디라도 본인이 어떻게 해석(解釋)을 하느냐에 따라 의미(意味)도 감정(感情)도 다르다. 아무튼 울 엄마 그랬어. 라는 말씀에 나는 힘을 얻어 김해로 출발한다. 사실 나도 시골에서 자라나고 성장하였을지라도 낫질은 그다지 해보지 않아 그랬는지 아무튼 낫질이 어설프고 힘에 겨웠다. 하지만 오직 울 엄마 눈에 가시거리인 잡초들을 베어버려야 된다는 사명감에 잘 들지 않는 낫질을 힘으로만 했더니 안 쓰던 근육들이 놀랬는지 운전대 잡고 있는 팔이 덜덜 떨리는 현상이 있다. 그러나 깊은 정이 듬뿍 들어 있는 짤막한 울 엄마 말씀 한마디에 나는 고단함을 잊고 마을 어귀를 빠져 나와 방앗간 앞에서 부산 방향으로 진입한다. 사실 운전대를 부산방향으로 틀면 다시금 고향동네 전체를 한눈에 바라 볼 수 있다. 특히 연못 끝자락에 자리잡고 있는 우리 집은 연못을 사이에 두고 한 번 더 바라보며 가는 과정이다. 그래 나는 엄마가 고향집을 다시 바라 볼 수 있게 차를 서서히 운행해 지나가는 중이다. 물론 이 도로는 지난 몇 십 년 동안 우리 집 마당에서 보노라면 수많은 차들이 쉼 없이 지나갔던 국도다. 그러나 지난해부터 장흥에서 목포 완도 해남으로 바로 가는 고속도로가 뒷마을 쪽으로 나서 이 도로를 이용하는 차들이 이젠 별로 없었다. 그래서 저희 모녀는 고향 동네를 벗어나면서 다시 고향집과 외할머니 산소를 자연스럽게 연못을 가로질러 바라보게 된다. 삶의 종착역은 어디인지 모르겠으나 저희 어머니께서 그렇게 원하시는 고향으로 내려와 사는 길이 그리 쉽게 열리지 않고 있어 마음이 무겁다. 그러다보니 나는 내 가정을 포기(抛棄)해서라도 어머니께서 간절히 원(願)하시고 바라시는 고향 행을 강행하려 모색 중이다. 더러는 저 혼자만이라도 옷가지 몇 개 챙겨서 내려오려는 마음을 갖고 있다. 그 또한 어머니께서 원(願)하시지를 않아 이렇게 세월만 보내고 있어서 속만 태우고 있다. 내일을 기약(期約)할 수 없는 것이 우리네 인간사(人間事)이고 보니 이곳으로 아직 내려올 수 없는 입장에서 먼발치로 고향 집을 바라보시며 떠나가는 울 엄마 마음은 오죽하겠는가? 싶다. 일단 나는 이렇게 또 다시 속절없이 본인 원하시는 결과를 얻지 못하고 고향을 떠나가야 하는 마음이 몹시 씁쓸하실 것 같은 생각이 들어 나도 모르게 엄마 눈치를 살핀다. 아무튼 쉽게 고향으로 내려오지 못하고 있는 지금 상황이 내 마음을 무겁게 하고 어떤 이유로 이렇게 고향집을 잠시잠깐 다녀가야만 하는 상황인지 정확히 알지 못하고 막연하게 김해를 향해 떠나가는 내 신세가 처량하기 그지없다. 오늘은 그저 고향집을 그야말로 선걸음에 다녀가는 격이다. 나는 점점 고향집이 멀어져가는 아쉬움과 시야에서 멀어지는 고향 산천을 뒤로 하고 고속도로 진입로를 향해 달린다. 그러나 어머니는 무슨 생각을 그리하시는지 무거운 침묵이 계속 된다보니. 내 손은 운전대를 잡고 있으나 생각은 만 가지 생각들이 들고난다. 그중에 가장 비중이 크다고 생각한 부분은 언제쯤 우리가 이곳으로 이사 와 울 엄마 마음을 편안 하게 해드릴 것인지? 라는 생각이 내 마음을 가득 메우고 있다. 비록 녹녹치 않은 내 인생 여정이라 할지라도 그런대로 견디며 살아왔지만 이렇게 집이 팔리지 않아 울 엄마 마음을 불편케 하고 있으니 정말 난감하고 고민스럽다. 나는 정말 집 문제로 만감이 교차한다. 마음이 무겁고 무겁다 그러다보니 어머니에게 딱히 걸어 볼 말이 생각이 나지 않는다. 이젠 제법 고향동네와 멀어졌지만 여전히 침묵 속에서 운전만 하고 있다. 어머니는 말을 잘 못해서 말씀을 하시지 않는 것 일 수 있다. 그리고 나는 혹여 엄마 말씀을 잘못 알아들을까봐 두려워 말을 걸지 않을 수 있다. 그러므로 김해로 향하는 차 속은 적막감이 돈 것이다. 나는 갑갑한 이 적막감을 해소코자 엄마 다리 괜찮아요? 라며 침묵을 깼다. 엄마는 차에 장시간 앉아 계셨던 터라 다리에 지가 날까봐 염려스러웠던 것이다. 그런데 어머니는

"나는 괜찮다."

라며

"아직 견딜만하다."

라고 하신 것이다. 그렇지만 젊은 우리도 서너 시간 한 곳에만 앉아 있으면 다리가 저려오는데 말 못하신 울 엄마는 오죽하시겠는가? 싶은 생각이 든다. 나는 가능한 빨리 보성휴게소에 도착하려고 속력을 냈다. 그런데 어머니께서 아직까지 점심식사를 하지 않았다는 사실을 이제야 깨달은 것이다. 그래서 나는 고속도로로 진입하지 않고 국도로 방향을

틀었다. 이유는 울 엄마 점심 사드려야만 한다. 우리가 장흥에서 이십여분 가노라면 보성으로 들어가는 길목에 작은 휴게소가 하나 있다. 고속도로가 나기 전에는 그곳에 종종 들려 어머니와 점심을 사먹고 다녔던 곳이다. 그래서 그곳에 들려 어머니와 늦은 점심이라도 먹어 볼 생각에 일부로 나는 국도로 방향을 튼 것이다. 지방 국도에 있는 조그마한 휴게소라 더러는 지나치기도 한 곳이다. 규모가 크지 않아 반찬이 맛있을지 의문스러운 곳이었지만 생각 외로 전라도 음식이 맛깔스럽게 나와 저희 모녀는 그곳을 종종 찾아 식사를 했었다.

   내가 고향집을 벗어나 40여분 달리다보니 우리가 찾던 조그마한 휴게소가 나왔다. 나는 차를 세워놓고 빠른 걸음으로 휠체어 가져왔다. 그리고 일차적으로 엄마를 일으켜 세워놓고 차문 잡고서 잠시 서계시라고 하고서 나는 엄마 다리를 풀어드리고자 위아래를 주무르기 시작했다. 물론 얼마 걸리지 않는 시간이지 싶다. 그러나 울 엄마 장시간 앉아만 계셨던 관계로 다리가 굳은 것 같아 열심히 주물러 드렸다. 엄마는 내가 땀을 뻘뻘 흘리며 주물렀더니 이젠 됐다. 라고 하셨다. 그래서 나는 엄마를 휠체어 앉혀드리고서 휴게소 내 식당으로 들어가기 위해 열심히 휠체어를 밀고 가야만 되는 코스다. 그리고 이곳 휴게소 식당 주 메뉴는 토속 나물 위주로 하는 소박한 뷔페. 목포행 직선 고속도로가 나기 전에는 고향집 가는 길이 이 길 뿐이라 당연히 이곳 휴게소를 이용 했지만 고속도로가 생긴 뒤로는 이곳으로 오기는 쉽지 않은 곳이다. 그래서 나는 오늘 일부로 마음먹고 이곳을 옛 추억을 그리며 찾은 이유다. 그런데 우리가 다녀 간지 불과 2~3년 전 일이지만 막상 이렇게 찾아와보니 아주 오랜 된 일처럼 낯설게만 느껴졌다. 그러나 그것이 뭐 대수겠는가? 울 엄마와 맛있는 점심이나 먹고 가면 되지. 내가 열심히 휠체어를 밀고

가는데 엄마는 태양 빛이 강해서 그런지 인상을 찌푸리셨다. 나는 엄마가 미쳐 모자를 쓰지 않고 들고 계신 것을 보고 모자를 건네받아 씌어드렸다. 울 엄마는 언제부터인지 모르겠지만 모자를 분신처럼 쓰고 다니신 분이다. 햇볕을 가리기 위함일 수도 있다. 그러나 다양한 모자를 소지하고 계시는 것을 보면 아마도 울 엄마 나름 패션일 수도 있다는 생각을 한다. 울 엄마는 모자를 참 좋아하셨다. 그래서 다른 분들에 비해 모자가 많은 편이다. 나는 식당으로 들어가서 울 엄마가 좋아하시는 나물 위주로 반찬들을 가져와 엄마 식사를 떠드렸다. 왠지 주변에서 우리모녀를 보는 느낌이 들었다. 우리 모녀 모습이 조금 이상한지 식당에 종사하시는 분들이 우리 모녀를 힐끔힐끔 쳐다보신 것이 눈에 들어왔다. 엄마는 겉보기에는 수저질 정도는 무난히 하실 분 같이 보이는데 내가 식사를 떠드리는 모습이 낯선지 자꾸만 쳐다보시니 왠지 불편하다. 나는 힐끔힐끔 쳐다보는 시선이 싫어 나는 밥을 대충 먹고 엄마 휠체어에 앉아계시는 틈을 타 커피한잔을 뽑아와 피로를 풀어본다. 어머니가 고관절로 쓰러지시기 전에는 집에서 꼭 모닝커피를 시작으로 하루에 두 세 차례는 어머니와 함께 커피를 마셨다. 나는 매일 아침 일어나면 자동으로 엄마 안녕히 주무셨어요? 라는 배꼽인사를 드린다. 오여사님 커피 한 잔 하실까요? 라고 했었다. 어머니도 그럴까? 라고 하시며 커피를 사양하시지 않고 맛있게 드시곤 하셨다. 요즘은 전혀 커피를 드시지 않으시니 왠지 나 혼자 커피 마시기가 여간 죄송하다는 생각이 든다. 물론 엄마는 쓴 한 잔의 커피일지라도 언제나 맛있다. 라고 말씀을 해주셔 어머니와 함께 마셨던 그 커피 맛도 좋았었다. 하지만 요즘은 커피를 혼자 마시고 있잖니 엄마한테 미안하기도 하고 혼자 마시기도 멋쩍다. 저는 커피를 다 마시고 서둘러 일어났다. 엄마가 따로 말씀은 하시지 않았지만 그래도 장시간 앉아 계신 관계로 다리가 많이 불편 하실 것 같아 1분이라도 서두른 이유다. 나는 지금 이 순간도 행복하다는 생각이 든다. 더러는 힘든 날도 있었지만 그래도 이렇게 어머니와 함께 다닐 수 있기 때문에 정말 이 시간을 나는 감사하게 생각한다. 엄마 덕분에 장거리를 이렇게 자주 오고가다 보니 운전 실력이 알게 모르게 늘었다. 유난히 간(肝)이 작았던 나는 혼자 운전하는 것에 대한 두려움이 많았다. 그런데 이렇게 엄마와 자주 고향집을 다니다보니 이젠 운전하는 두려움이 사라졌다. 어쨌든 지금은 거동이 불편하시지만 제가 이렇게라도 어머니를 모시고 엄마가 원하시는 곳이라면 어디든 갈 수 있어 다행이고 나의 행복이다. 만약 내가 운전 할 줄 모르고 차가 없었다면 울 엄마 발이 되어주는 것은 불가능했을 부분이라 비록 여유로운 생활은 아닐지라도 그래도 엄마와 이렇게 저렇게 다닐 수 있는 것은 감사 할 일이다. 나는 작은 것에 감사 하며 지금 이 순간도 선물이라 여기며 살아간다. 예전에 고향집을 한번 다녀오자고 어머니가 말씀하셨을 때 차가 없어 고생을 많이 했던 기억이 있다. 그때가 우리가 고속도로에서 차 사고가 나서 폐차를 시켜놓고 경제적 사정이 여의치 않아 차를 빨리 구하지 못했었던 시절 대중교통을 이용해서 하루 고향집을 다녀왔던 이야기이다.

그 당시는 차가 없었고 우리 집 늦둥이는 4살이라 천방지축 천지분간 못하고 날뛰고 다니는 나이라 한시도 눈에서 떼어놓지 못할 무렵이다. 그런데 그때도 엄마는 갑작스럽게 고향집에 한번 내려갔다 오자고 하시는 바람에 엄마 말씀을 거절할 수가 없었다. 그래서 할 수 없이 어린 두 딸 손을 잡고 엄마와 고속버스를 타고 고향집 다녀오게 되었다. 차가 없으니 운전을 하지 않아 좋은 점도 있었다. 그렇지만 천지분간 못하고 날뛰는 아이 손을 잡고 등에는 무거운 짐을 보따리 메고 또 한 손은 보행 불편한 어머니 혹시 넘어지실 까봐 엄마 팔을 꽉 붙들고 여러 차례 차를 갈아타야하는 번거로움을 경험하게 된다. 특히나 대중교통을 이용하게 되면 각자 버스표를 사야만 했다. 돈은 돈대로 들고 버스 시간 간격이 맞지 않아 기다리는 시간이 많았고 시외버스터미널에서 고속버스 터미널까지 또 택시를 타고 가야하는 번거로움이 있었다. 고향집 한번 가는데 4～5차례 차를 갈아타야만 했던 그 과정들이 나에게는 큰 고행이 되었던 것이다. 어디로 튈지 모르는 딸 둘에 보행 불편하신 엄마 모시고 가는 길은 정말 쉬운 길이 아니다 라는 것을 경험했던 사연이지 싶다. 집에서는 일찍 서둘러 새벽에 나섰지만. 고향집에 도착할 때는 어두컴컴한 밤이 되었으니 고향 한번 다녀오는 길이 차가없으니 1박 2일에 코스가 되었던 것이다. 돌아오는 길도 마찬가지 코스라서 우리는 십여 차례 차를 갈아타야만 했다. 차가 필수라는 사실을 깨달았고 차 없이 고향 가는 길은 고행길이 되고 보니 차 없이 고향 한번 다녀오기란 쉬운 일이 분명 아니라는 것을 경험했다. 현대는 차가 필수품이라는 것을 확실하게 깨달은 경험이었다. 더구나 어린아이들 데리고 고향집 다녀온다는 것은 대단한 용기가 필요하다는 것을 깨달은 것이다. 이 날 네 사람이 차없이 함께 간 고향 길은 참으로 고단했기에 유독 내 기억 속에 뚜렷이 남아있는 엄마와 고향으로 가는 길의 추억이다. 지금은 비록 럭셔리하고 비싼 차는 아니다. 내가 운전하고 사용하는데 전혀 불편하지 않고 이렇게 어머니를 모시고 언제든지 고향집을 다녀 올 수 있어 나는 이것으로도 만족하고 감사하게 생각한다. 그날 네 사람이 고생을 어찌나 했던지 나는 고향 다녀오고 나서 엄마에게 엄마 우리 다시는 버스 타고 고향집에 가지 맙시다. 라는 말을 했다. 사람에게는 경험만한 스승 없다고 했듯이 엄마도 고향집을 버스타고 다녀오신 이후로 차를 구입하는 두 달 동안 고향집에 가자고 하시지 않는 것을 생각하면 엄마도 이 날 아이들과 대중교통 이용한 고향행이 많이 고달파 그랬을 것이라 생각한다.

나는 커피를 다 마신 후 엄마를 다시 차에 앉혀드렸다. 그리고 빌려온 휠체어를 반납하고 돌아와 운전석에 앉아 숨 한번 몰아쉬고 시동을 건다. 이곳이 농촌휴게소라 그런지 유난히 햇빛이 강열하다는 느낌이 든다. 오염되지 않아서 그랬을까? 아무튼 김해에서 느껴보지 않은 강열한 태양 볕이 살갗이 익을 정도로 이글거렸다. 고향 다녀온 길이 여운이 남아있어 그랬는지 잠깐 휴게소 주변을 돌아봤다. 우리나라 전형적인 시골 풍경이다. 더구나 녹음(綠陰)짙은 나뭇잎들이 완연한 여름임을 알려주는 것만 같은 평화로운 시골 풍경이다. 몇 초이지만 고개 돌려 주변을 돌아보다가. 우연히 홀로 서 있는 정자나무 한 그루에 시선이 고정된다. 아마도 마을의 안녕(安寧)을 기원(祈願)하며 심어놓은 몇 백 년 되어 보이는 보호수(保護樹)가 갈 길 먼 나그네 눈에 들어왔다. 그리고 그 나무는 나에게 잘 가라는 인사를 하는 느낌을 준다. 정신을 가다듬고 출발하려고 어머니를 쳐다봤다. 햇빛이 유난히 어머니 쪽을 비춘다. 햇빛이 엄마를 비추지 않게 창문을 가려드려야 될 것 같아 안전벨트를 풀었다. 오후3시쯤이라 낮에 내리쬐는 이글거림은 아닐지라도 그래도 따가운 기운은 아직 남아 있었다. 나는 엄마 쪽 창문에다 손수건을 꺼내 끼워서 그늘을 만들어 드렸다. 그걸 보신 엄마는 참 말로. 라고 하시는 것이다. 제가 손수건으로 임시방편이지만 따가운 햇볕을 가려주니 엄마는 좋다는 뜻으로 아이고 참말로. 라는 말씀을 하셨을 것이다. 그 옛날 울 엄마도 어린 제가 낮 잠 자고 있을 때 파리가 자는 제 얼굴에 날아와 귀찮게 하는 것을 보시고서 엄마는 파리채를 옆에 두고 앉아 파리를 날려주시곤 하셨다. 그러다 하루는 파리체로는 한계를 느끼셨는지 부엌으로 나가시더니 모기장으로 되어있는 밥상 덮는 상보를 가지고 와서 제 얼굴을 덮어주셨다. 그래서 저는 엄마 그런 행동을 모른 척 하고 낮잠을 잤던 어린 시절 기억들이 생각이 많이 난다. 울 엄마는 사소한 것 하나라도 상대를 배려하는 마음 씀씀이가 남달랐던 것이다. 자신의 편안함 보다는 타인을 먼저 배례하셨던 울 엄마 그 마음은 누구와도 견줄 수 없을 만큼 사려(思慮)심이 깊으셨던 분이 바로 저희 어머니시다는 사실이다. 지금은 영민하시고 총명하던 젊은 시절은 온데간데없고 노쇠(老衰)한 노구(老軀)가 되신 모습이라 그저 하루가 다르게 변해가시는 모습이 안타깝고 애처롭기 그지없음이다. 아쉬운 대로 손수건으로 해 볕을 가려 드렸다 그랬더니 눈부심이 덜 하신지 엄마가 눈 뜨시는 것이 수월해 보인다. 나는 가속 페달을 발아 출발 한다. 저희 모녀가 말없이 두 어 시간 달려 저녁 무렵 김해에 도착했다. 이번 고향 다녀온 일은 아무에게 말하지 않고 다녀왔다. 우리에게 쓴 소리 할 사람이 없어 일단 마음은 편타. 허긴 모르니 쓴 소리 할 소재가 없는 것이다.

옛말에 모르는 것이 약이다. 라는 말이 분명 그냥 나온 말이 아니라는 것을 체험하는 경우다. 저는 이제껏 가족에 일원으로써 부모님 행선지(行先地) 정도는 자식들이 알았으면 해서 형제들에게 엄마 소식을 자주 알려 주었던 것이다. 일부로 자주 엄마 소식 알려준 이유는 이런저런 이유로 형제들 안부도 묻고 이래저래 엄마에게 자식들 목소리 한 번 더 듣게 해드리고 싶은 마음에 자주 연락을 했다. 나의 개인적인 생각이지만 형제간에는 자주 왕래(往來)하고 자주 소식(消息)전하고 살면 정(情)이 더 깊어지고 우애(友愛)는 더 두터워지는 것이 인지상정(人之常情)이라 생각했다. 형제들에게 어머니와 고향 다녀 온 이야기를 포함해서 이런저런 이곳 소식들을 전했던 이유다. 허나 사실은 어머니께서 다른 형제들에게 우리가 했던 일들을 전해주라고 명하셨기 때문에 형제들에게 엄마께서 이곳저곳을 다니며 했던 일들을 알려 주게 된 가장 큰 이유다.

그러나 형제들 가운데 유독 한 두 명은 참 어처구니없게 말도 많고 탈도 많아 다시는 그들에게만은 아무것도 가르쳐 주지말자고 어머니와 나는 다짐 했었다. 저희 모녀가 이렇게 다짐을 한 동기는 돈이 썩어 길에다 뿌리고 다닌다. 라는 말이 들렸다. 그리고 엄마 모시고 다니면서 쓸데없는 일이나 벌리고 다닌다는 말이 들렸기 때문에 다시는 형제들에게 엄마행보를 알려주지 않기로 한 이유이다. 울 엄마 뜻있어 하시는 일들을 탓하고 흠 잡고 시비(是非)거리 찾는 사람들에게는 일절 소식 전하지 않는 것이 오히려 서로에게 좋고 시비의 소재를 만들어 주지 않는 것이 현명한 처사라 여기게 된 것이다. 울 엄마는 말씀은 비록 어눌하셨지만 생각까지 없지는 않았던 분이다. 나 역시도 머리는 미련하고 아둔할지라도 울 엄마 생각을 따른 이유가 엄마께서 뜻있어 하시는 일들이 대부분 남을 이롭게 하시기 위함이라 군말 없이 따른 이유였다. 우리가 살고 있는 이 지구 대부분 눈에 보이지 않은 것들이 70% 이상 운행하고 있다는 사실을 나는 깨달은 것이다. 엄마가 행(行)했던 부분이 당장 눈에 보이지는 않더라도 훗날 응당(應當) 복(福)으로 나타 날 것이라 생각한 부분이다. 우리 형제들은 내가 미워 그랬는지 울 엄마 이타행(利他行)을 몰라도 너무 모르니 원(願)하지 않는 곳에 굳이 울 엄마 선행(善行)을 알릴 필요가 없는 것이다. 고로 도가(道家)에서 이르기를 따르지 않으면 혈육(血肉)도 구제 못한다. 라고 했듯 나는 이 글귀를 지침서(指針書) 삼아 더 이상 변하지 않으려는 형제들에게 참다운 도리(道理)를 논하지 않을 것이라 다짐한다. 엄마와 나는 내 형제라 좋은 길 같이 가고 싶은 마음에 엄마 행보(行步)를 공유하려했다. 그 생각은 우리 모녀의 착각이다. 더 이상 미련 버리고 서로에게 상처(傷處)주는 일은 가급적 극비에 붙이고 사는 것이 서로 좋으리라 결론짓는다. 형제라서 저변(底邊)에는 좋은 일을 형제들과 같이 하고픈 마음이 컸던 것이다. 공(功)을 쌓고 살면 운명(運命)의 흠(欠)도 고쳐가는 것이 우주에 법칙이다. 공자(字)라는 글자를 뒤집어 놓으면 운 자(字)가 된다는 사실을 알아야 한다. 그러니까 공덕을 쌓으면 운명도 바뀐다는 뜻이다. 이제는 그 집착에서 벗어나 새 털처럼 홀가분하게 살고자 결심 한다. 이젠 나 역시도 마냥 쓴 소리 듣고 사는 나이는 아니다. 라는 것이 관건이다. 한 생각 버리면 극락(極樂)이고 한 생각 일어나면 시끄러운 번뇌(煩惱)뿐이라는 사실이다. 이젠 시비(是非)하는 너도 모르고 사니 편할 것이고. 시비하는 자(者)가 없으니 나도 편안하다. 이번 고향행은 정말 아무도 모르게 다녀왔더니 시비하는 사람 없어 좋다. 막상 집에 도착하니 긴장이 풀려 그런지 몸이 천근같이 무겁게 느껴졌다. 몸을 부려버리고 건강이 좋지 않으신 분을 모시고 장거리 다닌다는 것은 모험에 가깝다. 정신적으로 중간에 엄마 몸 상태가 좋지 않을까봐 사실 늘 전전긍긍(戰戰兢兢)하며 다니게 된다. 정신적으로 긴장하고 다니면 피로가 가중(加重) 된다. 우리 엄마가 제일 마음불편하게 여기는 시골집 잡초를 하나라도 더 제거하고 오고 싶은 마음에 서툴고 잘 들지 않는 낫으로 풀을 베 그랬는지 오늘 따라 피곤함이 유난히 심하게 느껴진 것이다. 집에 도착하자마자 나는 식구들에게 저녁밥은 알아서 챙겨 먹으라고 해놓고서 간단하게 엄마 식사를 따로 챙겨 소파로 가져와서 식사를 떠드렸다. 아무리 피곤하고 피곤해도 우리 엄마 식사 정도는 직접 떠드리는 것이 나의 임무다. 간단하게 식사 마치신 엄마는 피곤하신데도 불구하고 맛있다. 라는 말씀을 잊지 않고 해주시며 이마땡을 해주셨다. 다른 날 같았으면 울 엄마 이마땡의 묘약으로 피로가 어느 정도 풀릴 엄마 표 애정(愛情)표현이지만 오늘은 정말 몸이 천근처럼 느껴질 정도로 지쳐있어 그런지 마력(魔力)과 같은 울 엄마 이마 땡의 효력이 그다지 없었다. 엄마도 피곤하셨는지 양치 마치시고 입가에 묻은 물기를 타올로 한번 가볍게 닦으시더니 곧 바로 소파에 누우신 것이다. 나는 엄마가 누우시는 틈을 타 대충 반찬들을 냉장고에 넣고 나도 간단하게 씻고 어머니 누워계시는 발밑에서 몸을 부려버렸다. 그리고 그렇게 얼마나 잤을까? 나는 비몽사몽간에 어머니께서 나를 깨우시는 소리에 눈을 떴다. 엄마가

"아야 아이."

하고 부르시는 소리를 들으니 아무래도 내가 코를 너무 심하게 골았던 탓이 아닐까? 싶다. 물론 내 예상이 맞았다. 역시나 내 코고는 소리가 문제였다. 헉 이 일을 어쩌나? 싶다. 의도(意圖)한바없고 무의식(無意識)중에 일어난 일이라고는 하지만 그래도 참으로 민망스럽다. 평소에도 이렇게 심하게 코를 곤다면 심각한 문제이겠으나 긴장하고 다니는 날만 유독 코를 심하게 고니 나도 어쩔 수 가없다. 울 엄마가 부르시는 의미를 알고 나는 잘 떠지지 않는 눈으로

"엄마 미안해요."

라고 했다. 그랬더니 엄마는

"아이고. 참말로."

라고 하신다. 나도 정말 정말 코 안 골고 싶다. 그러나 나의 고단한 육체는 피곤하다는 표현을 코로 알려준 것이다. 무의식중에도 병실이 아니고 집이라서 몸도 안도(安堵)했는지 나는 또 세상모르고 잠이 든다. 다음 날 나는 무거운 몸을 일으켜본다. 엄마도 많이 피곤 하셨는지 늦잠을 좀 주무셨다. 평소처럼 엄마 세안(洗眼)을 시작으로 하루를 시작한다. 그리고 어제 잡초 작업하느라 땀범벅이 된 옷들을 주섬주섬 챙겨 세탁기에 넣고 마루를 대충 쓸고 나니 커피 생각이 났다. 커피 한잔 타서 엄마 옆에 앉았다. 엄마 안색이 썩 좋아 보이지 않아 커피 마시는 내 모습이 다소 멋쩍고 겸연쩍다는 느낌이다. 그래서 내가 무엇을 놓쳤고 무엇을 잘 못했는가?라는 주제를 놓고 잠시 생각한다. 물론 어제 고향 길

은 정말 그 누구에게도 말하지 않고 다녀왔다. 정말 시비 할 사람 없어서 평온 할 줄 알았다. 그런데 엄마 안색이 좋지 않아 보이니 마음이 불안하다. 어제는 농사철이라서 동네 분들조차도 보지 못했다. 오직 고향 갔다 온 사실은 우리 식구들만 아는 사실이다. 마음은 그다지 가볍지 않다. 엄마가 시골로 당장 내려 갈 수 없는 상황이 불편하신 것 같아 나 역시 마음이 가볍지 못한 이유다. 엄마가 애달프게 고향 내려가셔서 같이 살기를 소원하시는데 저는 이런 것 하나 어머니 뜻대로 해드리지 못하고 있는 신세라서 그저 괴롭다. 이런저런 문제들을 훌훌 털고 엄마와 단둘이라도 고향으로 내려가면 되겠는데 이 또한 어머니께서 원(願)하시지 않는지라 내 임의대로 강행 할 수 있는 일은 아니라서 더욱 안타깝다. 나는 이런저런 사연으로 이 눈치 저 눈치 살펴야 되고 엄마 마음 하나 편하게 해드리지 못해 애간장만 태우고 있는 신세다. 그렇다고 마냥 이렇게 순리에 순응한다는 핑계로 그저 방관만 하고 있을 수 없는 일이다. 나는 또 다시 돈을 빌려 여러 정보지에 집 매매를 요청한다. 이 또한 날짜만 보내고 돈만 허비 하고 있어 다른 방법을 모색해야만 된다. 나는 인근지역을 대상으로 전봇대 광고효과를 기대해 보려한다. 용기 내 A4용지에다 급매라는 내용을 적었다. 막내딸에게는 할머니를 살펴달라고 부탁해 놓고 아들과 큰 딸을 차에 태워 급 매매 전단지를 아들은 이쪽에다 붙이고 딸은 저쪽에다 붙이게 했다. 대부분 시에서 운영하는 광고판과 전봇대를 찾아 붙여 놓았다. 저변에는 그래도 나름 국민 된 기본질서라도 지켜보고자 한다. 하지만 시에서 운영하는 시민 광고판은 대부분 잠겨있었다. 우리가 정작 양심을 지키고자 하지만 여건은 그렇지가 못해 우리들도 할 수없이 전봇대를 이용 할 수밖에 없었다. 저희 집 아이들도 전봇대에 전단지를 붙이는 것을 많이 망설이고 주저했다. 아이들이 전봇대에 전단지 붙이는 것을 주저하는 모습 보면서 내가 느낀 점은 시민을 위한 광고판이라고 설치 해놓았지만 정작 우리가 이용할 수 있는 곳은 10곳 중 두 세 곳뿐이라는 사실이다. 우리아이들에게 이 사회에 작은 질서 하나라도 지켜나기기를 바라는 마음이 크다. 하지만 막상 기본질서라도 지켜보려고 하지만 사회질서라는 것이 모순투성이라는 것을 느끼게 한 사례다. 나의 편리를 구하고자 전봇대를 활용 할 수밖에 없는 내 모습이 약간 부끄러운 마음도 없지는 않다. 더구나 우리가 보편적으로 생각할 때. 자신의 양심에 떳떳하고 당당하게 살아가야 하겠지만 어쩌면 사회제도가 양심만을 고집하는 것도 그다지 지혜롭지 못한 것 같아 아쉬움이 많이 남은 사례다. 그러니까 시(市)에서는 관리가 어렵다는 이유로 게시판을 잠가 놓았을 것이다. 그러다보니 시민들이 시(市)게시판을 이용하려하지만 대부분 게시판은 잠겨있는 것들이 태반이라 시 게시판은 일반인들에게는 무용지물(無用之物)이다. 게시판 대부분 빈공간이 많았지만 자물쇠로 굳게 잠겨있어 활용 할 수 없는 상태라 시에서 운영은 하되 보여주기식 게시판 같아 아쉬움이 컸다. 시에서 운영하는 게시판이 제대로 운영이 되었다면 우리가 굳이 전봇대를 이용해야 할 필요는 없는 것이다. 고향집 빨리 내려가고 싶어서 애만 태우시는 울 엄마 마음을 나는 십분 이해하는지라 어떻게 해서라도 집을 팔아보려고 온갖 방법을 시도는 해보지만 울 엄마 고심(苦心)하는 마음에 비해 소득이 전혀 없으니 난감하고 난감하다. 우리아이들 동원해서 여러 군데 전단지를 붙여놓고 왔지만 집이 매매 될 기미가 전혀 없으니 그저 울 엄마 눈치만 사정없이 살피고 있는 상황이라 하겠다. 그렇다보니 엄마 옆에 우두커니 앉아 있는 것이 오히려 가시방석에 앉아있는 신세 같이 느껴진다. 그래서 나는 다시 전단지를 복사해 이웃 동네까지 전봇대를 도배하고 다니게 된 사연이다. 어느덧 불편한 마음 가운데 날이 가고 달이 바뀌어 7월을 맞이한다. 7월로 접어들고 보니 무더운 날씨가 더 기승을 부렸다. 우리 집은 아직까지 에어컨 없다. 이전에는 우리 집이 너무 시원했고 지하수가 시원하게 콸콸콸 나오는 빌라라서 에어컨이 필요하지 않았던 것이다. 그런데 올해는 유난히 에어컨이 생각난다. 가지고 있던 에어컨이 9평이라 25평으로 교체해서 달 생각으로 에어컨 다는 것을 차일피일 미뤘던 것이 오늘날까지 못 달고 살았다. 그러다가 고향으로 내려갈 생각에 에어컨 설치하는 것을 접었다. 그런데 올 여름은 유난히 덥고 움직임이 많아서 그런지 에어컨이 절실히 생각난다. 나는 누워 계신 엄마가 더위를 더 느끼실 것 같아서 페트병에 물을 담아 얼려놓고 수시로 엄마 양 옆구리에다 수건을 감아서 갖다드린다. 그렇게 페트병 얼려서 옆구리에 갖다놓게 되면 일단 찬 기운이라도 몸에 닿으면 더위를 조금이라도 덜 느끼실 것 같았다. 엄마도 얼마나 더운지 싫다하지 않고

"아이고 참 말로."

라는 말씀으로 고맙다는 인사를 대신 해주신다. 한 여름 무더위는 무력감을 갖게 할 정도로 기승을 부렸다. 건강한 사람도 움직이는 것이 싫어지는 계절이라 하겠다. 옛날 이맘때쯤이면 시골에서는 농번기철이라서 대부분 나무 그늘에 평상 갖다놓고 파란 하늘 쳐다보며 미수가루에 설탕과 얼음 부어 시원하게 만들어 먹었던 것이 최고의 여름 간식이었다. 그런데 요즘은 미숫가루 타 먹는 집들이 없어 지금은 미숫가루 타 먹던 시절도 아련한 추억이 된지 오래지 싶다. 요즘 울 엄마 근황은 오랫동안 누워 계셔서 그런지 무기력함이 역력하다는 것이 관건이다. 세상사 모든 일에 관심을 놓아버린 듯한 모습이다. 그러니까 모든 것에 대한 집착을 놓으신듯한 울 엄마 모습이 너무 쓸쓸해 보여 안쓰럽기 그지없다. 그래서 나는 누가 뭐라고 하지 않았건만 죄인이 된듯한 마음이다. 그러니까 울 엄마께서 절실히 원하고 바라시는 고향 내려가는 길이 빨리 성사되지 않고 있는 부분이 내 입장에서는 그저 미안하고 죄스러울

뿐이다. 엄마가 하시는 동작이라는 것이 간간히 옆에 떨어진 머리카락이나 주어 머리맡에 놓여있는 작은 휴지통에 습관적으로 버리시는 동작과 무심코 하신 손짓에서 잡힌 이불 보푸라기 떼서 자동적(自動的)으로 휴지통에 넣고 문득 발뒤꿈치에 커다랗게 생긴 상흔(傷痕)을 습관(習慣)처럼 만지고 계시는 손길들… 나는 울 엄마 이런 동작들을 마냥 간과만 할 수 없는 상황이다. 욕구불만(欲求不滿)에서 오는 불만의 표출(表出)방법이라 느껴지기 때문이다. 시간에 쫓기는 듯한 초조함과 불현 듯 밀려오는 이루지 못한 일에 대한 안타까움인지 애꿎은 손톱만 물어뜯고 계시는 모습이 왠지 초조해 보이기까지 하여 옆에서 보는 제 입장에서는 1분 1초가 너무 야속하게 느껴졌다. 그 누구보다 인자(仁者)하시고 곱던 울 엄마 모습은 온데간데없고 무심(無心)하고 무력한 모습으로 변해가는 어머님 표정에서 서글픈 마음만 가득히 느껴져 온 것이다. 저는 무표정(無表情)한 모습으로 변해가는 울 엄마 얼굴에 어떻게 새로운 희망을 불어 넣어드려야 할지 고민스럽다. 이럴 때 멀리 있는 자식들이 찾아와 분위기를 바꿔주었으면 하는 마음이 문득 일었다. 이 침울한 분위기를 전환하고 푼 나의 속된 생각일 뿐이다. 이 또한 나의 욕심이다. 더구나 1년 넘게 엄마 뒷바라지 하느라 요즘 형제들도 경제적으로 힘이 드는지 하나같이 소식들이 절간이라 괜히 소식 없는 형제들 탓을 해본 것이다. 그러나 내가 먼저 형제들에게 연락하는 것을 엄마는 불허(不許)하셨던 부분이다. 그래서 내가 먼저 연락 할 수 없는 상황이라 형제들이 무심하게 안부인사 없으니 괜시리 엄마 눈치를 본다. 울적하게 누워만 계시는 엄마 다리 밑에 앉아 근육이 다 빠진 애꿎은 엄마 다리만 만지작(주물러) 거리고 있는 것이 고작 내가 할 수 있는 동작이라면 동작이다. 속마음은 이렇게 무력하게 누워계시는 것보다는 책상의자를 밀고서라도 걷는 연습 좀 해보자고 권하고 싶은 심정이다. 더구나 요즘 들어 너무 누워만 계셔서 그런지 예전보다는 다리에 힘이 들어가지 않고 있다는 사실이다. 보행(步行)연습(練習)을 전혀 하시려 들지 않으시니 권하기도 멋쩍은 상황이다. 그러나 누워계시다가 일어나 앉으시는 과정은 예전보다는 조금 가볍게 일어나 앉으신 것이 약간의 차이라면 차이다. 섣불리 울 엄마 몸 상태가 좋아졌다고 단언하지는 못한다. 그러니까 엄마는 남과 다르셨던 부분이 있어 유독 엄마 몸 상태가 이러쿵저러쿵 말할 수 있는 단계가 아니라서 더욱 말을 아끼고 있다. 울 엄마 몸 상태(常態)의 변화(變化)는 예측불허라 정말로 함부로 말 하지 못한 부분이다. 울 엄마 몸 상태는 유독 조화가 너무 단단히 걸려 섣부른 판단(判斷)은 금물(禁物)이라 하겠다. 울 엄마 병은 저희들 행동(行動)거지나 말 한마디에 따라 변화무쌍(變化無雙)했으므로 울 엄마 관련된 모든 일은 그저 조심스럽게 다루고 있는 중이다. 제가 어머니를 여러 해 모시면서 느낀 점이 있다면 어떠한 경우라도 진실한 마음과 정성스러운 마음이 배제되면 꼭 사단이 났었다. 그러니까 우리는 항상 부모님이 옆에 계신다는 이유로 부모님 모시는 것을 다소 소홀히 여길 수 있다는 뜻이다. 그렇지만 그 소홀했던 부분이 바로 우리가 쉽게 저지른 실수요 불효가 되었던 것이다. 사지(四知)라는 단어가 내포하고 있는 뜻이란 즉 하늘이 알고 땅이 알고 내가 알고 상대가 알고 있다. 라는 뜻이다. 그 뜻을 요약(要約)하면 결론(結論)은 말없는 하늘은 부모님에게 하는 행동(行動)이 비록 진개(塵芥)처럼 눈에 보이지는 않더라도 우리의 행동 하나하나를 하늘은 허투루 보지 않는다는 의미다. 더구나 자신의 미래(未來)가 본인 어머님 모습이 될 터이니 생명을 주신 부모님 늙었다고 홀대(忽待)하지 말고 진솔한 마음으로 공경(恭敬)해서 잘 모시라는 뜻이라 나는 해석한다. 제가 사지(四知)라는 단어를 운운(云云)하게 된 이유가 저희 어머님을 통해 겪은 사례 대부분 보이지 않는 세계의 위력을 경험했기 때문에 필히 보이는 세상이 전부는 아니다 라는 것을 강조하고 싶고 오히려 보이지 않은 세계가 더 무섭다는 의미다. 그러니까 분명 내 마음 속에 간직한 불만을 아무에게도 표출하지 않았는데 벌써 울 엄마는 나의 마음을 읽으시고 매서운 눈빛으로 그것이 아닌데. 라고 하신 것이다. 귀신을 속이지 울 엄마는 속이지 못한다는 의미가 된다. 제가 마음속에 조금이라도 불만을 갖고 있으면 벌써 하늘은 울 엄마에게 통증을 줘서 고통스럽게 하시니 나도 별 수 없이 불만이나 불평을 갖지 못하게 된 사연이라 하겠다. 제가 마음을 바로 먹지 못한 부분을 빨리 반성하면 엄마의 통증도 빨리 사라지니 참으로 이것이 바로 조화가 아니겠는가? 한다. 제가 빨리 깨닫지 못하고 있으면 제가 깨달아 깨우칠 때까지 엄마의 고통이 심하니 이런 부분이 보통사람으로서는 견디기 힘든 부분이고 인정하려 들지 않는 부분이라 하겠다. 그러니까 스스로 반성하지 많으면 엄마 고통은 이루 말 할 수 없을 정도니 하는 수 없이 억지로라도 잘 못을 뉘우치게 되는 부분이다. 그리고 저 자신도 본의 아니게 엄마를 괴롭게 하는 문제가 무엇인가를 알아 볼 수 있는 계기도 된다. 울 엄마는 자식들이 마음 하나 잘 못 먹으면 바로 어머니에게 화(禍)가 미치게 되니 우리는 가능한 억지로라도 좋은 생각을 하려 노력하게 된 이유다. 특별하신 울 엄마 밑에서 깨우친 부분이라고 있다면 사람은 언제나 한결 같은 마음과 진심어린 마음가짐이 중요하다는 것을 깨우친 부분이라 하겠다. 어머니는 일부로 나를 모진 세파(世波)를 겪어가면서 더 강해지라는 뜻이라 생각한다. 그리고 고난을 벗어나고자 잔머리 쓰는 사람보다는 더 진솔한 사람으로 만들고자 본인 몸을 희생시켜 나를 가르쳐주시고자 하신 부분이 아닐까? 라는 생각도 든다. 저희 어머니 특이한 부분이라고 하면 보통사람은 몸에 이상 증세가 나타나면 약부터 챙겨 드시거나 병원부터 찾아가는 것이 보통 사람들 모습이겠지만 저희 어머니는 약 드시고 병원가시는 것을 한사코 거부 하시며 그저 그래서 그래. 라는 말씀만 하신 경우가 다반사다. 그래서 사실 저도 어머니가 아프시면 보통 부모님들처럼 약 드시든가 아니면 병원 찾아 가서 진찰을 받아 보시는 것을 원했던 것이다. 그렇지만 엄마는 다른 세계와 연관되어 있어 그런지 아니면 아픈 이유를 알고 계셔서 그런지 아무튼 고집이 메가톤급이라 나로서는 울 엄마가 불감당(不堪當)일 때가 많았던 사연이다. 그러다보니 나는 엄마 말씀 그래서 그래. 라는 말에 뜻을 알고자 영민(穎敏)하지 못한 머리 굴러 보기를 헤아릴 수 없을 정도로 했다. 솔직히 말하자면 엄마가 저에게는 버거운 숙제였다. 그렇지만 탁월하신 울 엄마 봉양에 있어 하나에서 열까지가 조심 또 조심을 해야만 했으니 까다롭기를 말하자면 조선 팔도에는 없는 분이시지 않았나 생각한다. 영계(靈界)관련된 일 아니고는 세상에서 드문 인자(仁者)하신분이시며 지혜로운 분이셨다고 자부한다. 제가 부모님 섬김에 있어 정성스러운 마음과 진솔한 마음이 으뜸이다. 라는 것을 빨리 깨우쳤더라면 저희 어머님이나 내가 고생은 조금 덜하지 않았을까? 라는 여운은 좀 남아 있는 부분이다. 탁월하신 울 엄마 덕분에 남들은 겪어보지 못한 경험들을 많이 하고 났더니 나름 느끼고 깨달은 것은 올곧은 행동(行動)도 나로부터 나와야 되고 진솔한 마음가짐도 나로부터 가져야 함이요 삿된 마음도 나로부터 버려야함을 배운 것이다. 훗날 어쩌면 나는 어머님과 함께한 이 과정들이 바로 수행(修行)의 일부분이고 수도자(修道者)의 길이 바로 이런 길이 아니었을까? 라는 의구심을 갖는 부분이다. 어쩌면 진정 사람의 4덕목(德目)인 충효인의(忠孝仁義)를 가슴깊이 새긴 연단(鍊鍛)의 과정이었으리라 생각한다. 누구나 하루하루를 보내면서 의미(意味)를 부여 하며 사는 사람은 극히 드물 것이다. 저 역시도 의미를 부여하면서 하루하루를 보내는 것은 전혀 아니다. 소망과 목적은 멀리 두고서 한발 한발 뚜벅뚜벅 걸어가고 싶은 사람 중에 한 사람일 뿐이다. 그리고 어려운 일들을 겪으면서 얻은 경험들을 체득(體得)하고 삶 속에서는 꾀부리지 않는 정의로운 마음을 갖고서 어려운 난제(難題)들을 지혜롭게 풀어 헤쳐 나가는 사람이 되었으면 더 할 나위 없을 것이다. 나의 역량은 한량없이 미흡하고 머리 회전은 그야말로 백치 아다다 수준이라 하겠다. 내게 주어진 일에 미력한 힘이나마 보태서 공익(共益)을 추구 할 수 있는 부분이 있다면 분명 꾀부리지 않고 동참 할 것이라는 생각만 있을 뿐이다. 제가 어디를 가더라도 속된 마음으로 사익(私益)을 챙겨 볼 마음이 들지 않은 이유는 아마도 저희 어머니의 지엄(至嚴)한 가르침이 저변(低邊)에 잠재(潛在)하고 있어 그랬을 것이라 생각한다. 탁월(卓越)하시고 생불(生佛)이셨던 울 엄마 덕분에 제가 깨달은 부분이 있다면 그것은 바로 사람은 언제나 마음가짐이나 행동은 진솔해야 되고 생각은 항상 거룩해야 된다는 것이다. 그리고 의도적(意圖的)이지는 않았더라도 저희 어머니 희생(犧牲)으로 나는 정말 값진 경험을 했던 부분을 감사하게 생각한다. 보이지 않는 추상적(抽象的)마음 하나 잘 못 먹으면 엄마에게 비켜가지 못한 탈이 생겼으니 어찌 손바닥으로 하늘을 가릴 것이고 마음으로 보고 계시는 울 엄마를 속일 수 있을 것이며 병든 노인이라 여길 것이며 어찌 울 엄마를 그저 평범한 범인[凡人]이라 여길까? 싶다. 부모님 건강 문제는 분명 자식들 마음과 연계성 있다는 사실을 무시할 수는 없다는 뜻이다. 나는 이번 고향집 다녀온 이 후 어머니 눈치를 본의 아니게 많이 살핀다. 집을 팔지 못하고 있어 괜시리 나의 잘 못 같아 그저 엄마 눈치 보느라 내 꼴이 말이 아니다. 엄마 발밑을 사수한지 어느덧 일 년 반이 되어가니 내 허벅지도 짓물러진 상처가 낫지 않고 더 덧나서 앉아 있는 것이 사실 나에게는 곤욕스러운 일이다. 속 모르는 남편은 어머니 주무실 때 집안일을 좀 하라고 잔소리를 늘어놓지만 그 또한 속 모르고 하는 말이라 여기고 이해하려한다. 제가 잠시라도 어머님 곁을 벗어나 집안일이라도 해보려하면 벌써 엄마는 바로 눈을 뜨시고서 아야. 라고 찾으신 관계로 나도 어쩔 수 없이 어머니 발밑을 허벅지가 짓 물어가지만 부득불 이렇게 사수하고 있는 이유다. 무슨 조화인지 모른다. 내생각도 엄마가 주무시면 집안 청소라도 하고 싶지만 내가 궁둥이를 바닥에서 띄우면 엄마는 귀신같이 알고서 바로

"아야."

라고 부르시니 내 입장에서는 요즘 들어 이 부분이 제일 큰 고충(苦衷)이라면 고충이 된다. 그리고 무더운 날씨에 갱년기 증상중 하나인 열(熱)오르기까지 겹쳐 이중고(二重苦)를 겪고 있다. 예전에 나는 땀이 잘 나지 체질이었다. 그런데 최근 들어 그 말이 무색할 정도로 땀이 줄 줄 줄 새는 수준이라 이 또한 곤욕 중에 제일 큰 곤욕(困辱)이지 싶다. 그러니까 내 나이 반평생동안 흘리지 않았던 땀을 한꺼번에 쏟아내는 느낌이 들 정도로 흐르고 있으니 울 엄마 보기 민망하다. 에어컨 없는 우리집 사정상 이번 여름은 땀과의 전쟁이지 싶다. 우리는 이집에서 10년 넘게 살면서 덥다는 생각을 한 번도 가져보지 않고 살았다. 예전에 쓰던 에어컨 설치를 미루고 살다가 작년에 실외기가 녹이 자꾸 번져가는 듯해 고물상에 넘겼다. 그런데 하필이면 이번여름은 유독 날씨가 더워 에어컨 생각이 절로 나니 실외기를 팔아버린 것을 후회하게 한 사례다. 그러나 지금은 고향으로 내려가겠다고 집을 내놓은 상태라 따로 에어컨 설치하기가 조금 망설여지는 부분이다. 그런데 소파에 누워계시는 엄마도 덥기는 매한가지 같아 나는 누워 계시는 울 엄마 더워나 식혀 드리고자. 페트병 두개에 물을 가득 채워 꽁꽁 얼렸다. 그리고 언 페트병을 꺼내서 수건으로 감싸 울 엄마 옆구리에 끼워 드렸다. 어쩌면 무더운 날씨에 찬 기운으로 울 엄마 열을 조금이라도 식혀주기를 바라는 마음에 나

는 이 방법을 써본 것이다. 오늘도 다 녹은 페트병을 바꿔드리며

"엄마 이렇게라도 해두면 조금은 시원하시죠?"

라고 여쭙는다. 이렇게 묻는 이유는 무력하게 누워계시는 어머님께 말 한마디라도 건네 보려는 의도다. 어머니도

"좋다."

라고 하시며

"그랬어."

라고 하셨다. 울 엄마 그랬어? 라는 말씀은 엄마 더울까봐 얼음을 얼렸구나. 라고 나는 해석한다. 엄마는 내가 이렇게 해드리는 것이 좋았는지 정(情)이 듬뿍 든 손으로 제 얼굴을 쓰다듬어 주시며 활짝 웃어주신다. 나에게는 울 엄마 그랬어? 라는 짧은 한마디는 울 엄마 깊은 사랑을 오롯이 느끼게 하는 특제 보약이었다. 더구나 저는 울 엄마 이런 사랑의 묘약(妙藥)이 있었기에 그동안 험난했던 인생 여정의 길을 용기 잃지 않고 의연하게 걸어 왔던 이유지 싶다. 울 엄마 그랬어? 그 한마디 때문에 세상에서 제일 행복한 사람이 되어버리기도 한다. 나는 생각했다. 행복도 자기가 만드는 것이고 웃음도 자기가 만들고 위기(危機)를 기회(機會)로 만들어 가는 것도 바로 자신이라는 것을. 며칠 전만 해도 엄마 얼굴이 밝지 못해서 마음이 많이 불안했었다. 이렇게 다시 생기를 얻으셨는지 어머니 모습이 오늘 따라 많이 밝아 보이니 덩달아 내 기분도 좋다. 나는 울 엄마 얼굴에 미소(微笑)가 머물면 나도 행복하고 즐겁다. 와병(臥病)중에도 자주 웃어주시는 저희 어머님이 존경스럽다. 우리 모녀는 이렇게 웃고 저렇게 웃는 부분 때문에 고단한 삶 속에서도 웃음을 잃지 않고 살아가는 이유고 고달픈 인생 여정을 극복해 가는 삶의 방식이지 싶다. 남과 다른 부분이라면 다른 부분이라 여긴다.

최근 들어 저희 집 아이들이 일상생활 속에서 나타나는 나의 모습들이나 행동에서 외할머님의 모습이 많이 보인다는 말을 종종 한다. 그래서 나는 이런 생각을 해 봤다. 그러니까 만약 누군가 나에게 인생(人生)에 롤 모델을 삼으라고 한다면 누구를 선택 하겠는가?라고 묻는다면 나는 주저하지 않고 우리엄마요. 라고 답 할 것이다. 그래서 나는 내가 울 엄마 모습을 닮아가는 것도 괜찮다는 생각을 많이 했던 부분이다. 세상사람들 특성상 사물을 보는 각도(角度)와 해석(解釋)하는 기준(基準)차이가 있다는 사실이다. 그래서 울 엄마를 평가하는 사람들 기준점도 다르고 견해(見解)차이(差異)가 있을 수 있겠지만 그래도 가까이서 모셨던 나의 시선(視線)에서 바라보는 저희 어머니 모습은 고매(高邁)하기 그지없는 분이다. 그래서 나는 저희 어머니가 항상 존경스럽고 자랑스럽다. 아무튼 어머니를 가장 가까이에서 지켜봐왔던 나로서는 어머님의 곧은 성품과 인자하신 품성 그리고 진솔하지 않는 사람에 대한 냉소적(冷笑的)인 부분과 바르지 못한 일에 대해서는 근엄(謹嚴)하셨던 부분은 비록 병(病)중이셨을지라도 어머님의 보이지 않는 카리스마에 압도(壓倒)당했던 사람으로서 나는 주저 없이 나의 롤 모델은 바로 저희 어머니시다 라는 사실이다. 객관적인 시선에서 평가(平價) 하더라도 인품(人品)은 인품대로 괜찮으셨던 분이 바로 저희 어머니가 아니겠는가? 라고 생각한다. 본인 의도(意圖)와는 다르게 신(神)의 세계(世界)와 밀접(密接)함 때문에 주위사람들에게 변고가 있을라치면 우연찮게 엄마 몸에 가차 없이 통증이 가해졌던 이유고 아프다는 이유로 초 값이 거론되었고 그 초 값이 거론된 부분을 저희는 이해하기 어려웠던 부분이라 하겠다. 그래서 우리들에게는 더러는 이 부분이 불만(不滿)이라면 불만이었겠지만 한 개인의 인격체로서 뭇 사람들에게 존경받아도 부족함이 없으신 분이 바로 저희 어머님이 아니겠는가? 라고 나는 생각한다. 그리고 제가 어머님 뜻을 따라야만 했던 이유는 신(神)의 세계를 알기보다는 자식 입장에서 어머님 의사(意思)를 존중해 드리려는 차원(次元)이었다. 나의 행동(行動)이 유독 피동적(被動的)인 성격이 다분했던 이유가 달리 생각하면 어쩔 수 없이 울 엄마 아프지 않게 해드리기 위해 취했던 행동들이라는 사실이 관건이다. 자식의 입장에서는 고통스러워하시는 어머님을 외면 할 수 없어서 어쩔 수 없이 울 엄마 아프지 않게 해드리고 싶은 마음으로 어머님 뜻을 따라야만 했던 것이 가장 큰 이유라 하겠다. 제가 조금만 더 현명했고 빨리 깨우쳤더라면 엄마를 이렇게까지 고생시켜드리지 않아도 되지 않았을까? 라는 후회도 사실 하고 있다. 그러니까 울 엄마는 우리가 현재 살아가는 이 세계가 전부가 아니다 는 의미가 컸다. 다시 말해 눈에 보이지는 않더라도 우리 행동 하나 하나를 세세하게 살피고 있는 세계가 더 무서우며 그 세계가 바로 후천 세상이 될 것이라고 가르쳐 주신 것이다. 그러나 그곳은 오직 진실과 정성스러운 마음만이 통하는 곳이라고 하셨으니 바로 그곳이 미지의 세계 낙원이 아닐까? 라는 생각만 나는 한다. 미련한 자식들은 눈에 보이는 것 하나도 옳고 그름도 가름하지 못하는 안목이라 어머님 입장에서는 안타까운 부분이 바로 이 부분이라 하셨으며 비록 자식이라 할지라도 따르지 않으면 어쩔 수 없는 것 또한 이 부분이라 하셨다. 요즘 자식들은 대부분 자신에게 주어진 의무마저 귀차니즘에 빠져 회피하려는 의도가 역력하다. 그렇지만 자식욕심이 많으신 저울 엄마는 본인 육신에 가해진 고통들을 해피하시지 않으시고 오늘도 역시 오직 자식들이 진실하게 살아 형제우애하며 잘 살아주기를 바라시는 마음 하나로 자신의 육신을 교과서 삼으라고 하신 이유다. 어리석은 자식들은 울 엄마의 이 깊으신 이 뜻을 깨달고 이해하려는 자가 없으니 안타깝고 안타까운 것이다. 이 부분이 바로 남과 차원이 다른 울 엄마만의 세계요 울 엄마의 깊은 사랑이 아닐까? 나는 생각해 본다. 살아온 날보다는 살아 갈 날이 얼마 남지 않으신 소중한 부모님들 내일이라는 날이 더욱 기약 없으므로 우리는 마땅히 부모님 섬김에 꾀부리지 말아야 할 부분이다. 옛말에 한 부모는 열 자식을 거두나 열 자식은 한 부모 모시기가 어렵다. 라고 했다. 이 속담이 제 마음을 자극했다. 그래서 나는 이 속담만은 가슴 깊이 새기고 새겼던 이유이고 이 속담속의 진정한 의미를 알아 가게 된 부분이다. 그렇다보니 제 스스로 아무리 곤란한 상황이 닥친다하더라도 생명을 주신 부모님만은 절대로 홀로 두지 않을 것이다. 라고 다짐하고 다짐하게 된 동기다. 그런데 하늘은 나를 시험코자 하셨는지 하필 저희 어머니 위중하실 때 남편마저 직장암 3기라는 진단을 받게 되고 나는 그 순간 남편 스스로 사랑과 정열(情熱)을 길거리에다만 쏟고 다였던 자신의 흑(黑)역사를 거울삼아 성실한 가장으로 거듭나기를 바라며 가정을 바로세우는 전화위복(轉禍爲福)의 기회(機會)로 삼아야겠다는 굳은 결심을 하게 된다. 삶이란 마음먹기에 달렸다는 말이 맞을 것이다. 그리고 무엇을 우선시해야 하는가를 가늠해야하는 지혜도 필요하다. 그리고 제가 이렇게 곤란한 상황과 마주하지 않았다면 병중이신 부모님을 모신 분들의 고달픈 삶과 거액의 병원비로 무거워진 삶까지는 헤아려보지 못했을 부분이다. 나처럼 직접 경험해보지 않고서는 좁은 병실에서 쪽잠으로 꺼져가려는 부모님 생명 줄 부여잡고 그 누군가는 하염없이 부모님 생명 불을 꺼트리지 않으려 필사의 노력을 하시는 분들 노고도 나는 알지 못하고 살았을 것이다. 그러니까 내가 엄마 따라 이 병원 저 병원 전전하면서 느낀 것은 우리가 알지 못하는 곳에서 누군가는 부모님의 꺼져가는 생명의 횃불을 놓지 않으려고 무던히도 애쓰시는 분들이 많다는 사실을 알게 된 동기다. 그래서 나는 그분들을 보면서 생각했다. 당신은 참으로 진정한 도리를 실천하는 아름다운 사람이다. 라고 그리고 부모님 병실을 지금도 지키시는 분들과 어려운 환경에서 부모님 모시고 사시는 분들께 힘찬 응원을 보낸다. 어떤 이유로 어떤 사연으로 부모를 모시지 못하시고 계신 분이라면 지금도 늦지 않았으니 부모님 모시고 공경(恭敬)하매 있어 주저하지 마시라고 응원한다. 하물며 하찮은 미물인 까마귀도 늙어 힘없고 앞 못 보는 어미를 둥지에 데려다 놓고 먹이를 되새김질해 살뜰히 살펴 부모 은공에 보은(報恩)함을 우리는 익히 알고 있다. 그러니까 반포지효(反哺之孝)라는 고사성어(故事成語)가 내포(內包)하는 의미(意味)를 되새겨보면 하찮은 미물(微物)인 까마귀도 부모 은공(恩功)을 갚는데 만물(萬物)의 영장(靈長)이라고 일컬은 인간들이 소위 잔대가리 굴러 병든 부모님 모시지 않으려 머리 굴리는 모양새란 꼴사납기 그지없다는 것이다. 사람이 본디 해야 하는 일중에 가장으뜸이 되는 것은 바로 늙으신 부모님 지극한 마음으로 효(孝)하는 것이고 효는 하찮은 미물(微物)인 까마귀도 실천 하다는 것을 강조(强調)한 부분은 그 만큼 부모님 봉양(奉養)이 지상에서는 으뜸이라는 것을 강조한 의미다. 실천하기란 쉽지 않겠지만 마땅히 우리가 해야 되는 일 가운데 가장 책임을 갖고 해야 하는 자식 도리임을 우리만이라 잊어서는 안 되는 부분이다. 오조사정(烏鳥私情)이라는 고사성어를 살펴보면 진나라 왕이 신하에게 관직(官職)을 명하자 이 신하(臣下)는 늙어 힘이 없으신 노모님 봉양을 먼저 해야 하기 때문에 명(命)을 따를 수가 없다고 임금께 말했다. 그런데 이 말을 들은 진나라왕은 왕명(王命)을 거절한 신하를 엄벌(嚴罰)에 처하도록 명(命)을 내리자 신하는 까마귀의 사사로운 정(情)을 뜻하는 오조사정(烏鳥私情)이야기를 하면서 왕에게 충성 할 수 있는 날은 많으나 삶이 얼마 남지 않은 노모에게는 효(孝)할 수 있는 날이 얼마 남지 않았으니 자식 된 도리를 먼저 다 할 수 있게 해달라고 간청을 드렸다는 고사(古史)다. 우리들은 겉이 검은 까마귀를 흉물스러운 동물로 여겨 왔지만 겉 검은 짐승인 까마귀도 자기를 낳아주신 어미를 살피는 대에는 다른 짐승들보다는 으뜸인지라 우리가 겉만 보고 판단하는 것은 필히 삼가하고 삼가 해야 될 부분이라 생각한다. 저희 모녀는 무더위와의 전쟁 중이다. 궁여지책(窮餘之策)으로 노모님 겨드랑 양옆에다 페트병에 물을 얼려 하루에 한 두 번씩 갈아들이며 더위를 식혀드리고는 있지만 그것만으로는 더위를 날려버리기에는 부족함이 있어 선풍기를 24시간이 모자랄 정도로 돌리고 있는 중이다. 그래도 내가 페트병에 물을 얼려드리니 약간 시원한 효과가 있는지 울 엄마 이마에선 땀이 보이지는 않아 그나마 다행이다. 그런데 막상 2년 가깝게 24시간 어머니 궁둥이 밑을 사수 하고보니 이젠 이야기 거리가 바닥이 나서 그런지 울 엄마하고 이젠 딱히 나눌 이야기가 없다. 그래서 가끔은 말없이 엄마 동태(動態)만 살피고 있는 이 상황이 다소 적막(寂寞)하다는 생각이 들 때가 있다. 그래서 누워만 계신 울 엄마 무료하실 것 같아 가끔 필요 없는 말이라도 나눠 보려하는 중이다. 뜬금없이 나는 엄마 이 무더운 여름 우리 잘 견디어 봅시다. 길어야 석 달이고 짧으면 두 달 반 정도일 텐데 벌써 우리 한 달 넘겼으니 길어야 한두 달 남은 것 같아요. 라고 했다. 엄마는
"나는 괜찮다."
라고 하신다. 그리고선 누워계신 자세로 제 이마 땀을 닦아주시면서
"그랬어."
라고 하신다. 아마 제가 엄마 더위를 조금이라도 식혀드리고자 분주하게 움직여서 그런지 유독 땀이 많이 흐른 것이다. 엄마는 땀을 흘리고 있는 제 모습보시고 안타까우셨는지 애처로운 눈빛으로 저를 쳐다보시며 불편한 자세로 제 이마의 땀을 직접 닦아 주시기까지 하셨다. 저는 어머님 말씀 그랬어? 라는 말씀을 니가 더운데 고생한다. 라는 뜻으로 해석한다. 그런데 나는 울 엄마 그 말씀에 왠지 눈물이 핑 돌았다. 구차

하게 긴 말이 필요 없는 그 짧은 한마디 그랬어? 라는 말씀이 왠지 제 가슴에 진한 감동을 불러일으켰던 것이다. 그러니까 오롯이 울 엄마 사랑과 깊은 정(情)을 나 혼자 듬뿍 받는 기분이었다. 울 엄마 깊은 사랑 때문인지 모르겠으나 나는 이제껏 어머니를 모시고 산다는 것이 힘들다는 생각보다는 어머님에게서 이런 깊은 사랑을 받고 있는 때문에 참 행복한 사람이 바로 나라는 생각을 다시 하게 된다. 그리고 이렇게 고매(高邁)한 인품(人品)을 갖고 계신분이 바로 제 어머니이라는 사실에 어머님이 한없이 자랑스럽게 느껴진 것이다. 그러니까 비록 육신(肉身)은 고달프지만 마음은 행복한 사람이 나라는 사실이다. 울 엄마는 윗사람 공경(恭敬)하시며 자신보다는 남을 먼저 생각하신 부분과 타인을 향한 헌신적(獻身的)부분이 제 가슴 깊이 새겨졌으며 남달리 사려(思慮)깊으셨던 부분들이 떠올라 저절로 어머니를 향해 고개가 숙여진다. 울 엄마는 사람과 사람사이에 정(情)을 교감(交感)하는 부분에서 그 누구보다 스킬이 좋으셨던 것 같다는 생각이 든다. 그리고 언제나 한결같은 마음으로 변함없이 상대를 대하셨던 부분들이 내게는 큰 가르침이 되었다. 그러나 때로는 호랑이처럼 무서우셨고 근엄하기가 바위와 같으셨으며 상대를 헤아리는 마음 씀씀이는 깊은 하해(河海)와 같이 깊으셨다. 바람직하지 못한 부분이 있을 땐 얼음처럼 냉소적인 부분 또한 겸하고 있어 분명 범상치 않으신 분이 바로 울 엄마가 아닐까? 라는 의구심(疑懼心)도 있다. 나는 인자하신 엄마 얼굴을 물끄러미 쳐다보면서 이런 생각을 한다. 어쨌든 미련하고 어리석은 나를 이제껏 참되라고 가르쳐주시며 참되게 인도해주신 울 엄마 비록 제가 영민하지 못해서 어머니를 이렇게 고생시키지만 그래도 이렇게 모실 수 있는 기회를 주셔서 행복합니다. 제가 남들처럼 영민하지 못해 엄마 의중을 빨리 알아차리지 못해 정말 죄송하고 미안합니다. 라는 마음에 메시지를 띄우며 울 엄마 두 손을 꼭

부여잡고 힘을 준다. 그런데 어머니는 벌써 제 마음을 읽으셨는지 1초의 망설임 없이 제게

"바로 그것이다잉 바로 그것이여."

라고 하신 것이다. 그래요. 제가 귀신을 속이지 저희 어머니를 어찌 속일 수 있을까요? 바로 이렇게 상대의 마음을 벌써 읽어버리시는 분을 누가 알까요? 이렇게 말하지 않아도 제 마음을 벌써 읽고 계신 저희 어머니의 경지(境地)를 그러나 보통 가족들은 이런 분을 자신(自身)의 안목(眼目)으로만 생각하고 바라보니 병든 노인(老人)으로 밖에 보지 못한 이유다. 그 옛날 부처님께서 말씀하시기를 '병들고 가난하고 늙은 사람 괄시(恝視)하지 말라. 그것은 변장(變裝)한 나의 모습이다. 라고 하셨다. 우리들은 너무 가까이 있는 것에 대한 소중함을 모르고 살아온 것 같다는 생각이 많이 든다. 가족(家族)이라는 미명(美名)아래 병든 부모님과 가난한 형제들의 소중함을 망각(忘却)하며 살아오지 않았는지 부처님 말씀을 되새기며 다시금 이제껏 걸어온 나의 인생길도 한 번 더 뒤돌아보게 된다. 부처님께서는 병들고 가난하고 늙은 사람 괄시 말라 하시며 자신이 변장한 모습이라고 강조(强調)를 하셨을 때는 대부분 사람들은 은연중(隱然中)에 약자(弱者)들을 업신여길 수 있으니 특별히 이 부분을 조심하고 조심하여 죄(罪)짓지 말고 살라는 의미(意味)로 저는 해석(解釋)한다. 공자께서 하신 말씀 중에 획죄여천(獲罪如天)이면 무소도야(無所禱也)이니라. 라고 했다. 그러니까 이 뜻의 의미는 하늘에 죄를 지으면 기도 할 곳이 없다. 라는 뜻이다. 우리가 가장 쉽게 생각하는 부분이 바로 가족이라는 틀 안에서 자행되는 우리들의 미성숙한 처세로 죄를 은연중에 짓고 있다는 사실이다. 우리는 이 부분을 깊게 생각해 하늘에 죄 짓는 일은 가능한 삼가하며 살아가라는 메시지다. 나는 특별하신 엄마 덕분(德分)에 남다르고 색다른 경험들 속에서 인생을 조금

다르게 배운 것이라 하겠다. 그 배움에서 인과(因果) 관계(關係)가 엄연히 존재(存在)하고 있었음을 확실히 깨달았다고 말할 수 있다. 그래서 불교에서 말하는 인과응보(因果應報)의 법칙이 무섭게 우리의 삶 속에 작용하고 있고 또 거기에 따른 인과(因果)관계가 엄연히 존재하여 호리(毫釐)에 어긋남 없이 운영되고 있음을 배운 것이다. 하늘은 우리에게 자유(自由)의 의지(意志)를 주셨지만 분명히 책임(責任)도 따르게 하였으니 참되지 않고 도리를 벗어나고 윤리를 벗어나면 벌(罰)은 확실히 받게 된다는 사실을 깨달았다. 우리네 인생사는 옳은 것과 바르지 못한 원인(原因)에 대한 결과(結果)는 바로 나타나지는 않더라도 훗날 상선벌악(常善罰惡)법칙으로 선(善)한 행동(行動)에는 상(賞)으로 보상해주고 악(惡)한 행동에는 벌(罰)로써 깨우치게 하는 것을 보면 우리들 행동은 항상 바르게 올곧게 해야 한다는 것을 배운 것이다. 나는 보이지 않는 세계란 참으로 미묘(微妙)하고 무서운 세계라는 것을 어머님을 통(通)해 절실히 경험(經驗)한 사례라 하겠다. 인과(因果)의 법칙(法則)은 우리가 알게 모르게 나타나 화(禍)와 복(福)으로 나뉘어 주고 있음을 모르는 사람은 없을 것이다. 한 쪽은 더 올 곧게 다른 한 쪽은 자신의 자유의 지대로 방종을 일삼으며 쾌락을 위해 사는 사람과 고통을 견디며 가치로서 즐거움을 얻고자 하는 사람의 차이는 확연히 있다는 것이 나의 결론이다. 어떤 삶을 선택하는가? 라는 부분은 자신의 몫이라 생각한다. 이왕이면 밝은 쪽을 향해 각자 자신이 가지고 있는 기량과 재주를 갈고 닦아 나라발전과 이웃들을 위해 봉사하면서 사는 것도 바람직한 선택이지 싶다. 우선 먹기 좋은 달콤함보다는 어려운 시련 속에서도 덕(德)을 많이 쌓아 복된 삶이 되었으면 하는 마음이다. 달리 표현하자면 보이는 세상은 변명이라도 해보고 방어(防禦)라도 해보겠지만 눈에 보이지 않는 세상이란 털 끝 하나의 오차(誤差)가 없는 것이 하늘의 이치(理致)라 그 세계를 알고 계신 울 엄마는 제게 언제나 공명정대(公明正大)한 하늘의 이치만 믿고 누군가 옆에서 누명을 씌운다거나 욕설을 하더라도 모르고 하는 소리이니 네가 이해하며 살아라. 라고 하셨다. 그래 나는 엄마의 그 말씀을 교과서 삶아 어머님 말씀만 믿고 저는 그 어떤 것에도 흔들리지 않는 사람이 되고자 하는 이유다. 나도 인간이라 더러는 격한 감정(感情)을 다스린다는 것은 쉬운 일은 분명 아니었다. 그렇지만 옆에서 이렇게 조언해주시는 울 엄마가 계셨기 때문에 오해나 누명에서 오는 감정은 조금 벗어 날 수 있었던 것이다. 울 엄마는 제 인생 있어 커다란 스승님이셨고 나의 지로인(指路人)이요 이정표(里程標)이시며 나침반이셨다. 울 엄마를 나는 필히 답습(踏襲)하고픈 가장 훌륭한 인간상이라 감히 말 하는 이유다. 저희 어머니께서 강조(强調)하시는 말씀은 진리(眞理)의 개념(槪念)인 사필귀정(事必歸正)이라는 고사성어가 내포하듯 세상만사 모든 일은 그 작용으로 인하여 화(禍)와 복(福)으로 나뉘어진다는 의미다. 공명정대한 하늘의 법칙이라 호리에 어긋남 없이 반영된다는 뜻이다. 그러니까 적덕지가(積德之家) 필유여경(必有如慶)이란 말을 되짚어 보면 반드시 덕(德)을 쌓고 좋은 일을 행(行)하는 집안은 비록 세차고 궂은 비바람이 있을지라도 그저 흔적(痕迹)만 있을 뿐 험하고 사나운 비운(悲運)은 비켜 간다는 뜻이다. 덕을 쌓은 사람들에게는 훗날 경사스러운 일로 다가 올 수도 있고 사나운 운(運)을 비켜가는 조화도 있다. 사람들의 견해(見解)차이로 인하여 해석도 다양하게 해석 될 수 있다는 점을 고려(考慮)하면 이 또한 나의 주장만을 내세우지는 못할 부분이다. 내 경험으로 말하자면 절대로 신(神)의 세계는 공짜는 정말 존재하지 않은 다는 것이 관건이다. 예를 들면 벌써 10여 년 전에 일이다. 그러니까 제가 서울에서 살면서 알게 된 동생 이야기를 실례로 들자면 물론 이 동생은 결혼을 해서 공주에서 낚시터를 운영하게 되었고 종종 연락을 하면서 지내다보니 낚시터 운영이 어렵다는 사실 알게 되었다. 그래 하루는 저희 어머니에게 엄마 한 여사가 요즘 경제적으로 많이 힘든가 봐요. 그러니 한 여사 일이 잘되게 해주세요. 라는 말을 엄마에게 했다. 보이지 않는 세계의 힘으로 저희 어머니께 살펴주십시오. 라는 의미다. 그런데 평소와 같으면 엄마는 간단하게 아 그래. 라는 말씀이 보통 말씀이었다. 덧붙이자면 괜찮을 것이다. 라는 말씀이 평소 어머님 답이었다. 그렇지만 이 날은 누워계셨던 자리에서 벌떡 일어나 앉으시더니. 제게 그것이 아니네. 라는 말을 하시는 것이다. 그리고 혼자 고개를 가우뚱 가우뚱 하시며 무엇인가 골똘히 생각을 하신지라 왠지 나도 모르게 좋지 않는 생각이 먼저 들었다. 그렇다고 오지랖 넓게 어떤 물질이 오고가는 일명 초값을 운운하는 시기는 아직 제 자존심이 허락하지 않았다. 나는 한 여사 일을 잘되게 해주십사 라고 부탁 해놓고도 왠지 엄마의 근심어린 어두운 표정을 외면하고픈 마음이 컸다. 남의 일로 나의 자존심에 흠집 내기 싫었다는 표현이 적절할 것이다. 그래 나는 근심 어린 표정을 하고 계신 엄마를 보면서 내가 쓸데없이 괜히 부탁 했나 싶기도 하고 엄마가 좋지 않은 말씀 하실까봐 염려가 되기도 하여 나도 모르게 초 값 운운하지 말라는 뜻으로 나는 엄마를 백안시(白眼視)하여 쪼려 보았다. 그랬더니 엄마도 내가 쪼려보는 의미를 알고 나도 몰겠다. 라고 하신 것이다. 나도 모르겠다. 라는 말씀을 하실 때는 제 경험상 보통 일은 아니다 라는 뜻이다. 그러니까 울 엄마 말씀을 그냥 흘려보내기에는 신경이 많이 쓰이는 부분이라 하겠다. 반면 제 자존심을 버리고 사람을 먼저 살려놓고 볼 것인가 아니면 사기꾼 소리 듣더라도 일단 말이라도 한번 꺼내 볼 것인가. 그렇지 않으면 대신 내가 초값을 내 줄 것인가. 라는 잡스런 여러 생각들로 제 마음이 심란하여 무겁기까지 했다. 특히 어머님 뜻이 잘 못 전해져 오해가 일어 저희 어머니 이미지를 실축

시키지 않을까? 라는 염려와 곡해(曲解)로 나를 사기꾼으로 보지 않을까?라는 생각이 내 머릿속에 주(主)를 이루고 있다. 그러다보니 머리도 복잡하고 마음도 시끄러워진 것이다. 그렇다고 그냥 무시 할 수가 더욱 없어서 마음속 갈등(葛藤)이 더욱 심해졌다. 이런 유사한 일들을 몇 번 겪다보니 어머니를 모시면서 이런 부분들이 보람된 일들이기도 하지만 보람된 일로 승화시기까지는 사실 남모르는 내면의 갈등이 많았다. 엄마는 그 집안에 무슨 일이 닥칠 것이라고 미리 알고 있다는 점이 관건이라 하겠다. 제가 한 여사 애기를 꺼내지 않았다면 어머님 또한 그냥 지나쳤을 수 있는 일이었겠지만 제가 그 동생 하는 일이 잘 되게 해주십사"라고 부탁을 드렸던 일이고 울 엄마도 이런 일로 남을 속일 분 아니고 남의 돈 이유 없이 받으실 분이 아니며 남을 이롭게 했으면 했지 해롭게 하실 분이 전혀 아니라는 부분만큼은 확신(確信)하므로 울 엄마 눈으로 부터 오는 싸인을 거부(拒否)도 못하고 승낙(承諾)도 못한 상태에 그저 엄마 얼굴만 쳐다보고 있었다. 물론 울 엄마 또한 강요 하실 분이 아니시다. 그러나 울 엄마 무언(無言)의 눈빛은 분명사람을 먼저 살려주어라 라는 메시지가 강하게 내포되어있었다. 그리고 좀 더 세상을 앞서 간 사람은 사람을 먼저 살리는 것이 목적이 되어야 된다는 울 엄마 의중(意中)이 강력(强力)하게 내게 전해진 것이다. 내가 가장 많이 자존심 때문에 망설였던 부분이 바로 이런 부분이었지만 막상 어머니께서 사람을 먼저 살려 주어라 라는 메시지를 받고 나니 나의 자존심 따위는 중요하지 않다는 생각이 들었다. 그리고 재물이야 바람 불면 날려 보냈다가 따뜻한 바람 다시 불어올 때 다시 모으면 될 것 같았다. 하지만 가족은 한 번 잃어버리면 영원한 이별로 연결된지라 나의 자존심을 내세운 다는 것은 나 역시 훗날 후회하는 마음도 없지 않겠는가? 라는 생각이 들었다. 보통 이익(利益)이 보일 때 의(義)을 먼저 생각하라고 하는 말이 있다. 우리는 그 말을 주로 견리사의 (見利思義)라고 한다. 우리 경우는 이익(利益)과 의(義)를 논하는 경우가 아니고 자존심과 신뢰(信賴)에 영향을 미치는 문제라서 많이 고민스러워 나름 갈등하고 있는 중이다. 초값을 운운했을 때 상대가 저희 어머니와 나를 어떻게 볼 것인가?"라는 주제가 나를 갈등하게 한 것이다. 우리 가족만이 아는 우리만의 치부와 비밀을 남에게 공개하고 싶지 않은 마음. 그리고 괜스레 말 꺼내놓고 상대가 받아주지 않으면 말을 전하지 않느니만 못한 경우를 우린 몇 차례 경험한바 있어서 이런 부분들이 나를 가장 곤란하게 한 경우라 하겠다. 또 다시 이런 일로 다른 사람들과 얽히고 싶지 않는다는 이유가 크다. 더러는 아무것도 모르고 사는 평범한 삶이 오히려 나을 수도 있다는 것이 좁은 소견에서 나오는 나의 생각이다. 일단 엄마는 상대(相對)의 사나운 운(運)이 닥친다는 것을 알고 있는 한 살려주고 싶은 마음이 크신 것이다. 그래서 나를 애처로운 눈빛으로 바라보신 이유다. 엄마의 애처로운 그 눈빛에 의미는 그 사람들 살려주어라. 라는 강한 메시지가 엄마 눈빛을 통해 제 머리와 가슴으로 느껴졌다. 어머니를 모시게 되면서 어찌나 곤란한 일들만 골라 시키시는 엄마 때문에 사실 내 자존심은 땅에 구겨 던져버린지 오래 되었다. 그렇지만 그래도 남을 위해 내 자존심은 아직 구겨보지 않았거늘. 엄마는 나에게 무슨 말을 어떻게 전하라고 하시는 것인지? 엄마 눈빛이 예사롭지 않다. 내용은 대충 알고 있다. 그러니까 한 여사 집안에 재물 손해를 보게 해서라도 사람 목숨은 살려놓고 보자 라는 의도다. 그러나 내가 그렇게도 외면하고 싶은 초값이 운운 될 것인지 엄마는 제게 손가락을 하나, 둘, 셋, 넷. 다섯을 세서 보여주셨다. 그리고 다시 반복해서 손가락을 꼽아 마지막으로 열을 세며 멈추셨다. 나는 엄마 손가락이 열 번 세어지고 나니 벌써 계산법이 작동해 제법 액수가 크다는 생각이 먼저 들어왔다. 어머니 손가락 멈춘 부분의 숫자가 필요한 초값이다. 무당들 굿값에 비하면 얼마 안 된 액수지만 남에게 이해되지 않는 말을 해서 초값으로 달라하기에는 1백이라는 액수는 엄청난 돈이라 생각이 든 것이다. 그렇다고 마냥 모른척하고 지내기에는 이야기가 너무 멀리 왔다. 울 엄마 손가락이 멈춘 순간부터 나는 고민이 시작되었다. 모른척하고 넘겨도 무방하겠지만 알고도 모른척하기까지는 여간 고민스러운 부분이 바로 이런 부분이 나의 고충이다. 난 엄마에게

"엄마 의중은 잘 알겠어요. 전화해서 말이라도 한번 전해 볼게요."

라는 말을 했다. 그리고 더 이상 이 일은 거론 하지 않고 일주일을 지냈다. 그런데 우연하게 우리 가족들이 대전 가는 일이 생겼다. 그리고 대전 올라가는 길에 한 여사가 운영하는 낚시터에 들려 나는 그 동생을 만나 엄마 뜻을 전하게 된다. 물론 그 동생은 제게

"언니 나는 초 값은 몰겠고 돈 생기면 어머님 용돈이나 드릴게요."

라는 말을 했었다. 그리고 일주일 후 그 동생은 돈을 어떻게 마련했는지 돈을 예상 밖으로 빨리 붙여줬던 것이다. 그 돈을 찾아 나는 어머님께 드렸다. 그리고 5일 후 이른 새벽 그 동생에게서 전화가 와 깜짝 놀라 받았다. 그리고 새벽에 전화한 이유가 지난밤에 낚시터에서 익사 사고가 나서 결찰이 다녀갔다는 말을 했다. 나는 이 날 새벽에 낚시터 익사 소식 듣고 생각했다. 왜? 하필이면 산중 깊숙이 자리 잡고 있는 그 낚시터를 하필이면 찾아와 신발을 가지런히 벗어 놓았을까? 우연한 사고사(事故死)다. 그러나 우연치고는 얄궂다는 생각이 들었다. 그곳에 신발을 가지런히 벗어놓고 떠날 때는 분명 남다른 인연이었지 않았을까? 라는 생각이 잠시 스쳤다. 운명(運命)인지는 모르겠다. 그러나 우연치곤 얄궂은 것이다. 그리고 듣고 보면 개인적으로는 가슴 아픈 사연이다. 옛 어르신들께서 말씀하시기를 공을 쌓은 자가 운명의 흠을 고치는 데는 유리하다. 라고 했던 말씀이 예사롭지 않게 생각이 든 사연이다. 그런데

막상 이런 일을 경험하니 진정 이 속담도 우리선조님들께서 허투루 그냥하신 말씀이 아니고 수많은 경험 속에서 공덕(功德) 쌓고 산 이유와 공덕 쌓은 자(者)가 화(禍)를 면(免)하고 사는 것을 알고 후세들에게 이 비방을 알려주고자 내려온 속담이지 싶은 것이다. 나는 그 동생에게 사고 당한 유가족들에게 성심성의껏 협조해드리고 가신 길에 노잣돈이라도 챙겨 드리라고 권하게 된다. 그러니까 울 엄마는 나쁜 기운(氣運)을 미리 예감(豫感)하시고 그 동생에게 초 값을 달라고 했던 이유였음을 깨달은 것이다. 저는 가끔 어머니께서 제게 이런 경험을 겪게 할 때마다 더러는 난감할 때도 많았지만 그래도 나름 보람도 컸던 부분이 이런 경우다. 그리고 다른 사람들에게 설명하기는 난해하더라도 더러는 제 경험담을 자연스럽게 말하게 되는 경우도 있다는 사실이다. 주변 사람들에게 따로 설명 할 수 없는 부분이고 이해시키기도 난해해 가능한 이런 이야기를 꺼내는 그 자체를 꺼리는 부분도 없지는 않다. 하지만 그래도 요즘은 울 엄마 남다르셨던 부분을 부끄럽게 생각 하지는 않는다. 우리가 보지 못하는 세계에서는 무엇을 관장하고 있는지 궁금한 마음도 있지만 그 세계는 아무나 엿볼 수 없는 미지의 세계이고 보니 인간의 유위법(有爲法)으로는 알지 못하는 세계는 확실히 존재하다는 사실만 알뿐이다. 그리고 낚시터 익사사고 소식 듣고 어머니에게

"낚시터에서 사고가 있었다고 하네요."

라고 했다. 이런 소식을 들으신 어머니는

"바로 그것이다잉 바로 그것이야."

라고 하시었다. 울 엄마의 이런 말씀이 어눌해서 저로써는 다소 해석하기는 난해 했었을 지라도 저희 어머님의 깊은 뜻을 조금은 이해하게 되었던 경험이다. 우리가 이런 영적(靈的)인 부분은 이해(理解)할 수 없는 부분이고 우리가 쉽게 넘나들 수 있는 영역은 분명 아니다. 더구나

그렇다고 남에게 함부로 말 할 수 있는 것도 아니다. 항상 조심스러운 부분이 바로 영적인 부분이고 함부로 말 할 수 없는 부분 또 한 저희 어머니의 경지(境地)다. 형제들에게 원망을 많이 들었던 무위법(無爲法)의 세계는 분명 인연의 법칙이 존재하다는 사실만 나는 확실하게 깨달은 사례이다. 어머니는 나의 지인들을 나 몰라라 하시지 않으시고 얼마 안 되는 돈으로 운명(運命)의 흠을 고쳐주셨던 사례의 한 부분이다. 무더위와 시름하며 페트병 얼려 놓고 울 엄마 더위를 조금이나마 면하게 하려고 분주하게 지낸지 벌써 3달째가 되었다. 무심한 시간은 속절없이 흘러가고 울 엄마가 그리도 원하시는 고향 길은 쉽사리 열리지 않는 가운데 무더위가 마지막 기승을 부리는 8월 중순이 되었다. 이번 여름은 유난히 장마도 길었다. 그리고 더위도 어느 해보다 무덥고 찜찜한 날이 많았었다. 생활전선에서 일 하는 사람도 아니고 그저 환자 옆에 앉아서 간간이 수발이나 들고 있는 상황인데도 불구하고 나는 어찌나 땀이 많이 흐르는지 밖에 나가 돈 번다고 현장 일 한 사람 못지않게 땀이 범벅이 된다. 그러나 이렇게 저렇게 시간을 보내노라니 날이 가고 달이가고 있지만 엄마는 무슨 조화속인지 아직도 걸어 보실 의향이 전혀 없다는 사실이 간병하는 사람을 무력하게 만들고 있다. 집이 매매가 성사되지 않고 있으니 울 엄마 심기(心氣)는 여름 날씨처럼 찜찜하고 불쾌지수 높다. 울 엄마 마음은 지금 여름 날씨처럼 불쾌지수가 높아 인자(仁慈)한 모습은 온데간데없다. 짐작컨대 울 엄마 마음은 지금 많이 불편하다는 느낌뿐이다. 그렇다고 어머니나 저나 뾰족한 방범은 없다. 그래서 더욱 무력함이 짙다. 더구나 엄마는 고향으로 내려가지 못해 애가 타지만 아직 고향 내려갈 때가 아닌지 부동산에서는 감감무소식이라서 나는 더욱 애꿎은 휴대폰만 쳐다 보며 엄마 눈치 보고 있는 내 모습도 이젠 이골이 난다. 아직 몸이 완쾌되신 상황이 아닌데도 불구하고 어머니는 어떤 이유에서인지 자꾸만 고향 내려가기를 저리도 원(願)하고 계시니 여유롭지 못한 우리 형편 때문에 이곳의 집을 팔지 않고 가기란 쉽지 않은 결정이다. 엄마도 역시나 이곳 집을 팔지 않고 고향으로 내려가기를 원하시지 않으시니 이러지도 저러지도 못하고 있는 제 신세가 너무 처량하다. 엄마 옆에 무력하게 앉아 있는 제 모습이 바로 죄인(罪人)아닌 죄인이 되어 숨소리도 제대로 내보지 못하고 있는 신세가 너무 초라하게 느껴지기도 한다. 엄마는 가끔 어떤 이유 때문인지는 잘 몰겠지만 간간히 아직 아니네 아니야. 라고 하시며 무료한 나날을 보내시는 울 엄마 그 애타는 마음을 어디다 비교하겠는가 싶을 정도로 서글퍼 보이기도 한 것이다. 서글퍼 보이는 어머님께 나는 궁여지책(窮餘之策)으로

"엄마 아이들 이번 겨울방학 때 우리 고향집에 가서 한 달 정도도 있다가 옵시다."

라고 했다. 어머니도 나의 제안이 괜찮은지 그럴까. 라고 하신다. 그리고 잠시 생각에 잠기시더니 갑자기 일어나 앉으시며 하시는 말씀이 또 다시 고향집에 내려갔다 오자고 하신 것이다. 막상 어머니가 고향집에 다녀오자고 말씀을 하시니 우리가 고향 다녀 온지가 엊그제 같았지만 벌써 고향 못가 본지 두어 달이다. 엄마 몸 상태가 좋았다면 중간 중간에 두 세 번은 다녀왔을 고향이다. 하지만 이번 여름이 워낙 더워서 선뜻 나서지 못해 고향 가는 길이 좀 늘어졌다. 겨울방학 때까지는 3~4개월은 더 지나야만 된다. 그러다보니 어머니는 이번에 한 번 더 고향집에 다녀오기를 원하신 것이다. 일단 나는 우리엄마 명령을 거역할 수 없다. 이렇게 무료하게 누워만 있는 것보다는 이런저런 이유로라도 움직여 고향에 다시 다녀오는 것도 괜찮을 것이라 생각이 든다. 그리고 엄마 마음도 시골 한번 다녀오게 되면 조금은 위로가 될 것이다. 나는

"그래요. 우리 이번에 시골 한번 다녀옵시다. 그런데 오늘은 늦은 감이

있으니 내일 일찍 조 서방 출근 시켜놓고 바로 출발해서 다녀옵시다."

라고 했다. 나도 일 년 반 동안 두 환자와의 씨름이라 그런지 자꾸만 피로감이 밀려와서 야간운전은 될 수 있으면 피하고 싶은 것이다. 밝은 날 다녀오는 것을 원한 이유다. 제 생각은 오직 울 엄마를 지켜야 한다는 소명의식으로 버티고 있을 뿐 다른 생각은 아무것도 없다. 그러니까 생불(生佛)이신 울 엄마 빨리 쾌차해서 자유로운 몸을 갖도록 해드리는 것 외에는 나는 정말 아무 생각도 없고 바라는 것도 없다. 어머니 건강이 회복되어 저희들 곁에 오래 오래 머물러 주시기를 원하고 바라는 외그 무엇이 따로 있겠는가? 싶다. 나는 울 엄마가 원하시는 일이라면 가급적 들어 드리려는 마음뿐이다. 다음날 어머니께서는 평소보다는 일찍 일어나셨다. 어머니 머리도 감겨드리고 속옷도 갈아 입혀드렸다. 고향 가신다는 생각 때문인지 오늘 아침 어머니 모습은 활기가 돋아 있어 제 기분도 덩달아 좋다. 어머니는 고향집 내려간다는 생각에 그리하셨는지는 모르겠지만 다른 날보다는 생기가 있어 왠지 환자 같지 않다는 생각마저 든다. 좋은 징조다. 세안을 마치신 엄마는 본인이 제일 잘 하는 로션 바르기를 시작하셨다. 나는 매일매일 로션을 거르지 않고 열심히 바르고 계시는 엄마 이 모습이 참 좋다. 소파에 앉아 열심히 머리 빗고 얼굴에 로션을 바르고 계시는 울 엄마 모습이 유독 오늘따라 고아 보인다. 나는 늘 울 엄마 이 모습에서 어머니가 이젠 걷기만 하시면 아무런 문제가 없을 것 같다는 생각을 자꾸만 한다. 오늘 아침에는 머지않아 우리엄마는 다시 걷게 되실 것이다. 라는 희망이 생겨 어딘지 모르게 뿌듯함 같은 것도 밀려왔다. 가끔 저희들이 엄마를 잘 모시지를 못해 곱디고운 울 엄마를 이렇게 쪼그랑 할머니로 만들었나 싶은 생각에 마음 한구석이 씁쓸할 때도 더러는 있다.

나는 엄마 아침식사를 챙겨 떠 드리며 어머니께서 아직 수저질을 안 하고 계신지도 벌써 일 년 반이 넘었다는 생각을 했다. 그리고 왜? 엄마는 아직도 수저질 하실 의향이 전혀 없는 것일까? 과연 이렇게 하고 계시는 엄마의 깊으신 뜻은 과연 무엇일까? 라는 의구심이 다시 생겼다. 그렇다고 수저질 하시지 않는 이유를 물어 볼 수는 없다. 예전에 이런 이유를 물어 봤을 때 그것이 아니다. 라고 어머니께서 화를 내셨기에 더 이상 묻지 못한다. 의구심은 가시지 않았지만 어머니께서 스스로 수저질 하시는 그 날까지 나는 파이팅할 것이다. 오늘은 아침부터 고향 다녀올 준비로 저희모녀는 분주하다. 그렇다고 특별히 준비 할 것도 없다. 그렇지만 챙겨야 할 것은 많다. 환자 옷 갈아입혀 외출 준비하는 과정이 사실 시간이 많이 걸리는 부분이다. 그런 와중에 새벽에 현장으로 일 나간 남편한테 고향 갔다 오겠다는 말을 하지 않아 그런지 마음 한쪽이 무겁다. 분명 남편은 우리가 시골 갔다 온다고 말하면 조심해서 다녀오소. 라는 말이 아니고 또 길에다 돈 뿌리고 다닌다고 큰 소리 칠 것이 뻔하기 때문에 말 할 수가 없었다. 말하지 못하고 갔다 오게 되었으니 마음이 무거울 수밖에 사실 남편뿐 아니고 저희 형제들도 마찬가지다. 이제껏 저희 모녀가 고향 내려갔다 와도 누구하나 경비를 따로 준적 없었지만. 저희 모녀가 시골 다녀온다고 말만하면 왜들 그렇게 쌍심지를 켜고 싫은 말들을 하는지 나 역시 이해되지 않은 부분이고 형제들도 우리가 고향 자주 내려가는 부분이 이해되지 않을 부분이라 이해한다. 저희 모녀는 가급적 가족들 모르게 고향 다녀오게 된 사연이다. 다른 집사위들이나 며느리들은 부모님 고향 잘 다녀오시라고 종종 용돈도 챙겨준다고 하던데 신랑이나 형제들은 어머니 용돈은 고사하고 뒤에서 잡소리나 읊조리는 형국이니 이젠 말하지 않고 다닌다. 물론 남편은 장모님한테 마누라를 양보하고 있는 차원이라 장모님 외출하실 때마다 용돈을 바란다거나 요구를 한다는 것은 무리다. 생각이 바로 박힌 사람이라면 장모님 용돈정도는 솔선수범해서 드렸을 것이다. 어떤 부분에서 불만이 있어 그랬는지는 모르겠지만 일단 남편은 술집에 뿌리고 경마장에 갈 돈은 있어도 장모님 용돈 드릴 돈은 없다고 한 사람이니 무엇을 바란다는 것은 나의 욕심이다. 배우자(配偶者)부모도 내부모라는 생각을 망각(忘却)하고 살고 있는 사람 중에 한사람이지 싶다. 남편은 처남들이 모셔야 할 장모님이고 처남들이 장모님 모시지 못 할 바에는 생활비라도 마땅히 주어야 한다고 생각하고 있는 사람이라서 여기서 더 무엇을 남편에게 바란다는 것은 이 시점에서는 무리다. 나는 내 부모만큼은 나이 들수록 호주머니에 돈이 두둑하니 있는 것을 절실히 원한다. 나이 드신 분들에게는 호주머니가 두둑한 것이 큰 힘이 되고 의지가 된다고 생각하기 때문이다. 이유는 젊은 우리들도 돈 없으면 마음이 불안해지고 어디를 가도 마음이 여유롭지 못함을 제 스스로 경험을 했던 이유다. 나는 악착같이 울 엄마 지갑 채우는 부분에 대해 집착수준이 되었던 이유다. 우리가 TV드라마를 보더라도 나이 드신 부모님들 재산이 있으면 서로 모셔 가려고 하는 것을 종종 보노라면 돈의 위력(偉力)이 대단하다는 것을 느낀다. 일부 형제들은 노인이 무슨 돈이 필요하냐면서 나이 드신 부모님 용돈 드리는 것을 달갑지 않게 생각 하는 사람도 있으니 그러나 분명 그것은 아직 젊어서 모르고 하는 소리다. 이 부분이 형제들 생각과 나의 생각이 다른 부분이다. 시간이 흐르고 자신도 늙어가노라면 나이 들어 돈이 왜? 필요 하는가? 라는 이유를 어느 정도 알게 될 날이 있으리라 생각한다. 시간이 약이 되듯 세상 모든 것은 시간이 해결 할 터 스스로 깨닫고 알게 될 날도 그리 머지않았으리라 생각한다. 옛 속담 중 가장 많이 사용하는 속담이 바로 세월이 약이다. 라는 말이 아니겠는가 싶다. 몇 해 전 형제들이 모여 매월 얼마씩 걷어서 엄마 용돈을 좀 드리자. 라는 말이 거론되었다고 들었다. 한쪽에서 노인 양반이 무슨 돈이 필요하냐. 라고 누군가가 반대 의견이 나와 엄마 용돈 주는 것이 무산되었다는 말을 듣고 분개한 마음이 들었었다. 그 마음도 세월이 어느 정도 흐르고 나니 노인 양반이 무슨 돈이 필요해. 라고 말을 한 당사자를 이해하게 되었는지는 모르겠지만 모르니 말을 그리 했을 것이라. 생각이 들어 지금은 이 부분에서 오는 내 감정은 많이 누그러진 상태다. 그리고 오히려 나만이라도 늙으신 부모님 용돈 챙겨드리는 것만큼은 아끼지 말자라는 각심을 하였다. 더구나 만사(萬事)는 본인이 직접 경험(經驗)했을 때 크게 깨우치게 된다는 사실을 배운 사례다. 결론(結論)은 본인이 늙어봐야 돈이란 도구(道具)가 노구(老軀)가 되었을 때. 더 절실히 필요(必要)로 하다는 사실을 알게 된 사연이다.

엄마는 고향 내려가실 준비에 나보다 더 분주하게 무엇인가를 챙기신다. 아마도 고향집에 가지고 갈 물건들 챙기시는데 열중인 것이다. 울 엄마는 색다른 물건 하나라도 새로운 것이 있으면 시골집에 가져다 놓기를 좋아하신다. 이번에는 수건을 가지고 가신다고 해서 제가 타올 10장을 따로 챙겨드렸다. 쇼핑백에 반듯이 개서 옮기시는 일을 하고 계신 중이다. 울 엄마는 일상생활에서 마음에 드는 물건이 보이면 나에게 하나 더 구해달라고 요청하신다. 그러면 나는 하나 또 사놓았다가 고향집 내려갈 때 챙겨 가는 것이 우리 모녀 고향 행의 모습이지 싶다. 이렇게 챙겨두었다가 고향 갈 때 가져가는 기분도 울 엄마에게는 소소한 즐거움 같았다. 나는 일부로 어머님께 엄마 더 가져 갈 것 없으세요. 라고 여쭈어보곤 하는 이유다.

병든 어머님을 서글프게 한 죄 값이 혹독하다

　이번 고향집에 가져갈 물건은 타올이다. 사실 며칠 전 막내 여동생한테서 전화가 왔었다. 그래서 그때 막내 여동생에게 나는
　"엄마가 고향집 수건을 바꿔야 된다고 말씀하셨어."
　라고 했었다. 막내 동생은 그 말을 잊지 않고서 엊그제 타올 한 박스를 보내왔다. 더구나 막내 동생은 타올 값을 보내지 말라고 했다. 나는 진짜로 타올 값을 보내지 못했다. 그러니까 나는 이래저래 막내 여동생에게 염치없는 언니다. 막내 동생은 울 엄마에게 막내딸 노릇을 톡톡히 하고 있는 것을 보면 울 엄마가 느즈막에 막내딸을 낳지 않았다면 어땠을까? 싶을 정도로 여러 가지로 고마운 막내 여동생이지 싶다. 아무튼 영세한 우리는 엄두도 못 내보는 명품을 갖게 된 기회를 엄마는 막내딸로부터 여러 번 가져본 것이다. 우리에게 막내 여동생은 엄마에게 좋은 물건들을 선사해주는 고마운 동생이다. 아침 식사를 마치신 엄마는 고향 내려가실 준비 하시느라 분주하다. 이번에 가져갈 물건들을 나름 챙기시는 모습이 예전 모습처럼 활기차고 밝아 보여 옆에서 보는 내 마음도 흐뭇하다. 더구나 고향 갈 준비하시는 엄마 모습이 환자 같지 않아 더욱 보기가 좋다. 우리 엄마는 다른 분과 달리 고향집에 대한 애착이 메가톤급이시다. 유독 고향 내려가실 때 보여 지는 기분 온도차가 확연하게 다르게 나타나신 분이 바로 우리 엄마이지 싶다. 더구나 고향집에서 쓰실 살림살이에 대한 욕심도 남다르시다는 사실이다. 나는 이 부분을 달리 해석한다. 그러니까 엄마의 이런 애착(愛着)들이 어머니께서 이제껏 생사의 갈림 길에서 생(生)을 놓지 않고 버티게 했던 원동력(原動力)이며 삶에 대한 의지(依支)였다고 생각이 든 것이다. 다시 말해 엄마

는 비록 80이 넘는 노구(老軀)의 몸이라 할지라도 본인 스스로 해야 할 목적(目的)이 따로 있었던 것이 오히려 본인 생명을 지키는데 커다란 활력소가 되었던 것이다. 본인 스스로 이루고자 했던 확고한 목적마저 어머니에게 없었다면 분명 엄마의 삶은 의미(意味)없는 삶이 되어 의식 없는 하나의 생물체에 불과했을 것이라 생각한다. 나는 여러 병원들을 1년 가깝게 전전하면서 의미 없는 삶들을 많이 봐 왔던 것이다. 그래서 유독 의미 없는 생명 연장에 대해 많은 생각을 했던 부분이다. 어쩔 수 없는 경우가 있어 왈가왈부할 상황은 아니다. 우리가 직면했던 상황은 의미 없는 삶과는 무관해서 내가 고민해야 될 부분이 없어 깊이 있게 생각한 부분은 아니다. 울 엄마께서 의식이 남들과는 다르게 확고하신 부분에 대해 정말 어머니께 감사함을 느낀다. 어머니께서 삶의 희망을 놓지 않고 계신 부분이 오히려 우리에게는 너무 감사했던 부분이고 힘이 났던 부분이었다. 우리 모녀는 고향 다녀 올 생각에 엄마는 엄마대로 바쁘고 나는 나대로 준비한다고 바쁘다. 더구나 오늘은 현관까지 엄마를 부추겨줄 지원군이 있어 더욱 마음이 여유롭다. 큰딸이 여름방학이 되어 엊그제 내려와 있어서 나에게는 커다란 지원군이다. 아니 아주 훌륭한 보조 간병사다. 나에게는 속 깊은 딸이며 친구 같은 딸이지 싶다. 나는 고향 내려갈 준비를 모두 마치고 그러니까 차도 현관 앞에 세워놓고 딸에게 할머니를 현관 앞까지 부추겨 달라고 했다. 딸은 군복무 중에 깜빡 졸다 상관 부름에 놀란 초병(哨兵)처럼 놀란 토끼 되어 벌떡 일어난 것이다. 딸이 굳이 이렇게 긴장하며 일어나지 않아도 될 터인데 언제부터인지 모르지만 우리 가족들은 알게 모르게 긴장을 하고 살았던 모양이다. 그러니 큰 딸은 내 부름에 잔뜩 긴장한 모습이 역력하다. 이 모습만 본다면 훈련병이 상관부름에 긴장하고 경직된 상태에서 명령을 받들고자 최고조로 긴장된 모습 같아 우습기도하고 안쓰럽기도 했다. 한편으로 생각하면 울 엄마로 인하여 우리가족들이 직면했던 위급한 상황들이 자연스럽게 우리가족들을 이렇게 긴장하게 만들어 놓은 사례이지 싶다. 나도 조그마한 소리에도 극도로 예민한 상태가 되는 것이 보편적이다. 의연(毅然)한척 할 뿐이다. 그런데 큰 딸에게도 이런 모습이 나타나고 있으니 아마도 우리 서로 말은 하지 않았지만 모두가 초비상 상태에서 살고 있었던 것이다. 곤히 잠자는 딸을 엄마인 나의 입장에서는 깨우기가 망설여졌지만 그래도 어쩔 수 없는 사항이라서 나는 염치불구하고 큰 딸 도움을 받아야 했었다. 현관에서 차있는 데까지는 짧은 구간이다. 그렇지만 위태위태(危殆危殆)한 구간이라 사실 이 구간만큼은 고사리 손이라도 빌려서 안전하게 울 엄마를 모셨으면 하는 것이 내 바람이다. 아무도 없을 때는 나 혼자서도 능히 할 수 있는 코스다. 그러나 위험이 도사리는 곳이라 나는 안전을 꾀하고자 누군가의 도움을 절실히 원하던 구간이다. 오늘은 원한만큼 이뤄졌다. 든든한 지원군 큰 딸이 있어 모든 시름이 사라진 것이다. 그리고 나는 이미 고향집에 가져 갈 짐들을 차에 실어 놓았던 것이라 엄마만 안전하게 차에 앉혀드리면 되었다. 나는 어머니를 모시고 어디 가는 일이 생기면 짐을 항상 미리 차에 실어 놓는다. 그 이유는 울 엄마 차에 앉으시면 곧 바로 출발하기 위함이었다. 나는 큰딸과 엄마 양쪽 겨드랑 사이에 팔을 끼워 한발 한발 조심 조심스럽게 계단 앞까지 다다른 다음 계단 앞에서 허리를 한번 쭉 펴고서 심호흡을 크게 들이쉰 뒤 조심조심 계단을 3인 1조로 내려밟았다. 현관에서 차 앞까지는 길어봤자 3 ~ 4m거리다. 그리고 계단은 고작 4계단 정도 내려오는 코스다. 그러나 발에 힘이 전혀 들어가지 않는 분을 모시고 내려가는 모습은 그야말로 살얼음판을 걷고 있는듯한 우리 모습은 가관(可觀)이다. 나는 어머니를 조심스럽게 안아서 차에 앉혀드리고 안전벨트를 매어드렸다. 휠체어가 있었다면 이 구간도 어렵지 않는 코스다. 그러니까 어머님을 휠체어 앉혀 휠체어를 뒤로 돌려 한 계단 한 계단 내려오면 크게 어렵지 않는 코스다. 그런데 휠체어가 없으니 종종 이 과정이 더러는 힘이 너무 들어 문득 문득 휠체어 생각을 하게 된다. 휠체어 임대 기간이 지나는 바람에 반납을 했다. 그리고 연장까지 해서 빌려 썼으므로 더 이상 렌트는 불가했던 것이다. 그러나 나도 사람이다 보니 종종 휠체어가 생각나는 것은 어쩔 수 없다. 그렇지만 유난히도 휠체어나 의료용품을 구입하는 것을 반대하시는 울 엄마 마음도 어느 정도 이해는 간다. 하지만 그래도 종종 힘에 붙이면 어쩔 수 없이 편리한 문화혜택을 받고 싶은 생각이 자주 들곤 한다. 물론 어머니께서 극구 불허(不許)하시니 휠체어에 대한 미련은 이젠 버려야 하겠지만 그래도 어머니를 이렇게 모시고 이동할 때면 문득문득 생각나는 이유가 아마도 문화혜택의 편리성을 맛보았던 사람의 심리라 여겨진다. 저는 조수석에 앉아 계시는 울 엄마 안전벨트를 다시 확인하고 큰딸 배웅을 받으며 고향집으로 출발을 한다. 막상 집을 나와 출발을 하고 보니 날씨가 심상치 않다. 날씨가 궂은 탓인지 온통 하늘이 흐려 온 세상이 잿빛으로 물 드려져 있다. 건곤일색(乾坤一色)이라는 말이 바로 이런 날씨를 두고 하는 말이 아닐까 싶을 정도로 하늘의 짙은 회색빛이 험상궂어 예사 날씨는 분명 아니라 여겨진 것이다. 저는 어머님을 신앙(信仰)처럼 의지하고 있는 사람이라 그런지 아무리 험상궂은 날씨라 하더라도 어머니를 이렇게 모시고가노라면 날씨는 분명 맑아 질 것이라 믿고 용기 내어 출발했다.

    나는 고속도로로 진입하기 전 말없이 앉아계시는 엄마를 다시 한 번 살펴본다. 장거리 주행이고 운전 중에는 제가 해드릴 수 있는 것이 하나도 없다. 그래서 속도를 올리기 전 한 번 더 살펴보는 이유다. 고향 가는 엄마 모습은 유독 편안하다는 느낌이 든다. 이렇게라도 떠나노라면 엄마 모습이 편안해 보인다. 그 모습 보려고 나는 여건이 녹록치 않는데도 불구하고 이 먼 길을 수도 없이 다닌 이유이다. 이렇게 가노라면 엄마 얼굴은 화색이 돌아 환자 같지 않다. 날씨가 험상굳다. 하지만 엄마 얼굴은 세상 시름 다 여의고 만사(萬事)를 해탈(解脫)하신 모습인지라 나는 이런 엄마 모습을 위로삼아 동김해 IC를 빠져나와 고속도로로 진입한다. 우리가 이렇게 고향을 가더라도 저희모녀는 딱히 할 말이 많지 않다는 것이 특징이다. 어머니가 말씀을 잘 못하시는 이유도 있겠지만 24시간 같이 있다 보면 특별히 할 말이 사실 없다. 더러는 울 엄마모시고 고향 가는 길이 가끔 무료하게 느껴질 때가 있다. 그럴 때면 나는 카세트를 눌러 흘러간 옛날 노래를 틀어드린다. 이면에는 우리 엄마가 아는 노래가 나오면 가사를 따라 불렀으면 하는 마음에 일부러 틀어드린 이유다. 그러니까 대부분 사람들은 자신도 모르게 자기가 아는 노래가 나오면 흥얼거리게 되고 아는 가사가 나오면 자동적으로 따라 부르는 것이 사람 심리(心理)다. 그래서 생각하기를 우리 엄마도 아는 노래 아는 가사 부분이 나오면 마음속으로 따라 부르지 않겠는가? 싶어서 일부로 흘러간 노래를 틀어 드려본 이유다. 하지만 엄마는 다른 분과는 다른 점이 있다. 일반 사람처럼 당연히 따라 부르실 것이라는 확신은 없는 것이다. 소위 말하면 우리 엄마는 우리와는 차원이 다른 정신세계에 계시기 때문에 아마도 이 범주를 넘어선 경지라서 비록 노래는 따라 부르시지는 않지만 그래도 아는 가사가 나오면 소싯적 젊은 시절을 상기하셨으면 하는 마음으로 나는 노래를 틀어드린다. 더구나 엄마는 보통사람들과는 다르게 애절하고 슬픈 노래보다는 즐겁고 희망적인 노래 듣는 것을 좋아하신다. 그러니까 소리 파장이 주는 효과가 운명에 미치는 영향이 크므로 우리들에게 항상 즐겁고 희망적인 노래를 들어야 인생도 즐겁게 사는 인생이 된다고 강조 하셨던 부분이고 가르쳐주셨던 부분이다. 어머니는 사람들이 슬픈 음악을 듣고 부르는 것을 싫어하셨는데 그 이유가 슬픈 음악을 반복해서 듣다보면 그것이 바로 본인에게 거는 주문이 되고 그 주문이 실행되어 비운(悲運)을 맞게 된다는 이유다. 다시 말해 어머니가 슬픈 노래를 싫어하셨던 이유가 바로 우리 인간들이 무심코 부르던 슬픈 노래가 그 가사처럼 현실화 되어 그 사람 운명도 슬프게 된다는 뜻이다. 이 부분에 대해서는 과학적으로 증명된 부분은 아닐지라도 일리는 있는 이야기고 공감된 부분이다. 다시 말해 우리가 반복해서 슬픈 노래를 듣거나 부르게 되면 우리의 뇌는 그것을 기억해 잠재의식에 전달하고 전달 받은 잠재의식은 몸 주인이 그것을 좋아하는 줄 알고 상황을 노래 가사처럼 만들어 주는 역할을 담당하기 때문에 그 사람 운명이 노래 가사처럼 전개되는 것임을 엄마는 어느 날 저에게 가르쳐주신 것이다. 어떤 경우라도 엄마는 저희들에게 절대로 슬프거나 애절한 노래를 못 듣게 하셨다. 나도 이 부분만큼은 공감하는 차원이다. 대중매체를 통해 우리가 알고 있는 부분이 대부분 애절한 노래를 부르신 가수들 사례를 보면 본인들 노래가사처럼 살다가 가신 분들이 몇 분 계셨기 때문에 나는 더욱 이 부분만큼은 공감하는 차원이다. 다시 말하면 슬픈 가사를 되뇌면 그 가사가 주문이 되어 그 사람 운명도 바뀌게 되는 것이 바로 우주의 법칙이라는 뜻이다. 저희가 집에서 출발할 당시만 해도 비는 많이 오지 않았다. 그런데 막상 우리가 고속도로로 진입을 하고부터 한 방울 두 방울 떨어지는 수준이던 비가 막상 김해를 벗어나 창원터널 지나고부터 제법 빗줄기가 굵어졌다. 아니 굵게 내리는 정도가 아니라 시야(視野)확보가 어려울 정도로 퍼 붙는다. 너무 시야 확보가 되지 않아 나는 비상 깜빡이까지 켰다. 와이퍼마저 자동이라 빗줄기에 따라 속도가 빨라지는 시스템인지 유난히 쉼 없이 딸깍딸깍 저어되니 정신까지 시끄럽다. 제가 아직까지 초보운전 실력을 갖고는 있지만 운전경력은 20년이 넘는다. 비가 이렇게 심하게 쏟아지는 날 운전은 처음이지 싶다. 폭포수처럼 쏟아지는 빗속을 뚫고 가잖니 마음도 불안한지 내 손은 자동으로 운전대를 유난히 힘을 주어 잡고 있다. 우리 모녀는 거세게 쏟아지는 폭우 속을 두어 시간 달렸다. 그랬더니 얼마 지나지 않아 보성 휴게소를 알리는 이정표가 보인다. 그래서 일단 이곳에서 잠시 쉬어가는 것이 좋을듯하여 여느 때처럼 어머님께 이곳 휴게소에서 잠시 쉬었다 가자고 했다. 어머니도 그러자고 하신다. 나는 휴게소 방향으로 차선을 바꿔 2km쯤 더 달려 휴게소에 차를 세웠다. 하늘은 우리가 이곳에 들릴 것을 미리 알고 있었다는 듯 빗줄기가 저희 모녀가 휴게소에 도착하니 공교롭게도 비가 잠시 소강상태가 된다. 잠시 비가 멈춘 것을 보니 엄마를 이렇게 모시고 다니면서 깨달은 것이 있다. 그것은 바로 오늘처럼 날씨의 도움을 알게 모르게 받고 있다는 사실을 오래전부터 느끼며 다닌 것이다. 이렇게 비가 오다가도 저희가 차에서 내려야 되는 곳에서 비가 늘 그쳤던 것이다. 그 비가 그쳤던 것이 우연 같았지만 사실 우연(偶然)이 아니었다는 것을 알게 된 것이다. 그리고 이런 사실을 깨닫게 된 후 이런 부분에 대해 어머니와 이야기를 했다. 어머니는 제가 알게 모르게 날씨 도움을 많이 받았던 그 이유의 답을 주셨다. 그 답은 바로 사람이 사람 도리를 다하고 사노라면 하늘은 그 사람을 늘 돕는다는 사실을 알려주신 것이다. 어머님 말씀을 해석하자면 하늘은 스스로 돕는 자를 돕는다는 뜻이 될 것이다. 엄연히 잘 못된 부분에 대해서는 당장 화(禍)가 미치지는 않지만 언젠가는 벌(罰)이 따른다는 의미가 될 것이다. 우리가 휴게소에 도착하니 폭포수처럼 쏟아졌던 비가 언제 그랬냐는 듯 잠시 멈춘 것을 보니 정말 어느 영화 속 한 장면처럼 믿기지 않을 정도로 신비롭다. 나는 이런 현상이 너무 신기해 어머니께

"아이고 우리엄마 화장실 편히 다녀오시라고 비가 멈췄네."

라고 했다. 엄마는 안전벨트를 푸시며
"바로 그것이다잉 바로 그것이야."
라고 하신다. 그러니까 어머니가 바로 그것이다. 라고 하신 말씀의 뜻은 아마도 사람이 옳은 일을 하고 사노라면 하늘도 돕는다. 라는 의미로 나는 해석한다. 나는 장시간 차에 앉아계셨던 어머니 다리를 잠깐이라도 이곳에서 펴드려야 했다. 이곳 휴게소를 지나치고 나면 휠체어가 비치된 곳이 없기 때문에 나는 악착같이 이곳 휴게소를 이용하게 된 이유이기도 하다. 더구나 비가 잠시 멈췄을 때 서두르는 것이 상책이라 생각이 들어 열심히 뛰어 휴게소에 비치되어 있는 휠체어를 밀고 와서 어머니를 휠체어에 앉혀드린다. 그런데 지난번에 이곳에 들렸을 때도 그랬듯이 이번에도 휠체어에 어머니를 앉혀드리는 과정에서 작은 변화를 느꼈다. 그러니까 불과 두 달 전만 해도 엄마는 혼자 일어서는 것이 어려웠다. 그런데 오늘도 지난번처럼 어머님 스스로 차에서 발을 내리고서 혼자 차문을 붙여 잡고 서 계신 것이다. 더구나 제가 휠체어를 가지려 간 사이 엄마 홀로 차문을 부여잡고 서 계신 것이다. 장족에 발전이라 생각된다. 건강한 사람한태는 거론할 소재는 아니다. 하지만 나에게는 이 작은 변화가 큰 기쁨이 된 이유가 있었던 것이다. 나는 울 엄마의 이 작은 변화를 보면서 생각하기를 우리엄마도 이제는 머지않아 걸을 수 있다는 희망이 생겨 기쁜 것이다. 나는 이 작은 변화에 감사드린다. 그리고 가볍게 휠체어에 앉으신 어머님께 응원을 보낸다. 나는 휠체어를 밀고 매점 앞으로가서 어머님께 삶은 옥수수와 차 한 잔을 권했다. 그런데 이번에도 여전히 커피는 거절 하신다. 반면 옥수수는 드신다고 하셔서 옥수수 한 봉지를 샀다. 사실 어머니가 화장실 문제로 가급적 수분 섭취를 하시지 않으시려는 의도가 아닌가? 싶은 생각이 든 것이다. 그래서 나는 어머니께 왜요? 화장실 때문에 커피 드시지 않는 이유에요? 라고 묻는다. 그랬더니 어머니는 아니다. 라고 하신다. 요즘 들어 저희 어머니가 커피를 전혀 잡수시지 않으시고 계셨다. 어머니가 이렇게 쓰러지시기 전에는 매일 아침 엄마와 함께 모닝커피를 즐겼던 것이 이제는 옛 추억이 되었다. 더구나 울 엄마는 커피를 드시면서 맛있다. 라는 말씀을 잊지 않고 꼭 해주셨던 분이다. 커피를 타준 사람 성의에 답하느라 그리 말씀 했을 수도 있겠으나 울 엄마는 커피를 정말 거짓 없이 맛있게 드셨던 분이다. 그런데 요즘은 일체 커피를 드시지 않으시니 나 혼자 마시기가 영 멋쩍다. 사실 제 입장에서는 환자를 모시고 장거리 운전을 하다보면 피곤함 많이 밀려온다. 그래서 나는 악착같이 믹스 커피 유혹을 벗어버리지 못한 체 이렇게 처량하게 혼자 커피를 마시게 된 사연이다. 지금 나는 커피를 어떻게 마셨는지는 모르겠다. 상황에 따라 허둥대며 먹다보면 진짜로 내가 커피를 마셨는지 분간이 가지 않은 경우가 더러 있다. 일단 잔은 비워있다는 사실이 가끔은 허무하게 느껴 질 때가 있다. 이제는 마냥 이곳에서 시간을 지체 할 수 없다. 더구나 비가 다시내리기 시작하기 때문에 서둘러야만 한다. 서둘러 어머니를 차에 앉혀드리고 나도 서둘러 차에 올라앉았다. 그런데 차문을 닫히기도 전에 비는 앞이 보이지 않을 정도로 또 퍼붓는다. 우리가 화장실 다녀 올 시간만 하늘이 우산을 씌워준 기분이다. 워낙 빗줄기가 굵고 물을 양동이로 퍼붓는 수준이라 마음 같아서는 어디 들어가서 비를 좀 피해 있다가 비가 좀 멈추면 출발하고 싶다는 생각이 들 정도다. 그러나 여지는 없어 보인다. 우리가 휴게소 출발할 때부터 다시 내리기 시작한 비는 한 시간 가량 달려 고향집이 가까워가는데도 비는 그칠 줄 모르고 하염없이 내리고 사방은 밤이 된 듯 너무 어둡고 캄캄하다. 아니 너무 어두워 한밤중 같은 기분이 들 정도로 사방이 어둡다. 제가 이렇게 어머님 모시고 고향 동네를 수십 차례 다녀보았지만 이렇게 궂은 날씨는 난생 처음이지 싶을 정도로 세찬폭우다. 쉼 없이 흔들어 되는 와이퍼 소리와 차위로 떨어지는 빗방울소리가 유난히 크게 들려 둔하고 둔한 나였지만 이 소리들만큼은 신경을 날카롭게 만든다. 오늘 이렇게 심한 폭우가 쏟아질 것을 미리 알았다면 아마 우리는 예시당초 출발 하지 않았을 것이다. 그렇지만 우리가 일기예보에 크게 신경을 쓰고 살아보지 않아 오늘 같은 경험을 하지 않겠나? 싶다. 8월의 장마인지 아니면 호우주의보가 있었는지 알 수 없지만 오늘따라 예측 어려운 굵은 빗줄기가 쉼 없이 내리고 있으니 뭐가 잘 못 되어도 한참 잘 못 된 느낌이다. 하늘은 이곳에도 곧 뇌성벼락을 칠 기세인지 읍내 쪽에서 번쩍번쩍 거리던 번개 친 현상이 이젠 눈앞에서 번쩍거리기까지 한다. 사방에서 우르르 쾅쾅쾅 소리와 함께 고향 마을 전체가 훤하게 순간 번쩍하는 빛을 내고 있는 사이 나는 고향 동네 어귀를 돌아 연못가 끄트머리에 있는 고향집으로 향하고 있다. 강한 태풍속이라 그런지 고향집으로 들어가는 길목이 대낮인데도 불구하고 칠흑같이 어둡다. 비도 가름할 수 없을 정도로 내렸는지 좀처럼 넘치지 않던 고향집 앞 연못에 물이 범람하여 연못과 논 사이의 경계마저 사라지고 보이지 않는다. 다만 굳이 경계를 찾아 보라한다면 커다랗게 자란 수초 몇 개가 손바닥 크기만큼 나와 있어 이곳에서 살았던 사람만이 겨우 감으로 논두렁과 연못 사이의 경계를 가름 할 정도다. 물이 범람해서 천지가 누리끼리한 상태다. 눈앞에 펼쳐진 광경은 물의 나라에 도착한 기분이 들 정도로 천지가 물 뿐인 것이다. 논에도 물이 넘쳐 모들이 전혀 보이지 않는 상태다. 아니 논이 있었는지 분간이 어렵다. 더구나 이 시기는 추석을 한 달 남겨 놓은 상태라 모가 다 자라 익어가는 과정이라 모들이 제법 컸을 것이다. 그런데 연못이 넘치니 논이 있었는지 길이 있었는지 분간이 어려울 정도로 사방이 물바다가 되어 파도가 일어 출렁거리고 있다. 우리 집 앞 연못은 쉽게 물이 넘치는 곳이 아니다. 그렇지만 오늘 비는 상상을 초월할 정도로 많은 비가 퍼붓고 있으니 정말 꿈에서나 볼 수 있는 물의 나라이지 싶다. 더구나 세상 모든 시름 보듬어 줄 것만 같았던 포근하고 잔잔했던 집 앞 연못 이미지는 온데간데없고 세상에 불공평한 사실들을 토해 내듯 거친 파도가 만들어졌다가 부서지기를 반복하고 있는 모습을 보니 자연 앞에 우리는 한낱 티끌과 같은 존재라 생각된다. 지금도 바람이 세차고 비가 쉼 없이 내리고 있고 뇌성벼락까지 동반하니 조금 두려운 생각이 든다. 더구나 지대가 낮은 길은 이미 물에 잠겨있어 걱정이다. 물론 위험 할 정도의 수위는 아니지만 그래도 지대가 낮은 곳은 벌써 자동차 바퀴를 넘고 있어서 나는 조심스럽게 물살을 가르며 고향집을 향해 좁은 길 따라 들어간다. 오늘은 이상하리만큼 날씨가 정말 정말 험상 궂는 것이다. 더구나 대낮인데도 불구하고 한밤중처럼 어둡다. 나는 나이트를 밝게 켰다. 폭우 속에 살며시 눈에 들어오는 옆집 은행나무의 열매와 잎들이 그야말로 고향집 입구부터 마당 전체를 아름답고 푹신하게 깔아 놓고 있다. 우리 집을 자연그대로 본다면 은행나무가 쏟아놓은 잎들과 열매가 여러 가지 형태로 산 밑에 있는 우리 집 지붕과 마당을 아름답게 수놓은 것이다. 다른 각도로 본다면 경악할 수준의 쓰레기로 우리 집을 덮어버린 것이다. 그러니까 수령을 알 수 없는 커다란 은행나무가 세찬 비바람을 견디지 못하고 굵은 나뭇가지와 잎과 열매들을 우리 집 마당에다 몽땅 토해내듯 마당 전체를 덮어버린 상태다. 자동차 바퀴가 지나 갈 때마다 툭 툭 툭 은행 깨지는 소리가 심장을 자극하지만 워낙 무서우리만큼 거센 폭우라 깨지는 은행이 아깝다는 생각을 버린 지 오래다. 집 뒤로 산이 있어서 유독 어두웠는지 몰겠으나 오늘따라 어두운 마당이 우리를 외면한 것 같다는 생각이 왠지 들었다. 하필이면 어머니는 그 많고 많은 날 중에 왜 이렇게 험한 날 고향집을 오자고 하셨는지? 물론 나의 불찰이다. 제가 일기예보를 전혀 보지 않고 출발했던 것이 잘못이라면 잘못이다. 내 입장에서는 환자만 살피고 있는 일상(日常)에선 일기예보가 특별히 필요(必要)하지 않았던 것이다. 일기예보에 전혀 신경을 쓰지 않고 그저 울 엄마 마음 편하게 해드리고 싶은 마음에 무조건 출발하고 본 고향길이다. 이렇게 심한 폭우(暴雨)가 내릴 줄 꿈에서나 생각해봤겠는가? 싶을 정도로 너무 심한 폭우를 만나 고전을 면치 못해 당황스럽기 그지없다. 설상가상(雪上加霜)으로 차를 마당에 세우자마자 뇌성벼락까지 동시에 내려치고 있어 영화 속에서도 공포가 밀려왔다. 정말 여기저기서 번쩍번쩍 빛나는 무서운 섬광들이 땅을 가르는 기세 또한 예사롭지 않는다. 그러니까 내 나이 반세기 넘게 살아오면서 처음 겪어본 자연 재해수준의 폭우라 생각이 든다. 더구나 여기저기서 번쩍번쩍 내려치는 번개 또한 공포스럽기는 매한가지다. 나는 마당에 차를 주차하고서 마당에 쏟아지는 빗줄기가 너무 공포스러워 차에서 내리지 못하고 잠시 차에 앉아 생각한다. 과연 나는 무엇을 그렇게 잘 못했고 무엇을 얻고자 이 무서운 날 어머니를 모시고 이곳까지 왔단 말인가? 싶다. 무서운 날씨 때문에 차속에 앉아 하염없이 쏟아지는 빗줄기를 보며 우리 모녀는 할 말을 잃었는지 침묵이 잠시 흘렀다. 차 문을 열고 나갈 엄두가 나지 않아 앉아 있다. 여기까지 폭우를 뚫고 왔는데 고향집 방문을 열어보지 않고 가기에는 우리가 언제 다시 올지 기약이 없다. 그렇다고 비가 멈출 기미 또 한 전혀 보이지 않고 있어 고민이다. 아니 강풍과 폭우에 뇌성벼락과 번개까지 겹쳐 번쩍번쩍한 섬광이 눈앞에서 펼쳐지고 있으니 두렵다. 나는 이 공포스러운 상황을 과연 어떻게 헤쳐 나가야 할지… 그러나 그 사이 마당 상황은 더 험악해졌다. 더구나 한 밤을 연상케 한 칠흑 같은 어둠도 더 공포스럽고 불안하게 만든 것이다. 더구나 분위기가 너무 험악해지고 있으니 우리 안전 또한 보장 받을 수가 없을 것 같다. 막상 예상 밖의 험악한 날씨를 마주하고 보니 우리 식구들에게 시골 다녀온다는 말 정도는 해주고 올 걸 하는 후회가 든다. 상황이 상황인 만큼 요령껏 집안을 살펴보는 것이 숙제이지 싶다. 지금 시간은 아직 12시가 넘지 않은 상태라 분명 오전이 맞다. 그리고 점심때가 다된 시간이라 분명 대낮이 맞다. 하지만 대낮인데도 불구하고 마당은 한밤중처럼 어두컴컴하니 더욱 무섭다. 나는 자동차 시동을 끄고 엄마에게

"방으로 들어가실래요."

라고 물었다. 사실 이 빗속을 뚫고 엄마 업고 방으로 엄마를 모실 엄두가 나질 않아 먼저 엄마 뜻을 여쭈워본 이유다. 그런데 다행스럽게 어머니도 방으로 들어가지 않고 차에 있겠다고 하신다. 나는 어머님께

"그럼 엄마는 차 속에 그냥 앉아 계세요. 제가 방을 한번 들려보고 나올게요."

라고 했다. 그랬더니 어머니도

"오냐."

라고 하시며 빨리 방만 살펴보고 가자라는 의미로 손짓을 하신다. 저는 차문을 열고 쏟아지는 빗속을 뚫고 토방마루로 뛰어 올라가 굳게 잠긴 마루문을 열었다. 막상 마루문을 열고 보니 쾌쾌한 실내공기가 오랫동안 사람이 살고 있지 않았다는 사실을 냄새로 알려준다. 그러니까 지난달 우리가 이곳을 다녀갔을 때 나는 마당에 잡초들만 제거하고 마루문을 열어보지 않았었다. 그래서 그런지 냄새가 묶은 냄새처럼 쾌쾌한 것이 기분이 나쁘다. 방안으로 들어선 나는 방안이 너무 어두워 불을 켰다. 그런데 불이 켜지지 않는다. 나는 모든 스위치를 켰다 껐다를 반복해 봤다. 그리고 그제야 집안 전체에 전기가 들어오지 않는다는 사실을 알게 된다. 나는 오른쪽 마루 끝으로 가서 벽에 설치되어 있는 두꺼비집을 열어보았다. 차단기들이 하나같이 내려가 있다. 하지만 내 몸이 흠

뻑 젖은 상태라 차단기 만지기가 망설여진 순간이다. 그런데 때마침 또다시 우르르 쾅쾅하니 나도 모르게 몸이 자동으로 움찔한다. 그리고 생각하기를 차단기는 플라스틱 재질이라 전기가 통하지 않는다는 사실을 상기했다. 용기 내서 차단기들을 올렸다. 그랬더니 어두웠던 방에 일제히 불이 켜진 것이다. 그런데 방을 살펴보니 누가 며칠 머물다가 갔는지 이불들이 방바닥에 그대로 너부러져있어 기분이 몹시 불쾌했다. 우리 형제들이 고향집에 종종 들렸다가곤 한다. 그렇지만 다녀가더라도 대부분 저희 어머님 성품을 알기 때문에 이렇게 이불들을 개어놓지 않고 가지는 않는다는 것이다. 더구나 작년 겨울 이곳에 우리 모녀가 들렸을 때 둘째 동생 친구가 버젓이 여자 친구랑 있는 것을 보았던 터라 이부자리 깔아놓은 작태(作態)를 보니 기분이 더욱 찝찝하였다. 그러나 지금 험상 궂은 날씨 때문에 다른 생각 할 여지가 없었다. 그래서 나는 부엌으로 가서 불을 켜본다. 작년 겨울 엄마와 제가 일주일동안 머물면서 부엌장판을 새 것으로 깔아놓았던 터라 부엌은 아주 깨끗하게 잘 유지되고 있었다. 특히 양문냉장고를 사지 않아 저희 어머님 마음을 몹시도 서운하게 했던 한(恨)많은 냉장고가 제 눈에 딱 하니 보인다. 만감이 교차(交叉)하는 순간이다. 나는 내 일생에서 가장 우리 엄마 마음을 슬프게 했던 냉장고 사연이라 생각한다. 그리고 둘째 동생이 제 마음을 가장 슬프게 만들었던 냉장고다. 그래서 이 냉장고는 내게 있어 한 많은 냉장고라 생각한다. 특히 둘째 남동생한테 야 이 도둑년아 니 마음대로 돈 썼더냐? 라고 하며 조선 팔도에도 없는 욕이라고 생긴 욕은 다 들었던 원한(怨恨)맺힌 냉장고이기도 하다. 막상 냉장고를 보니 둘째에게서 들었던 욕들이 귀에 다시 쟁쟁거린 느낌이다. 나에게는 너무 사연(事緣)많고. 한(恨)서리게 만들었던 냉장고가 그래도 깨끗한 자태(姿態)를 보이고 있으니 보기는 좋다. 막상 깨끗한 냉장고를 보노라니 작년겨울 밤 그렇게도 힘겹게 부엌으로 들여놓던 그날 유난히도 춥고 폭설이 쏟아져 교통이 마비가 되었던 그 시간들이 눈에 그려졌다. 더군다나 칠흑 같은 어둠과 눈보라 속에서 희미한 시골집 외등과 렌턴에 의지해 겨우 겨우 설치하던 일이 생각난다. 사실 어찌 그 날 밤 힘겹게 설치했던 그 사연을 잊을 수 있을까싶은 것이다. 그러니까 작년 겨울눈이 펄펄 내리던 늦은 밤 전국에 폭설이 내려 냉장고 배달이 늦어지는 사태가 생겼다. 그러다 보니 늦은 밤 적막한 시골집이 부산스러웠다. 더구나 시골집 구조가 마루를 통해서 부엌으로 들어가는 입구가 너무 협소(狹小)하여 냉장고 문을 다 뜯어내야 했다. 그리고 부엌문마저 뜯어내야만 했던 그날 밤 배달 기사님들 고군분투 끝에 어렵게 냉장고를 설치해 놓았던 사연이 어제 일처럼 생각이 난 것이다. 어렵게 들여놓은 냉장고를 보신 엄마는 양문으로 된 것을 사지 않고 투 도어냉장고 샀다고 몹시 화만 내셨던 울 엄마 성난 모습의 기억을 나는 아직 지우지 못하고 있는 냉장고다. 그러나 막상 이렇게 새 냉장고를 다시 보니 지난날을 잊은 듯 마음은 뿌듯하다. 그래서 나는 작년 겨울 목포 일가친척 보고 오는 길에 목포 시장에 들려 사다놓은 생선들과 저희들이 일주일 머무르면서 만들어 놓은 반찬들이 잘 보관 되고 있는지 확인 차 새 냉장고를 열었다. 그리고 으아악 자동으로 외마디 비명이 나왔다. 아마 지옥을 본 느낌이다. 나의 상상 속 지옥이 아마도 이런 모습이 아닐까? 그야말로 하얀 도화지 위에 온통 검은 먹물을 쏟아 부어놓은 느낌, 아니면 검은 페인트로 짙게 색칠한 벽 그렇지 않다면 칠흑 같은 궂은 밤하늘 숨이 쉬어지지 않는다. 어쩌면 으악악 비명 소리조차도 사치 같다는 느낌이 든다. 더구나 반사작용이었는지 알 수 없으나 내가 인식하지 못한 사이 냉장고 문이 닫혔다. 내 머리통이 몽둥이로 한 대 맞은 느낌이다. 그리고 생각 하나 스친다. 바로 이것이 부모님 마음을 서럽게 한 대가이며 하늘이 내린 천벌(天罰)이라고 그리고 바로 그때 하늘은 저희 어머님 마음을 슬프게 해서 내린 벌(罰)이 맞다 는 답인지 때 마침 우르르 쾅 쾅 쾅 우르르 쾅 한다. 특히 천둥과 함께 섬광이 마당을 가르며 부엌 안까지 스며들어와 빛을 발산하니 순간 겁이 와락 난다. 이 소리는 마치 옆으로 포탄이 떨지는 소리처럼 크다. 얼마나 벼락 치는 소리가 큰지 지면(地面)이 크게 흔들려서 고향집이 흔들리기까지 한다. 이 소리는 분명 격노한 하늘의 소리라 여겨진다. 심장이 멈출 정도다 더구나 번개 불까지 동시에 사방에서 번쩍번쩍 빛이 발산되어 폭우로 밤을 연상케 하는 대낮의 어두컴컴한 마당을 환하게 비추니 부엌까지 훤하다. 나는 벌레 때문에 잠시 잊고 있던 마당 한 가운데에 세워놓은 차 그리고 그 차 속에 홀로 앉아 계시는 우리 엄마 눈앞이 캄캄하다. 우리 엄마 이 폭우 속에 혼자 계신 것을 생각하니 두려움도 무서움도 이겨내야만 한 것이다. 나는 벼락 치는 소리와 동시에 마당으로 뛰어갔다. 뇌성 벼락 치는 소리가 부엌에 있는 나도 공포스럽고 두렵게 만드는데 어둡고 세찬 비바람 속에서 혼자 우두커니 앉아 계실 울 엄마 모습이 눈에 선하니 그려진 것이다. 그래서 벼락 치는 데도 불구하고 엄마에게로 뛰어간 이유다. 내게 이런 생각이 들었던 이유 또한 엄마도 나를 애타게 찾고 계신다는 뜻이다. 부엌에서 뛰쳐나온 나를 보신 엄마도 무서우셨는지 어두컴컴한 차속에서 나를 향해 무엇이라고 소리를 지르시고 계셨다. 대낮인데도 굵은 빗줄기 때문인지 밤처럼 어두워 사방분간이 어려운 상태다. 더구나 벼락이 어찌나 크게 내리쳐 차 속에 엄마 말소리는 아예 들리지 않고 그저 여기서 번쩍 저기서 번쩍 우르르 쾅쾅 우르르 쾅쾅하는 소리뿐이다. 그러니까 내 나이 50 중반까지 살면서도 처음 보는 광경이다. 살다 살다 날씨가 이렇게 궂은 날씨는 내 평생 처음이지 싶다. 정말 공포스럽기 그지없는 날씨다. 너무 무서워 신발 신을 경황없을 정도다. 나는 빗속을 맨발로 뛰어가 차문을 1cm만 열고 그 사이로 귀만 갖다 된다. 물론 이 상황은 문을 열 수가 없을 정도로 악천후인 것이다. 어머님 말씀을 듣기 위해 겨우 소리만 들을 정도의 문을 열었다. 그러니까 엄마 말씀은 무서우니까 빨리 가자. 라고 하신 것 같다. 나는 엄마께 알았다고 말씀 드리고 아무리 급해도 냉장고가 엉망이라서 손 좀 보고 가야되겠다고 말씀 드렸다. 엄마는 그럼 빨리 처리하고 나오라는 뜻으로 고개를 끄덕여주신다. 나는 서둘러 냉장고를 열었다. 어쩌면 내 인생에 있어 가장 용기(勇氣)가 필요한 때가 바로 이때이지 싶다. 그러니까 냉장 속은 그야말로 하얀 여백이라고는 0.1mm도 보이지 않게 완벽하게 검정색 벌레들이 냉장고를 점령을 하고 있다. 다시 간략히 말하자면 내부 전체가 그야말로 까만색 냉장고다. 새하얗고 뽀얀 냉장고 속을 상상했던 나는 경악 그 자체다. 물론 냉장고 자체가 검정색 냉장고라 해도 무방할 정도로 까만 유충으로 냉장고는 완벽한 까만색으로 변한 것이다. 이 나이가 될 때까지 보지도 듣지도 못한 상황 앞에 나는 할 말을 잃었다. 그리고 절실히 깨닫는다. 이것이 바로 부모를 서럽게 만들어서 받은 하늘에 벌(罰)이라는 사실을 그러나 나는 이곳에서 마냥 망연자실(茫然自失)하며 시간을 지체 할 수는 없는 것이다. 왜냐하면 이 공포스러운 날씨에 하필이면 울 엄마 홀로 마당에 계시기 때문이다. 나는 정말 젖 먹던 힘까지 써야 될 시간이 바로 이 시간이지 싶다. 제가 어릴 적 유난히도 오래 동안 울 엄마 젖에 집착했고 탐냈던 이유를 비로소 오늘 깨달은 바이다. 그야말로 어릴 적 젖 먹던 힘과 용기를 오늘 냉장고와 한판 붙는데 써야 될 운명이라 여겨진 것이다. 까맣게 생긴 벌레유충들이 냉장고 전체에 달라붙어 있는데 하얀 냉장고 색은 온데간데없고 온통 검은 색이니 변해도 너무 변해 정말 하얀 여백이라곤 1도 없어 하얀 점하나 찾아볼라 해도 찾아 볼 수 없다. 내부 전체가 검정냉장고라고 표현해야 될 것이다. 나는 이 처참한 냉장고 모습에 놀라 숨을 쉴 수가 없다. 누가 있어 이 기막힌 내 사연을 알아줄까 싶다. 주저 앉고 싶다. 울 수만 있으면 울어라도 보고 싶다. 마냥 신세타령이나 하며 살 수 없듯 푸념이나 늘어놓을 수 없는 상황이다. 아무리 뇌성벼락 치고 폭우가 쏟아지더라도 이대로 냉장고를 방치하고 돌아 갈 수 없다. 정말 난감하다. 밖은 그야 말로 포화 속처럼 우르르 쾅 쾅 쾅 난리 난리 이런 난리는 없을 것이다. 영화 속에서도 보지 못한 천둥, 번개, 뇌성, 벼락이 끊임없이 내려치고 있어 공포 그 자체다. 더구나 쉼 없이 내리치는 천둥소리에 온 몸이 떨린 것이다. 울 엄마를 서럽게 만든 죄 값이 혹독하다. 지옥이 따로 있는 것이 아니고. 바로 이 순간이 지옥이며 고통의 바다인 것이다. 작년 겨울 저희가 일주일가량 이곳에 머물면서 사다놓은 생선들과 여러 반찬들을 새로 산 냉장고에 넣어두고 갔던 것이 화근이 된 것이다. 이곳을 떠날 때 반찬들을 다 정리를 하고 갔더라면 이런 변고는 없었을 것이다. 냉장고가 새것이라는 이유로 전전상태가 발생했을 것이라는 생각을 전혀 하지 못한 채 떠났기 때문에 냉장고에 보관해 두었던 생선들이 썩음을 지나 백골화가 되었고 그 과정에서 냉장고 속은 그야말로 충(蟲)들의 놀이터요 서식지가 되었던 것이다. 이런 현상은 1~2개월 전에 발생된 것이 아니고 못해도 족히 반년은 지나야 이런 현상이 나타는 경우라 우리 떠나고 얼마 되지 않아 정전(停電)되었던 것이라 유추한다. 지금 와서 정전 시기를 운운할 소재는 아니지만 일단 제가 조금만 더 신경을 썼더라면 우리 엄마 마음을 아프게 하지 않았어야 했는데 어쨌든 부모 마음 아프게 한 여파가 너무 크다. 그 만큼 더 부모님 마음은 아팠을 것을 감안하면 나는 겸허히 벌레들과 사투를 받아 드려야만 했다. 냉장고 전체가 구더기 밭이 되었고 그 구더기들은 알을 낳기를 반복하여 냉장고를 점령을 한 것이다. 이 처참한 모습은 정말 상상을 초월한 수준이라 마음 같아서는 냉장고를 밖에다 던져 놓고 불을 확 질러 버리고 싶은 심정이다. 이 수많은 벌레의 새까만 알들이 이중삼중으로 겹쳐있는 것을 보아 최근에 생긴 것이 아니라 여러 달 동안 이 과정이 반복된 것이다. 더구나 생선뼈가 살점 하나 없이 깨끗하게 씻어져있는 것처럼 백골(白骨)화 된 것이 관건이다. 나는 제일 싫어하는 것이 있다면 벌레. 그런데 나는 이렇게 헤아릴 수 없을 만큼 천문학적인 벌레들과 마주하고 있다는 사실이 나를 경악하게 했다. 할 수만 있다면 냉장고를 내다놓고 불을 확 질러버리고 싶은 심정이다. 그리 할 수만 있었다면 나는 분명 그리 하였을 것이다. 그러나 그것은 생각뿐이다. 어쩌자고 새 냉장고가 이렇게 험하게 변했을까싶다. 아마 이 사태를 유추해 보건데 시골이라 언제인지는 모르지만 일단 정전이 되었던 것이고 아무도 살고 있지 않은 시골집에 내려간 차단기가 스스로 올라갈 일이 없으니 그 깨끗한 냉장고는 새까맣게 생긴 벌레들 서식지가 된 사연이지 싶다. 반면 다른 뜻으로 해석하자면 부모위해 쓰는 돈이 그리도 아까웠더냐? 라고 하늘이 꾸짖고 계신 것이다. 내 귀에 들리는 소리 또한 작은 돈 아끼지 말고 부모 마음 편하게 해드리지 그 알량한 돈 아끼려다 늙은 부모 마음을 그리도 아프게 했더냐? 라고 꾸짖으신 것이 들린다. 더구나 하늘은 내게 더 야단을 치는지 뇌성벼락까지 수반하니 이 벼락소리는 분명 내게 호통치고 계신 중이라 생각된다. 둘째 동생한테 온갖 욕설을 듣게 해서 나를 서럽게 만들어주시더니 그것으로는 부족했는지 궂은 날씨와 내가 제일 싫어하는 벌레들을 치우게 만든 상황을 만들어 주신 것을 보면 이것은 분명 하늘의 벌(罰)이 확실(確實)하다. 그러니까 하늘은 부모를 서럽게 만든 사실을 호리에 어긋남 없이 벌하신 것이라 여겨진 것이다. 나는 마당에 계신 엄마를 생각하고 엄마 마음을 서럽게 만든 부분을 반성했다. 그리고 마음을 굳게 먹고서 용기를 내어 떨리는 손으로 냉장고 서랍과 내용물들을 꺼내 싱크대로 옮겨놓은 다음 수돗물을 튼다. 앗

뽈사 수돗물이 전혀 나오지 않는다. 이제껏 시골에 살면서 이런 경우는 없었다. 밖에서는 폭우로 넘쳐흐르고 있는 것이 물이다. 그러나 생각지도 않게 싱크대에서 물이 나오지 않으니 너무 당황스럽다. 작년까지 고향집 물은 모터펌프로 끌어올려서 먹는 지하수다. 그런데 작년부터 상수도물을 써야한다는 공문이 내려와서 상수도로 교체했다는 말은 들었었다. 하지만 나는 수도계량기를 사용 해보지 않아 수도계량기가 따로 있다는 사실을 전혀 알지 못한다. 그런데 이 처참한 상황에 물마저 나오지 않으니 더욱 당황스러워 나는 이 일을 어떻게 처리할지가 난감하다. 더구나 밖에는 뇌성벼락과 비바람 속에서 어머님 홀로 차에 계시기 때문에 이 벌레들을 빨리 서둘러 처리해야 한다는 생각만 제 머리 속에 있을 뿐 아무런 생각이 나질 않아서 더욱 당황스럽다. 아니 낭패도 이런 낭패는 없다는 생각이 든다. 그런데 폭우 속에서 어디서 들리는지는 모르겠지만 폭포 쏟아지는 소리가 들렸다. 그래서 귀를 기우려 어디서 나는 물소리인지 부엌 창문을 열어본다. 그 물소리는 다름 아닌 처마 밑에서 폭포수처럼 콸콸콸 쏟아지는 지스럭 물 소리였다. 나는 처마 밑에서 폭포처럼 세차게 쏟아지는 빗물을 이용하는 것이 오히려 좋을 것 같다는 생각이 순간 스쳤다. 쫄쫄쫄 나오는 수돗물 보다는 천배 만 배 났을 수 있는 물줄기라고 생각이 들었다. 그러니까 오히려 수돗물이 나오지 않은 것이 나에게는 유리하게 된 것이다. 나는 까맣게 변해버린 냉장고 부속품들을 밖으로 꺼내 지스럭 밑에 내다 놓았다. 수돗물보다 더 용이하다는 생각이 든다. 쏟아지는 물줄기가 폭포 수준이라 오히려 나에게는 정말 손을 대지 않아도 벌레들이 자동으로 씻겨나가니 유리하다. 울 엄마를 위해 용기 냈더니 그나마 새 찬 물줄기 덕분에 냉장고 부품들을 손대지 않고 물줄기 밑에다 갖다 대면 벌레들이 2~3초 사이에 저절로 씻겨내려 가니 불행 중 다행이다. 이 상황에서 내 옷이 젖지 않기를 바란다는 것은 나의 욕심이지 싶다. 그래서 나는 이미 지스럭 물에 옷이 흠뻑 젖어서 물에 빠진 생쥐 꼴이다. 하지만 그래도 기분은 좋다. 다행스럽게도 물줄기가 시원시원하게 쏟아져주니 냉장고 부속품들이 이제사 제 모습을 찾아 깨끗해졌다. 그러나 내 옷이 다 젖어 물이 줄 줄 줄 흐르고 있다. 그렇지만 내 옷 젖은 것이 대수인가 싶다. 나는 다 젖어 생쥐 꼴이 된지 오래다. 더구나 천둥번개가 무섭게 내려치고 앞을 분간 할 수 없도록 폭우가 비록 쏟아지고는 있지만 그래도 이대로 김해 갈 수 없어 남이 겪어보지 못한 아주 고약한 일을 경험하고 있으니 훗날 나는 오늘 일을 교훈 삼아 겸손하게 살아 갈 것이다. 바로 이것이 부모님을 서운하게 했던 죄(罪)로 나는 이렇게 난이도 높은 벌(罰)을 받고 있는 사연이라 하겠다. 폭포수처럼 쏟아지는 지스럭 물 덕분에 순식간에 냉장고 부속품들 속에 벌레들이 말끔하게 씻어졌다. 그런데 정작 문제는 냉장고 몸체다. 그러니까 냉장고 몸체는 나 혼자서 옮길 물건은 분명 아니다. 하늘은 이렇게도 완벽하게 벌레들을 이용해 나를 벌하시는지 냉장고 틈새 사이사이 까지도 하얀 부분이 없다는 것이 문제다. 그러나 다른 생각할 여유도 없다. 성치 않으신 울 엄마 홀로 비바람치고 천둥번개 치는 마당에서 나를 몹시 기다리시고 계시기 때문이다. 나는 냉장고 몸체 닦는 일을 서두른다고 서둘렀지만 시간이 제법 지체 되었다. 아무튼 4~50여분 사투 끝에 냉장고 속도 어느 정도 갈무리를 했다. 보이는 곳뿐이다. 내부를 의심하지 않을 수 없다. 그렇지만 더 이상 손댈 수 없다. 그래서 나는 여기서 모든 것을 접고 물이 줄줄 흐르는 젖은 옷을 벗어 비닐봉지에 담아 챙겨놓고 엄마가 시골에서 주로 입으셨던 몸빼바지로 갈아입고서 차로 들어가 운전석에 앉았다. 갈아입은 옷도 시골집 문단속하고 마당에 세워둔 차로 가는 사이 또 다 젖었다. 나는 마당에서 혼자 너무 긴 시간 기다리셨던 엄마에게 미안하고 죄송스러워 겸연쩍은 표정으로 엄마 얼굴을 쳐다보았다. 엄마는 흠뻑 젖은 제 모습을 보시고선 혀를 끌 끌 끌 차신 것이다. 이렇게 혀를 차신 이유는 무슨 의미일까 싶다. 엄마가 혀 차신 이유는 어느 정도 알고 있다. 그러니까 엄마가 혀 차셨던 이유를 두 가지로 해석한다면. 하나는 부모한테 돈 쓰는 것을 그리 아까워하더니 사서 고생하는 구나. 라는 뜻이고 또 하나는 그래도 이 빗속에서 혼자 고생했다는 의미로 해석한다. 나의 해석 둘 다 틀릴 수도 있다. 그러나 지금 그 말씀의 의미를 굳이 해석 할 상황은 아니고 무서운 이곳을 서둘러 벗어나야만 한다. 저는 운전석에 앉아 얼굴에 흐르는 빗물을 수건으로 닦았다. 그리고 잠시 생각 한다. 이렇게 생각하는 것도 나에게는 호사 같다는 생각이 든다. 그래서 나는 모든 생각지우고 장시간 좁은 차 안에서 몸을 전혀 움직이지 않고 있던 다리가 많이 아프실 것 같아 엄마가 혀 차셨던 이유를 묻지 못하고 쏟아지는 빗속을 뚫고 고향집을 떠난다. 이렇게 많은 비가 내린 것을 본 것은 아마 저희 시어머님 하늘나라로 떠나보내던 날 이후로는 처음이지 싶다. 나는 한 밤처럼 어둡고 좁은 고향집 어귀를 돌아 나오니 낮은 부분이 물이 더 차올라 우리가 조금만 지체했더라면 차가 잠겨 꼼짝없이 고향집에서 물 빠질 때까지 기다렸다가 나와야 될 판이다. 그러나 다행스럽게 내 차가 SUV라서 승용차보다 조금 높아 물에 잠기는 것을 면한 듯하다. 하필이면 이렇게 많은 비가 오는 날 왜? 엄마는 이곳을 다녀가자고 하셨는지 알 수가 없다. 그러나 일단 냉장고를 청소해 놓고 냉장고 문을 활짝 열어 놓고 부품들은 부엌 바닥에다 세워놓고 돌아가는 마음은 한결 편하다는 생각이 든다. 그리고 텅빈 냉장고를 보잖니 어디지 모르게 마음 한켠이 텅 빈 것처럼 허전함도 있다. 사실 재작년 태풍으로 냉장고가 고장 나기 전까지는 고향집 찾아오더라도 냉장고가 음식들로 가득 차 있어 사실 빈손으로 내려와 냉장고 뒤져 음식을 해먹는 재미도 쏠쏠했다. 하지만 이젠 텅비어버린 냉장고를 보니 왠지 허전함과 허무함이 함께 밀려든다. 나는 허전한 마음을 뒤로하고 고향집을 벗어나고자 기어를 드라이브로 변속하고 엑셀을 밟는다. 그런데 예상 밖 강풍이 갑자기 휘몰아쳤다. 체감하는 비바람이 어찌나 새 찬지 차가 흔들렸다. 차가 기우뚱하는 바람에 반사적으로 나는 운전대를 힘주어 꽉 잡는다. 아마 이런 반사적 행동은 누구나 죽고 싶지 않는 본능에서 나온 행동이지 싶다. 더구나 눈앞에 펼쳐지는 세찬 광풍(狂風)을 보며 좁은 길을 통과해 지나가려니 두렵기도 하고 공포스러운 기운이 엄습한다. 광풍(狂風)때문인지 집 앞 연못은 평소에는 잔잔했던 물결이었지만 오늘 물결은 성난 파도를 만들어 넘실넘실 일렁이고 있으니 이 또한 우리가 평소 보지 못한 광경이라 낯설고 두렵게 느껴진다. 반면 연못가 갈대와 수초(水草)들은 세차게 태질하면서 논과 연못의 경계(境界)를 알려주는 이정표 역할을 한다.

나는 은행 열매 밟히는 소리가 싫어 서행으로 조심스럽게 은행나무 밑을 지나가지만 우리가 고향집으로 들어 올 때처럼 바퀴 밑에서 톡 톡 톡 은행 열매 밟히는 소리가 내 귀를 자극한다. 비바람에 떨어지는 파란 은행잎들이 찰나에 앞 유리창에 달라붙어 와이퍼의 움직임을 더욱 가열차게 만든다. 차가 마당을 돌아 나올 때면 항상 울타리를 대신해 심어놓은 작은 나무들이 무성하게 자라 어쩔 수 없이 차 긁히는 찌이익 소리 듣고 마음속까지 긁힌 상태라 은행열매 톡 톡 톡 밟히는 소리는 심장까지 밟히는 느낌을 받는다. 아무튼 찌이익 톡 톡 톡 소리는 여름철 고향집 들고 날 때 부득불(不得不) 들어야하는 자연의 소리요 내가 제일 듣기 싫어하는 소리이다. 그러나 이웃으로 살면서 나무를 잘라 달라고 수차례 건의했던 부분이기도 하지만 아직도 이 나무들을 잘라 주지 않고 있어 오랜 세월 저희 어머님 마음을 몹시 불편하게 하고 있는 부분이라 하겠다. 고향집으로 들어가는 길목이 협소하다 보니 우리는 필히 이곳을 지나가야 집으로 가는데 울타리를 대신해서 심어놓은 관상수(觀賞樹)가 잘 자라는 바람에 옆집에서 매년 자른다고는 하지만 매년 쉼 없이 자라고 있어서 이곳을 통과해 집 가는 길에 차들을 긁어버린 것이다. 우리가 이 나무들을 스치지 않고 지나갈라치면 옆으론 1~2m정도높이의 논 아래로 떨어지는 상황이라 어쩔 수없이 차를 긁히며 지나가는 상황이라 차가 긁히더라도 울타리 쪽에 바짝 붙여 차가 긁혀서라도 가는 수밖에 없다. 그래서 늘 이곳을 통과하면 심기가 불편하다. 나 같이 언제나 초보운전 자격인 사람들 애로사항이기도 하다. 그러니까 참 오랜 세월 이웃으로써 울 엄마 마음을 불편하게 했던. 한부분이다. 그러나 그 불편한 상황을 아직까지 해결을 못하신 관계로 엄마는 차가 긁힌 소리 들으시고 아이고 참말로. 라고 하신다.

　울 엄마의 아이고 참말로. 라고 말씀하신 이유가 울타리가 무성하게 자라 못 마땅하다고 하신 의미다. 엄마는 아이고 참말로. 라는 짧은 한 마디 하신 이후 다른 말씀은 없다. 평소에도 말씀이 없으셨던 분이고 단어 20개로 20년을 사신분이라 특별한 말씀이 있지는 않았지만 그래도 고향집에 빨리 내려오지 못한 상황이 못마땅하셔 그런지 기분이 많이 울적해 보인 것이 평소와 다른 점이다. 울 엄마 마음에 든 냉장고를 사드리지 못한 것이 마음에 사뭇 걸려서 그랬는지 아무튼 나는 괜스레 엄마 눈치를 살피며 운전하게 된다. 그리고 엄마가 인수(引受)하고 싶어 하셨던 폐교 앞을 지나가니 울 엄마 한숨이 절로 흘러나온 것이다. 울 엄마는 무슨 생각을 그리하시는지 차창 너머로 물끄러미 폐교를 바라만 보시다가 독백(獨白)인지 아직 아니네. 라고 하시고는 또 다시 침묵을 지키신다. 나는 울 엄마가 폐교를 보시곤 한숨을 내 쉬셨다는 사실이 마음에 걸린다. 언제나 긍정적(肯定的)이셨던 분이 한숨을 짓는다는 것은 폐교 인수하는 것이 그리 쉬운 일이 아니라는 의미가 된 것이다. 폐교인가가 쉬운 일이 아니라는 뜻인지 울 엄마 한숨이 깊다. 달리 해석하자면 폐교 인수(引受)가 그리 쉬운 일이 아니다. 라는 의미로 들린 것이다. 나는 폭풍속이라 1 ~ 2m시야도 확보되지 않는 상태라 그저 앞 만 보고 갈 뿐 옆으로 눈 돌려볼 여유 없다. 일단 동네를 빠져나와 부산방면으로 차를 돌려 달린다. 우리가 부산방향으로 500m쯤 달리다보니 연못건너 동네 끄트머리 우리 집이 보인다. 그리고 고향집 모퉁이를 돌아 4 ~ 50m 산으로 올라가노라면 수령을 알 수 없는 고목감나무가 있다. 그리고 그 옆에 저희 외할머니 묘소가 자리 잡고 있어 날씨 좋은 날이면 우리는 할머니 묘소를 보면 가게 된다. 그래 차가 부산 방면으로 방향을 돌려가노라면 언제나 우리 집 전경과 외할머니 산소를 한눈에 바라보면서 김해로 가는 코스다. 하지만 오늘은 폭우 속에서 바라보는 고향 산천은 좀 달라 보인다. 이유는 모르겠다. 그러나 왠지 평소와는 사뭇 다르다는 느낌이 든다. 저희 집은 풍수적으로 가장 선호하는 그야말로 배산임수(背山臨水)의 풍수로써 가장 이상적인 전원 주택풍경이라 하겠다. 그리고 저희 어머니가 나고 자란 곳이라 그런지 엄마는 유독 못 잊어 하시고 미련이 많은 곳이다. 엄마는 다른 분과는 달리 유독고향집에 대한 애착(愛着)이 그야말로 메가톤급이라고 할 수 있을 정도로 집착하신다. 그러다 보니 빨리 이곳으로 엄마를 모시지 못하는 것이 지금 가장 나의 애달픈 사연이고 고민이다. 그러나 날씨는 무정하게도 저희를 반기지 못한 듯 너무 험상궂게 비가 퍼붓는 바람에 나는 고향산천을 곁 눈질 한번 못하고 보성 휴게소까지 초긴장하며 달렸다. 그렇게 저를 벌하시던 세찬 빗줄기는 한 시간정도 달려 보성 휴게소에 도착(到着)할 무렵 비 줄기는 어느 정도 자자들었다. 우산은 비록 받쳤지만 휠체어를 가지려 가는데 크게 불편함은 없었다. 나는 홀로 마당에 남아 폭우 속에서 장시간 앉아 계셨던 엄마 고충을 헤아려 육중한 몸으로 뛰어가 휠체어를 가지고 와 엄마를 앉혀드렸다. 그리고 엄마 다리를 쪼그리고 앉아 종아리 부분을 집중적으로 주물러 드린다. 울 엄마도 장시간 앉아 있어서 다리가 많이 불편하셨는지 나의 손길을 마다하시지 않으시고 다리를 제게 맡기셨다. 제가 쭈그리고 앉아 다리를 3~4분 주물러 드리고 난 뒤 나는 휠체어에서 어머님을 일으켜 세웠다. 그리고 차문을 기대서서 잠시 다리를 더 풀어보자고 했다. 엄마는 사양하시면 이젠 괜찮다! 라는 말씀을 하시며 내게 그랬어. 라고 하신 것이다. 그리고 바로 그것이다잉. 라는 말씀을 하신다. 울 엄마 이 말씀의 뜻은 물론 나만의 해석이겠지만 부모 위해 쓰는 돈을 아깝게 여기면 이렇게 험한 일을 겪게 된다는 뜻으로 해석된다. 변명 같지만 저도 돈이 별로 차이가 없어 양문도어를 사시라고 권하고 싶었다. 그런데 막상 큰 것을 사게 되면 부엌으로 들어가는 입구가 많이 협소하다보니 문제가 될 것 같았고 굳이 시골에서 큰 냉장고가 필요 없을 것 같았던 것이다. 어머니께서 휴대폰사진으로 냉장고 보시고 그거면 된다고 하신 냉장고라 별문제가 되지 않을 것이라 생각했는데 어머님 생각하시는 것과는 달랐고 폭설 때문에 쉽게 교환하기 곤란해 그냥 아쉬운 대로 시골에서 쓰다가 제가 따로 사드린다는 것이 우리 엄마 마음을 많이 서운하게 했던 사연이다. 나는 냉장고 사건으로 이렇게 혹독한 벌을 받고나서야 내가 정말 큰 잘 못을 저질렀다는 사실을 깨달은 부분이다. 입장 바꿔 생각해보면 저희 어머님 평생 한 번가지고 싶은 냉장고였을 것이라 생각하니 더 미안하고 때늦은 후회(後悔)로 마음이 무겁고 괴로운 것이다. 우리 엄마 작은 소원하나 들어드리지 못한 것이라 정말 후회막급(後悔莫及)이고 마음깊이 반성하게 된 사연이다. 병든 부모님에 관한 일은 무조건 지극(至極)해야 된다는 교훈을 얻은 부분이라서 그런지 어머님께 너무 죄송하고 죄송할 뿐이다. 이렇게 엄청난 벌(罰)을 받고서야 깨달은 것이 있다면 분명 하늘은 감시카메라이었다는 사실이다. 상선벌악(賞善罰惡)으로 착한 일에 대해선 상(賞)을 주시고 죄짓는 부분에 관해서는 분명 이렇게 벌이 따른다는 것을 직접 체험함으로 확실하게 깨닫게 된 사례다. 공자님 말씀 중 천망회회소이불루(天網恢恢疏而不漏)그러니까 하늘의 그물은 크고 성긴듯하지만 티끌 하나도 빠뜨리지 않는다. 라는 말씀을 남기실제는 분명 하늘의 상과벌이 엄연히 존재하고 있음을 아셨기 때문에 만인들에게 무괴어천(無愧於天) 즉 하늘을 우러러 한 점 부끄러움 없이 살아가라고 하셨던 이유가 아닌가 싶어 다시 한 번 천망회회 소이불루 라는 글을 되새겨 보는 계기다. 엄마는 피곤하신지 다리를 다시 펴는 것을 마다하시고 빨리 집으로 가자고 재촉 하셨다. 그렇지만 저는 엄마 재촉에도 불구하고 커피한잔을 뽑아 가지고 와서 잠시 커피한잔 마시며 피로를 풀어 본다. 나도 처마에서 쏟아지는 물과 벌레로 변해버린 냉장고와의 사투가 몹시 힘이 들었는지 아니면 굵은 빗줄기와 뇌성벼락 소리에 긴장을 해서 그랬는지 피로감이 제게도 급격하게 밀려 왔던 것이다. 운전해야 하는 입장이라 커피라도 마시고 호흡 한 번 더 해서 긴장감을 풀고 출발 하려는 것이다 나도 어찌 보면 반세기를 훌쩍 넘은 나이다. 그러나 울 엄마를 지켜야 된다는 사명감(使命感)으로 지치고 지친 몸이지만 오직 울 엄마 뜻 받들고자 억지로 버티고 살아온 몸이라 그런지 가끔은 체력저하로 급격히 피로감이 밀려 올 때가 있다. 그런데 오늘이 아마도 그런 날인지 유독 피로감이 다른 날과는 다르게 몸이 말을 듣지 않고 축 처진다. 하늘이 보이지 않을 정도 폭우와 뇌성벼락 소리에 너무 긴장하고 놀라 몸을 움츠렸고 번개 불이 쉼 없이 여기저기서 번쩍 번쩍 번쩍거릴 때면 하필 마당에 홀로 엄마가 계셔서 더더욱 공포감을 느꼈던 것이다. 지금이 바로 내 몸이 내 몸이 아니다. 몽롱한 느낌 그 자체다. 그래서 커피한잔으로 정신을 맑게 하려고 우리 엄마가 불편한 몸으로 기다리신 줄 알면서도 염치불구하고 커피를 꿀꺽하고 한 모금 넘긴다. 사실 나는 울 엄마 이런 행보를 어느 정도 가름하고 있는 차원이다. 그러니까 엄마는 성치 않으신 몸인데도 불구하고 자식들 비운(悲運)을 막아주시고자 이렇게 힘든 과정을 이겨내시고 감내(堪耐)하고 계시는 중인 것이다. 엄마의 깊은 의중을 알고 있기에 나의 피로감 정도는 뒷전이 된 사연이다. 그러나 안전 운전이 우선(于先)인지라 나는 일단 커피한잔으로 피로감을 해소해보려는 이유다. 빗길이라 긴장감이 고조되다보니 더욱 피곤함이 느껴진다. 그러나 나의 수고는 어쩌면 울 엄마 고행(苦行)과 정성(精誠)에 비했을 때 내 수고로움은 비교하지 못한다. 그러나 그 누가 울 엄마 이런 고행(苦行)을 알아줄까 싶다. 그리고 울 엄마 이런 고행들이 바로 자식들을 깨우치게 하여 선(善)한 세상을 맞이하게 하려는 과정(過程)이며 자식들 운명(運命)의 흠(欠)을 고쳐주시고자 감내(堪耐)하고 계시는 고행의 과정임을 알아줄까? 싶은 것이다. 그러나 아는 사람은 아는 법이다. 더구나 울 엄마처럼 높은 경지가 아니라 하더라도 어느 정도 느낌은 느껴지지 않을까? 라고 생각하는 부분이다. 보편적으로 울 엄마 행보를 대부분 디테일하게 모르는 부분들이 많다보니 비록 일부라도 알리고 싶은 마음에 제가 이렇게 펜을 들어 서툰 문장이지만 용기(勇氣)내어 세상에 울 엄마의 남다른 행적과 실천(實踐)의 가르침을 이렇게 소개하는 이유다. 울 엄마는 둘째 사위 직장암(癌)수술하기 위해서 입원하는 그 날부터 수술마치고 퇴원(退院)하는 그날까지 중환자인 몸인데도 불구하고 장장 45일간을 누워보지 못하시고 고통스럽게 앉아서만 지내셨던 분이 바로 울 엄마셨다는 사실을 나는 결코 잊지 못할 것이다. 그 당시 45일간의 날들은 우리에게는 유독 길게만 느껴졌던 이유가 아마도 엄마께서 견디셔야만 했던 육체적 고통이 너무 심하셨기 때문에 엄마나 나에게는 참 견디기 힘들 45일간의 여정이다. 괴로워하시는 어머니를 두고 옆에서 그저 안타까워만 할 뿐 어머니를 위해 그 어떤 것도 해드릴 수 없어서 자식인 제 입장에서는 몇 글자로 그 당시 고통스러운 상황들을 리얼하게 설명하기란 쉬운 일은 아니다. 그리고 그때 그 상황(常況)을 직접 겪어보지 않은 분들에게 저희 모녀가 처한 상황을 글 몇 자로 공감(共感)시키기란 더욱 어렵게 느껴진 부분이다. 엄마는 중환자 수준인 상태에서 전혀 눕지 못하게 되니 여지없이 다리는 퉁퉁 붓고 괴사된 발뒤꿈치는 진물이 쉼 없이 흘러내려 뒤꿈치에 받쳐놓은 거즈는 늘 축축이 젖어있던 그때 그 고통스러운 과정은 정말 인고(忍苦)의 시간이 되었던 것이다. 그리고 그 고통스런 날은 무려 45일이나 계속 되었던 것이다. 45일 동안 전혀 누워보시지 못하신 울 엄마의 희생(犧牲)을 생각하면 지금도 가슴이 먹먹하다. 특별하신 울 엄마 노년에 딸 과부 만들지 않으시려고 유난히 고달팠던 인생여정을 의연(毅然)하게 견디어 오신 울 엄마를 나는 사랑하고 존경할 뿐이다. 이런 고행의 과정은 아무나 못한다. 생사를 넘나드는 고비 때마다 정말 힘겹고 눈물겨운 날들이었지만 그래도 그 고통의 시간들을 의연하게 견디어 오신 우리엄마 정말 존경스럽다. 나만이라도 울 엄마의 숭고(崇高)한 희생을 잊지 않을 것이다. 이런 과정들을 보통 사람들은 노구(老軀)가 되면 의당(宜當)찾아오는 병치레로 알겠지만 제 생각은 이 과정은 바로 자식들을 깨우치게 하여 수행(修行)덕목(德目)을 쌓게 하시려는 의도며 자식들을 혹독하게 훈련시켜 수행을 쌓게 하는 연단(鍊鍛)이었을 것이다. 환란(患亂)은 곧 고통(苦痛)이고 고통은 곧 연단이지 싶다. 빗속을 뚫고 먼 길을 다녀오는 중이지만 그래도 냉장고 속 그 징그러운 벌레들을 다 씻고 와서 그랬는지 김해에 오는 내내 마음은 가볍다. 그런데 문득 2~3년 전에도 이런 유사한 경우가 있었다는 사실이 떠올랐다. 그러니까 2 ~ 3년 전에 고향집 냉장고에다 나는 울 엄마 성화로 김장김치 20포기를 담아 고향집 텃밭에 묻고자 해서 가지고 갔었다. 그리고 삽으로 텃밭을 파서 묻으려 했지만 땅이 얼어 도저히 땅이 파지지 않아 할 수 없이 냉장고 서랍들을 다 꺼내놓고 냉장고 안에다 김치들을 쑤셔놓았었다. 통김치 한통 정도도 비닐 봉투에 담아 같이 냉장고 안에 넣어두었다. 하지만 그때도 고향동네에 심한 태풍이 지나갔는지 정전이 되어 그곳에 갖다 두었던 김치들이 전부 삭아 형체를 알아 볼 수 없을 정도로 액체가 되었던 사례가 있다. 제가 시골에서 오래 살지 않아서 나는 농촌에는 가끔 정전이 된다는 사실을 몰랐었다. 그래서 그때도 김장김치가 형체를 알 아 볼 수 없을 정도로 변해 버렸을 줄은 꿈에도 생각 못해 그와 같은 경험을 했다. 그렇지만 이번에도 새 냉장고라는 생각만 했었지 설마 정전이 또 될 거라는 사실을 망각해 이런 혹독한 경험을 한 것이다. 사람이 사는 곳에는 생각지 못한 변수가 도사리고 있다는 사실이 이 두 번의 경험을 통해 터득한 부분이다. 사실 2 ~ 3년 전에도 고약한 경험을 했으니 공가(空家)에는 차단기가 내려가면 차단기를 올려줄 사람이 없다는 사실을 미리 알았어야 했는데 아무튼 미련한 대해서는 약도 없다. 라는 말이 있듯 아무튼 미련했던 내 잘못이 큰 것이다. 그리고 혹독한 시련을 준 냉장고와의 사투는 왠지 엄마 마음을 서운하게해서 생긴 우연 같지만 우연이 아닌 하늘이 내게 내린 벌(罰)이었다는 사실을 깨달은 부분이다. 반면 이 모든 결과는 어찌되었든 제가 신중하지 못한 불찰(不察)이 만든 결과다. 그래서 신중하지 못했던 내 자신을 많이 반성하게 된 사연이다. 이전에는 고향집에 엄마가 살고 계셨고 형제들도 자주 들락거려 이렇게 정전(停電)이 발생했던 기억이 없다. 그래서 정전에 대한 대처가 미흡했던 것이 불찰이라면 불찰이지 싶다. 하지만 예전에는 그렇게 평화롭게도 마을이 3 ~ 4년 전부터 이상하게도 태풍이 잦은듯하다는 느낌이 든다. 우리 동네 자랑거리라 할 수 있는 그러니까 정확한 수령까지는 알 수 없지만 어림잡아 4 ~ 500년으로 추측한 은행나무 서너 그루가 벼락 맞아 나뭇가지들이 처참할 정도로 부러져서 마을 분위기를 아주 삭막하게 만들고 있다. 그리고 마을을 감싼 듯한 뒷산의 굵은 소나무들도 가지가 꺾어지고 불려져 마을을 완전히 낯설게 만들어 버린 것이다. 우리 동네를 감싸 안은 듯 자리 잡고 있던 고목나무들이 동네 뒤로 병풍처럼 쳐있어서 장관을 이루고 있어 멀리서 바라보노라면 한 폭의 풍경처럼 멋들어지게 서있던 아름드리 커다란 소나무 몇 그루가 쓰러지기도 했으며 친척집도 벼락으로 인하여 집이 파손되어 새로 지으셨다는 말도 들었다. 최근 고향을 가노라면 동네 모습들이 알게 모르게 조금씩 삭막해져 가고 있어 왠지 낯설다는 느낌을 많이 받았다. 저희가 자주 고향집을 들려보는 편이라 갈 때마다 이전에는 어머님 품속처럼 포근하고 정겹다는 생각만 있었는데 근래에 들어서는 왠지 쓸쓸하고 삭막하다는 느낌을 받다보니 고향 길이 마냥 이제는 즐겁지 않다는 마음이 든다. 그런데 이번 고향 방문은 왠지 정말로 다시는 오고 싶지 않을 정도로 썰렁하고 쓸쓸한 기분이 자꾸만 들어 어쩌면 세찬 비바람 속이라 그렇게 생각이 들지 않았을까? 라는 생각을 해보지만 그래도 왠지 예전 같지 않고 고향 어귀를 돌아들어 갈 때 느낌이 싸늘하고 활기차 보이지 않는다는 것이 마음을 무겁게 했다. 동네어르신 몇 분이 1년 사이에 운명(殞命)을 달리하셨다는 것 또한 마음을 편치 않게 만든 이유다. 동네 분들 부고가 종종 들려 올 때마다 어머니는 그래서 그래. 라고 말씀하신지라 어머님께서 하셨던 말씀 그래서 그래. 라는 말씀의 의미를 정확하게는 알 수 없겠으나 왠지 폐교에 태양열판 설치하고 관련이 있지 않겠는가? 라는 의구심만 난무하다. 이러한 이유들은 눈에 보이는 것들이 아니라 누구에게 말 할 수 있는 부분이 아니라는 것이 문제다. 어떤 것을 설치를 했을 때 풍수적으로 인간 세상에 이로운 것과 해로운 것이 있다는 사실을 생각하면 근래에 들어 고향동네에 불미스러운 일이 자주 발생하는 이유와 아마 태양열판 설치와 연계성이 있을 것 같다는 생각이다. 이 부분은 제 개인적인 견해일 뿐 확실하게 이것이다. 저것이다. 라고 이야기 할 사항은 아니다. 더구나 저희 어머니께서 그래서 그래. 라는 말씀을 정확히 해석한 것이 아니기 때문에 그저 울 엄마 말씀의 의미를 정확히 모르고 있어서 나는 좀 더 깊이 생각해 볼 일이다. 반면 그래서 그래. 라는 엄마 말씀을 유추해 볼 때 폐교에 설치된 태양열판이 풍수적으로 이롭지는 않았을 것이라는 나의 추측만 있을 뿐이다. 어느새 저희 모녀는 열심히 달려 김해에 도착을 한다. 나는 지난 10여 년 동안 어머니를 모시고 살면서 헤아릴 수 없을 정도로 고향집을 이렇게 당일치기로 다녀오며 살았다. 엄마는 이렇게 당일치기로 고향 다녀오면서도 고향집 이곳저곳을 야무진 눈썰미를 자랑 삼아 살피며 살아오셨다. 그런데 가끔가다가 본인이 눈도장 찍어둔 물건들이 없어지거나 제자리에 놓여 있지 않으면 없다 없네. 라는 말씀과 이상하네. 라는 말씀을 반복하셨던 사례가 종종 있다. 고향집이 유독 외진 곳이다 보니 남의 손을 탄 경우도 있겠지만 더러는 자식들이 가끔씩 들려 시골에서 자주 쓰지 않는 물건이 있으면 가져가서 쓰는 경우도 있다. 그렇지만 엄마는 본인이 애지중지 여기시는 물건들이 자주 없어지는 경우가 자주 생기니 고향집에 남아서 사시는 것을 원하셨다. 허나 뇌경색으로 두 번 쓰러지시고 나니 엄마를 마냥 고향집에 홀로 사시게 할 수 없어서 우리 6남매가 서로 번갈라가며 모시고 살던 중 연로하신 울 엄마 마냥 이곳저곳으로 정처 없이 옮겨 다니시는 것 보다는 내가 책임지고 모시는 것이 마땅한 자식 소임이라 생각하고 모시고는 있지만 엄마는 고향집을 아직까지 내려가서 살지 못해 늘 마음이 편치 않아 하셨고 자기 물건 하나 지키지 못하고 살고 있는 처지를 많이 속상해 하신 것이다. 더구나 아직도 고향집으로 내려가서 사는 형편이 아니라서 엄마 마음은 더욱 씁쓸하신 이유다. 엄마는 고향집에 내려가시면 생기가 돋으셨고 마당 둘레에 돌아나있는 잡초들을 성치 않으신 몸인데도 불구하고 다 뽑아놓으시고 봄에는 텃밭에서 자라는 나물들을 뜯어 저희 집에 들고 가자며 봉투에 넣어주시기도 하셨던 추억도 있다. 그리고 가을에는 시들어가는 무화과와 유자를 따주셨던 모습과 텃밭에서 자라고 있는 들깨나 빨갛게 익어가는 고추를 보시며 본인이 텃밭을 일구지 못하신 것을 많이 아쉬워하시며 씁쓸함을 내 비추시기도 하셨던 기억도 새롭다. 울 엄마는 본인 손수 비어두었던 시골집에 잡초들을 다 뽑고 나서 이곳저곳을 살피시다 김해로 돌아오시면 한동안은 어머님 마음도 편해 보여 옆에서 엄마 얼굴을 보는 나도 기분이 좋았던 시절도 있다. 나는 즐거워하시는 엄마 모습을 더 보고 싶어 지난 10여 년 동안 엄마를 모시고 장거리를 열심히 다녔던 이유라 하겠다. 저희 모녀는 쏟아지는 빗속을 뚫고 저녁 밥할 무렵 김해에 무사히 도착한다. 나는 어머님 장거리에 피곤하신듯하여 울 엄마 일분일초라도 쉬시게 하려고 저희 아이들을 현관 앞에 대기시켜 놓았다. 그래서 우리차가 집 앞에 도착과 동시에 삼남매는 일사분란하게 할머니 양쪽 어깨를 부축해 모시고 집으로 들어간다. 나는 할머니를 조심스럽게 모시고 들어가는 삼남매 협동된 뒷모습을 보노라니 왠지 입가에 엷은 미소가 띄워졌다. 참 보기 좋은 협동(協同)심의 모습이 바로 이런 모습이 아닐까? 싶은 것이다. 그러니까 옛 속담 중 백지장도 맞들면 가볍다. 라는 속담이 상기되며 저희 삼남매가 앞으로도 오늘처럼 세상 살아가면서 서로 힘이 되어 이끌어주고 밀어주며 살아가기를 마음속으로 기원(祈願)한다. 저희 6남매도 얼마 전까지만 해도 형제우애는 최상급이라 생각했었다. 병든 어머님 모시게 되면서 그렇게 생각한 나의 생각은 큰 착각이었다는 사실을 깨달은 것이다. 궂을 일을 겪으면서 우리형제(兄弟)우애(友愛)가 저 밑바닥인듯하여 적지 않게 실망스러운 부분을 많이 느꼈던 것이다. 옛 속담처럼 열 길 물속은 알아도 한 사람 속은 알기 어렵다. 라고 했는데 그 말이 진리였던 것이다. 그러니까 사람은 오래 겪어봐야 그 사람이 진실한지 알 수 있고 말(馬)은 오래 달려봐야 힘쎈 말인지를 알 수 있듯 아무튼 사람 마음은 알 수 없으니 나만이라도 진실해져야 할 것이다. 저는 집에 들어서자마자 엄마 시장하실 것 같아 서둘러 저녁준비를 한다. 남편이 우리가 시골 다녀왔다는 것을 눈치 챘을 것이라 생각한다. 일부러 남편에게 고향집에 갔다 왔다는 말은 하지 않았다. 엄마는 저녁 식사 마치자 바로 양치하시고선 고단하셨는지 일찍 자리에 누우셨다. 막간(幕間)을 이용해서 나는 언니와 여동생한테 고향 다녀온 이야기를 했다. 그리고 냉장고 속 벌레들과의 사투(死鬪)를 벌었던 이야기를 했다. 그랬더니 두 사람은 배꼽을 잡고 웃는다. 지금은 벌레 이야기를 하고 자매들과 같이 웃고는 있지만 사실 벌레 판으로 둔갑한 냉장고를 마주한 그 심정(心情)은 분명 자유자재(自由自在)한 마음은 분명 아니었었던 것이다. 냉장고를 청소하면서 생각하기를 이것이 바로 지옥(地獄)이라면 지옥이지 않나 싶을 정도로 괴롭고 끔찍했던 사건이다. 남들은 저를 보고 마음을 마음으로써 다스릴 줄 아는 사람 같다고 부러워들 하지만 오늘 고향집에서 벌레와 마주한 내 기분은 최악이었다. 하지만 울 엄마 입장 생각해 아니 차마의 법칙 때문에 참고 참았던 것이다. 내 성질대로 했더라면 냉장고가 산산조각 났던지 아니면 불 싸질러버렸던지 천지(天地) 분간(分揀)어려울 정도의 폭우와 뇌성벼락과 빗발치게 내려치는 번개 불… 특히 밤인지 낮인지 분간 할 수 없을 정도의 공포스러운 어두움… 아무튼 끔찍 했던 오늘 사건은 내 인생에 있어 최악의 순간이고 최악의 날씨였다. 지금도 오전에 있었던 일을 생각하면 아직도 몸서리 처진다. 지옥 문턱까지 갔다 온 기분이 바로 이런 기분이었을 것이라 생각한다. 제 인생에 최악에 순간이었다. 아마 평생을 두고 잊지 못할 일로 남아 있을 것이라 생각도 든다. 냉장고 사건으로 크게 깨달은 것이 있다면 그것은 바로 사람이라면 절대로 부모님 마음을 서운하게 하지 말자라는 교훈(敎訓)을 얻은 것이다. 하늘은 우리인간들 알게 모르게 원인(原因)에 대한 결과(結果)를 받게 하시는데 어리석은 일에는 어김없이 답(答)으로 곤란(困難)하고 난해(難解)한 일들을 겪어보라고 하시는 것을 체험(體驗)하게 된 사례다.

옛 속담(俗談)중 죄는 지은 대로 가고 덕은 쌓은 대로 간다. 라는 속담을 다시 한 번 되새겨보는 계기다. 특히 옛 선인(先人)들께서 남겨놓으신 속담들을 되새겨보노라면 참으로 명언(名言)들이고 진리(眞理)였다는 사실을 저는 다시 한 번 한 개인(個人)의 경험(經驗)을 통해 속담이 우리에게 주는 교훈이 크다는 것이다. 아무튼 옛 선조님들의 수많은 경험 속에서 나온 속담을 우리는 그냥 흘러들어서는 안 될 부분이라 생각한다. 그리고 도(道)은 분명 산속에 있는 것이 아니고 내가 살고 있는 가정에서부터 도(道)가 일어난다는 사실도 깨닫는다. 진리(眞理)는 타문화권이라 여기는 절이나 교회에 있는 것이 아니라 우리나라의 전통문화(傳統文化)인 토속 신앙 속에 더 많은 진리가 있었다는 걸 제 경험에서 깨닫는 부분이다. 그러나 이것이 옳다 저것이 옳다. 라고 주장은 하지 못한다. 요즘은 말세인지 나이든 우리들이 알아듣지 못할 정도로 단축어가 난발하고 있다 보니 정말 언어도단(言語道斷)시대이지 않나 싶은 것이다. 그러니까 말이 통하지 않고 도(道)가 단절(斷切)되고 경전과 성경이 필요치 않는 시대(時代)이며 가짜가 득세하는 세상이다. 불편한 진실은 외면하고 편안한 거짓은 묵인하며 살아가고 있는 추세다. 그리고 남의 것을 흠집 내는데. 열을 올리고 있는 시대다. 그러나 그 속에도 분명 진실은 존재하기 때문에 사실과 진실을 가름 하는 것은 일단 개인의 안목에 맡길 것이다. 저희 어머니는 예전부터 왜 그리 말씀하셨는지는 잘 모르겠지만 제게만은 늘 이런 말씀을 하셨다. 탐욕도 벗어버리고 성냄도 벗어버리고 사노라면 분명 하늘이 알아주실 것이다. 그리고 그 하늘을 보게 될 것이다. 라고… 나는 울 엄마 이 말씀을 조금도 의심하지 않고 있다. 그리고 사실 내가 읽었던 각종 예언서마다 말세에 신(神)께서 직접 지구별에 인간의 모습으로 강림하셔 일정기간 제도(制度)로써 인간들을 교화(敎化)하시다가 섭리(攝理)로 심판(審判)하신다는 대목들이 나의 눈길을 끌었다. 신(神)께서 인간으로 화(化)하시니 그러니까 신+인간=신인(神人) 다시 말해 신께서 인간으로 화신되었으니 신인(神人)이라 칭(稱)하는 것이라고 직접 말씀 하신다는 부분에 나의 관심은 집중된다. 예언서마다 인간으로 화(化)하신 신께서 직접 신(神)이 인간으로 변화하였으니 신인(神人)이라 칭하시는데 뭇사람들은 그분을 대부분 몰라보고 미친놈이라 일컫고 사기꾼이라 일컫지만 나중에는 신인의 발밑으로 구름 때처럼 세상 사람들이 몰려든다는 뜻으로 우성재야(牛性在野)라 한다. 그러니까 신인의 목소리는 소 울음소리 우명성(牛鳴聲)과 같다고 하였다. 신인께서 강림하실 곳은 사도부도(似島不島)섬 같지만 섬이 아닌 나라 즉 한반도 땅을 예언하고 있다. 그리고 분명 사인불인(似人不人)이라고 했는데. 이 말인 즉 사람 같지만 사람이 아니다. 라는 뜻이다. 신인 특징은 신언서판(身言書判)신체 출중하시고 말씀 잘하시고 글씨 잘 쓰시고 판단력이 으뜸이라는 의미다. 신인 출현을 알리는 글들이 많이 나와 있는 것을 보노라면 분면 신인 출현은 기정사실일 것이라 믿는다. 그러니까 말세성재시부지(末世聖帝視不知)말세에 하늘의 성제(聖帝)께서 강림하셨지만 세인(世人)들은 알아보지 못한다는 뜻이고. 세인부지한심사(世人不知寒心事)는 신인을 보고도 사람들이 못 알아보니 한심한 일이다. 라는 십여 가지 넘는 예언들을 보노라면 분명 이 땅에 신인 출현을 예고하고 있다. 그래서 나는 항상 이 부분에 주안점을 두고 과연 나는 어떻게 살아야 신께서 인간으로 화(化)한 모습을 알아 볼 수 있을까? 라는 주제에 대해 고민 중이다. 나의 숙제는 저희 어머님 쾌차 그리고 인간으로 나타나신 신인을 알아 볼 수 있을 런지? 가 아직 풀지 못한 숙제다. 물론 지구별에 오신 신인(神人)을 알아 볼 수 있는 방법은 잘 모른다. 내 부모님 공경(恭敬)하고 형제우애하며 평상심(平常心)이 곧 도(道)이니 작은 것 하나라도 거짓 없고 정직하게 올곧고 겸손하게 사노라면 되지 않겠나 싶다. 우리나라는 세계인류 평화를 위해 강력(强力)한 구심점(求心點)이 되어 주실 영적(靈的)지도자 신(神)께서 강림하시는 거룩한 땅이 될 것이라는 사실에 가슴이 뛰었다. 인도 철학가 타골이 말했던 동방의 등불이 밝혀질 땅이 바로 한반도라는 사실이고 그 한반도가 바로 남쪽나라 우리 대한민국이라는 사실에 가슴이 벅차오른다. 지상극락이라 하는 유토피아 그러니까 누구나 잘사는 신정(神政)시대를 열어간다고 나열되고 있는 것을 보면 분명 꼭 그런 세상이 올 것이라 나는 확신한다. 신인께서 신정정치(神政政治)로 공존공영(共存共榮)시대인 좋은 세상이 머지않아 펼쳐 질 것이라 믿는 바이다. 미륵사상에서 전하는 오만극락이라 일컬을 지상낙원의 시대가 바로 이런 시대를 두고 오만극락 시대가 올 것이라 예언 했을 것이라 생각한다.

엄마는 폭우 속 고향 길이 고단 하셨는지 일찍 자리를 잡고 누우셨다. 장거리 고향길이 고달파 지쳐서 누워 계신 엄마 모습은 왠지 쓸쓸해 보여 내 마음을 무겁게 한다. 나는 오늘 나를 크게 깨우치게 한 냉장고 사건을 생각하니 엄마에게 사과를 하지 않고서는 내 마음이 더 무거워 질

것 같았다. 그래서 조심스럽게 누워 계시는 엄마에게 다가가

"엄마 정말 미안해."

라는 말을 했다. 엄마는 벌써 무슨 의미로 내가 미안하다는 말을 했는지 알고서는 엄마의 따뜻한 손으로 내 얼굴을 쓰다듬어 주시며

"바로 그것이다 바로 그것이야."

라고 하신다. 나는 따뜻한 엄마의 손길에 죄 많은 내 인생이 너무 부끄럽게 생각이 든다. 그러나 그 와중에 나는 참 행복한 사람이다. 라는 생각이 든다. 그러니까 제가 큰 잘못을 했지만 엄마는 제가 밉지 않은지 이유 불문하고 용서 해주시니 그저 부처님 같으신 울 엄마를 모시고 있어 나는 정말 남다른 행복(幸福)을 느끼며 산다. 저희 형제들은 울 엄마에 관해 모르는 부분이 많이 있다. 특히 일부형제들은 제가 말 못하시는 어머니를 꼬드겨서 이런저런 물건들을 쓸데없이 사고 이런저런 일들을 벌리고 다니고 있다고 알고 있다. 그러기 때문에 나의 대한 불만이 하늘을 찌르는 수준인 것이다. 그렇지만 다들 모르고 하는 소리다. 이 부분에 대해서는 가능한 형제들에게 섭섭한 감정을 갖지 않으려 나도 나름 노력하는 중이다. 그러니까 형제들이 나를 곡해하는 이유도 저희 어머님 성품을 잘 모르고 하는 소리다. 그리고 나 역시 가급적 형제들이 싫어하는 일들은 하지 않고 살고 싶다. 하지만 남다르신 울 엄마 말 못하신 관계로 어쩔 수 없이 평범을 거부하시고 사신 엄마 명(命)이라 형제들 마음 불편하게 생각 할 줄 알면서도 엄마 뜻을 우선시 하다 보니 어쩔 수 없이 형제들 마음을 불편하게 만들게 된 이유다. 나는 말 못하시는 울 엄마 원하시는 일이라면 그 무엇이라도 들어 드리고픈 것이 내 마음이다. 엄마를 여러 해 모시면서 형제들에게 실망했던 부분이 있다면 아마도 나의 대한 오해가 깊어 그랬을 것이라 짐작은 하지만. 그래도 지나치게 울 엄마 하시는 일에 대해 너무 말도 많고 탈도 많아 실망했던

부분이다. 본인들은 모시지도 않으면서 어찌나 이러쿵저러쿵 말도 많고 탈도 많았던지 아무튼 형제들이 울 엄마 성품을 몰라도 너무 몰랐기 때문이 아닐까 싶은 생각이다. 저변에는 내가 너무 가난 했기에 엄마를 이용하려는 나의 농간(弄奸)이 있지 않았을까? 라는 오해(誤解)와 의심(疑心)의 눈길은 피하지 못하고 살았지 않았을까? 라는 속된 생각도 든다. 물론 자격지심이라 여겨진 부분이다. 그러니까 가난한 자(者) 의 서러움에서 나온 자격지심이 바로 이런 것이라 하겠다. 우리나라 사람들 특성(特性)인지 알 수 없으나 가난한자의 말은 아무리 의롭고 지혜로운 말이라 할지라도 설득력(說得力)이 없다. 그리고 사람들이 귀 기울려 들어보려 하는 사람이 없다는 것을 깨달은 것이다. 이런저런 이유로 뭇 사람들이 돈의 위력을 가지려 하고 권력의 힘을 쥐려는 의도를 조금 알 것 같다. 그러나 권불십년(權不十年)이라고 했듯. 영원할 것 같은 권력도 10년 이상 지켜내기 어렵고 화무십일홍(花無十日紅)이라고 하듯 아무리 아름다운 꽃도 열흘 붉게 핀 꽃 없고 백년탐물(百年貪物) 일조진(一朝塵)이라는 말이 내포한 뜻 또한 인간이 백 년 동안 탐(貪)에서 쌓은 재물도 하루아침에 티끌이라 하고 물거품이라고 한 이유는 재물(財物) 또한 영원히 지켜내기란 쉬운 일이 아니라는 뜻이다. 가장 어려운 것이 재물 지키는 것이라 하였으니 우리는 영원하지 않는 것에 더러는 너무 지나치게 집착 하고 있지 않나 싶은 생각이다. 반면 지혜로운 사람은 덕(德)과 의(義)으로써 권력(權力)을 오래 동안 유지하시는 분도 많이 계시며 재물(財物)은 공덕(功德)을 베풀고 보시(普施)를 위해 부(富)를 축적하시려는 사례(事例)도 많이 있어 현 사회의 귀감이 되는 부분이다. 사회 곳곳에서 우리들 가슴을 훈훈하게 만든 사례들도 많이 보도 되고 있는 것을 보노라면 다른 사람들의 의로운 모습과 공덕 쌓은 부분은 왠지 답습(踏襲)하고 싶고 롤 모델로 삼고 싶다. 하지만 이 또한 권력 없고 가진 것 없는 자(者)의 생각은 그저 헛된 망상이지 않나 생각이 든다. 그러나 뜻이 있는 곳에 분명코 희망도 있는 법이다. 작은 것부터 실천함으로써 지금 가지지 못했다고 낙담 할 필요는 없다. 자기에게 주어진 어려운 환경에서도 얼마든지 작게라도 실천하면 되는 것이고 고난 속에서 더욱 자신을 갈고 닦아 자신의 파이를 키워 사회에 크게 이바지 하려는 마음이면 되지 싶다. 사람이라면 나는 할 수 있다! 라는 긍정적(肯定的)인 사고방식(思考方式)을 갖는 것이 자신을 발전시키는데 유리 할 것이라 생각한다. 사람들은 어떤 주제 하나를 놓고도 호불호(好不好)로 나누워지는 양상을 보인다. 그래서 좋은 것을 놓고 비아냥거리는 무리가 있는 것을 보노라면 필시 사람은 잘아 온 환경과 부모님으로부터 받은 가정교육 그리고 많은 역경 속에서 갈고 닦은 본인 인격과 인성(人性)이 가장 중요(重要)하다는 사실을 나는 깨달았다. 악조건(惡條件)의 환경(環境)을 거울삼아 성공(成功)자(者)의 길을 가려 노력하는 사람도 있다는 사실을 나는 결코 잊지 않을 것이다. 사람들은 대부분 같은 곳에서 같은 것을 보았지만 서로 보고 느낀 점은 판이하게 다르다는 사실은 우리가 인정을 해야 될 부분이고 사람들만이 갖고 있는 특성(特性)이다. 우리가 살고 있는 인간세상은 천태만상(千態萬象)백인백색(百人百色)인지라 생각을 서로 달리 하는 부분은 아마도 사람간의 견해(見解)차이에서 오는 괴리(乖離)감이지 싶다. 그래서 나는 형제들이 나를 오해하고 곡해하는 부분에 대해선 크게 감정을 갖고 있지 않고 있지만 그래도 병든 어머님 앞에서 재산을 갖고 싸우는 것도 아니고 모시는 것을 두고 싸우는 것도 아니면서 왜? 이렇게 형제간에 불편한 관계가 되었는지 정말 꼴사나운 모습은 이제 그만 보였으면 좋겠다는 생각을 한다. 다른 가정의 가족들이나 형제들은 이런 문제에가 직면했을 때 대부분 어떻게 생각하고 어떻게 대처 하며 사는지? 가끔 나는 이 부분이 종종 궁금해지는 부분이다. 허나 엄마는 형제들 원성(怨聲)을 듣고 있는 저에게 언제나 모른께 그런다 모른께 그러지. 라고 하셨다. 울 엄마 말씀처럼 모른께 그러지. 라는 말씀이 진리고 정답일 수 있다는 것을 나는 깨달은 것이다. 나는 생각한다. 진정 무엇이 진정한 효(孝)이고 무엇이 전정한 자식 도리(道理)인가? 물론 형제들과의 마찰은 서로 부모에게 잘하려다 부딪히는 파장이고 소리음이다. 성치 않으시고 말씀 잘 못하신 어머니를 모시고 살면서 온갖 오해와 서러움을 받았던 자(者)의 입장에서 깨달은 것 중 하나는 분명 우리가 조심해야 될 부분이 있다면 그것은 바로 모든 일을 단면(單面)만 보고 가름하지 말 것이며 외모만 보고 그 사람을 판단하지 말자. 라는 것을 깨달은 사례다. 세계에서 최고의 명문대라 여기는 하버드대학 슬로건이 사람을 외모만 보고 판단하지 말자. 이고 보면 우리도 이 문구를 각심(刻心)해야 될 부분이 아니겠는가? 싶다. 저희 형제들에게서 겪은 경험을 비추어보면 형제 한두 명은 분명 어머니께서 하시는 일이라면 무조건 고깝게 보는 성향이 있다는 사실이다. 그리고 자기가 드리는 돈도 아니면서 어머니께서 무엇 하나라도 사노라면 그렇게도 못마땅하게 여겼다는 사실이 이해가 되지 않았던 부분이라 하겠다. 여기서 옛 속담(俗談)하나를 되새겨 보자면 하나를 보면 열을 안다. 라고 했는데 분명 이 속담도 우리에게 큰 교훈을 주는 속담이다. 그러니까 본인은 행(行)하지 않고 남의 행동(行動)을 곱씹고 만사(萬事)를 좋게 보지 못하고 기보(旣報)수나 늘어놓으며 사는 자신을 더러는 성찰(省察)할 필요가 있는 듯이다. 더구나 자신의 부정적(否定的)인 성향을 빨리 파악하는 지혜로움을 갖지 못한 이유도 한 몫을 했지만 그 사실을 모르고 있으니 더 안타까운 것이다. 그리고 자기가 어머님께 주는 돈이라 할지라도 성숙(成熟)한 사람이라면 분명 어머니께서 돈을 어디다 쓰셨는지를 묻지 않을 것이면 어머님께서 쓰신 부분에 대해 오히려 잘하셨습니다.

라는 말로 늙으신 부모님께 면박보다는 희망을 주었으면 하는 아쉬운 부분이다. 제가 어머니 모시고 살면서 오랜 세월 무엇 하나 수월하게 넘어간 일이 없다보니 아마도 이렇게 사는 것도 제가 겪고 지나가야 하는 나의 인생이지 싶어 형제들 원성을 이해한다. 이해도 한계를 느끼는 부분이 있다는 사실이다. 그러니까 누군가는 엄마가 하시는 일이라면 무조건 쌍심지를 켜고 보는 시선과 일거수일투족(一擧手一投足)을 시비(是非)로 보는 형제들 때문에 병 깊으신 울 엄마 보기가 참 부끄럽다는 생각을 했다. 오랜 세월 유별나신 어머니를 모시면서 형제로부터 신뢰는 받지 못할망정 허구헛날 사기꾼 도둑년 소리 들으며 집안 시끄럽게 만들고 있으니 엄마 보기도 이젠 정말 부끄러웠다. 그리고 이제껏 어머니 마음 불편하게 해드린 것은 형제들 탓이 아니고 미흡했던 제 처세(處世)때문이라는 것을 깨우치고 나니 내가 좀 더 지혜로웠더라면 하는 후회와 미련이 많이 남았다. 정말 내가 좀 더 지혜롭게 대처했더라면 울 엄마 마음 상하게 하지 않았을 텐데 라는 아쉬운 생각과 후회뿐이다. 특히 큰올케로부터 어머니 앞장 세워 비열한 짓거리만 하고 다닌다는 말을 듣고 생각하기를 저 혼자만 옳다고 생각 할뿐 더러는 형제들은 못마땅하게 여기고 있었다는 사실을 알게 된 뒤로 어쩌면 저 자신이 너무 많은 착각 속에 살았고 미흡(未洽)한 내 처세(處世)로 형제들 또한 마음이 괴로웠으리라는 생각이 들어 성숙하지 못했던 나의 처세에 대해 반성도 많이 하게 된 동기다. 그러니까 이제까지 집안에서 일어났던 잡음들은 결국은 누구를 탓하기보다는 나의 처세(處世)가 많이 미흡해 일어났던 파장이라는 생각이 든다. 형제들과의 오해를 이제는 아퀴를 짖으려한다. 사람과 사람이 사는 곳에는 오해보다는 이해하는 것이 좋다. 특히 배려와 양보가 실천이 되어야 되었을 때 어울림은 지속되리라 생각한다. 그리고 단체에서는 원칙적인 것에 대해서는 일치하려는 태도가 중요하며 그 밖에 것에는 자유를 주는 것도 좋지 않겠나 하는 생각을 한다. 반면 어떤 일을 행할 때는 윗사람의 말에 귀기울여주는 아량도 필요함을 체험하며 윗사람은 그냥 나이가 먹은 것이 아니라는 사실을 깨달았다. 나이가 많을 때는 분명 그만한 세월을 보내야 했던 것이고 그 만큼 경험도 풍부하다는 뜻이다. 어쩌면 옛말에 형 만 한 아우 없다. 라는 속담이 실례(實例)가 될 것이다. 제가 다른 형제들 오해 속에 있을 때 마다 저를 제일 많이 이해(理解)해주고 위로(慰勞)해주었던 사람이 바로 나의 언니였으니 이 속담 또한 나의 경험으로 비춰보면 진리다. 저희 어머님께서 제게 자주해주시던 말씀 중 모른께 그런다. 라는 말씀은 상처 받은 제 마음을 치료하는데 명약 중에 명약이었다는 사실이다. 그러니까 그 이유는 주위에서 일어나는 파장으로 인하여 내 마음이 잠시잠깐이라도 혼란스러웠던 것이다. 형제로부터 심한 말을 받을 당시는 사실 좁은 속내로 인하여 마음이 지옥(地獄)을 넘나드는 심정이 된다. 그럴 때마다 어머님께서 모른께 그런다. 라는 말씀을 해주시면 잠깐이라도 혼란스러웠던 내 마음이 고요해짐을 느꼈다. 부처님 말씀 중 한 생각 일어나면 지옥이고 한 생각 버리면 극락이다. 라고 하였듯 어머님 말씀처럼 모르니 남을 비판하고 남에게 누명을 씌어 상처를 주는 것이라 생각한다. 그래 저희 어머님 말씀처럼 모르게 그러지. 라는 말씀은 어쩌면 제 나이 60가깝게 살면서 세파(世波)에 찌든 정신(精神)을 깨끗이 용해(溶解)시켜주었던 아주 탁월한 성능을 가진 용제(溶劑)였지 싶다. 나는 가끔 이런 생각을 해보았다. 그러니까 형제 가운데 누군가 시비(是非)로써 울엄마 돈 쓰시는 부분에 대해 불만(不滿)이 많았다고 할지라도 그 마음 또한 어머니를 위(衛)하고자 하는 뜻에서 비롯된 말들이지 않았나 싶다. 그래서 생각하기를 다만 어머니를 위한 마음이 너와나의 방법이 다를 뿐이지 이 또한 효심(孝心)에서 일어났던 파장(波長)이라는 사실을 늦게나마 깨우친 부분이다. 다만 방법이 나와 달랐던 것이고 생각이 달랐을 뿐이지 이 또한 어머님을 지극히 생각해서 빚어진 파장이다. 그러니까 이 부분은 우리 서로 외모가 다르듯 서로 생각의 차이가 다를 뿐. 부모님 위한 마음은 똑 같았다는 것이다. 아무튼 우리네 인생사는 상대(相對)가 있으므로 발전하게 되는 것이고 지켜보는 자가 있으므로 조심하게 되는 것이고 악(惡)이 있으므로 선(善)을 구별하고 선을 쫒으려 인간은 자신을 연단하게 되는 과정이며 견주는 대상이 있으므로 서로 발전하려 노력하는 부분이고 나아가서는 서로 밀어주고 이끌어주는 것이 지구촌이며 인간 세상의 조화로움이라 여긴다. 그 중에 사회에서 가장 으뜸이 되어야 되는 부분은 나이 드시고 병 깊은 신 부모님에게는 자식의 도리가 가장 으뜸이라 저 개인적으로 생각하는 부분이다. 이 부분이 우리가 사명감(使命感)을 갖고 받드는 천륜(天倫)이기 때문에 저는 마땅히 우리는 이런 천륜을 이행하기 위해 생명을 부여받고 사명감(使命感)을 의무(義務)로 인간 세상에 태어났을 것이라 생각하기 때문이다. 저 개인적인 생각이지만 자식의 도리는 마땅히 이승에서 이행(履行)해야 하는 숙제이며 자식의 의무(義務)이고 사명감이라고 저는 생각하는 차원이다. 어머니가 제 이마를 어루만져 주시면서 또 다시 바로 그것이야. 라고 하신다. 아마도 다시 이 말씀을 하신 이유가 제 가슴 속 깊이 세기라는 뜻이라 여겨진다. 그리고 제 마음에 느껴지는 의미는 날이 궂다가도 밝게 개는 것이 우주 법칙이고 자연의 이치(理致)이고 보면 인생살이도 분명 궂은 일이 있으면 반듯이 좋은 일도 있으니 힘들고 어렵다고 포기(暴棄)하지 말고 한발 한발 조심스럽게 사노라면 보람되고 가치 있는 일로 전개 될 터이니 마음 굳건히 갖고 작은 일에 마음 흔들리지 말고 힘차게 살아라. 라고 하시는 의미로 해석이 된다. 우리가 인생을 살다보면 더러는 어떤 일을 돌이켜 생각 할 때 후회스러웠던 부분이 더러 있다.

그런데 그 후회스러운 일을 저에게 돌이켜 보라고 한다면 아마도 그 후회스러운 일이 이번 냉장고 사건이지 않겠나 싶다. 제 인생에서 가장 후회스러웠던 일이라 여겨진 부분이다. 그러니까 돈 몇 푼 아끼려다 내일을 기약 할 수 없으신 울 엄마 마음에 큰 상처를 드린 것 같아 정말 후회스럽고 너무 송구스럽다. 저는 냉장고를 노모님께서 원하시는 것을 사 드리지 못한 것에 대한 죄스런 마음이 떠나지를 않아 한동안 마음이 많이 무거웠고 부끄러웠던 사례다.

고향 내려가고자 하시는 마음은 급한데 집이 좀처럼 매매될 기미가 보이지 않는다

다음날부터 나는 또다시 분주하다. 어제의 고단함은 잊고 나는 또 여러 부동산에 다시 집을 내놓았다. 더구나 경남 쪽과 부산 쪽을 겨냥해서 여러 정보지를 활용해 또다시 집을 내놓았다. 여러 차례 정보지를 이용하다 보니 제 전화번호가 뜨면 정보지 쪽에서는 벌써 알고 있어서 돈만 송금하면 된다. 여러 정보지를 활용하다 보니 돈도 제법 들어간 사항이다. 나에게는 조금 부담스러운 부분이지만 그래도 이렇게라도 하지 않으면 엄마 얼굴 뵙기가 민망하다. 엄마 성화만 아니라면 내 입장에서는 이렇게까지 하면서 고향 내려갈 필요는 없다. 하지만 울 엄마 소원(所願)이 나와 함께 내려가는 것을 원(願)하시니 내 불편함을 뒤로하고 가능한 엄마 소원은 들어드리고 싶은 취지다. 이것이 내 할 일이고 자식도리다. 부모님들께서도 자식들이 원하는 일이라면 본인 불편함을 뒤로하고 자식 소원 들어주는 것이 보편적이듯 자식도 부모님 소원 하나쯤은 가능한 들어드리고 싶다. 나는 오늘도 두 환자 수발들며 집 내놓은 문제로 이곳저곳을 왔다 갔다 하다 보니 벌써 반나절이 훌쩍 지났다. 그런데 추석이 내일모레라서 명절 때 엄마 입으실 옷이 마땅치 않아 잠시 아이들에게 할머니 부탁하고 집 근처 매장을 이곳저곳을 들러 보게 된다. 엄마는 추석에 입으실 옷이 마땅치 않다는 말씀을 며칠 전에 하셨다. 그래서 짬을 내어 잠시 집 근처 매장들을 들려보는 중이다. 하지만 어머니께 어울릴 만한 것을 고르기란 쉽지 않았다. 그러나 내게 주어진 시간이 한정되어 마음이 급해져서 마음에는 썩 들지 않지만 엄마 누워 계실 때 편한 것이 좋을 것 같아 신축성 좋은 옷으로 골랐다. 엄마가 원치 않으실 땐 바꿔준다는 전제하에 윗옷 두 개 사가지고 서둘러 집으로 왔다. 엄마는 이번에 사온 옷이 신축성이 좋아 그런지 좋아하셨다. 나는 엄마가 사온 옷들을 마음에 들어 하시면 어려운 숙제 하나를 푼 느낌이다.

   우리는 또 이렇게 저렇게 시간을 보내고는 있다. 그렇지만 특별히 내세울만한 일은 없다. 그러나 하루하루가 분명 한가(閑暇)하지는 않다는 사실이다. 무엇을 특별하게 하고 지냈는지 딱 잡아 말할 수는 없다. 두 환자 수발이 그리 쉬운 일은 분명 아니다. 라는 생각이 든다. 눈에 보이게 내세울 일이 없어 그런지 딱히 내세울 것도 없는 것이 하루 일과다. 다만 내 입장에서는 두 환자 수발은 분명 녹록치 않다는 것을 체험한다. 오늘은 시장에서 엄마 반찬을 좀 사려고 나왔다. 나는 볼일이 있어 집을 나오면 언제나 종종걸음을 하고 다니는 신세다. 그러다 보니 몸은 더 힘들고 마음 또한 말할 수 없을 정도로 고달프다. 더구나 마음이 급하다 보니 밖에서 보아야 할 일을 야무지게 처리 못 한경우가 더러 생긴다. 그래서 나도 모르게 혹시나 무엇을 빠뜨리지 않았나? 라는 염려(念慮)

증이 생긴 이유다. 오늘처럼 아이들에게 엄마를 부탁하고 나오면 내게 주어진 시간이 한정이 되어있다. 그것도 딱 1시간이지 싶다. 거리가 가까워도 승용차를 항상 이용한 이유다. 아무튼 무슨 조화(造化)속인지는 모르겠지만 딱 그 1시간이 넘고 나면 바로 할머니를 옆에서 지키고 있던 아이들이 전화해서 엄마 할머니가 이상해요. 라는 전화를 했다. 이런 경험을 몇 차례 겪다보니 나는 이 부분을 다른 각도로 생각하게 되었다. 그리고 그 생각은 그러니까 울 엄마 병은 그야말로 자식들 질서 바로잡아 주는 과정이고 효자 만드시려고 작정한 조상님들 의도가 분명 있다는 것을 알게 된 것이다. 울 엄마 간병은 조화가 너무 많다. 그 이유를 모르는 입장에서는 변덕 심한 환자 병수발 일 뿐이다. 그러니까 세상이치(理致)가 정성(精誠)드려야 할 곳에 정성 드리지 않으면 꼭 사단이 생긴다는 뜻이라 하겠다. 이런 이치를 반박하는 사람들이 많다. 하지만 나는 울 엄마께서 세상이치를 가르치고자 이런 상황들을 나에게 만들어 주신 부분이라 생각한다. 오늘도 종종걸음으로 다녀 그랬는지 바람이 서늘한 가을인데도 불구하고 벌써 나의 옷은 땀에 다 젖어버린 것이다. 제가 반찬 몇 가지들을 사가지고 헐레벌떡 집안으로 들어서니 엄마는 나를 조금 기다리고 계셨던지 현관에 들어선 나를 보시고 왔어. 라고 하시며 무거운 몸을 일으키시며 일어나 앉으신다. 어머니는 요즘 들어 혼자 일어나시는 것이 눈이 띌 정도로 가벼워 보였다. 아마도 이런 현상은 울 엄마 몸 상태가 점점 호전(好轉)되는 모습 같아 보기가 좋다. 울 엄마 몸 상태가 계속 이렇게 유지되면 얼마 지나지 않아 곧 걸어 다니시지 않겠나? 라는 희망이 생긴다. 나는 어머님께

"다녀왔습니다."

라는 인사하고 바로 부엌으로 향했다. 어머니가 점심식사 하신지 시간이 제법 지났기 때문에 출출하실 것 같다는 생각에 나는 낙지 몇 마리

를 사 왔다. 그래서 어머님께 인사드린 후 바로 부엌으로 가서 낙지 땅땅이 만들어 작은 상에 올려 갖다드렸다. 엄마는 낙지를 보시고 그랬어. 라고 하신다. 울 엄마 그랬어. 라는 말씀의 의미를 나는 잘 알고 있다. 그래서 나도

"네 그랬어요."

라고 대답한다. 나는 엄마 옆에 다소곳이 앉아 낙지 한 젓가락씩 참기름에 찍어 어머님께 드린다. 낙지를 한 입 한 입 드시던 엄마는 바로 맛있다! 라고 하셨다. 나는 우리 엄마 맛있다. 라는 말씀은 언제 들어도 좋고 나의 원동력이 된 것이다. 짧고 간결한 말씀이지만. 나는 울 엄마 이 말씀 때문에 이렇게 땀을 뻘뻘 흘리고 종종거리며 뛰어다닌 이유이지 싶다. 그러니까 울 엄마 맛있게 드시는 모습이 너무 좋다. 정말 맛있으신지 엄마는 또 맛있다. 라고 하시며 내게도 먹어보라고 눈짓을 하신 것이다. 그렇다. 부모님은 언제나 자신 입에 들어가는 것보다 자식들 입에 음식이 먼저 들어가는 것을 보면서 흐뭇해 하셨던 분들이시다. 무정한 세월 속에서 옛 시절은 온데간데없고 이렇게 자기 몸 하나 지탱 못하시는 노구를 맞이하니 마음속으로는 서글픔도 없지 않을 것 같다는 생각이 밀려왔다. 내가 무엇을 해드리든 맛있게 잡수시는 울 엄마 모습을 보노라면 이 또한 나에게는 감사 할 일이다. 나의 롤 모델은 울 엄마가 맞다. 사소한 음식이라도 언제나 맛나게 드신 울 엄마 아무튼 힘냅시다. 낙지를 드리고 얼마 지나지 않아 어느새 저녁 시간이 되어버렸다. 그래서 아까 시장에서 사 온 나물들을 다듬어 나물 반찬 만들고 엊그제 담아 놓은 총각김치를 처음으로 꺼내 저녁식사 상에 올려드려 봤다. 그랬더니 어머님 눈길이 총각김치에 가 있는 것이 보였다. 나는 엄마는 총각김치가 먼저 드시고 싶다는 뜻으로 알고 총각김치 한 조각 잘라 떠 드렸다. 그랬더니 엄마는 연세에 어울리지 않게 옆에 있는 제가 오히려 침이 꼴

깍 하고 넘어갈 정도로 와삭와삭 소리를 내시며 맛있게 잡수신다. 엄마는 아직까지 수저질을 하시지 않으신다. 그렇지만 내가 떠드린 숟가락질이 더러는 어설프지만 이렇게 맛있게 드시는 것을 보고 있으면 엄마 수발든 내 입장에선 흐뭇하고 뿌듯한 일이 아닐 수 없다. 나는 울 엄마 총각김치 와삭와삭 씹는 소리에 나도 모르게 침이 꼴깍 하고 삼켜진다. 새로 만든 나물도 떠드리면서 나름 엄마 평가를 받고 싶은 마음에

"엄마 총각김치 맛이 어때요?"

그리고

"나물 맛은 괜찮아요?"

라고 물었다. 울 엄마 대답은 한결같이 맛있다. 라는 말씀이 보편적이다. 그런데 오늘은 이것도 맛있고 저것도 맛있다. 라고 하신 것이다. 일상(日常)에서 우리 모녀가 나누는 대화가 한정(限定)되어 있다 보니 나는 울 엄마가 말씀 한마디라도 더 하시면 기분이 좋다. 더러는 내가 철없는 행동과 시근 없는 말들을 하지 않으면 집안 분위기는 적막(寂寞)하다. 그러니까 이런 적막감(寂寞感)이 나는 싫어 일부러 엄마에게 이런 말이라도 걸어보는 이유다. 엄마는 말이 어눌해지기 전에도 저희 외할머님처럼 언제나 점잖으셨던 분이라 말씀이 많이 없으셨다. 그래서 내가 이렇게 말을 하지 않으면 집안은 산속처럼 적막(寂寞)했다. 나는 이런저런 이유로 아니 단어 하나라도 우리 엄마가 더 기억했으면 좋겠다. 그리고 더 단어 하나라도 잊지 않았으면 하는 의미(意味)로 나는 수다쟁이를 자처한 이유이지 싶다. 어머니는 식사하시다 제 이마에 땀이 흐르는 것을 보시고

"그랬어."

라고 말씀을 하신다.

땀 흘리고 있는 제 모습이 측은(惻隱)하신지 울 엄마가 유일하게 표현

하시는 사랑에 징표(徵標) 이마 땡을 해주셨다. 이 이마땡의 의미는 자기 때문에 이렇게 땀을 흘리고 다녔냐며 수고했다. 라는 의미이지 싶다. 나는 엄마 사랑을 받으면서 이렇게 다정한 울 엄마 소원하나 들어드리지도 못한 죄인이 된다. 그렇지만 엄마는 내가 밉지도 않은지 이 못난 딸자식 그래도 수고했다고 이마땡으로 정 깊은 사랑을 듬뿍 주시니 더욱 어머니를 위한 일이라면 그 무엇이라도 해드리고 싶은 마음이 든다. 한편으로는 노쇠해 버린 어머니 모습을 보노라면 마음 한구석이 먹먹해진다. 울 엄마 거동 못 하신지가 벌써 2년이 되어간다. 그러니 내 속은 알게 모르게 까맣게 타들어 가고 있는 것이다. 더구나 울 엄마 빨리 일어나시게 하는 명약이 분명 있을 텐데 우리는 그 명약을 구하지는 아니하고 형제끼리 내 탓 니탓만 하고 살지 않았을까? 라는 의문도 든다. 커다란 자연 앞에 지상의 모든 것은 허상이요 물거품이요 그림자이며 덧없는 욕심이라는 것을 잘 안다. 그리고 그 모든 욕심은 부질없다는 사실도 잘 알고 있다. 하지만 그래도 부질없는 욕심이라 할지라도 내 부모만큼은 사시는 동안 건강하게 사셨으면 좋겠다는 욕심을 가져본다. 그러나 지금은 울 엄마 세포 하나하나가 시들어가는 것을 느끼며 제가 할 수 있는 일이라는 것이 고작 식사 챙겨드리는 것 말고는 해드릴 것이 없는 것 같아 그저 저미는 가슴만 움켜지고 있는 제 자신이 너무도 한심스럽다. 인명(人命)은 제천(諸天)이라 했듯, 우리 수명(壽命)을 신(神)께서 관장하고 계신다면 자식들이 정성을 쏟아 신(神)께 애원(哀願)이라도 해본다면 신(神)께서 가상히 여기시고 혹시 들어 주시지 않으실까? 라는 마음도 있다. 하지만 어느 형제 내 마음과는 일치하지 않는다. 그래서 더욱 서글프다. 분명 하늘은 형제(兄弟)합심(合心)해서 부모님 모심에 소홀함이 없도록 명하셨건만 보통은 나이 들면 노환으로 다 그렇게 사시다 가는 것이라고 생각들을 보편적으로 하고 있으니 이 부분이 나는 제일 애석 할 뿐이다. 참으로 무력(無力)하고 아무것도 어머님께 해드리지 못하고 원(願)하시는 것 또한 이루어 드리지 못하는 나의 무능(無能)함이 정말 한(恨)스럽기 그지없는 시기다. 나의 미약(微弱)한 힘의 한계(限界)를 느끼는 순간(瞬間)이라 하겠다. 그리고 하루하루가 다르게 기력이 점점 쇠약해져가는 울 엄마 모습에서 미흡하기 그지없는 인간(人間)의 무력(無力)함이 한스럽게 느껴진다. 어머니께서 중환자실에 계실 때만 해도 우리는 엄마가 이러다간 한 달을 넘기기 어렵지 않겠는가? 싶어 애간장을 태우며 오직 살아만 계시기를 애원(哀願)했었다. 우리들 원(願)대로 지금은 많이 쾌차해지셔 집에서 요양 중이라 어느 부분에서는 우리들 원(願)도 일부는 이루어졌고 생각한다. 그래서 더는 여한(餘恨)이 없을 줄 알았다. 그러나 이제는 걷지 못하시는 부분과 무료하게 누워만 계시는 엄마를 보면 더 빨리 건강히 회복되었으면 좋겠다. 라는 마음으로 애간장을 태우고 있는 내 모습 보면서 사람이란 정말로 변덕쟁이고 욕심이 한계(限界)가 없다는 것을 깨닫는다. 그러니까 옛말처럼 종부리고 살면 말 가지고 싶은 것이 사람 마음이듯 사람 마음은 매 순간순간 다르고 사람 욕심 또한 부려도 부려도 끝이 없다는 말이 진리다. 더구나 수시로 변하는 인간 마음을 똥 싸로 갈 때 마음 다르고 똥 싸고 나온 마음 다르다. 라는 말도 과언(過言)이 아니었다.

요즘 나는 울 엄마 행동 하나하나 생각 하나하나에 극도로 민감해져 있다. 그러니까 때로는 변화무쌍(變化無雙)하고 탈도 많았던 울 엄마 병수발이 더러는 지옥행 열차를 타고 가는 사람처럼 마음 가누지 못할 정도로 많이 힘들게 느껴지고도 했다. 그리고 그 과정이 너무 힘들어 엄마와 함께하는 인생여정이 열차였다면 함께 뛰어내리고 푼 충동이 일어났을 때도 있었다. 하지만 때로는 울 엄마와 함께하는 인생 여정은 바로 낙원(樂園)행 열차를 타고 푸른 산천을 둘러보는 소풍이었다. 그러니까 물아일체(物我一體)되어 늙은 노모 등에 업고 자연을 만끽하며 인생여정의 동행자로써 성냄도 벗어버리고 탐욕도 벗어버리고 산들바람에 모든 시름 떨쳐놓고 산수 간에 몸을 맡기며 살아가는 납자(衲子)처럼 지구의 방랑자(放浪者)되어 유유자적(悠悠自適)하게 구름 따라 바람 따라 잠시 쉬어가는 기분도 있었다. 어쩌면 나 역시나 미혹(迷惑)한 인간이고 지구에 나그네라서 더러는 지상에는 이해(理解)할 수 없는 것들이 너무 많아 그런 기분이 들지 않았나 싶다. 나는 유별나신 울 엄마를 모시면서 가끔 이런 생각을 했다. 그것은 바로 저희 육남매가 모두 합심해서 울 엄마 쾌차를 소원했더라면 다른 분들과는 달리 엄마는 모든 병 훌훌 털고 일어나시는 해답을 얻었지 않았을까? 라는 생각이 많이 했다. 내 입장에서는 우리 6남매가 합심하지 못한 부분이 내 인생에서 제일 아쉬움과 미련이 남는 부분이다. 그러니까 형제와 화합하지 못한 부분이 내 인생에서 가장 미련이 많이 남다보니 더러는 내가 좀 더 참아 볼 걸 내가 좀 더 이해하고 살 걸 만약 내가 좀 더 인격을 갖춘 자의 모습이었더라면 울 엄마 향한 형제들 마음도 다소 지극하지 않았을까? 더구나 형제들 마음도 어느 정도 풀려 나를 보는 생각도 다소 열리지 않았겠는가? 라는 생각을 했다. 하지만 이렇게 사는 것도 내 운명인지 업보인지 알 수 없으나. 형제와 오해는 자꾸만 깊어졌고 결국은 형제와 육탄전을 성치 않으신 엄마 앞에서 벌렸으니 참으로 이 부분은 만큼은 나의 큰 실수고. 씻을 수 없는 과오(過誤)라 생각한다. 만약 되돌릴 수만 있다면 내가 좀 더 참아 볼 걸 가장 후회되는 내 인생 일대의 큰 실수다. 사연 많고 시련 많은 나의 삶에서 가장 큰 실수는 아마도 형제간 육탄전이라는 사실이다. 이 실수로 인하여 지금 내게 닥친 불운(不運)을 나는 겸허(謙虛)히 받아드리는 차원이고 그로인하여 현실에 충실하려 노력하는 중인지도 모르겠다. 그리고 어머님 모심에 꾀부리지 않으려 나름 마음 다스리며 울 엄마 궁둥이 밑을 사수한 이유다. 나는 불현 듯 20여 년 전 어머님께서 뇌경색으로 두 번째로 쓰러지셨을 때가 떠오른다. 나는 전주에 살고 있던 언니로부터 어머니가 또 쓰러지셔 원광대 병원에 입원하셨다는 소리를 듣고 어린 딸을 데리고 부랴부랴 병원을 찾아갔다. 그때는 언니와 큰 올케가 전주에서 살고 있어 울 엄마 병간호 전담반이었다. 당시 그곳에 사는 언니와 큰 올케가 엄마 옆에서 지극할 정도로 정성스러웠던 모습을 나는 아직도 기억한다. 그 당시 지극했던 큰올케에게서 느낀 감사함을 잊지 않고 있다. 다른 형제들도 그때는 모두가 한마음이 되어 울 엄마 보필하고 걱정 하는데 하나같이 효자 효녀들이었던 것을 잊지 않고 있다. 그 당시 형제들의 지극했던 마음이 통했는지 울 엄마는 병원 측 예상과 다르게 빠른 회복을 보이셨다. 뇌경색으로 두 번 쓰러지면 환자 회복(回復)이 어렵다는 의학계의 상식(常識)을 뒤엎었던 사례(事例)다. 그 당시 병원 측도 울 엄마 회복 속도를 보시고 많이들 의문스러워 했던 부분이 바로 이 부분이다. 울 엄마 회복속도가 빨랐던 이유가 그 당시 자식들 정성이 유독 지극(至極)했고 합심(合心)했던 형제 우애(友愛)에서 나타난 좋은 결과(結果)라고 나는 생각한다. 그때 제가 무엇을 알았는지는 모르겠지만 그때도 나는 엄마에게 다가가 이렇게 여쭈었다.

"엄마 엄마가 이렇게 또다시 쓰러지신 이유가 우리들 효자 효녀로 만들기 위한 것이지요?"

라고 물었던 것이다. 그 당시도 엄마는 단호하게 바로 그렇지. 라고 하시면서 내게

"바로 그것이다잉 바로 그것이야."

라고 하셨다. 그 당시 울 엄마 짧은 한마디 말씀은 어찌나 힘이 있고 준엄함이 서려 있어 그때 제가 깨닫기를 역시 하늘은 호리(毫釐)에 조금

도 어긋남이 없구나. 라는 생각을 했다. 그때 제가 깨닫게 된 부분은 엄마가 말씀 잘 못하시고 거동 불편하게 된 이유가 하늘이 생명을 주신 부모님을 자식들이 어떻게 모시는가를 실험하시고자 엄마를 또 쓰러지게 만드셨다는 사실을 깨닫게 된 것이다. 아마 그 당시 저희 육 남매가 큰 올케를 비롯 사이가 좋았었다. 그리고 형제 우애 또한 남달랐기에 엄마는 빨은 회복을 보이셨던 이유라 생각한다. 그 당시 우리가 운이 좋았는지~아니면 엄마에게 쏟았던 자식들 마음이 정성스러웠는지 엄마는 병원 측 예상을 뒤엎고 입원 3주 만에 호전되서 퇴원하셨다. 그래서 나는 지난날을 돌이켜 볼 때 이번에도 그때처럼 우리 6남매 합심(合心)하여 어머님께 정성(精誠)을 쏟았더라면 울 엄마 모든 병 털고 일어나시는 문제는 별문제가 되지 않으리라 생각한 부분이다. 내가 유독 형제들이 어머님께 안부 전화라도 자주 해주기를 그리도 원하고 원했던 이유다. 지금은 비록 세월이 15년 정도 흘러서 비록 엄마는 연로하실지라도 6남매 합심해 그때 그 마음처럼 어머니를 지극한 마음으로 서로가 보필했더라면 이번도 엄마는 쉽게 누워있는 자리를 박차고 힘차게 일어나실 것이라는 희망을 나는 굳게 가졌던 사연이다. 그리고 나는 그 희망을 아직 버리지 않고 있어 아직도 오직 형제들이 처음처럼 관심 좀 가져달라고 바라고 또 바라고 있는 이유다. 다른 가정에서 부모님을 어떻게 모시는지는 알 수 없다. 그렇지만 우리형제만은 병든 부모 외롭게는 만들지 않았으면 하는 마음이다. 어찌되었든 나의 바램과는 달리 엄마는 날로 노쇠해져가니 옆에서 지켜보는 나의 심정은 참담하다. 특히 엄마는 남들과는 달리 유독 매사(每事)에 옳지 않으면 탈이 많으신 것을 보노라면 다른 부모님들과는 유독 차별(差別)된 부분이 많다. 그래서 자식들이 조금이라도 엄마에게 관심을 보이면 영양제를 맞고 난 사람처럼 엄마는 생기가 눈에 띄게 나타나셨다. 그래서 나는 더욱 이 부분만큼은 아직 미련을 버리지 못하고 어머님 향한 형제들 관심을 절실히 원하고 바라게 된 사연이다. 반면 엄마는 내게 먼저 형제들에게 연락하지 말라고 당부하셨다. 물론 이유는 알 수 없다. 다만 나의 추측만 있을 뿐이다. 그리고 내가 연락 먼저 하지 못한 것 또한 울 엄마 당부라서 나는 거스를 수 없다는 사실이다. 어쩌면 자식들 성의(誠意)를 살피시고자 하시는 엄마 뜻인지 아니면 하늘의 뜻인지는 알 수 없으나 일단 먼저 연락하지 말라고 하시니 이 또한 눈치가 살펴지는 부분이다. 그러나 아직 나는 이 부분에 대해서만큼 미련을 버리지 못하고 있으며 예전처럼 기적 같은 일이 다시 우리에게 일어날 것이라 믿고 있어 내 마음은 항상 형제들 연락오기를 원하고 바라며 애만 태우고 있는 것이다. 제가 이렇게 생각하는 부분은 나의 무식(無識)한 일념(一念)이 만들어낸 망각(妄覺)일 수도 있고 신념(信念)일 수도 있다. 그러나 긍정적(肯定的)인 생각 속에 조화(造化)가 있음을 나는 잘 알고 있어 나는 아직 미련을 버리지 못한다. 세상을 살다 보면 과학적(科學的)으로나 의학적(醫學的)으로도 그리고 상식적(常識的)으로 증명(證明)하고 설명(說明)하기 어려운 일들이 많다는 사실에 우리는 주목(注目)해야 될 부분이 바로 이런 부분이다. 하늘의 조화(造化)는 비(非)과학적(科學的)이고 비 의학적이며 비상식적인 부분에서 나오는 것을 감안(勘案)할 때. 우리는 분명 우리가 알지 못하는 세계 하늘이 엄연히 존재한다는 사실을 알아야 한다. 세상사(世上事) 이치(理致)가 이러하듯 저희 어머니 병만은 분명 합심한 6남매의 진심 어린 정성(精誠)으로 어머니를 봉양(奉養)하고 진솔한 마음으로 생명을 주신 부모님을 공경하고 사노라면 바로 이 정성이 울 엄마를 일으켜드리는 명약(名藥)중에 명약이라는 사실이다. 그러니까 다시 말해서 자식들의 진실한 정성이 바로 울 엄마를 일으켜 세우는 특효약이라는 의미(意味)다. 울 엄마 의도(意圖)대로 이 과정을 형제들과 합심해 밟아가노라면 어머니가 의도하셨던 6남매 화합하는 길이고 효자효녀를 만드는 과정이요. 울 엄마 열망이 이루어진 사례가 될 것이다. 저희가 이 기본적인 과정을 참되게 밟아가노라면 부모가 희망(希望)하는 자식상이 되어가는 길이고 국가가 요구하는 국민상이요 역사가 열망(熱望)하는 인간상이 되어가는 과정이라 생각한다. 가짜가 득세하는 이 난세(亂世)에 참사람이 되어가라고 하시는 엄마의 큰 뜻이 담겨있는 차원이다. 그러나 엄마는 세상 모든 것은 자유의지가 자기 운명을 만들어 가듯 밝은 미래를 열어가는 것도 자기 몫이라 여기시며 자식이라 할지라도 강요도 않으셨고 주장도 하지 않으셨던 부분이 다른 분과 또 다른 차이(差異)이다. 어머니께서 의도하셨던 부분이라면 분명 자식들을 참된 인간상으로 만들어주시고자 하셨던 의도(意圖)였다는 것이다. 어머니가 가장 주안점을 두셨던 바르고 정성스럽게라는 뜻과는 다르게 행동(行動)하는 자식들을 더러는 안타깝게 여기셨던 부분이다. 그렇지만 그렇다고 특별한 훈육 말씀은 따로 하지 않으시고 모르게 그런다 모르게 그러지. 라는 말씀만 하셨던 이유가 어차피 인생은 자기가 만들어 놓은 무대에서 자기가 놀게 된다는 뜻으로 덕(德)을 쌓는 것도 자기 몫이요. 죄(罪)를 짓는 것도 자기 몫이지만 그래도 속세(俗世)에 인연(因緣)이 닿아 부모와 자식이라는 커다란 인연된 관계(關係)인지라 남보다는 다르게 기회를 주셨던 것 같다는 생각이 많이 든다. 병든 부모를 두고 한쪽에서는 늙고 병든 사람으로 치부했던 것이고 다른 한쪽에서는 생불(生佛)이라 여기는 차이가 바로 저희 형제들에게서 나타나는 확연히 다른 차이었다.

그 옛날 원효 대사께서 한 연못의 물도 독사가 마시면 독(毒)을 만들고 암소가 마시면 우유를 만든다. 라는 말씀을 남기신 이유가 사람들 다양한 성향 차이로 인하여 물건 하나를 놓고도 생각 차이가 다르게 느껴지고 있듯 행동에 따라 선과 악으로 평가를 받는 사례들이 많다보니 암(癌)이라는 병도 어떤 사람에게는 독(毒)이 될 수 있고 어떤 사람에게 자신을 돌아보고 깨우칠 수 있는 약(藥)이 되는 기회가 될 수 있다는 의미다. 다시 말하면 암은 육체적으로는 독이 되나 정신적으로는 약이 되는 부분에서는 자신을 돌아 볼 수 있는 기회가 되기도 한다는 의미다. 아무튼 1600년이 넘은 이 시점에서 다시 원효 대사가 설파한 웅덩이 물을 비교해 하신 말씀의 의미를 되새겨 보노라면 참으로 공감하는 부분이다. 선인(先人)들께서 긴 병에 효자 없다. 라는 말씀을 나는 지금 처절하게 체험하고 있지 싶다. 더구나 엄마를 모시면서 옛 선조들께서 속담으로 남겨놓은 말들을 일부 체험하고 있는 중이지 싶다. 지금 나는 세속에 떠돌고 있는 속담들을 체험하면서 옛말이 하나도 틀린 말이 없다는 것을 사실을 실감하는 중이라 여겨진다. 선조들의 경험에서 나오게 도니 우리나라 속담들이 바로 진리이지 싶다. 특히 진리보다 더 거룩한 것은 바로 자비심(慈悲心)이라고 하셨던 이유도 조금 공감하는 부분이다. 자비심을 행(行)해야 될 곳을 헤아릴 줄 아는 안목 또한 필요함을 깨달은 것이다. 다시 말하자면 어려운 사람들을 돕고자 돈을 기부하게 되더라도 생색내지 말 것이며 야비하고 비열하게 돈을 쓰지 말라는 의미다. 나는 가끔 생각해본다. 비록 지금 내가 처해있는 상황은 악전고투(惡戰苦鬪)라 할 수 있고 천신만고(千辛萬苦)라고 할 수 있는 상황이지만 그래도 훌륭한 어머니를 가까이서 이렇게나마 모실 수 있는 것 또한 나에게는 축복이라 생각 한다. 그리고 이렇게 큰마음의 울 엄마 발자취를 공유하는 것 또한 나의 큰 복(福)이라 생각한다. 저희 어머니 전매특허인 자애(慈愛)로우신 사랑을 오롯이 저 혼자 받고 있는듯하여 이 부분 또한 축복 받은 마음이라 감사함을 느낀다. 더구나 자신을 희생하시며 나에게 참된 자식의 도리를 다하라고 기회를 만들어주셨다는 사실을 감사히 생각한다. 나는 생각해본다. 누구나 복 받을 수 있는 기회를 갖지만 그것이 기회인 줄 모르고 기회를 거부하기도 하고 놓치는 경우가 있다는 사실을 그리고 복(福)없는 사람은 그런 기회마저 주어지지 않을뿐더러 주어진 기회마저 거부하는 사례가 많다는 사실을 그리고 보통은 기회인 줄 알면서 이런저런 핑계로 기회를 놓치는 경우가 많다는 것을 지혜로운 사람은 스치는 인연도 살려내듯 더러는 고단하고 험난한 과정을 디딤돌 삼아 더 좋은 기회로 바꿔보려는 사람도 있지 않겠나 싶다. 우리나라 전래동화 속에서나 설화 속에서는 유독 효자효녀는 남다르게 온갖 고초들을 겪는 과정들이 많이 묘사되는 이유 또한 아마도 어려운 상황 속에서도 늙고 병든 부모님을 극진히 모셔서 내세(來世)에 가서는 더 좋은 세상을 맞이하라는 신(神)의 메시지라 생각한다. 반면 동화 속에서 묘사된 효자들의 고달픈 삶이 더러는 두리 뭉실하게 묘사되기도 하는 부분도 없진 않다. 그렇지만 더러는 동화 속 주인공이 눈보라 속의 뼈저린 고통을 겪는 과정들을 읽다 보면 왠지 내 자신이 그와 같은 삶을 살고 있는 것처럼 더러는 처량하게 느껴지기도 하는 이유도 직접 어려운 상황을 경험해본 사람으로서 동질(同質)감에서 오는 감흥(感興)에 차이라 여겨진다. 어쨌든 세상사 모든 일은 스스로가 겪어보지 않고는 타인(他人)을 100%로 이해(理解)하기란 어려운 일이다. 그리고 각자(各自)가 겪은 사연(事緣)이 다르고 환경(環境)또한 달라 공감(共感)한 부분과 공감이 되지 않은 부분(部分)도 차이가 있다는 사실을 깨닫는다. 제 입장에선 친정어머님을 모시는 과정에서 가장 힘들었던 부분을 굳이 표현하자면 울 엄마 병간호가 아니고 남편의 시비도 아닌 형제들과의 오해다. 특히 어머니가 말이 어눌해지신 관계로 오해(誤解)가 풀리기보다는 점점 깊어져 가는 바람에 나에게는 형제들 오해와 곡해가 사실 큰 상처로 남아있다. 타성(他姓)의 형제가 나를 보는 시선이 유독 달라 더욱 가족들과 오해가 깊어지는 과정에서 형제와의 만남이 많이 불편하던 부분이 나에게는 큰 상처였다. 그러나 이 또한 내가 겪어가야 하는 연단의 과정이라 생각이 드니 어쩌면 이런 상황들을 반면교사 삼아 더욱 나는 나답게 올곧게 살아야만 됐고 더욱 씩씩하게 그리고 더욱 의연(毅然)하게 중도(中道)의 길을 걸어가라는 신의 메시지라 여겨진 것이다. 이 또한 나를 닦는 과정이고 구도자(求道者)로 인도하는 안내자(案內者)역할이지 싶은 것이다. 타성에 대한 감정이 사라진지 오래라 하겠다. 인생이란 참으로 오묘(奧妙)하여 이것이다. 저것이다. 라고 딱 꼬집어 말할 수는 없다. 그 가운데 우리네 인생은 살만한 가치가 있다고 나는 생각한다. 본디 인생이란 끝없는 고통과 갈등 속에서 성장하는 것이고 그 과정에서 깨달음을 얻어가는 것이라 사람과 사람사이에서 빚어진 충돌은 본인을 깨닫게 되는 도(道)의 관문이며 세상 이치를 배우는 교육장이고 고진감래(苦盡甘來)라는 거룩한 본인 역사의 창을 열어가는 인간 훈련장이라 여긴다. 불교에서는 인간은 8고(苦)를 벗어나지 못한다고 했다. 그 누구도 생로병사(生老病死) 희로애락(喜怒愛樂)을 비켜가진 못한다는 뜻이다. 시련을 겪어보지 않은 사람이 웃을 수 있는 기회가 그리 많지 않다. 그러나 고난을 많이 겪어본 사람들이 오히려 웃을 수 있는 기회가 더 많다는 사실을 내 경험상 깨닫게 된다. 우리 삶이 아무리 힘들어도 죽을 만큼은 아니었다는 사실이다. 고난 속에서도 더러는 자기가 원하고 기대하며 바라고 희망했던 것 한두 개쯤은 누구나 이루면서 살았다는 것이다. 우리네 인생 사이클을 보노라면 굴곡(屈曲)이 엄연히 존재함으로 누구나 마냥 가시밭길과 눈보라 속에서 헤매며 살지 않았다는 것이다. 다른 사람들에 비해 삶이 유독 사연 많고 평범치 않았던 삶도 더러는 있을 것이라 생각도 든다. 제가 굴곡진 인생을 선택해서 살았던 이유 또한 제 스스로 선택한 인생이다. 제가 초연고생을 자처했던 이유가 따로 있다. 그 이유는 왠지 나는 초년(初年)고생을 사서라도 해두는 것이 좋을 것 같아 이렇게 고난의 행진을 자처했던 이유다. 고난의 삶을 자처했던 이유는 사실 잘 모른다. 나의 마음 저변에는 타당한 이유가 분명 있었던 것은 확실하다. 이 시점에서 나의 뒤안길을 돌아보며 생각하기를 진정 내 삶은 후회하지 않는 삶이었는가? 라고 제 자신에게 종종 물어보기도 한다. 내 삶이 숨 쉬는 것조차 힘들 정도로 힘들고 고달프면 더러는 내 인생길이 산을 오르는 산행(山行)이었더라면 잠시 그루터기에 앉아 잠시 쉬어 가면 좋으련만 이라는 생각을 종종 해보기도 했었던 이유 또한 나 역시 나약한 인간이기에 해 볼 수 있는 생각이라는 것이다. 내 스스로 어려운 과정들을 견뎌내고 극복하고 성취하였을 때 그때 그 보람은 보통사람들과 비교했을 때 더 컸다는 사실을 깨달았다. 어려운 고비들을 돌이켜보면 이런 보람을 찾고자 나는 초년고생 길을 자처한 가장 큰 이유가 아니었을까? 싶다. 내게는 어려운 난제들이 오히려 마음을 닦는 촉매제요 마음을 깨닫게 하는 교과서가 되었다는 사실이다. 우리나라 고전 설화 대부분이 초년고생 극복해 복(福)된 미래를 가지라는 의미가 많다는 것은 아마도 천손 민족인 것을 망각하지 말고 후손(後孫)들이 자신의 사명감(使命感)을 상실하여 길을 잃고 헤매는 일 없도록 많은 설화와 동화 속에 참되게 사는 방법을 선조님들께서 묘사해 놓은 뜻이라 여긴다. 다시 말해 우리나라 많은 전래동화와 설화들은 후손들의 삶에 지침서(指針書)역할이며 사표(師表)가 되는 부분이고 이정표(里程標)가 되어 후손들이 바른 길로 가도록 인도하는 메시지다. 요즘 사회나 종교를 볼라치면 자기가 다니는 단체나 종교에 더 많은 사람을 보충하려는 마음이 역역(役役)하다는 느낌을 많이 받고 있다. 저 개인적인 생각이지만 본인들이 몸담고 있는 단체나 종교에 사람을 끌어드리는데 주력하기보다는 자신의 행동이 바로 불교를 믿는다면 부처님답게 자비

(慈悲)로움을 행(行)하려는 마음을 가져야 할 것이고 예수(豫首)님을 믿는다면 예수님답게 박애(博愛)정신을 본받아 덕을 베풀어 주변으로부터 귀감(龜鑑)이 되는 것도 나쁘지 않다는 생각을 갖는다. 종교를 갖지 않으신 일반인들보다 더 협력해 바로 우리가 사는 사회가 인정(人情)이 넘치는 사회가 되도록 솔선수범해 가는 모습이 더 중요하다고 여긴다. 사람이 제일 강한 힘을 가졌으면서도 가장 나약한 면도 가지고 있으므로 사람이 가장 나약해질 때 주로 사람에게서 위로 받기보다는 단체나 종교에 기대어 위로받고자 하는 이유이다. 우리는 성숙한 자세로 타인의 단체나 종교를 인정해주고 이해해줌으로써 타인의 삶을 비방하는 풍조(風潮)는 근절(根絕)되어야 할 부분이다. 우리만이라도 남을 비방하기 보다는 잘 했다. 너는 더 잘 할 수 있다. 라는 격려로 상대를 위로하고 이끌어주는 사회를 만들어갔으면 하는 바램이다. 요즘 어머니는 평소와 같이 아침에 일찍 일어나셔 세수하시고 로션 열심히 바르시고 화장실은 책상의자를 이용해 다녀오시는 것 말고는 특별히 요구하는 것이 없다. 어쩌면 무력함일까? 아니면 어머님만이 알고 있는 때를 기다리시는 것인지? 어머니가 따로 요구하시는 것이 없어서 그런지 유독 나는 어머님 눈치만 보고 있다. 집작컨대 울 엄마 심기가 불편한 이유가 집이 빨리 팔리지 않아 고향으로 가지 못하고 있어 마음이 불편하시지 않을까? 라는 추측만 있다. 설상가상으로 남편은 안방으로 나를 자주 불러 짜증만 부리니 종종 이 상황이 나는 좀 당황스럽다. 내가 처한 환경 이렇다보니 나는 어디에다 마음을 붙일까? 싶을 정도다. 남편 입장에서는 자기도 암환자이니 살펴달라는 의도(意圖)같다는 생각이다. 지금 내 입장에서는 매일 짜증만 내고 사는 남편보다는 무기력하게 누워만 계시는 어머님을 살펴드리는 것이 가장 큰 고민이라 남편에게 신경 써 줄 여유가 없는 것이다. 이 또한 시간이 지나고 날이 가노라면 좋아지지 않겠나 하는 마음

으로 견디어 간다. 지금 이 상황에서는 남편하고 부딪치는 것을 가급적 피하는 것이 상책이다. 매사에 짜증으로 일관하는 남편 앞에만 서면 나는 이유 없이 비굴해지는 느낌이다. 남편의 이유 같지 않은 시비에 더러는 수긍할 때도 있으나 나 역시 가정에 평화를 위해 이렇게 비굴하게 살아야 되는지 의문스러울 때도 있다. 잘못이 무엇인지도 모르면서 평화를 유지하기 위해 사과를 일삼고 사는 내 자신이 더러는 한심스럽기도 한 부분이다. 남편이 방으로 불러 나는 엄마 눈치를 보며 안방으로 들어간다. 안방에 들어선 나를 보고 남편은 다짜고짜

"나는 더 이상 못 참겠다. 그러니 둘 중 하나를 선택해라."

라고 선전포고를 했다. 남편의 밑도 끝도 없는 말의 의미를 나는 이해했다. 그래서 나도 단호하게

"내가 당신을 놓으면 놓았지 울 엄마를 놓을 일은 없을 것이야. 그리고 내 손에서 울 엄마 일을 마저 해결 볼 것이야. 어쩌면 나는 지금 우리 엄마를 지켜드리는 것이 나의 사명이고 의무야."

라고 했다. 남편은

"그 말뜻이 무슨 뜻이야?"

라고 물었다. 그래서

"내가 우리 엄마 병을 빨리 낫게 해드려서 엄마 몸을 자유롭게 해드리든지 아니면 내 손으로 우리엄마 마지막 모습을 정리하든지 아무튼 내 손에서 울 엄마 일을 해결할 터이니 더 이상 이 문제는 거론하지 말자."

라고 했다. 남편이 거침없이

"그럼 이혼하자. 나는 더 이상은 못 참겠다."

라고 했다. 그렇게 말을 한 심정은 충분히 이해는 되지만 그래도 그렇지 병중이신 부모님을 두고 불편하다는 이유로 사니 못사니 하는 처사(處事)는 근본 없는 자(者)의 망언인 것이다. 나는 남편 말끝에 한마디

했다. 점액질(粘液質)성향을 갖고 있는 나는 더러는 다혈질인 남편 성질을 더 부채질하는 형국일 수 도 있는 경우다. 이 상황에서 나라도 이렇게 느슨하게 대처해야 오히려 다툼이 사라지는 것이 우리 부부가 사는 방법이다. 제가 이렇게 대처하지 않고는 서로 맞부딪친다면 우리 집은 매일 남북전쟁을 치루어야 하는 상황이 자주 발생해 어쩔 수 없이 점액질로 맞서는 이유다. 그러나 상황에 따라 마냥 점액질로 맞선다는 것은 타당하지 않는 것이 인생이라 여겨진다. 남편은 언제나 불같이 화부터 내는 습성이라 오히려 나는 한 발짝 물러나 쫀득쫀득하게 더러는 이해 못 한 척 더러는 전혀 모르는 것처럼 바보 역할로 부부싸움을 대처한다. 더러는 점액질 부분이 싸우려 드는 사람에게는 오히려 더 화를 돋게 하는 경우가 된다. 그렇지만 더 이상 격한 싸움으로는 연결되지 않는 점이 장점이다. 나는 남편 이혼하자는 말끝에 망설임 없이

"그래 그렇게 하자. 그 대신 도장은 필히 내가 꼭 꼭 그것도 두 번씩 찍어 줄게. 그렇지만 이혼 서류는 당신이 가져와 . 나는 양가 부모님 앞에서 즐거울 때나 괴로울 때나 함께 하겠노라는 선서를 했기 때문에 내 스스로 그 서약을 먼저 파기할 순 없어. 그러니 이혼서류는 네가 가져와. 그리고 너는 나하고 이혼을 하게 되는 순간부터 손해가 많을 것이야."

라는 말을 했다. 남편이

"왜?"

라고 반문한다. 나는 남편의 왜? 라는 말에 답하기를

"나는 지금 비록 비운(悲運)을 만나 고전을 면하지 못하고 진창에서 허우적거리는 형국이지만 장래(將來)가 촉망(囑望)된 사람이야. 내가 이제껏 온갖 수난과 누명을 쓰고 험한 세상을 의연하게 견디며 살아올 때는 뜻한 바가 반듯이 있었던 것이고 목표가 뚜렷이 서 있었으므로 이 모진 풍파 속에서도 견디며 살 수 있었던 이유야. 그리고 아무리 세상살

이가 어렵고 힘들어도 내 인생길 함부로 지려 밟지 않았던 이유이며 세상을 향해서 거짓되게 살아오지를 않았기 때문에 분명 나의 미래는 밝을 것이야. 그리고 나는 분명 친정 부모님 떳떳이 모실 자격이 있는 사람이야. 그 이유는 내가 방 한 칸 없는 곳에 시집와서 시어머니 병수발도 2년 넘는 동안 정말 기가 막히게 했지."

나는 시어머니 연세 51세에 돌아가시기에는 너무 젊은 나이라 생각했었다. 시어머니 살려 보려고 온갖 고초를 견디며 몸부림치며 살아온 인생이다. 막내 시동생이 중학생이라 어린시동생에게는 엄마가 비록 누워 계시더라도 꼭 필요했었다. 나는 이때 비록 제 나이 어렸지만 어린 시동생에게 엄마가 필요하다는 이유만이라도 시어머니를 절실히 살려드리고 싶었던 이유다. 의학계는 암이 온몸으로 전이(轉移)되어 길어야 6개월이라는 선고를 내렸다. 나는 의학계에서 6개월을 내린 후론 종교의 힘을 빌리고 내 정성을 쏟아 시어머니를 살려드리고 싶은 일념으로 온갖 약초들을 구해 어머님 병 구환에 일념 했었다. 그 당시 울 엄마 역할도 컸다. 엄마는 시골에서 암(癌)에 좋다는 약초들을 일주일이 멀다않고 구해 오셔서 시어머님 병 구환 하는데 큰 조력자 역할을 자청하셔서 시골에서 여러 약들을 구해다 주셨던 덕분으로 온갖 약초들을 다려 드리며 2년을 넘겼던 사연이다. 울 엄마께서 사돈 살려보겠다고 농사철인데도 불구하고 오늘 길이 기본 7~8시간 걸리는 부산과 강진을 수십 차례 왕래(往來)하신 사연이다. 지금은 강진까지 승용차로 가면 3시간 코스지만 이때는 시골에서 부산 오려면 기본 5~6차례 차를 갈아타야 목적지에 도착하기 때문에 짧아야 7~8시간이지 배차시간 잘 맞지 않으면 그야말로 새벽길에 나서서 해가 지고서야 목적지에 도착하는 것이 다반사였던 시절이다. 울 엄마 정성이 대단하셔서 그런 과정을 시어머니 돌아가시는 날까지 약초들을 구해 오셨다. 제 정성이 부족했는지 알

굿은 운명인지 모르겠지만 시어머님께서는 병원에서 내려준 6개월보다는 조금 넘은 2년 조금 넘기고서 돌아가셨다. 이 당시 시어머니 자궁암 간병을 오롯이 방 한 칸짜리에 살면서 하다 보니 너무나 많은 어려움이 따랐지만 그래도 시어머님 살려드리고픈 마음에 힘든 줄 모르고 오직 천지신명님께 기원하기 위해 하루 세 번 냉수 목욕하고 축원한 다음 갖은 미음을 쑤어드린다거나 숙이나 미나리 아니면 백년초 같은 재료 구해 즙을 짜서 드리는 과정들이 하루 서너 차례다. 나는 시어머님 간병했던 과정을 내 인생에 있어 초특급 훈련과정이라 표현한다. 종교적인 문제로 그랬는지 너무 가난해서 그랬는지 잘 모르겠지만 어쨌든 병원에서 시한부 6개월이라는 선고를 받으신 후로는 일체 병원과 담을 쌓고 단칸방에서 시어머니 병수발이 시작되었는데 암으로 인한 통증이 너무 심하셔 시어머니는 시어머니대로 많이 괴로워하셨고 저는 저대로 자는 시간 없이 꾀부리지 않고 병간호했지만 결국은 지켜드리지 못하고 멀리 떠나 보내드렸던 사연이다. 저 자신에게는 시어머니를 지켜드리지 못한 것이 천추(千秋)의 한(恨)으로 남았고 종교를 떠나게 된 동기며 사연이다.

"100 의당 나는 친정어머니를 모시고 살 자격이 있는 사람이다."

나는 이렇게라도 남편에게 친정어머니를 마땅히 모시고 살 자격 있는 사람이라는 것을 간략하게나마 설명을 했다. 나는 어딘지 모르게 냉소적인 성향이 있는듯하다는 느낌이 가끔 든다. 화는 잘 내지는 않지만 내가 한번 화를 내면 주변이 긴장했다. 나는 이혼하자는 남편 말에 물러설 마음이 없고 미안해해야 할 마음 또한 전혀 없다. 남편에게 했던 말들은 심중(心中)에 그동안 담아두었던 말들인지 나는 분명 의도한바 없건만 나도 모르게 남편에게 줄 줄 줄 쏟아냈다. 다시 나는 남편에게 내가 양가 어머님들 병간호 과정을 ABC로 표현 한자면 우리 엄마 병간호가 A급이라고 본다면 당신 어머니 병간호는 A+A+A이였으며 어린 시동생 양친 부모 일찍 여위고 어린 마음 의지 할 곳 없어 할까봐 아직까지 쓴 소리 한번 하지 않고 키웠고 당신의 줏대 없는 그 놈의 사랑과 정열을 길거리에 쏟고 다닌 성적표로 집안은 시절 좋은 시대를 살면서 떼거리 걱정하며 살아야 했지만 그래도 어린 시동생 양친 부모 잃고 큰형 바탕 생활하는 모습 속에서 마음 비뚤어질까 싶고 어린 그 마음 그 얼마나 외로울까 싶어 나라도 어린 시동생 울타리가 되어 주려고 나 나름대로 무던히 노력했지. 허구 헛날 술과 여자로 제정신 못 차리고 거리를 헤매일 때 쨍그랑 유리창 깨지는 소리만 들어도 우리는 덜덜덜 떨며 공포 속에서 살아온 인생이라서 이혼이 두렵지 않다. 더구나 나는 시동생에게 방탕 생활하고 사는 형님(남편)무시하는 마음 갖지 않도록 하기위해 힘든 내색 한번 해본 적 없으며 우리 아이들은 가르치지 못하더라도 부모 없고 재산 없는 시동생 학벌이라도 갖게 하려고 대학 4년제 보내 졸업 시키고 결혼시켜 놨으니 형수 도리(道理)는 기본(基本)이라도 했으니 나는 분명 울 엄마 모실 자격이 충분히 있는 사람이야 그러니 더 이상 우리 엄마 모시는 부분에 대해서는 왈가왈부(曰可曰否)하지마. 라고 아퀴를 짖었다. 남편 왈

"그럼 언제까지 우리는 이렇게 살아야 하고 우리 아이들은 언제까지 저렇게 소외당하고 방치당해야만 하는데?"

라고 한다. 나는 남편 말끝에

"그 무슨 말을 내가 어찌 우리 아이들을 방치를 했을라고? 바로 이렇게 부모 극진하게 모시는 모습 보여주는 것이 바로 내가 가르치려는 가정교육이 될 것이고 우리 아이들이 배워야할 으뜸이 되는 자손(子孫)된 도리가 될 것이야. 외할머니를 이렇게 모시고 간병하는 부분은 우리 아이들에게는 두 번 다시 겪어 볼 수 없는 아주 값진 경험이 될 것이야."

늙으신 부모님 공경(恭敬)하며 사는 모습과 병중이신 부모님을 정성(精

誠)으로 간병하는 모습을 보고 자랐다는 것은 오히려 사회생활에 있어 남을 먼저 배려(配慮)하려는 마음가짐과 겸손하게 사는 방법을 배우는 기틀이 될 것이기에 바로 이것이 내가 생각하는 참다운 가정교육의 학습 현장이라 생각하네. 나는 인격 없고 지식위주로 사는 주입식학교 교육보다는 세상과 어울리며 살아가는 방법을 가르치는 과정이 바로 이런 부분이라 생각하기 때문에 우리 아이들을 방치했다는 말은 가당치가 않지 그리고 외할머니가 이렇게 살아 계셔서 이런 경험도 쌓을 수가 있어 이런 부분은 아무나 경험할 수 없는 아주 좋은 경험이고 가족으로부터 배우는 학습현장이 바로 이곳이라 생각하네. 그러니 내가 우리 아이들을 방치했다는 말은 내게는 가당치 않는 말이지. 라고 말을 했다. 매사를 날카롭게 보는 남편과 살아가고 있는 나로서는 친정어머니를 모시는 과정이 남들보다는 애로사항과 불편한 점이 많았다. 가족이라면 의당 그런 불편쯤은 당연히 감내해야만 하는 부분이다. 저희 아이들은 오히려 나에게 울 엄마 처음 입원하시던 날 삼 남매가 집으로 가는 길 차 안에서 한목소리로 엄마라도 외할머니를 끝까지 책임지세요. 라고 했었다. 우리들 밥걱정은 일체 신경 쓰지 말고 외할머니 간병이나 잘하시고 오세요. 라고 했던 부분이다. 이런 과정이야 말로 저희 아이들에게 병든 부모님은 자식들이 사명감을 가지고 모시는 것이 인간의 본능이라는 사실과 의무사항이라는 것을 가르치고 있는 중이라 생각한다. 남편의 생각과 말처럼 내가 힘들다고 불편하다고 병들었다고 이런저런 이유와 핑계로 생명을 주신 부모님 은혜를 보은(報恩)은 못 할지언정 어찌 배은(背恩)을 할 것인가? 싶은 생각이다. 아이들에게는 친할아버지와 친할머니께서 일찍 돌아가신 관계로 할머니와 할아버님의 깊고 애틋한 사랑을 받지 못했다. 다행히 외할머니께서 이렇게 옆에 계셔서 친할아버지와 친할머니의 빈자리를 채워주고 계셨으므로 나는 그나마 우리 자식들에게는 외할머니 옆에 계신 것은 행운이라 여기는 부분이다. 저희 어머니가 남다르게 더러는 엄격하셨지만 다른 한편으로는 다정다감(多情多感)하신 부분이 더 많았기 때문에 오히려 저희 아이들에게는 정(情)많고 사랑 깊으신 외할머님의 사랑을 오래도록 기억하고 특별하신 외할머님 교육과 따뜻한 사랑을 오래도록 받아보게 하는 것이 나의 바램이다. 제 가슴 속 깊이 우리 아이들에게 가르쳐주고 싶었던 교육이 있다면 그것은 바로 우선 먼저가 가족 화목이라는 사실을 가르쳐 주는 것이다. 가족은 서로를 귀하게 여기며 서로의 아픔을 공유하며 가족 중 누구하나가 어려운 상황에 놓이면 모두가 적극적으로 힘을 아 어려움을 같이 극복하고 같이 헤쳐 나가도록 협력하는 것이 가족이라는 사실을 필히 우리 아이들에게 가르쳐주고 싶었다. 자식의 의무(義務)는 나이 들고 병이 찾아와 쓸쓸한 노후를 맞이하는 부모들을 마땅히 봉양해야 할 책임과 의무가 따른다는 사실을 각인시켜주는 과정이며 아무리 상황이 좋지 않고 여건이 좋지 않더라도 우리만이라도. 그 의무(義務)를 망각(忘却)하지 말고 정성스런 마음으로 내 부모 내가 살펴드리는 것이 자손의 의무임을 이렇게 간접적으로 가르치고 있는 부분이다. 이러한 나의 생각들을 누군가에게 주장은 하지 않겠지만 그래도 사람이라 하면 마땅히 병들고 나이 드신 부모님께 힘이 되어주고 정성 다해 섬기는 것만이 자식 도리라는 것을 망각하지 않았으면 한다. 남편은 사람이 정작 해야 할 일과 해서는 안 되는 일을 구분 짓는 지혜가 많이 부족한 듯하다. 나에게 자식들을 이렇게 방치하고 있는 것으로 착각하고 불만(不滿)을 저렇게 털어놓고 있는 것이다. 이제껏 남편 마음속에는 처남들이 3명이나 있는데. 굳이 딸인 내가 그 짐을 다 지고 가려 하는가. 라며 못마땅하게 여기고 있는 부분이다. 지금은 자기도 암 환자가 되었으니 자기 좀 살펴주었으면 하는 투정이지 싶다. 남편의 그 마음도 충분히 이해는 한다. 내 생각은 조금 다르다. 내 입장에서는 어찌 생명을 주신 부모님을 모시는데 아들딸을 구분할 것인가 싶다. 이미 시대는 변해서 아들들만이 부모님을 모시고 살던 시대는 이미 지났다는 뜻이다. 딸이든 아들이든 마음이 있는 자식이 부모님을 모시고 살면 되는 것이지 굳이 성별(性別)을 구분 짓을 필요는 없다고 생각한다. 부모님한테는 아들이든 딸이든 다 같이 귀한 자식이기 때문이다. 굳이 아들딸을 구분 지어 책임(責任)을 회피(回避)하려 들지 말자. 라는 의미다. 우리 속담 중에 우선 먹기에는 곶감이 달다. 라는 속담의 의미를 되새겨보노라면 젊은 날 즐겁고 쉬운 일만 찾게 된다면 세상만사 굽이굽이에 보이지 않게 도사리고 있는 인생 여정 속 고난과 시련들을 어찌 극복할 것인가? 싶다. 더구나 내 경험들을 볼라치면 곤란한 상황을 극복하는 과정에서 얻어지는 보람은 유독 컸던 관계로 나는 초년고생 일부로 했던 경험들은 제 개인에게는 큰 가르침을 얻은 과정이라 생각한 부분이다. 곤란을 딛고 일어서는 과정에서 얻어지는 값진 지혜를 어디에서 얻을 것인가? 싶다. 피 눈물 속에서 얻어진 지혜는 자신을 성장시키는데 자양분이 될 것이라 나는 생각하는 사람이다. 저희 아이들이 이 어려운 환경에서 협동심을 기르고 밝게 성장하기를 바라는 마음이다. 저희아이들에게는 이 과정은 돈 주고도 사지 못하는 인격수양 과정이고 큰 지혜를 얻는 경험들이지 싶다. 겉보기에는 방치 같지만 방치가 아니고 우리 아이들이 학교에서 배우지 못하는 인성 교육장이라고 남편이 생각했으면 좋겠다.

    옛 속담 중 초년고생은 사서도 한다. 라는 말의 큰 의미가 한편으로는 고생을 해보지 않은 사람은 절대로 남을 배려하고 남을 이해하려는 마음이 없다는 사실이다. 나는 자식들에게 고진감래(苦盡甘來)의 뜻인 고생 끝에 낙(樂)의 단맛을 보게 하고자 하는 차원 일 수도 있다는 뜻이다.

사람이 갖은 고난과 역경 속에서 얻어지는 인내(忍耐)는 지혜를 낳게 되고 고통은 성품을 다듬어 주는 과정이라 여기며 이런저런 고통과 시련 속에서 자신을 연단하여 인격을 갈고닦아 가노라면 언젠가는 품격을 갖춘 참된 삶을 살아가리라 나는 생각한다. 이런 요소들이 쌓여 자신이 올곧게 걸어가는 이정표가 될 것이고 지침서가 되어주지 않겠는가? 라는 생각을 나는 한다. 어렵고 힘난한 삶을 살아온 사람과 부유한 부모님 밑에서 곱게 자라온 시세 말로 하자면 금수저와 흙수저 차이는 분명 있는 것이고 그 차이는 백지 한 장 차이 일 수도 있겠지만 어떤 면에서는 남을 먼저 배려하고 겸양을 배우는 마음자체가 세상 사람들과 어울려가는 부분에서 많은 차이가 분명히 있을 것이라 나는 생각한다. 저희 부부는 매사(每事)에 같은 주제를 놓고도 생각하는 것부터가 달라도 너무 달라 언제나 대립과 마찰이 연속인지라 부부애(夫婦愛)보다는 너무 많은 마찰과 대립으로 치열하게 싸워온 전우애(戰友愛)수준으로 보아도 우리 부부는 이상하지 않을듯하다는 결론이다. 저희 부부는 매사 이렇게 의견대립으로 살아가다 보니 저희 부부 사는 이야기를 종종 주위 분들에게 하게 되고 부부 사이에 있었던 이야기를 하다 보면 부부애(夫婦愛)보다는 항상 접전중이라 나는 우리 부부는 전우애(戰友愛)로 산다는 말을 종종 하게 된 이유이다. 생각해보면 남편도 까다로운 장모님 때문에 지난 10여 년 동안 마음고생을 많이 했던 것은 사실이다. 저희 어머니와 남편과의 견해(見解)차이가 하나에서 백 가지가 달라도 너무 달랐기 때문에 이 과정에서 생기는 불협화음(不協和音)의 파장(波長)은 오롯이 내 몫이 되었다고 해도 과언은 아닐 것이다. 그러다 보니 남편은 다른 사람들과는 다르게 정신적으로 받게 되는 스트레스가 무시할 수 없는 수준이 되었으리라 유추한다. 제가 중간입장에서만 보더라도 어머니는 언제나 원칙적(原則的)이셨으며 정의(正義)로우신 분이셨다. 남편은 행실 부분부터가 바람직하지 못한 부분이 많아 같이 머리를 맞대고 의논을 할 대상은 아니다. 자연히 나는 어머님 편에 서서 세상을 바라볼 수밖에 없는 형국이다. 더러는 남편은 많이 외로웠을 것이라 이해도 해 본다. 남편이 바라는 것은 부부가 한마음 되어 남편 하는 일에 대해선 무조건 동조(同調) 해서 집안을 이끌어가자고는 하나 제가 겪어온 남편은 일관성(一貫性)이 없고 시시때때로 변하는 성품이며 남편이 행하는 일들은 사실 한 발짝 물러나 보았을 때 그다지 권장할 일이 아니라 나는 보통은 남편 의견을 수렴(收斂)한듯하지만 일관성(一貫性)이 없는 부분에서 불일치(不一致)발언(發言)을 하게 된 경우가 허다하므로 부부 의견일치는 극히 드문 일이 된다. 저희 부부는 아무리 좋게 생각해보더라도 봐도 아마 전생에 원수가 맞지 싶다. 남편은 오래전 내게 우리 부부는 천적(天敵)이라고 했었다. 어느 집을 막론하고 부부가 정말 의견 일치해서 사는 집은 그리 많지 않을 것이라 생각한다. 그리고 속된 말로 부부는 전생에 원수라 했다. 그 원한(怨恨)관계에서 맺힌 원한을 풀고자 부부 인연으로 다시 만나는 것이 인연법이라 했으니 아무래도 우리 부부를 보노라면 이 말은 정말 공감되는 말이다. 옛 속담에 이르기를 사람은 하나를 보면 열을 안다고 했다. 이 속담이 내포하는 뜻을 비유하자면 분명 남편에게는 진정성이 부족한 것이다. 중간입장에서 판단했을 때 진실과 거짓을 논한다면 당연히 어머니가 진실하신 분이라 나는 항상 어머니 편에서 세상을 바라볼 수밖에 없었던 이유다. 남편은 내게 항상 불만이 가득했던 이유이다. 남편이 어느 날 어떤 이유로 시비가 되었는지는 기억은 잘 없지만 이유 같지 않은 이유로 시비(是非)를 걸어 사람을 곤란하게 만들었다. 남편은 툭하면 술 먹고 와 나에게 죽을래. 아니면 죽여 버린다. 라는 말을 달고 살았다. 하루는 남편에게 나도 참는 것도 한계가 있고 이해하는 것도 정도가 있다. 내 비록 귀한 목숨이라 할지라도 진실을 왜곡(歪曲)하면서까지 귀(貴)한 목숨 구차하게 연명하고 싶지는 않다. 라는 말을 했을 정도로 언어폭력에 시달리며 살았다. 울 엄마는 저희가 가끔 거친 단어들이나 부정적인 단어가 우리들 입에서 나오면 바로 얼굴빛이 냉소적이고 근엄한 모습으로 바뀌어 단호하게 그럼 못써. 라고 하시며 호통을 바로 치셨다. 어머니와 남편은 아주 상반(相反)된 성향(性向)이라서 어쩌면 너무 원칙적(原則的)이시고 거짓 없던 분이 엄마라 자유분방하게 살던 남편 입장에서는 장모님과의 동행이 많이 불편했다. 내가 곁에서 보면 엄마도 가끔 너무 할 정도로 이해되지 않는 부분이 어머니에게도 많았다. 예를 하나 들자면 우리부부는 어느 여름비가 개인 오후 감천항으로 어머니를 모시고 낚시를 갔었다. 우리 부부는 천적(天敵)이라 매사(每事)에 티격태격 하면서도 남편 현장 일 없는 날이면 어머니 모시고 근처 바다를 찾아 낚시를 했다. 엄마를 항상 어디든 동행했던 이유는 울 엄마 홀로 계시는 것이 싫어 악착같이 엄마 콧바람이라도 쐐드리고자 모시고 다닌 것이다. 이날은 비가 그친 후라 그런지 날씨가 너무 쾌청하여 무료하게 계신 어머니 모시고 부산 감천항으로 낚시를 하러 갔던 것이다. 낚시터에 도착한 나는 울 엄마 편히 계시도록 원터치 텐트를 펼쳐 푹신한 매트까지 깔아드리며 커피도 한잔 드린다. 그리고 남편과 함께 낚시채비를 약 2~30분 정도 한 것이다. 낚시를 해보지 않은 사람들은 낚시채비 하는데 무슨 시간이 그렇게 필요할까? 라는 의구심이 일겠지만 사실 낚시대 하나하나에 줄 메고 바늘 묶어 찌 달아서 바다에 던져놓기까지는 정말 2~30분의 시간이 필요하다. 우리 부부도 초로(初老)의 길목이라 노안(老眼)이 생겨 낚싯줄 메는 속도가 확실히 젊은 사람들보다 시간이 많이 소요된다. 낚시대 서너 개에 바늘 달아 바다에 던져놓기까지는 대략 30분정도 시간이 소요되었다. 낚시채비를 어느 정도 마치고 그야말로 바늘에 미끼 끼워 바다에 던져

놓고 낚시대 앞에 앉아 입질 오기를 기다리기만 하면 되는 순간이다. 어머니도 텐트 속에 앉아 저희가 낚시하는 것을 바로 앞에서 지켜보시는 중이다. 3 ~ 4시간 낚시 할 예정으로 어머니가 좋아하시는 간식들을 좀 챙겨왔다. 이곳에서 저녁까지 해결해도 되는 수준으로 먹을거리가 많았다. 마음 놓고 본격적으로 낚시에 몰입하려고 엄마를 살펴봤다. 갑자기 엄마는 저를 부르시며 하시는 말씀이 아야 그것이 아니네. 라고 하시는 것이다. 나는 울 엄마 그것이 아니네. 라는 그 말씀이 무엇을 의미(意味)하는지 바로 이해(理解)를 했다. 어머님 말씀은 오늘은 고기가 물지 않을 것이니 그만 집으로 가자는 뜻이다. 하지만 남편은 이제 본격적으로 낚시하겠다고 채비 마치고 바다에다 낚싯대를 던져놓은 상태다. 어머니께서 오늘은 낚시 안 될 것 같으니 그만 가자고 하시니 나도 조금 아쉬움이 남아 남편에게 차마 오늘은 낚시하지 말고 그냥 집에 가자는 말하기가 난처했다. 제가 엄마를 모시면서 제일 힘들었던 부분들이 바로 이런 부분이다. 이런 일들이 우리에겐 비일비재했기 때문에 예상 밖의 일이라고는 볼 수 없으나 남편 입장에서는 이해가 되지 않는 부분이다. 나는 언제나 성치 않으신 어머님 편에 서 있어야만 했기 때문에 어머님 의사를 거부할 수 없어 늘 마음을 조아리며 살았던 이유다. 남편 반응이 두렵지만 용기 내어 남편에게 어머니의 뜻을 전하고 오늘은 낚시 접고 그냥 집으로 돌아가자고 했다. 이런 상황에서 좋아할 사람 분명 한 사람도 없다. 낚시를 즐기는 입장에서는 짜증 내지 않을 사람 없다. 남편은 이런 유사한 경험들을 수차례 겪어서 그런지 장모님을 이해 해보려는 마음인지 아니면 장모님 고집을 꺾을 수 없음을 알았는지 남편은 순순히 낚싯대를 거둔다. 저희 어머니는 이와 같은 사례처럼 일반 사람들이 이해하기 어려운 일들을 우리 부부에게 많이 겪게 했던 것이다. 남편은 나름대로 장모님과의 생활이 많이 불편했을 것이라 충분히 이해가 가는 부분이다. 현실에서는 신(神)의 세계를 이해(理解)못하는 남편 탓만을 할 수는 없다는 것이 문제라면 문제이지만 보편적으로 남자들은 신의 세계를 이해하려 하지도 않을뿐더러 따르려 하지도 않는다는 사실에 우리는 주목해야 될 부분이다. 우리 부부는 이런저런 이유로 마찰이 참 많은 관계다. 남편도 이해하기 어려운 세계를 걷고 계시는 장모님 따라주느라 정신적으로나 마음 적으로 고생 많이 했다. 저는 특별한 장모님 덕분에 사람과 사람이 함께 공존해가는 현실에서는 상황에 따라 중도(中道)를 지켜 더러는 강함보다는 유연함이 더 필요하다는 사실을 남편도 알았으면 한다. 오랜 세월 티격태격하며 같이한 세월이 많아 그런지 어느 부분에서는 남편도 장모님의 탁월한 성품에 대해 불만 갖기보다는 이해하려는 마음을 갖고 있다는 사실이다. 그때 군말 없이 낚싯대를 철수하는 모습에서 장모님께 가능한 양보하려는 마음을 가졌다는 사실에 나는 지금도 남편 그 마음에 감사함을 느낀다. 이젠 남편도 참는 것도 한계가 있는지 성질 급한 남편은 본인은 챙겨주지 않는 이 생활을 2년을 하고 있으니 마누라에게 이혼하자고 말을 꺼냈지만 결과(結果)적 장모님 모시는 문제에 대해 다시는 왈가왈부(曰可曰否) 못하게 된 사연이다. 그동안 모난 성질가지고 잘 참아줘서 고맙고 직장암(直腸癌)도 잘 이겨내 주어 고맙다. 제가 아이들을 방치(放置)한 것이 전혀 아니라는 사실을 이제라도 알아줬으면 한다. 나의 생각 저변(低邊)에는 누군가 거친 황무지를 개척해놓으면 후세대들이 밭 갈기가 쉽듯 제가 이렇게 만고풍상(萬古風霜)을 겪으며 어려운 고비들을 극복해 가노라면 저희 아이들에게는 분명 보이지 않는 지혜가 생길 것이고 그 지혜(智慧)는 저희 아이들 인생길에 알게 모르게 반영이 되어 더러는 남들보다 어려운 일을 직면했을 때 당황하지 않고 현명하게 대처해나가지 않겠는가? 라는 생각을 사실 제 마음 깊은 곳에 숨겨두었던 나의 비밀스러운 의도다. 분명 나의 수고로움이 훗날 저희아이들 삶에 밑거름이 되었으면 되었지 해(害)가 되지는 않을 것이라 나는 확신(確信)하는 부분이다. 삶이 고달프고 어려운 부분이 많더라도 꾀부리지 않으려 노력하는 것이고 올곧게 살고자 한다. 제가 이렇게 고단한 삶을 선택(選擇)한 것도 제 몫이다. 잠시 병든 남편보다는 늙고 병들어 나약해질 대로 나약해진 울 엄마를 우선시해야 된다는 것 또한 나의 선택이고 나의 판단이다. 저는 삶에 있어 무엇이 최선인지 잘 모른다. 생명을 주신 노모님 봉양하는 부분에 대해서는 꾀부리고 싶은 마음이 없고 나 자신이 힘들다고 꺼져가는 울 엄마 혼불을 중도에 놓고 싶은 생각이 없다는 사실이다. 남편에게 바라는 것이 있다면 급한 성질 여유 있게 다듬어 부모 공경하면서 조금 남보다는 더디더라도 멀리보고 정직한 마음으로 한 발 한 발 조심스럽게 인생길 밟아 갔으면 한다. 우리가 기껏 잘살아봐야 2~30년 남았을 텐데 굳이 아웅다웅하며 살 필요는 없는 것이다. 인생을 마냥 허비하고 낭비해 허송세월 보낼 만큼 긴 세월이 남은 것이 아니며 내일을 예측할 수 없는 것이 우리네 인생이고 보면 좀 더 진솔하게 좀 더 바르게 살아야 할 의무가 우리에게는 있는 것이고 부부인연을 맺었으면 힘든 일이든 좋은 일이든 함께 이겨내야 할 책임감도 있는 것이라 조금은 고달프고 힘들어도 이왕지사 잔머리 쓰지 말고 바르게 올곧게 살아갔으면 한다. 나 자신부터 거짓 없이 부모님을 정성으로 봉양하고 사노라면 지켜보는 아이들에게 이보다 더 좋은 가르침은 없을 것이라 생각한다. 100마디 말보다는 하나라도 실천이 중요하다는 의미가 될 것이다. 말보다는 행동거지를 바르게 해서 자식들로 하여금 신뢰받는 아버지였으면 한다. 존경심을 갖게 한다는 것은 그야말로 가장 가까운 사람으로부터 일어나야 한다고 생각한 사람이다. 가장 가까이에서 봤던 가족이 그 사람의 일거수일투족(一擧手一投足)을 지켜봤던 증인이기 때문이다. 타인(他人)은 대부분 그 사람을 판단 할 때 대부분 단면(斷面)만 보고 상대를 평가하는 것이 보편적이다. 대부분 옳은 평가보다는 사회의 성공(成功)기준으로 평하게 된 경우가 많았다. 진정한 인격을 갖춘 자 찾기란 쉬운 일이 아니다. 성공한 기업인들이나 정치인 그리고 학자들의 뒷모습은 감출 수 없는 추(醜)한 모습도 많다는 사실에 우리는 한번쯤 생각해 볼 일이다. 성공(成功)척도(尺度)는 외부영향력이 크겠지만 존경척도는 가족으로부터 우러나와야 하는 부분이라 생각한다. 고등동물이라 일컬은 우리 인간 처세(處世)는 바로 부모님 공경하며 사는 부분이 기초가 되어야 한다. 남편은 이번 일을 거울삼아 지금부터라도 좋은 습관 좋은 생각과 바른 행동 그리고 정직하고 바람직한 사람으로 거듭나기를 바란다. 매사가 면도날처럼 날카로운 우리 집 양반 주색잡기에 너무 오랜 세월 허랑방탕한 세월 보낸 죄(罪)값을 요즘 톡톡히 치루는 중인지 마누라 손길 받기가 어려운 상황이다. 설상가상(雪上加霜)으로 암 환자의 대우(待遇)는 고사하고 가장(家長)의 대우도 제대로 받지 못한 이 시점을 곰곰이 생각해보면 분명 하늘은 공명정대(公明正大)하다는 것을 새삼 깨닫는다. 이때 남편에게는 생과 사 갈림길이었으며 인생반전을 꾀하는 가장 힘겨운 시기였으리라 생각이 든다. 워낙 위중했던 장모님 덕분에 암 환자의 대우(待遇)는 고사하고 도외시(度外視)된 입장이 된 입장을 생각하면 분명 우주의 법칙은 참으로 상(賞)과 벌(罰)을 확실하게 해주신다는 점과 인간으로써 존엄성을 망각하고 함부로 살았던 댓가를 혹독히 치르게 하니 참으로 하늘은 공명정대(公明正大)하다는 사실이다. 이번 일들을 겪으면서 내가 깨닫게 된 부분은 우주의 법칙은 호리(毫釐)에 어긋남이 없었다는 사실을 깨닫게 된 사례라 하겠다. 남편은 여러 해 동안 장모님 모시고 살면서 마음고생을 나름 많이 했으므로 저는 가급 적 남편 마음을 건들지 않으려고 저는 저대로 노력하는 부분도 없지 않다는 사실을 알았으면 하는 바램이다.

　남편은 이혼을 앞세워 본인 좀 살펴달라는 의사표시(意思表示)가 무산되니 남편은 할 말을 잃은 듯 멍하니 천장만 바라보고 앉아있다. 남편은 암 선고 받았던 사실을 계기로 범사(凡事)에 감사하며 작은 것 하나라도 여유롭게 생각하고 평온한 인생 후반전을 설계했으면 한다. 두 환자를 보고 있는 나의 일상은 평화로운듯하지만 매 순간이 긴장에 연속이었다. 계절이 바뀌어 날씨가 조금 쌀쌀해졌는데도 불구하고 나는 땀과의 전쟁 중이다. 제가 이 시점에서 유난히 땀을 흘리는 이유가 저 개인적인 생각으론 두 환자가 다른 환자보다는 유독 까다로워 당황스러운 일이 허다하게 일어나 긴장을 놓지 못해 그렇지 않았나 싶기도 하고 갱년기라 유독 땀 흘림이 심하지 않았나 싶은 생각도 든다. 정신없는 가운데 가을로 접어들고 보니 알게 모르게 날씨의 변화가 있음을 조금 느낀다. 한여름에는 페트병에 물을 얼려 어머니 옆구리에다 갖다 놓는 수고로움이 있었지만 이제는 페트병에 물을 얼리지는 일이 사라졌다는 사실에 감사 할 따름이다. 날씨로 인한 작은 변화도 저에게는 감사할 일이다. 요즘 울 엄마 간병하는 일이 많이 수월 해졌다는 사실이다. 장장 9개월 동안 우리 애간장을 녹이던 발뒤꿈치 괴사도 아퀴를 지었다. 특별히 하는 일 없이 그야말로 엄마 누워계시는 발밑에 앉아 사수(死守)만 하는 입장이라 조금은 여유가 생긴 듯하다. 그러니까 엄마 지키느라 2년을 그야말로 종종걸음으로 살았다면 지금은 보통걸음 수준이지 싶다. 두 환자가 어느 정도 회복되어 요양수준이라 긴장감이 다소 사라진 것이 내겐 마음의 여유가 생긴 이유라 생각한다. 발뒤꿈치 거즈 가는 일마저 없어졌다. 일상으로는 며칠 있으면 추석이라 차례 상 준비를 해야 하는 주부 입장에서는 조금 마음이 바쁘다. 환자가 있어 간단하게 지내고 싶다. 차롓상 상차림은 음식 가지 수가 많은지라 사실 부담되는 부분이다. 조용한 가운데 일주일을 우리는 보냈다. 내일모레가 추석이라서 주말을 이용해서 언니가 왔다. 언니는 작년 이때쯤. 교통사고로 발목을 다쳤었다. 퇴원해서 치료 받느라 고생이 많았다. 다행스럽게 장애(障礙)없이 다 나았다하니 이 또한 우리에게는 감사 할 일이다. 지난 2월경 남편 항문복원 수술할 때 나 대신 울 엄마 간병 하겠다며 김해에 왔을 때는 언니는 발을 딛지 못해 많이 아파보였고 불편해 보였는데 이 또한 시간을 지내고 몇 개월 지나고나니 이제는 다 완쾌가 돼 엄마를 보러온 것이다. 오랜만에 언니를 보니 무척 반갑다. 사실 3개월 전 언니는 발목이 다 낳지 않았는데도 불구하고 엄마 간병 할 겸 나를 잠시 쉬게 하려는 마음에 엄마 수발들겠다고 김해 왔었다. 그런데 공교롭게도 언니가 우리 집에 도착한지 1시간도 되지 않아 형부가 일하시다 갈비뼈가 부러져 급히 병원으로 이송 중이라는 연락을 받고서 저녁에 다시 전주로 부랴부랴 내려갔었던 사연이 있었다. 그때 언니가 전주로 내려가면서 내게 이것도 다 니 복(福)이여 어쩜 너에게 조금이라도 편리를 주려고 왔건만 평소에 전혀 일 나가지도 않던 사람이 하필이면 오늘 일 나가서 다쳤다고 하니 분명 너는 엄마 전담(全擔)반이 맞나 보다. 라는 말을 남기며 김해를 떠나갔었다. 언니가 그 말을 남기고 간지 엊그제 같았는데 벌써 서너 달이 지난 사연이다. 언니와는 자주 통화하는 편이고 엄마 안부를 자주 물어 주던 유일한 사람이다. 왠지 마음은 멀리 떨어져 있었던 느낌은 없다. 본인도 부상자면서 그동안 형부 간호(看護)한다고 고생 많았을 텐데 또 이렇게 찾아주니 마음 한구석이 애잔하다. 이 시기 언니집이나 우리 집은 유독 사건 사고가 많았던 해지 싶다. 다른 말로 비유하자면 불행(不幸)이 패키지였던 시기다. 언니가 들어오니 집안 분위기가 활기(活氣)가 돌았다. 어머니도 제 마음처럼 오랜만에 애지중지(愛之重之)한 큰딸을 보니 마음이 흐뭇하신지 얼굴빛이 다르다. 어머니 얼굴에 생기가 돌고 있음이다. 나는 지난 10여 년 동안 어머니를 모시면서 확실하게 깨달은 부분이 있다면 바로 자식들은 부모님의 활력소라는 사실을 깨우친 것이다. 언제나 그리운 대상(對象)이 바로 자식들이라는 것을 알게 된 경우다. 오랜만에 큰 딸을 본 울 엄마 눈가가 뜨겁게 젖어 가는 것이 제 눈에 역력히 보인다. 어머니는 예전에는 그 누구보다 강하셨던 분이고 매사에 긍정적이며 대장부셨다. 이렇게 유약(柔弱)해지신 어머니 모습은 나에게는 낯설게 느껴졌다. 최근 들어 자식들이 찾아오면 엄마 눈가가 촉촉이 젖는 모습이 보이니 옆에서 지켜보는 내 마음은 아리다. 이 또한 세월 탓이지 싶다. 나 역시 언니를 보니 나도 모르게 그동안 혼자 엄마와 시름하며 살았던 서러움을 위로받는 기분이 든 것이다. 한동안 집안 분위기는 평온 했다고는 할 수 있지만 더러는 무료함보다는 분위기가 활기가 없어 다소 쓸쓸함이 깃든 시기였다. 이렇게 언니가 오니 반전을 맞이한 듯 분위기가 활기가 돌고 먹을 것도 많아지고 할 이야기도 많아 이런저런 이야기 하면서 시간가는 줄 모르고 저희 자매는 엄마 옆에 앉아 재잘거리고 있는 것이다. 엄마를 옆에 두고 재잘거리는 자매 모습이 왠지 행복해 보이기까지 했다. 오랜 가뭄 끝에 단비가 내린 것처럼 쓸쓸했던 공간이 따사로운 햇살이 내려 쬐듯 모든 것이 평온해 보이고 울 엄마 옆이 낙원처럼 느껴지는 순간이다. 참 오랜만에 저희 자매는 엄마 누워계시는 소파 밑에 같이 앉아 노모님 고집(固執)때문에 난감(難堪)했던 일들과 편리한 문명의 혜택을 전혀 받지 못하게 하신 부분에 대해 불만(不滿)을 모아서 울 엄마 흉을 보게 된다. 이제껏 우리들을 일부로 고생 사서 시키시는 부분에 대해 농담 삼아 엄마에 대한 원망(怨望)을 했다. 옆에서 가만히 듣고만 계신 엄마도 빙긋이 웃으시며

"나도 모르겠다."

라는 말씀으로 한마디 거들어 주신 이 분위기… 나에게만은 영원히 간직하고 싶은 시간이다. 어머니도 저희를 일부러 고생시키려는 의도는 전혀 없었다는 사실이다. 울 엄마 의도하고는 다르게 펼쳐지는 현실이 어머니 자신도 무척 당황스럽거니와 우리도 예상(豫想) 밖의 사건들이 전개(展開)되어 당황스럽기는 매한가지였다. 나는 울 엄마 저변(低邊)의 의중(意中)이 효자효녀 만들기 프로젝트라는 사실을 미리 알고 있었던 부분이다. 울 엄마가 원(願)하고 시키시는 일이라면 가능한 받들어 드리고 싶었던 사연이다. 오랜만에 만난 저희자매는 어머니를 사이에 두고 그동안 있었던 사소한 이야기로부터 시작한 이야기가 시간 가는 줄 모르고 하고 있다. 지난 2년간을 돌이켜보면 어머니께서 사선(死線)을 넘나드는 위험(危險)한 고비가 유독 많아 우리도 사실 정신 차릴 수 없을 정도로 경황(景況)없어서 나름 당황했고 고달팠던 시간이었다. 돌이켜보면 죽을 만큼 힘들지는 않았지 않았는가? 라는 생각을 한다. 저희 시어머님 간병 할 그 때를 생각하면 친정 엄마 간병은 새 발의 피(血)수준이라 생각이 든다. 저희 시어머니 병간호 역시 아주 특별했다. 소위 의학(醫學)의 힘을 일체 배제하고 종교적 행위(宗敎的行爲)그러니까 오직 정성으로 냉수목욕 제계(梯階)를 하루 세 번하고 장시간 꿇고 앉아 축원 드리는 과정이었다. 내가 축원하며 받은 기(氣)를 통증으로 몸부림치는 시어머니에게 기(氣)넣는 과정이 사실 하루 수차례 반복하는 과정이라 세 살 배기 어린 아들은 안중에도 없던 시기다. 이 과정은 나에게는 정말 남다른 간병 일지이지 싶다는 생각을 많이 한다. 이 과정의 행위들이 정말 의학적으로는 설명할 수 없는 부분이다. 막내 시동생과 옆에서 기(氣)를 받아 기라도 넣어드리면 신기하게도 시어머니 통증이 어느 정도 사라지셨는지 아무튼 통증에서 오는 신음(呻吟)소리가 확연하게 줄어들곤 했던 것이다. 나는 기라도 넣어드리는 행위를 멈추지 못했던 이유다. 우리가 해드릴 수 있는 것이 고작 해봐야 이것뿐인지라 나는 이렇게라도 하여 시어머님 통증을 멈춰드리고 싶었다. 의학계에서 이야기한 시한부 6개월을 훨씬 지나 2년 넘게 사시다가 시어머니는 별나라로 가셨다. 저는 종교적인 이유로 치료를 거부하신 시어머니가 이해가 되지 않았었다. 결혼 한지 3년밖에 되지 않아 시어머니와 오해가 있을리 없건만 무슨 운명에 장난인지 시어머니는 저에 대한 오해가 깊어 저를 완전히 경멸하는 시점까지 갔던 상황이라 너무 이 과정이 정신적으로 견디어 내기 힘들었고 육체적으로도 보통사람들 범주를 벗어난 행위들이라 많이 견디기 힘든 상황들이 연출 되었다. 시한부 목숨이 되어버린 시어머니를 탓할 수만 없는 노릇이라 오해는 하늘에 맡기고 그저 며느리 된 도리(道里)에 전념(專念)했던 이유고 이 과정을 오직 정성으로 견디어내야 했던 것이 나의 운명이었다. 얼마 지나지 않아 우연인지는 알 수 없으나 신명(神明)님들 덕분에 시어머니와의 오해(誤解)를 풀어 시어머님께서는 가시는 날까지 나에게 많이 미안해하셨다. 그때는 정말 육체적으로 정신적으로 정말 힘든 과정을 보냈다. 시어머님께서는 통증이 심하면 진통제라도 드셨으면 참 좋겠는데 모든 현대의학의 치료들을 종교적인 이유로 거부하시는 사례라 제 입장으로는 많은 갈등과 애로(隘路)사항들이 저희 친정어머님 못지않게 따랐던 이유이고 제가 종교를 떠나게 된 이유가 되기도 한다. 저희 어머니는 그래도 병원 치료를 받으셨고 통증이 시어머님처럼 심하지 않았지만. 폐에 물이 자주 차고 호흡 곤란과 폐혈증 때문에 물이 빠지지 않고 물차는 바람에 응급실을 수십 차례 들락거리게 되고 간담도 길마저 막혀 시술을 여러 번 했던 사례라 엄마가 고생을 많이 하셨던 이유다. 엄마는 시어머님처럼 24시간 통증에 시달리는 고통은 없었으므로 옆에서 간병하는 입장에서는 울 엄마 간병은 누워서 떡먹기 수준이라 하겠다. 돌이켜 생각해보면 일체 현대의학을 거부하신 시어머님은 시어머님대로 고통이 심했다. 그런 환자 수발을 들 수밖에 없었던 나 역시 육체적으로나 정신적으로 힘들었던 시절이었다. 시한부 6개월 선고를 받고나서 병원가시는 것을 일체거부하시고 오직 집에서 제가 해드리는 음식에 의존하시다 결국은 2년 넘기시고 떠나신지라 간병했던 내 입장에서는 너무 허무하고 허무하여 나도 한동안 마음 가누지 못했었던 기억이 새롭다. 아마 이때 시어머님만은 종교에 힘을 빌리고 내 정성껏 보필하면 시어머니는 꼭 일어나실 것이라는 어리석은 믿음에서 생긴 실망감이 나로 하여금 종교적인 이야기가 나오게 되면 나도 모르는 사이 마음에 문을 닫았던 이유다. 한 발짝 물러나서 생각을 해보니 종교도 진리를 빙자한 이념갈등이라는 것을 깨달은 것이다. 그때 종교(宗敎)의 규율이나 규범에서 벗어나 꾸밈없고 짜임없는 마음만이라도 자유로운 인간으로 살고 싶었던 것이다. 막상 엄마도 종교를 벗어난듯 하였지만 결국은 종교 안에 있는 것처럼 모든 부분을 병원에 의존(依存)하기보다는 자식 도리로 정성(精誠)을 다 하게끔 각본이 짜 있었으니 결론은 자식들에게 정성으로써 부모님께 효(孝)를 하라는 하늘의 메시지였던 것이다. 우리 인간은 신(神)의 피조물(被造物)이 맞는 것이다. 나는 언니와 함께 어머니 옆에 앉아 이렇게 여유로운 시간을 보내고 있다는 사실이 사실 행복했다. 이젠 엄마도 차츰차츰 기력을 회복하고 계시고 발뒤꿈치 괴사도 다 아물었으니 이제 정말 요양 잘해서 걸으신다면 정말 우리는 바랄게 없지 싶다. 옛 속담처럼 시간이 약이 되었는지 이제는 그저 어머니 발밑에 앉아 빼짝 마른 엄마다리 주물러 드리고 어머니 돌아누우시면 옷을 바르게 펴 드리는 정도의 손길만 어머님께 해드리는 것이 현제로서는 전부라면 전부다.

우리 자매는 어머님 덕분에 이렇게 앉아 도란도란 시시콜콜한 이야기들을 시간가는 줄 모르고 하고 있다. 이 순간이 바로 행복이라면 행복이지 않나 싶을 정도로 망중한을 보내고 있다. 행복해서 웃는 것이 아니라 웃어서 행복하다. 라는 말의 의미를 공감(共感)하는 차원이다. 조금 남다르신 어머니께서 이렇게 저렇게 자식들을 일부로 고생시키시는 부분에 대해서는 우리가 모르는 아주 특별한 이유가 분명 있을 것이라는 생각을 갖는다. 지금도 그 이유를 깨닫지는 못했다. 더구나 엄마가 자신의 몸을 희생시키시며 가르치고자 했던 이유는 잘 모르지만 짐작컨대 아마도 앞으로 살아가는 자식들 운명(運命)의 흠을 고쳐주시는 과정이라 생각한다. 아주 특별한 경험을 저희에게 만들어주신 어머니 덕분에 남들은 쉽게 경험할 수 없는 경험을 많이 하게 되었던 부분은 달리생각하면 나에게는 큰 행운이었다는 것이다. 저희 형제들도 언젠가는 엄마 뜻을 훗날이라도 깨닫게 되면 엄마에게 감사하게 생각 할 때가 있지 싶다. 일반 사람과는 차원이 다르셨던 울 엄마를 나는 존경하며 더욱 울 엄마 모심에 꾀부리지 않으려 노력 할 것이다. 어머니는 다른 분하고 다르지 않은듯하면서 어딘지 모르게 다르셨던 분이라 이젠 건강도 빨리 회복하시리라 믿는다. 그래서 한편으로는 예전처럼 가족들 모두 대동하고 여기저기 여행 다닌 모습을 상상하고 있다. 이렇게 의지할 수 있는 언니가 옆에 있으니 왠지 든든하고 괜스레 기분이 좋다. 어머니도 자식들이 여럿이 옆에 있으면 어딘지 모르게 든든하실 것이라는 생각이 든다. 그래서 더러는 누워계시는 분들에게는 정신적으로 옆에 지원군이 많다면 그 또한 큰 의지가 많이 되는 부분이 될 것이고 그 의지 되는 부분이 시너지 효과를 일으켜 건강 회복하시는데 큰 도움이 되지 않을까? 싶다. 가족들 응원이 환자 건강 회복하시는데 큰 시너지 효과가 있을지는 확신할 수는 없겠으나 그렇다고 무시할 수도 없는 부분이다. 나는 언니와 유별(有別)나고 탁월(卓越)하시고 고집(固執)은 메가톤급이신 울 엄마 흥을 좀 보고 났더니 그동안 겪은 서러움이 사라진 느낌이다. 자고로 사람은 가끔 마음속에 불만을 은유법(隱喩法)을 써서라도 표출하고 사노라면 속은 좀 후련하고 시원하지 싶다. 사람은 어딘가 하소연이라도 하는 이유가 아마도 이런 기분 탓이지 싶다. 이 시간만큼은 언니에게 그동안 별난 두 환자 보기가 많이 힘들었다고 하소연하는 시간이다. 저희 자매는 만나면 즐겁다. 언니와 이제껏 살면서 얼굴 붉힌 적이 없었다는 사실이 자랑스럽다. 더군다나 언니의 위트 있고 유머러스한 말들과 박학다식(博學多識)한 지식과 조예(造詣)깊은 역사 이야기는 항상 우리 귀를 흥미진진(興味津津)하게 이끌었던 것이다. 척박한 환경에서도 팔자 타령하지 않고 끊임없이 노력하는 언니는 나에게는 우주에 단 한 사람이다. 나는 언니도 자랑스럽다. 한 인간으로서 존경해도 부족함이 없는 사람이 바로 우리 언니라 생각한다. 언제였는지는 모르겠지만 내가 언니에게 언니는 나중에 기회가 되면 역사박물관 큐레이터로 직업을 바꾸소. 라는 말까지 했다. 이 말을 내가 했던 이유가 언니의 해박한 역사지식이 나에게는 관건이었다. 언니는 다른 사람들에 비해 역사에 대한 지식은 그 만큼 남달랐다. 나의 생각은 역사란 승리자(勝利者)의 의해 재편성(再編成)되기 때문에 학계 일부에서는 역사는 창녀다. 라고 했다. 맞는 말이다. 우리는 이 부분을 참고해서 너무 집착해서 바라보는 역사관은 그다지 권장 할 부분은 아닌듯하다. 세상에 떠도는 역사는 왜곡된 부분이 많다는 점을 감안했으면 한다. 나는 어느 선에서 역사도 한번쯤 재조명 해 볼 필요성을 느낀다. 그러니까 개인 욕심 때문에 남의나라 침략해서 무고한 사람들을 무수(無數)의 살생(殺生)했던 나폴레옹이나 징기스칸을 우리는 영웅(英雄)이라고 칭(稱)하지만 하늘에서는 그다지 그분들 행적들을 좋게 보지는 않을 것 같다는 생각이다. 나는 우리나라도 언젠가는 강력한 영적지도자가 나타나셔서 선진국처럼 교육제도를 바꾸어 전문직을 학벌 위주보다는 재능과 소질위주로 채용해서 다양한 분야에 사람들을 채용해서 나라 발전에 기여(寄與)할 수 있는 기회를 만들어주었으면 하는 바램을 개인적으로 갖고 있음이다. 어느새 시간이 쏜살같이 지나갔다. 언니와 보낸 이틀을 어떻게 보냈는지 기억은 없지만 언니와 만남이 즐거웠던 모양이다. 의지가 많이 되었다. 벌써 헤어질 시간이 되니 아쉽게 느껴진다. 회자정리(會者定離)이자정회(離者定會)라고 하듯 사람은 만나면 반듯이 헤어지는 것이고 헤어지면 다시 만나는 것이 자연의 순리가 맞다. 우리는 만났으니 헤어져야 하는 법칙을 피해가지 못했는지 언니는 또 떠나가는 것이다. 언니가 떠나간 자리는 많이 허전했다. 마냥같이 있지는 못한 것이 우리들 삶의 현실이라 나는 언니와 아쉬운 이별을 한다. 우리네 삶은 잠시라도 생활전선에서 노력하지 않으면 다음 달 경제적 어려움을 겪어야 된다는 것이 숙제라 더 이상 붙잡지 못한 이유다. 모든 사람이 다 그렇게 살지는 않겠지만 서민들 대부분은 우리와 유사한 형편이 보편적이라 생계(生計) 걱정을 안 하고 살 수 없다는 것이 현실이고 보면 지금 우리나라 제도가 서민들 경제는 안중에 없어 보여 분명 이런 제도는 타파(打破)해야 될 제도(制度)이지 싶다. 나라를 세울 때는 국민들을 보호하고자 나라를 세웠지만 처음 나라 세울 때 그 취지는 어디가고 국민이 나라위해 존재하고 있는 것인지 30개가 넘는 각종 세금들은 국민들을 피폐하게 만들고 있으니 정작 나라는 세계 10위로 부자이지만 국민들 생활수준은 한두 달 놀면 가정경제에 타격이 있으니 서민들은 아파도 놀지 못하고 벌어야만 하는 이유다. 언제나 열심히 일 하지만 서민들 삶은 나아지질 않으니 다람쥐 쳇바퀴처럼 돌고만 있는 이 애옥살이 현실이 고달프다. 언제나 꾀부리지 않고 근면 성실하게 열심히 노력했으나 결과는 언제나 똑같이 궁(窮)하다는 사실이다. 나라제도가 잘못되었는지 나라는 분명 세계 10위 부자(富者)

인데 국민 생활은 각종 세금에 시달리고 은행이자 내기에 너무 빠듯한 박봉이 고달픈 것이다. 우리 인생은 삶의 노예(奴隷)같다는 생각이 든다. 나라 제도 어느 부분이 잘 못 되었는지 요즘 우리나라 젊은이들은 결혼도 포기하고 꿈도 포기하고 사는 이 현상을 보노라면 마음이 아픈 부분이다. 경제적으로 안정이 안 되다보니 가정을 갖고 산다는 것이 부담되는 부분이라 여겨진다. 자기 혼자 사는 것도 요즘 현실에서는 빠듯하다. 혼자 사는 것을 택하는 이유인지도 모르겠다. 요즘 젊은 세대들은 정신적으로 나약해졌는지 물질 만능시대가 만들어 놓은 나약함인지 그야말로 핵가족시대가 만든 자기중심주의인지는 모르겠지만 일단 기존 세대보다는 힘든 일은 전혀 하려들지 않으려 한다는 것이 문제다. 나는 이런 생각을 해본다. 국민은 나라위해 있는 것이 아니라 국민을 위해 나라가 있는 것이라고 그러나 나라제도가 낡아 그런지 형편성에 맞지 않게도 현시대는 열심히 노력해도 늘상 형편이 나아지는 것보다는 돌아서면 빚만 늘어난다는 사실이 마음이 서글프다. 더구나 국민 7 ~ 80%가 항상 여유롭지 못한 생활을 하고 있다는 것이 현실이다. 나라는 부자국가로 세계 10위 강대국이라 칭하고 있지만 국민 생활은 56위라는 사실을 우리는 깊이 생각해 볼 일이다. 나는 늘 희망을 갖고 있다. 그러니까 선각자(先覺者)들께서 말씀하시는 정역(正易)시대(時代)가 돌아오면 강력(强力)한 구심점(求心點)이 되어 주실 분 영적지도자께서 출현(出現)하실 것이라는 예언(豫言)된 부분이 나의 주목을 끌며 바로 이 부분이 현실이 될 것이라는 사실을 나는 확신한다. 예언서 정감록이나 격암유록에서 자주 등장하는 대목 중 사인불인(似人不人)이라는 대목을 보노라면 사람 같지만. 사람이 아니다. 신(神)이 직접 인간 모습으로 도둑처럼 강림하셔서 나라 질서를 바로 잡아주신다는 대목이 자주 반복되는 부분을 상기해보면 아마도 우리가 그렇게 열망하고 학수고대(鶴首苦

待)하며 기다린 백마탄 초인(超人)이시고 세계인이 열망하는 메시아며 마이트리아이며 미륵이라 일컫는 분이 나투실 것이라 나는 생각하는 차원이라서 머지않아 우리나라에서 바로 신인이 출현하셔서 신정(神政)정치가 열릴 것이라 기대하는 마음이다. 이 세상은 바로 미륵사상(彌勒思想)에서 운운(云云)하는 오만극락의 지상낙원이 될 것이라는 뜻이 된다. 종교에 귀의(歸依)하지 않고 일상(日常)의 평상심(平常心)이 도(道)라 생각하고 자신의 도리(道理)를 다하고 사노라면 반듯이 맞이하게 되는 세상 지상낙원이지 않겠나? 라는 생각이 든다. 서양에서 말하는 유토피아를 만들어 주실 분이 바로 신인(神人)이라 하겠다. 조선시대에 가서는 대부분 금서(禁書)로 여겨졌던 격암유록이나 정감록에서 명시(明示)되어 있는 내용들이 현실이 될 것이라는 것을 저 나름 예측(豫測)해 보는 바이다. 꿈같은 이야기가 되겠지만 결론은 말세가 도래하여 해인시대(海印時代)가 올 것이고 해인시대에 가서는 하늘에서 강림하신 신께서 인간으로 화(化)되니 화신(化神)인 것이고 그 화신은 때가 되면 스스로 하늘에서 직접 내려온 신인이라고 본인 스스로 말씀하신다고 한다. 신인(神人)만이 지구를 환경으로부터 보호하고 지상을 극락으로 인도(引導)하시게 될 것이라는 암시(暗示)다. 나는 누가 뭐라 해도 나름 올곧게 정의롭게 살아가는 사람들에게 이런 예언들은 지금 삶이 시궁창에서 비록 허우적거리는 삶이라 하더라도 올곧게 사노라면 언젠가는 복된 삶이 전계 될 것이라는 희망을 주는 것이라 비록 나의 삶이 지금은 힘겨워도 분명 밝은 미래를 맞이할 것이라는 희망이 있어 나름 바르게 인생길 지려 밟지 않고 사는 이유다. 지구가 생긴 이래 수 억 년 동안 지구인들이 기다리고 기다렸던 신인(神人)을 맞이할 때는 비로소 지구가 하나 되고 사회는 낙원이 되서 모든 사람들이 남을 먼저 배려하고 존중하며 나를 내세우지 않으며 니가 있어 내가 있다. 라는 법칙을 알았을 때 우리는 비로소 신인을 알아보는 안목이 열리지 않을까? 라는 생각을 한다. 나라가 국민을 위해 존립(存立)해야 하는 부분이 망각된 이 시점에서 서민 경제는 바닥을 치고 있어 그런지 폐지 줍고 다니시는 어르신들이 근래 들어 부쩍 많이 늘어났다는 점이 내 마음을 아프게 했다. 허리가 굽어 기역자 허리임에도 불구하고 생활고로 폐지 줍고 다니시는 어르신들 모습을 보노라면 정말 우리나라 제도가 빨리 바꿔졌으면 좋겠다. 지금 어르신들은 척박했던 이 나라 발전을 위해 적게나마 일조하셨던 분들인데 현 사회에서는 늙고 병들어 경제적 능력 없어서 생활고를 겪으시는 모습은 내 부모인 냥 그냥 지나치기에는 가슴이 저민 부분이다. 나는 언니를 보내고 또다시 일상으로 돌아왔다. 주부에게는 숙제가 되는 추석이 내일 모레로 다가오니 나름 고민이다. 엄마는 갑자기 없다. 라는 말씀을 하신다. 아마도 가을에 입으실 옷이 마땅치 않으신 모양이다. 엊그제 사다드린 옷은 평상복이라 이번에 없다. 라는 말의 의미는 외출복을 의미하신 뜻이지 싶다. 나는 엄마 말뜻을 다시 학인 하고 싶어

"엄마 외출복이 없다는 뜻입니까?"

라고 물었다. 그랬더니 엄마는 바로

"그렇지."

라고 하신다. 요즘 들어 엄마가 입고계신 옷들 대부분이 늘어나 있어 지난번에 산 옷 가지고는 옷이 부족하신 뜻이라 생각된다. 다른 각도로 생각하면 이젠 엄마도 서서히 외출하실 채비를 하신 뜻이지 싶다. 엄마께서 옷이 없다고 하시니 나는 왠지 기분이 좋아진다. 입장 바꿔 생각해 보면 누워만 계셨던 분이라 늘어진 옷들이 돌아누울 때마다 딸려 들어가는 바람에 많이 불편했을 부분이다. 이런 경험을 하지 않은 사람은 옷이 말려들어가 몸을 타이트하게 조이는 현상을 잘 모르기 때문에 대수롭지 않게 생각하겠지만 사실 옷이 말려들어가서 오는 불편한 상황을

알고 나면 누워만 있는 사람 고충을 대충이라도 이해하려는 마음이다. 그래서 나는 엄마에게 빠른 시일 내로 옷을 사다 드리겠다고 말씀드린다. 어머니는 이번에는 카라 없고 잘 늘어나는 재질이었으면 좋겠다는 뜻을 비쳤다. 그렇지만 예전처럼 꼭 옷을 사야겠다는 의지가 없어 보여 좀 씁쓸하다. 삶의 대한 애착을 놓아버린 사람 같다고나 할까? 일단 옷에 대한 의욕이 없으신듯하니 약간 서글픈 마음이 든다.

다음 날 마치 주말이라 나는 아이들에게 할머니를 부탁하고 엄마 옷을 사려 다닌다. 주말을 이용해야 했던 이유는 그나마 아이들이 집에 있는 시간이 이때뿐이라 주말을 주로 이용하게 된다. 주말에 아이들이 잠시잠깐이라도 엄마를 살펴줄 수가 있어 그나마 나에게는 천만다행이라 생각한다. 아이들이 없었다면 엄마를 홀로 두고 집 밖 외출은 상상도 못 할 일이다. 그러니까 엄마 발밑에다 엄마 지킴이를 항상 앉혀놓고 잠깐이라도 집 현관문을 나선 것이다. 사실 무슨 조화인지 모르겠지만 어머니는 제가 옆에 없으면 유독 탈이 많이 났다. 아이들에게 어머니를 맡겨놓고 어디를 여유 있게 다녀온다는 것은 정말 상상도 못 할 일이라 항상 종종 걸음이지 싶다. 이때는 정말 화장실만 다녀와도 꼭 어머니께 허락을 받고 다녔을 정도라서 애지간해서는 엄마 곁을 벗어나지 않는다. 막상 용기 내어 여러 가게를 들러보고는 있지만. 집에 계신 엄마 생각뿐이라 시간이 조금 지체된듯하니 또 불안하고 조급해진다. 마음에 드는 옷이 얼른 눈에 띄지 않으니 더 불안한 마음이 일어 옷을 차분하게 고르지 못했다. 엄마에게 맞을만한 옷을 고른다고 여러 옷을 골라는 보지만 마음이 불안해 그런지 옷이 눈에 잘 들어오지 않는 것이 문제다. 더구나 엄마는 남들과는 다르게 옷 고르시는 것이 까탈스러우시니 나는 엄마가 옷 사달라고 심부름시키시면 불안하고 걱정부터 앞선 것이다. 저는 매장 서너 군데를 더 둘러본 뒤 신축성 있는 니트 하나와 까실까실한 인견으로 만든 상의가 외출할 때도 점잖아 보여 하나 더 샀다. 뜀박질하다시피 하여 주차장으로 가서 차를 빼서 집으로 왔다. 조심스럽게 방금 사온 옷을 꺼내 숨고를 시간 없이 옷을 엄마에게 입혀 드려본다. 다행스럽게도 엄마는 입어보시더니 좋다. 라고 하시며 마음에 드셔하셨다. 어머니가 마음에 드신다고 하시니 정말 다행스러운 일이다. 어머니가 좋다. 라고 말씀 해주시니 땀 흘리며 뜀박질 하다시피 사온 보람이 있어 나도 기분이 좋다. 언니 다녀가기 전에 사다 드린 외출복 있었지만 입지 않으시고 옆에 두고만 계셔 엄마 마음에 들지 않으신 것이라 생각하고 나머지 외출복이라고 사온 옷은 얼마 전에 반품처리를 했던 사연이 있었던 것이다. 다행스럽게 이번에 사온 옷들이 다 마음에 드신다고 하시니 정말 다행이다. 이번 추석 때 고향 집에 내려가시고 싶으신 마음이 강해서 그랬는지 이번 옷만은 수월하게 넘어간듯하다는 느낌이 든다. 엄마 생각은 비록 누워 계시더라도 이번 추석에는 고향 집을 꼭 다녀오시고 싶은 마음이 큰 것이라 생각한다. 어머니 마음속에는 오매불망 잊지 못하는 고향 집이 된다. 이런 강한 의식들이 저희 어머님을 사선(死線)에서도 버티게 했던 원동력이 되었던 이유가 아니었을까? 싶다. 본인이 해야 할 일은 많은데 이렇게 속절없이 누워계시는 부분이 엄마 입장에서는 몹시 괴로우신 부분이기도 하였을 것이다. 그렇다고 병든 몸으로 혼자 갈 수 없어서 저와 동행(同行)하기를 그렇게도 원하신 이유다. 더구나 고향으로 내려가고 싶은 마음은 바쁘지만 이곳 집이 팔리지 않는다는 이유로 고향 가는 것이 미루어지고 있는 내 현실이 울 엄마 애간장 다 타들게 하는 부분이 같아 내 마음도 시커멓게 타고 있는 부분이다. 엄마 입장에서는 딸자식 보고 암 걸린 남편과 어린자식 팽개치고 고향 내려가서 살자고 억지 부릴 수 없는 형편이라 엄마도 딸 형편 고려해서 지금

이 과정을 감내하고 계신 중이다. 속절없이 누워만 계시고 몸은 타인의 도움 없이는 거동 못하시는 울 엄마 마음은 언제나 고향 가서 사시는 것 허나 인생사가 마음대로 쉽게 이루지는 것이 없는지 집이 빨리 팔리지 않으니 나는 나대로 그저 어머니 눈치만 살피고 있는 것이 지금 나의 현상이다. 주고 싶은데 너무 가난해서 주지 못하는 빈자(貧者)의 마음도 이렇지 않겠나 싶다. 그러니까 마음은 어머님 소원을 받들고 싶으나 사정이 여의치 않아 그 소원 하나 받들어 드리지 못하는 나의 심사(心思)가 괴롭고 애달픈 마음이 무능력한 딸자식의 탄식이다. 이곳 집이 빨리 팔리지 않는다는 이유로 울 엄마를 저렇게 무력하게 만들고 있는 것 같아서 더 괴롭다. 옷은 마음에 들지만 집이 팔릴 기미가 보이지 않아 그저 조용히 눈감고 누워만 계시는 어머니 모습을 옆에서 그저 바라만 보고 있잖니 죄인(罪人)아닌 죄인(罪人)이 되어 몸들 바를 모르겠다. 제가 이 상황에서도 해드릴 수 있는 부분이 있을 텐데 나는 아직 그 부분을 찾지 못하고 있으니 내 신세가 처량하다. 때가 아직 되지 않았는지 알 수 없다. 하지만 어떤 상황이 마지노선이라고 생각이 들면 나는 이곳 집은 미련 버리고 나 혼자만이라도 울 엄마 모시고 떠날 준비는 다 되어있어 울 엄마 명령만 떨어지기를 기다고 있는 중이다. 엄마는 내가 사 온 옷들을 머리맡에 가지런히 개어놓으시고서 무슨 생각을 저리도 골똘히 하시는지 깊은 생각에 잠겨 계신다. 너무 무력해 보여 옆에서 지켜보고 있노라니 나도 모르게 한숨이 절로 나온다. 제 마음은 어서 빨리 엄마가 원하시는 일이 성사 되서 엄마 마음을 기쁘게 해드리고 싶은 생각뿐이다. 속절없이 이렇게 세월만 보내는 형국이라 마음만 애달프고 괴롭다. 안타까운 사연을 만들고 있는 것은 아닌지 의문스럽기까지 했다. 저도 물론 이곳 생활을 빨리 접고 엄마 소원대로 고향집으로 모시고 갔으면 하는 마음이 이제는 급하다는 생각이 든다. 무력하게 누워계시는 병든 어머님 원(願)이라도 더 늦기 전에 들어드리고픈 마음이 뿐인 것이다. 하지만 아무리 급하다고는 해도 어머니는 그런 방법으로는 고향으로 내려가는 것을 원치 않으시니 더 애간장 녹는 마음은 엄마 마음이나 제 마음이나 매한가지가 아니겠는가 싶다. 이 시점에서는 어머님께 딱히 해드릴 수 있는 것이 없었다. 그러므로 그저 엄마 발밑에 앉아 앙상하게 변해버린 엄마 다리를 부여잡고 쪼물딱 쪼물딱 주무르며 시간을 보내고 있는 것이다. 추석이 내일로 다가왔다. 이제는 정말 차례상 차릴 반찬을 대충이라도 사야만 한다. 나도 모르게 마음이 바쁘다. 나는 우리아이들에게 엄마를 부탁하고 시장을 가려고 나서는데 때 마침 마산 큰 동생이 추석이 내일이라고 미리 인사 한다고 과일 세트를 사 들고 엄마에게 인사차 들렸다. 장남이라 뭔가 달라도 다르다는 생각이 든다. 우리나라 전통문화에서 오는 장남의 책임감이 알게 모르게 있었던 모양이지 싶다. 본인도 추석 준비하느라 바쁠 텐데 엄마를 잊지 않고 찾아주니 그저 감사하다. 그렇지만 이번 추석도 엄마를 모시고 가서 다른 가족들과 함께 명절을 보낼 의사는 이번에도 전혀 없다는 것이 느껴졌다. 병 깊은 어머니를 모시고 가서 추석지내는 것을 바랄 수는 없는 일이다. 그렇지만 빈 말이라도 엄마 이번 추석은 마산 내려가서 손주들과 추석 하루만이라도 같이 지내고 올까요? 라는 말을 나는 은근히 기대하고 있었던 모양이다. 나도 그런 마음을 이젠 놓아한다. 엄마도 몸을 부려버린 상태라 같이 갈 상황도 아니지만 그래도 빈 말이라도 자식들과 손자들이 많이 모이는 곳으로 갈까요? 라는 어머님 의사 정도는 인사차 물어주었으면 하는 마음은 있었다. 남동생은 잠깐 어머님 얼굴 보고는 차가 밀린다고 선걸음으로 떠나갔다. 어머니는 잠시 왔다 떠나가는 장남을 소파에 앉아서 배웅해주신다. 하지만 왠지 장남을 보내는 어머니 안색이 무척이나 쓸쓸해 보였다. 어머님 눈가가 어느새 촉촉이 젖어 있었다. 예전에는 그렇게도 굳건해 보이셨던 울 엄마이건만 이제는 80을 넘고 병든 노구가 되고 노구 된 몸뚱이마저 자유롭지 못하니 마음이 많이 유약해지신 것이다. 나는 이번 추석은 엄마 핑계로 다른 해 보다는 음식을 많이 줄였다. 차례 상이라 그런지 손이 많이 가는 음식들뿐이다. 음식들 준비다고 시간이 제법 걸렸다. 나는 산 조상이 먼저다. 라는 생각을 갖고 있다. 그래서 가급 적 음식은 어머니 주무시는 틈을 이용해서 만든다고 만들었지만. 그것은 무리다. 저희 어머니는 워낙 주무시는 것이 토끼잠이라 간간이 혼자 일어나 혼자 TV를 보고 계셨다. 우리가 차례상 준비한다고 마루를 왔다 갔다 해서 그런지 어머니는 아침 일찍부터 눕지 않고 앉아 계시니 나의 신경이 곤두섰다. 울 엄마 입장에선 사돈 식구들이 상 차린다고 왔다 갔다 하는 상황이라 마음이 많이 불편하셨던 이유다. 어머님 자리가 아니라 알게 모르게 불편하셨다는 뜻이 될 것이다. 나 역시 엄마가 좌불안석이 되어 눕지 못하시고 소파에 앉아계시는 모습을 보고 있잖니 화가 났다. 왜 딸자식 집에 계시는 부모들은 사위 눈치를 봐야 하는가? 라는 것에 대한 불만이다. 딸자식으로 태어난 것이 억울했다. 부모님 의식 대부분 딸집은 다녀가는 곳이지 머물 곳이 아니라는 옛날 사고방식 때문에 유독 명절 때가 되면 친정 부모님들은 마음 불편해 하시는 이유이지 싶었다. 가족들은 서로 조심하느라 아침 차례를 조용하게 지냈다. 어머니는 사돈 차례 지내는 동안 소파에 다소곳이 앉아 차례지내는 모습을 엷은 미소를 지으시며 보고 계셨다. 엄마 얼굴에는 어딘지 모르게 쓸쓸함이 묻어있다는 사실을 감출 수가 없다. 엷은 미소를 머물고 계신 엄마 모습이 유독 안쓰럽게 느껴졌다. 명절날만이라도 그동안 흩어져있던 자식들과 함께 화기애애한 분위기 속에서 명절이라도 지낼 수 있도록 해드려야 했었는데 내가 우리 엄마 보필을 잘못해서 이렇게 사돈네 차례지내는 모습 바라보며 우두커니 앉아 불편하지만 불편하지 않은 척 엷은 미소 짓고 계신 울 엄마 모습이 내 눈에는 너무 안쓰럽게 보인다. 제 마음이 그리 봐서 그랬는지는 모르겠지만 소위 말하는 꿔다놓은 보리자루… 사돈 차례 지내는 동안 우두커니 앉아 계신 울 엄마 모습이 썩 좋아 보이지 않는다. 이런 생각 자체를 이젠 버려야 된다는 것도 알고 있다. 어딘지 모르게 그 무엇에 미련이 남았는지 자꾸만 나는 엄마의 쓸쓸한 표정에 신경을 곤두세우며 차례를 지냈다. 명절날 그리운 자식들과 지냈으면 좋았겠지만 그런 상황을 나는 만들어 드리지 못한 것 같아 너무 죄송스러운 마음이 들었다. 나는 마음속으로 엄마에게 엄마 어서 쾌차해서 다음 명절 때는 고향 내려가 아들딸들과 함께 명절 보내게 우리 파이팅 해요. 라고 마음의 메시지를 보낸다. 몇 일후 추석을 지내고 났더니 완연한 가을이 되었음을 실감한다. 부지런한 계절은 어김없이 3개월간의 뜨거운 여름을 보내고 가을을 영접했던 모양이다. 그러니까 조석으로 불어주는 바람은 제법 쌀쌀 할 정도의 바람이 시원하게 불어주니 확실하게 가을이 깊어 감을 피부로 느낀다. 바람이 차가워지니 정서적(情緖的)으로 쓸쓸함이 느껴졌다. 더구나 피부에 닿는 바람의 느낌도 다르고 눈으로 접하고 있는 세상도 온통 울긋불긋하여 시각적으로도 가을의 정취(情趣)를 오롯이 느끼게 했다. 나의 시름은 뒤로하고 주변 풍경만 볼라치면 자연 그 자체가 풍경화(風景畵)다. 저 멀리 황금물결 넘실대는 김해평야의 풍요로운 들판의 풍경(風景)은 보는 이의 시름과 사연하고는 무관하여 보고 있는 그 자체도 너무 평화롭고 풍요로움이 가득 찬 들녘을 선사하고 있는 것이다. 김해평야의 넓은 들판에서는 풍요로운 결실을 맺었노라. 라고 한껏 뽐내고 있는 것이 느껴질 정도로 황금물결 넘실된다. 이 또한 며칠사이로 한포기 한 평 한마지기 한 필지의 황금물결은 가을걷이가 시작되면서 황금물결이던 가을들판은 사라지고 퇴비로 쓰기위해 잘라놓은 볕단은 논바닥 주인이 되어 차가운 겨울을 맞이하게 될 것이다. 우주의 법칙 원형이정(元亨利貞)이 호리(毫釐)에 어긋남 없이 운행 되고 있듯 우리네 인생도 사계절처럼 생로병사를 맞이하는 것 또한 그 누구도 피해 갈 수 없는 것이 기정사실(旣定事實)이라는 것이다. 우리네 인생을 춘하추동(春夏秋冬)으로 비유 하자면 풋풋한 젊은 날은 봄과 같이 새파랗고 활기가 넘치고 중년이 되어서는 갖은 경험들로 무르익어 여름철에 무성하게 자란 잎과 같이 세상을 품으며 초로에 들어서는 인생은 젊은 시절과 중년(中年)에 갈고 닦았던 재능(才能)과 학문(學文)그리고 인격(人格)을 갖추어 가을철 알곡이 되고자 뜨거운 태양을 견디어 내듯 인생도 자기 극기로 자신 업적의 결과를 얻게 되는 것이라 생각한다. 지상에 태어날 때는 분명 누구에게나 태어난 이유가 있었을 것이란 뜻이다. 우리는 그 이유에 부합(符合)하며 살았는가? 라고 물었을 때 각자가 선택해 살아온 삶의 의미(意味)가 조금은 다르겠지만 크게 보았을 땐 별반 다른 것이 없다는 뜻이다. 자신이 태어난 의미를 알고 살아가는 사람 대부분 삶이 힘겹고 고달파도 소위 불교에서 말하는 윤회(輪回)의 악순환(惡循環)된 고리를 타파(打破)하고자 모진 풍파를 견디어내려 했던 부분은 분명 다를 것이라 생각한다. 자신이 이 세상에 태어난 이유를 모르는 사람은 신세타령과 향락(享樂)을 즐기다 세상을 떠나는 차이는 있을 수 있다는 의미다. 하늘은 우리의 사소한 것 하나도 놓치지 않고 기록된 것이 바로 하늘의 빅 데이터라는 사실을 기억했으면 한다. 우리가 알게 모르게 쌓아두었던 업적은 업적대로 죄업은 죄업대로 기록이 블랙박스에 담겨 그 업적은 자신의 이력서요 성적표라 거스르지 못한다는 것이 우주의 법칙이며 자연의 이치(理致)라는 것이다. 우리 인간(人間)은 한줌에 흙으로 다시 돌아가는 과정을 수억 번의 윤회(輪回)를 걸쳐 생(生)이 다시 사(死)가 되고 사(死)가 다시 생(生)으로 변하는 윤회설을 되새겨보면 우리는 자고로 선업(善業)을 쌓고 쌓아 윤회를 멈추는 것을 목표로 살아감이 과제다. 나이 들면 세상사 잡다한 소리에 귀기우리지 말라고 귀가 어두워지는 뜻이고 눈이 침침해지는 이유 또한 눈을 통해서 보는 것 또한 모든 것이 허상(虛像)이고 물거품이요 환영(幻影)이니 인간사 미련두지 말고 윤회가 없는 세상을 생각하라는 의미로 눈이 침침해지는 이유지 않겠는가? 라는 의구심을 갖는다. 나이 들면 기억이 희미해지는 것은 과거에 찌든 마음을 깨끗이 청소해서 씻을 것은 씻고 잊을 것은 잊어 인간세상에서 얽히고설킨 인연에 집착 말고 지워버릴 것은 지워버리라고 기억이 쇄잔 해지는 이유라 나는 해석한다. 생(生)은 곧 사(死)를 뜻하니 나 또한 어느 시점에서 한줌의 흙이 된다는 사실을 망각하지 않으려 한다. 잠시 머무는 이 지구별에서 과연 나는 무엇을 추구하였는가? 라고 내 자신에게 묻는다면 나는 소유적 가치를 추구하기보다는 존재적 가치를 추구했었노라고 자신 있게 답을 할 수 있도록 노력 할 것이다. 요즘은 물질 만능시대라 얼마만큼 물질적인 것을 쌓았는가? 라는 업적으로 그 사람 성적표가 되고 있어 이 부분에 대해선 나는 확실히 낙제점수라는 사실이 관건이다.

유수(流水)같은 세월(歲月)은 우리의 사정(事情)을 전혀 봐주지 않고 흐른다. 어느덧 10월도 중순이 되었다. 또 엄마는 고향집 생각이 나신지 다시 고향집에 다녀오자고 제안 하신다. 날씨가 더 추워지기 전에 한번 다녀오는 것도 좋을 것 같다는 생각이 든다. 이번에는 사정이 좀 다르다. 차가 없다는 사실이다. 남편 몸 상태가 우선해져 마냥 집에 있을 형편이 못되어 현장 일을 하고 있는 중이다. 일 나가는 길에 교통편이라도 편했으면 하는 마음에 당분간 내 차를 이용하라고 주었다. 우리 형편이 여유롭지 못해 따로 차를 구입하지 못한 이유다. 이 무렵 우리 집 경제사정은 하석상대(下石上臺)이며 초근목피(草根木皮)하던 시절이다. 현장에서 다용도로 쓰는 트럭을 사지 못해 급한 대로 내 차를 가지고 일하려 다닌 상황이다. 내 입장에서는 남편 일하는데 지장이 없도록 편리를 주는 것이 우선이라서 차가 없어서 고향 잠깐 다녀오는 것이 조금 망설여지는 부분이다. 울 엄마 편의를 위해서는 용기가 필요했다. 나는 용기를 내어 남편에게 양해를 구했다. 당연히 남편은 좋은 말을 하지 않았다. 차를 양보해주니 나는 엄마 모시고 고향집을 다시 들렸다. 우리는 한 달 반 만에 다시 찾은 고향이다. 막상 고향동네에 들어서고 보니 늦가을에 알맞게 누런 은행잎들과 열매들이 고향집 입구와 마당 전체를 누렇게 이불 덮어 놓은 듯 은행잎들이 푹신하게 깔려있어 보기에는 정말 아름답게 보인다. 옆집 수백 년 수령(樹齡)을 자랑하는 은행나무에서 떨어진 잎들과 열매들은 보기에는 정말 아름다운 풍경이 된다. 부득불(不得不) 떨어진 열매들을 밟고 가노라면 툭 툭 툭 은행 깨지는 소리는 마음에 걸린 것이다. 옆집 아짐이 빨리 열매들을 주었더라면 차바퀴에 짓눌러 터지는 소리를 듣지 않아도 되겠지만 옆집 아짐도 이젠 80세가 넘는 고령이고 건강이 썩 좋지 않으신 관계로 열매 줍는 일이 좀 늦어진 모양이지 싶다. 가능한 깔린 은행들을 밟지 않고 조심해 지나간다고는 하지만 막상 차가 지나가니 떨어진 은행 깨지는 소리가 퍽 퍽 유독 크게 들린 것이다. 소리가 이렇게 큰 이유는 분명 알맹이가 실하다는 뜻이다. 나는 은행 깨진 소리를 들으니 왠지 아깝다는 생각도 살며시 들었다. 은행나무 수령이 어림잡아 4~500년이 되었다고 들었다. 수령이 500년 되었음에도 알맹이가 유독 실하고 맛도 좋다. 더구나 찰지기까지 하여 엄마는 매년 우리들에게 사주셨던 은행이다.

나는 차를 마당에다 세웠다. 하지만 다른 날과는 다르게 차 정면이 텃밭을 바라보게 주차를 했다. 이유는 뒷산에 모셔진 외할머니 묘소를 엄마가 한 눈에 바라 볼 수 있도록 한 것이다. 작년여름에는 휠체어에 엄마를 태워 외할머니 산소 앞까지 갔었다. 그때 엄마를 산소 앞에 세워놓고 나는 산소 여기저기에 돋아난 찔레꽃 가시덤불을 문구용 커터 칼로 잘라내는 작업을 했었던 것이다. 그러나 이젠 휠체어가 없으니 산소 앞까지 엄마 모시고 가시기에는 무리다. 그래서 나는 할머니 묘소라도 바라보실 수 있게 주차를 한 이유다. 엄마는 외할머님 묘소를 바라보시고 서 저에게 그래서 그래. 라는 말씀을 하신다. 나는 울 엄마 그래서 그래. 라는 의미를 수수께끼 풀 듯 풀어야 했다. 그래서 잠시 울 엄마 그래서 그래. 라는 말씀을 나는 다시 되뇌어 본다. 분명 어머니 그래서 그래. 라고 말씀 하실 때는 분명 이유가 있을 것이다. 나는 울 엄마 의중이 과연 무엇을 내포하고 있는지를 잠시 생각을 하게 된 이유다. 어머니는 갑자기 이런 식으로 그래서 그래. 라고 말씀 하시면 나는 이 말씀을 어떻게 해석을 해야 될지 난감할 때가 많다. 엄마 말씀을 수수께끼처럼 풀어야 하기 때문에 나는 가끔 머릿속이 하얗게 된다. 엄마가 어떤 의미로 그래서 그래. 라는 말씀을 하셨을까? 라고 잠시 생각을 하니 문득 생각 하나가 떠오른 것이다.

"나는 엄마 우리 측량한번 더 할까요?"

라고 물었다. 어머니는 바로

"그렇지 바로 그거야잉."

라고 하신 것이다.

"그래서 나도 그래요. 그럼 우리 내년 봄에 사촌오빠와 의논해서 측량 한 번 더 합시다."

라고 했다. 어머니는 그래서 그래. 라는 뜻을 제가 빨리 알아들으니 기쁘신지 갑자기 환한 모습으로

"바로 그것이다잉 바로 그것이야."

라고 하시며 좋아하셨다. 어머니는 수십 년 동안 이웃으로서 일가로서 말도 제대로 못하시고 속만 끓이고 살아온 부분이 바로 이 부분이다. 이제껏 울 엄마 심기(心氣)를 가장 불편하게 만든 부분도 바로 이 부분이었다. 10여 년 전 어머니는 30만원을 주고 분명히 옆집 밭과 우리 산 경계를 확실하게 해두고자 일부러 사람을 사서 측량을 해서 빨강깃발이 달린 말뚝까지 여러 군데 박아 놓았던 것이다. 바로 그 이듬해부터 빨간 깃발까지 빼버리고 자꾸만 경계를 침범해 산을 훼손시키고 있으니 우리 엄마 입장에서는 몹시 불쾌한 부분이 된 이유다. 그동안 엄마는 말씀을 잘 못하시는 관계로 따져보지 못했던 부분이고 일단 사람이 그동안 살고 있지 않다고 해서 주인이 없는 것도 아니고 관리를 안 한 것도 아닌데 자꾸만 옆집 아짐께서 산 경계를 침범하고 외할머니 산소 밑까지 파서 농사짓고 계신지라 울 엄마 마음이 이제껏 불편했다. 내 것이 아닌 것에는 욕심을 부리지 말아야 하는데 자꾸만 이웃 아짐께서 산을 훼손시켜가며 밭농사를 짓고 계시니 어머님 마음이 많이 언짢은 이유다. 인간 욕심이라는 것이 한도 끝도 없다지만 굳이 남의 땅을 훼손 시켜가면서까지 경작을 해야 하는지 의문스러운 부분이다. 그것도 남도 아니고 일가이고 이웃이면서 말 못하시는 저희 어머니 마음을 어지간히 불편하게 만들고 있으니 참으로 원망스럽다. 엄마는 이제껏 산소만큼은 훼손시키지 말아 달라고 신신당부 하며 살았건만 자꾸만 산소 밑을 파고들면서까지 경작 하시니 울 엄마 심기가 몹시 불쾌하신 것이다. 어머니가 이런 이유 때문에 본인이라도 고향 내려오셔서 살아야겠다고 고집하신 이유라 유추한다. 어머니는 자기 용돈 털어 말뚝에 빨간 깃발 달아 경계(境界)를 분명히 해두셨지만 그 일이 허사(虛事)가 되고 보니 또 다시 측량해서 경계를 확실하게 해두고 싶은 마음이지 싶다. 부모님들께서 척박한 환경에서 일구어낸 재산이라 쓸모없는 땅 한 평이라도 이유 없이 남의 손에 넘어가는 것을 방지코자 하시는 의도(意圖)다. 울 엄마는 제가 측량을 다시 한 번 더 하자는 말에 안심이 되셨고 어머님 뜻이 전달이 되어 더 이상 이곳에 머물 이유가 없으신지 고향집 방문도 열어보지 말고 바로 김해로 가자고 재촉하셨다. 어머니는 이번에도 걷지 못한다는 이유로 차에서 내려 보지 않으신 것이다. 나는 엄마가 차에서 내리지 않으시니 나도 차에서 내려 보지 않고서 외할머니 산소 벌초가 잘되어 있는지를 한번 돌아보며 외할머니 산소 옆에 매년 감이 주렁주렁 열어서 우리를 반겨주던 수령을 알 수 없는 감나무를 한 참 물끄러미 쳐다보고 나서야 마당에서 차를 돌려 김해로 방향을 돌려 달렸다. 고향을 다녀오고 났더니 또 다시 측량을 해야 하는 문제 때문인지 옆집 아짐이 야속하게 생각된다. 처사(處事)가 바람직하지 못하시는 분이 우리 텃밭을 그것도 공짜로 일구고 계시니 울 엄마 마음이 불편하신 이유다. 어머니는 옆집 아짐이 우리 텃밭을 일구시는 것을 처음부터 원치 않으셨다. 우리 텃밭을 일구셨던 5촌 이모께서 본인 몸이 좋지 않으셔 농사를 못 짓게 되어 밭 일굴 사람을 찾던 중 바로 옆집 아짐께서 자기 밭하고 우리 밭이 같이 딸려있으니 자기가 일구겠노라고 자청하시는 바람에 엄마 의사와는 무관하게 옆집 아짐께서 우리 밭은 일구게 된 사연이다. 어머니는 고향 내려가서 동네 분들에게 우리 밭을 일구시기를 부탁했지만 일가친척 간에 마음 불편해지기 싫다고 하시며 동네 분들이 너도나도 저희 텃밭 일구기를 거부하신 사례다. 이런저런 문제가 있다 보니 내 마음도 옆집 아짐이 우리 텃밭을 가꾸시는 것이 못마땅하다. 말 못하시는 엄마 마음은 오죽하겠나 싶다. 사람은 감정의 동물이다 보니 기분이 썩 좋지가 않는 경우다. 객관적으로 울 엄마를 보았을 때 엄마가 사실 인심 사나운 분은 아니다. 옆집 아짐 처사를 생각하면 분명 기분이 좋지 않다는 것이다. 나는 본인이 내준 것과 도둑맞은 것에 대한 차이는 미묘(微妙)한 차이가 아니고 엄청난 차이라는 것을 경험한 사례다. 마음이 불편해서 그랬는지 오늘은 왠지 피곤한 하루다. 한 편으로는 보람된 하루이기도 하다는 느낌이다. 이유는 어머니 마음속 깊은 시름 한 가지를 내년 봄이면 해결 할 수가 있을 것 같아 왠지 벌써부터 측량을 마친 기분이다. 울 엄마 마음속 깊은 시름이 무엇인지를 알았으니 나는 그 걱정부터 빠른 시일 안에 해결해드릴 생각이다. 고향집을 이렇게라도 다녀오셨으니 기분이 좀 좋아지셔야 하는데 나의 예상과는 다르게 울 엄마 기분이 썩 좋지 않다. 도대체 무슨 일 일까? 몹시도 그늘진 모습을 하고 계신 울 엄마 표정이 내 마음을 무겁게 한다. 내가 아직 모르고 있고 아직 풀지 못한 숙제가 또 있는 모양이지 싶다. 어머니는 따로 말씀은 없으시다. 집이 팔리지 않는 이유로 제가 고향으로 내려가지 않고 있어 저리도 기분이 우울하신지? 왜? 저리도 표정이 어두우신지? 미련한 나는 울 엄마 마음을 밝게 해드리는 묘책이 언능 떠오르지 않아 전전긍긍(戰戰兢兢)하며 좌불안석(坐不安席)이다. 엄마 마음이 우울해 보이면 내 마음은 갈피를 잡지 못하고 있다. 그러니까 울 엄마 마음을 편안하게 해드리는 방법을 찾지 못하면 불안증세가 나타난 것이다. 나는 어머니 안색이 너무 어두워 조심스럽게 엄마 눈치를 살피며

"엄마 우리 아이들 겨울방학이 될 때까지 집이 안 팔리면 방학동안 시골 내려가서 한 달 동안만이라도 있다가 올라옵시다."

라고 제안했다. 엄마도 바로

"아 그래 그럴까"

라고 하신다. 그래서 나도

"네 그래요 우리휴양 한다고 생각하고 이곳을 떠나 고향에서 겨울방학 동안만이라도 있다가 옵시다."

라고 했다. 저희 어머니 이렇게 몸 부려 버리기 전에는 나는 종종 아

이들 방학을 이용해 며칠씩 머물다 오곤 했던 고향집이라 고향집에 가서 한 달 정도 있다가 오는 것은 크게 무리는 아니다. 이렇게 멋진 제안을 했건만 어머니는 그럴까? 라는 말씀 외에는 별다른 반응을 보이시지 않는 것이다. 겨울 방학까지는 2달 정도가 남아있어 그랬는지는 모르겠지만 다른 때 같았으면 분명 좋아 하셨을 텐데 어찌된 일인지 요즘 들어 반응도 별로 없으시고 기분도 저기압이시다. 누워서 엄마가 하시는 동작이라고는 고작 괴사로 함몰된 발뒤꿈치만 만지작거리고 계시는 것이 전부라면 전부다. 추가로 이불에 나있는 보푸라기만 더듬어 때내시고 계신 것이 하루 일과다. 엄마의 이런 동작은 왠지 불만(不滿)이 많아 욕구불만(欲求不滿)을 이렇게 표출하시는 느낌이지 싶을 정도로 보푸라기 잡아떼시는데 집착하셨다. 울 엄마 옆 분위기가 무겁다. 나는 자동적으로 엄마 눈치만 살피고 있다. 이 또한 울 엄마 마음대로 할 수 없는 영역이고 그렇다고 제가 할 수 있는 부분이 아니다. 다시 전세도 가능 하다는 문구를 추가해서 전단지를 붙이는 작업을 한다. 이 작업만이 고작 제가 할 수 있는 행동이라 제 자신이 한심스럽게 느껴진 부분이기도 하다. 어느덧 11월이 되었다. 조석으로 제법 쌀쌀함을 느끼게 했다. 저는 어머님 누워 계실 때 추우실까봐. 전기 온열 매트를 꺼내 깔아 드렸다. 더우면 끄시라고 작동 방법을 가르쳐 드렸다. 엄마는 못마땅하다는 듯

"아이고 참말로."

라고 하신다. 이런 모든 것들이 다 귀찮다는 말씀 같이 느껴졌다. 예전 저희 어머님 성품으로 봐서는 분명 아 그래. 라고 답하셨을 텐데 왠지 퉁명스런 어머니 말투가 제 마음을 울적하게 했다. 그렇지만 나마저 이런 기분으로 앉아 있을 수 없어 어머님께 단감을 썰어 갖다드렸다. 그랬더니 엄마는 일어나 앉으시고서 단감을 맛있게 드신다. 나는 그 틈을 타서 엄마 기분도 풀어 드릴 겸 광주손자들 사진을 보여드렸다. 이 사진

은 둘째올케가 엊그제 내 카톡으로 보내온 사진이다. 광주손자들 사진들을 보여드린다. 어머니는 사진 속 손자들을 한참 보시더니 갑자기 본인휴대폰을 저에게 건네주셨다. 그러시면서 하신 말씀이 자기 휴대폰도 스마트폰으로 바꿔달라고 하신 것이다. 저는 어머니가 무언가를 요구하시는 것은 어머니 기분이 좀 나아지신 것이라 생각이 들어 기쁘다. 더구나 요즘은 돈을 많이 주지 않더라도 쓸 만 한 스마트폰들이 있어 울 엄마 휴대폰 바꿔드리는 것은 어려운 문제가 아니다. 주중이라 어머니를 혼자 두고 휴대폰 매장까지는 가지는 못한 사항이다. 나는 자주 거래하는 대리점에 전화 걸어 사정 애기를 했다. 그곳 지점장님께서 마침 직원이 저희 집 쪽으로 출장 나갈 일이 있다고 말씀을 하시며 그때 서류랑 휴대폰을 함께 보내주시겠다고 하셨다. 그래서 휴대폰 사는 문제는 간단하게 해결 되었다. 휴대폰을 굳이 대리점까지 나가지 않아도 살 수 있게 된 부분이 왠지 궁적상적(弓的相適)같다는 생각이다. 누가 말했던가요? 궁(窮)하면 통(通)한다고… 아무튼 우연(偶然)의 일치겠지만 이렇게 매장에 가지 않고 편리를 받고나니 이 또한 감사한 일이지 싶다. 이렇지 하지 않고는 며칠 기다렸다가 애들 쉬는 주말을 이용 할 수밖에 없는 일이었다. 뜻이 있는 곳에 길이 있다고 하듯 제가 엄마 휴대폰을 어떻게 빨리 사드릴까? 라고 걱정 했더니 직원이 집까지 찾아오는 방법이 생겼으니 나에게는 정말 다행스런 일이지 싶다. 지점장님과 통화를 마치고난 후 두어 시간 지나서 직원분이 저희 집으로 오셔 서류를 작성하고 조금 저렴한 스마트폰으로 엄마 휴대폰을 스마트폰으로 바꾸어 드렸다. 엄마도 스마트폰을 받아 보시곤 좋아하셨다. 더구나 관심을 갖고 한참을 살펴보시니 보기가 참 좋았다. 열심히 폰을 살펴보시는 엄마 모습이 왠지 생기가 돌아보였다. 울 엄마 생기 돈은 모습을 보고 있는 제 마음이 더 뿌듯하다. 나는 내 휴대폰에 저장되어 있는 가족사진들을 모두

어머니 휴대폰으로 옮겨드렸다. 가족사진들이 크게 나오니 울 엄마가 좋아 하셨다. 엄마는 핸드백 속에다 항상 가족사진들을 한 묶음 챙겨 다니시며 종종 그 사진들을 꺼내 보시곤 하셨다. 엄마 핸드백은 항상 묵직한 이유다. 엄마 핸드백 속에는 고향 부동산 문서들 봉투가 헤질 정도로 닳아져있었다. 가족사진들과 현금 봉투들이 가지런히 들어있었다. 언제부터인지는 알 수는 없다. 어림잡아 내가 고향 내려가서 엄마 모시고 살겠다는 말을 꺼낸 이후 고향집 문서와 고향 땅문서가 핸드백 속에서 보이지 않아 엄마랑 제가 사흘 밤낮을 고향집 내려가서 찾았던 이유다. 새 휴대폰에 저장된 가족사진들 보시고 엄마가 다시 건강 회복하셔서 또 다시 이모들과 자식들 대동(帶同)하여 가까운 곳이라도 다녀오시도록 나는 계획을 세워 볼 생각이다. 그동안 나는 무엇을 하고 살았는지 모르겠지만 그래도 세월은 우리의 걱정과 시름과는 무관하게 달이 바뀌어 11월 달이 되었다. 일주일이 지났다. 월 초인데도 내 마음은 여전히 불편하다. 아마도 밀린 세금들을 10월말에 해결하지 못해 마음이 편치 못한 이유이지 싶다. 추석을 지내고 났더니 알게 모르게 지출이 많아졌다. 카드 값이 문제다. 일단 급한 대로 남편 병원비를 카드로 결제 했던 터라 결제금액이 생각보다 많다. 그래서 아직 결제 못한 카드 값을 어떻게 메꿔야 할지 마음이 무겁다. 어쩔 수 없이 몸은 어머님 발밑을 사수하고 있으나 금전적으로 밀려오는 압박감에 나도 모르게 안절부절 하고 있는 내 모습이 초라하다. 옛 속담처럼 설령 산입에 거미줄 치겠냐? 싶기도 하여 나름 용기 내 보지만 현실적으로 돈이 급히 필요한 상황이라 어떻게 하면 급한 불부터 꺼야 될 것인가? 라는 난제(難題)로 마음이 무겁고 무겁다. 내 삶은 더 험한 세상도 살아왔는데. 라는 생각이 든다. 첩첩산중에서도 지혜롭게 길을 찾아 가듯 방법을 찾노라면 분명 방법은 있지 않겠나 싶은 마음에 잠시 시름을 던져버리고 울 엄마 맛있는 것이나 챙겨드려야지. 라는 생각에 나는 엄마 발밑에서 벌떡 일어나 냉장고를 뒤졌다. 일전에 사둔 수입산 포도가 눈에 들어왔다. 싱크대에서 깨끗이 씻어 갖다드렸다. 엄마는 포도를 일어나 드신 후 맛있다. 라고 하신다. 요즘 엄마는 포도 정도는 누워 드실 때가 많았다. 오늘은 포도를 일어나 잡수시니 보기가 참 좋다. 대부분 딱딱한 감이나 무우는 대체로 앉아 드셨던 부분이다. 저는 어머니가 딱딱한 것을 앉아 드시는 모습을 좋아한지도 몰겠다. 아마도 그 이유는 왠지 생동감이 느껴져서 그랬을 것이라 생각한다. 나는 겨울철에는 대부분 김장용 무우를 일부러 사 놓고 종종 잘라 들리곤 했던 이유이다. 울 엄마 무우 씹는 소리가 유독 맛있게 들려 옆에 있는 나도 침이 자동으로 꿀꺽하고 넘어 갈 정도로 맛있게 잡수신 것이 관건이다. 불과 1~20년 전만해도 100세 시대를 넘볼 수 없었던 시대라 82세 연세에도 불구하고 딱딱한 무우를 맛있이 잡수시는 일은 흔치 않는 일이다. 요즘은 시절(時節)이 좋아져서 건강(健康)백세시대(時代)가 되고 보니 80세 연세는 보통 연세이고 보니 자랑거리는 아니지만 울 엄마 치아(齒牙)만큼은 백만 불짜리가 아닌가라는 생각이 들 정도로 엄마 치아(齒牙)는 건치라 이 또한 우리들 복(福)중에 복(福)이지 싶다. 30년 전 어머니께서 충치 치료하고자 치과에 들렀을 때. 그곳 치과의사선생님께서 저희 어머니께 할머니 치아는 백만 불짜리입니다. 라고 하셨을 정도로 우리 엄마 치아는 정말 건치(健齒)중에 건치다. 옛 속담 중에 오복(五福) 중에 하나가 치아라고 하셨던 옛 선조님 말씀이 바로 진리라 여겨진 부분이다. 어떤 음식이든 맛있게 잡수시는 울 엄마가 옆에 계시니 그저 감사하고 행복할 뿐이다. 어머니는 음식 만들어 주는 사람 성의(誠意)를 헤아려 언제나 맛있다. 이것도 맛이고 저것도 맛있다. 라는 말씀을 잊지 않으시고 꼭 해주시니 이 또한 모시고 있는 자식들 복(福)이다. 저희 어머니가 바로 나의 롤 모델이지 싶다. 나는 늘 울 엄마처럼 나이 들어가고 싶은 생각을 많이 한다. 특히나 성품도 엄마를 답습(踏襲)하고 싶은 것이다. 울 엄마 하해(河海)같은 아량도 배우고 싶다. 울 엄마 인자(仁慈)하신 모습 또한 유독 부러운 부분이다. 참사람의 모습이 바로 이런 모습이지 않겠나 싶다. 저희 어머니의 어진 모습도 어떻게 생각하면 보는 사람의 안목에 따라 다소 차이는 있겠지만 대부분 저희 어머님 인상을 좋게 보고 점잖으신 분으로 인정해주는 것을 생각하면 보편적으로 인생을 아주 잘 살아오신 뜻이라 해석해 본 이유다. 제 눈에 비춰지는 저희 어머님 인상은 더 이상 바랄 것 없는 고매(高邁)한 인상이라 여겨진다. 부처님처럼 온화한 모습 또한 우리 엄마 특징이라 생각한다. 저는 이렇게 인자하신 울 엄마 모습을 더욱 배우려는 차원이라 하겠다. 누가 뭐라 해도 나는 저희 어머니가 너무 자랑스럽고 존경스럽다. 그리고 아무나 따라 할 수 없는 영역(領域)또한 분명 있다는 사실을 다른 형제들도 알아 봤으면 한다. 어머니는 보통사람들이 볼 수 없는 심안(心眼)의 경지(境地)에 이르신 초인(超人)이시고 생불(生佛)이셨지만 이런 경지에 계시는 어머니의 세계를 모르고 있는 형제들이 참으로 안타깝다. 이 경지는 아는 자만이 아는 경지다. 이 부분만큼은 말이나 글로는 아무리 이해시키려 해도 이해할 수 없고 볼 수 없는 경지라는 사실이다. 이런 영성 부분만은 정말 설명하기 난해한 부분이라 생각한다. 동물들에게 김치 맛을 설명(說明)하는 것처럼 난해(難解)한 부분이기도 하지 싶다. 온갖 양념들이 배추와 어우러져 내는 김치 맛을 어떻게 동물들에게 생강 맛은 이렇고 젓갈 맛이 이렇다고 설명 할 수 없듯 영성(靈性)적인 부분은 정말 이해시키기가 난해한 것이다. 아는 사람은 가르침에 기대지 않고도 아는 법(法)이 바로 무위법(無爲法)이고 이것이 바로 시공(時空)을 초월(超越)한 4차원이며 영성의 경지다.

제6장

큰딸은 이제 어엿한 대학생이 되어 나의 품을 떠난다

아침을 먹고 난 남편과 딸들은 일찍 서둘러 공주로 떠났다. 사실 큰 딸을 생각하면 그동안 보통 가정과 비교하였을 때 우리 딸은 유독 험난한 가정환경 속에서 자랐지 않았나 생각한다. 그래서 타지로 떠나가는 딸을 생각하면 내 마음 한구석에서는 유독 미안한 마음이 크다. 물론 더 어려운 가정과는 비교 할 수는 없겠지만 사실 남모르게 정신적으로 받은 상처가 컸던 이유가 주사(酒邪)가 심했던 아빠가 줬던 상처가 크리라 생각한다. 더구나 남편의 일방적인 사고방식 때문에 자식들 가슴에 많은 상처들이 내면(內面)에는 아물지 못하고 있다는 사실이 느껴지고 있어 더욱 큰 딸을 떠나보내는 능력 없는 엄마 입장에서 바라 볼 때 가슴이 저민 부분이다. 큰 딸이 아직 스스로 상처를 치유(治癒)하는 나이가 아니라 더 걱정이 많다. 스스로 내면(內面)에 있는 상처(傷處)를 치유해서 산다는 것은 어느 정도 연륜(年輪)이 되어야만 하겠지만 그래도 그나마 상처를 뒤로하고 밝게 잘 자라줘 속 깊은 고마운 딸이다.

항상 어디를 가든 어떤 공부를 하고 어떤 일을 하더라도 씩씩 당당하고 위풍당당 해 줄 것이라 믿으면서 잘 다녀오라며 배웅했다. 소파에 누워계셨던 엄마도 외손녀에게 잘 다녀오라고 고개 들어 손짓을 해주셨다. 몇 분전에는 예정 표시로 외손녀에게 얼굴 비빔까지 해 주셨다. 그러므로 떠나가는 외손녀를 향에 고개 들어 인사만 하신 것이다. 외손녀를 떠나보내는 엄마 마음도 조금 서운하신지 쓸쓸함이 묻어있어 보인다. 나는 엄마 옆으로 가서 살포시 앉았다. 식구들이 한꺼번에 세 사람이 빠져 나가니 집안이 텅 빈 느낌이 들었다. 나는 엄마에게

"엄마 우리큰딸 부디 잘 지내다오게 해주세요."

라고 조심스럽게 부탁을 드린다. 잠시 고요한 침묵이 흐른다. 심사결과를 기다리는 긴장감마저 든다. 얼마 지나지 않아 고요한 적막을 뚫고 울 엄마 나지막한 목소리가 괜찮을 것이다. 라고 하신다. 저는 언제부터 이런 습이 생겨났는지는 잘 모르겠다. 그렇지만 저는 사소한 것 하나라도 이렇게 울 엄마를 정신적으로 의존하는 것이 습이 되었던 것이다. 더구나 신앙처럼 고착화 된 것이다. 나는 언제나 이렇게 제가 알 수 없는 영역(領域) 보이지 않는 세계의 힘을 어머니께 의존(依存)하며 살고 있는 것이다. 어머님께 이렇게 부탁드리고 나면 마력(魔力)처럼 내 마음도 한결 가볍고 편안해졌기 때문에 무슨 일이 생기면 엄마에게 이렇게 부탁하고 산 이유다. 그 이유를 쉽게 설명 할 수는 없다. 아는 자만 아는 영역이다. 개에게 사과 맛을 설명하기 어렵 듯 이 또한 설명하기란 쉬운 부분이 아니다. 다만 사람들은 왜? 종교를 가지는가? 라는 생각을 해보았을 때 제 경험상 일단 정신적으로나 마음 적으로 크게 의지가 되기도 하고 더러는 편안한 마음으로 전환되기도 해서 더러는 종교에 의지하지 않을까라는 생각을 한다. 제가 저희 어머님을 신앙(信仰)처럼 의지(依支)하고 살 듯 많은 사람들이 종교를 갖고 그곳에 의지하고 사는 이유를 제가 울 엄마를 의지하면서 조금 알게 된 부분이다. 더군다나 종교를 정신적으로 의지하고 믿고 따른다는 뜻은? 인간은 불안전체라 항상 도처에 도사리고 있는 예기치 못한 사고로부터 벗어나고 푼 심리작용이라 생각한다. 특히 안전 불감증(不感症)에 대한 공포감을 떨쳐버리고자 하는 심리 때문에 더러는 종교(宗敎)에 귀의(歸依)하지 않았을까? 라는 생각도 많이 든다. 이렇게 밖에 표현하지 못하는 이유가 아마도 제 경험상 추상적인 부분에선 그러니까 보이지 않는 세계 특히 인간들이 컨트롤 할 수 있는 부분들이 한계가 있다는 사실을 알고부터이다. 인간은 왜?

불안감으로 살아가는가? 라는 주제를 놓고 생각했을 때 아마도 확실(確實)하지 못한 미래(未來)에 대한 불확실성 때문일 것이라는 나의 개인적인 생각이다. 우리들은 정말 한치 앞도 헤아려 볼 수없는 미약한 인간(人間)이라 불안전(不安全)한 미래로부터 밀려오는 두려움을 떨쳐버리자고 마음 의지 할 곳을 찾게 되고 보니 그곳이 바로 종교와 신앙생활이 되지 않았을까? 유추한다. 인간은 생각하는 동물이라 수많은 망상과 생각들을 떨쳐버리고 마음을 깨끗하게 닦기 위한 수단으로 신앙을 택하지 않았을까? 라는 저만의 생각이다. 저는 크게 종교생활을 해보지 않아 잘 몰겠지만 열심히 기도하려 다니시는 분들 대부분 종교라는 틀 안에서 정해진 규율과 규칙을 따르면서 안전하다고 느끼시며 종교를 통해 선(禪)을 깨우치려는 마음이지 싶다. 나는 그 어떤 종교를 논하기 보다는 이런 타 문화들이 들어오기 전부터 우리나라 유구한 문화 속에서 엄연히 자리 잡고 있었던 토속신앙에 매력을 더 느낀다. 우리나라 토속신앙은 교리(敎理)가 없다. 그리고 그 어떤 규제도 없다. 어떤 형식 따위를 따로 요구하지도 않는다. 그렇지만 하나의 종교로써 부족함도 없다는 사실이다. 그래서 저는 우리나라의 성천자(聖天子)사상인 하늘을 우러러 깨끗한 물 한 그릇 떠놓고 물론 물을 떠 놓지 않아도 된다. 그저 마음 내키는 대로 빌면서 행(行) 하면서 사는 것을 흠모(欽慕)할뿐이다. 더군다나 나는 어떤 면에서 오히려 장소를 논하지 않고 어떤 행위를 요구하지 않을뿐더러 강제성도 없는 자유스러운 마음을 표출 할 수 있어 더욱 우리나라 정안수 떠놓고 빌고 살았던 토속신앙을 좋아한 이유다. 그러나 각자생김새가 다르고 사고력 또한 다른 것이 고등동물(高等動物)인 인간(人間)인지라. 종교 관념(觀念)도 판이하게 다르게 해석되고 있다는 사실이 더러는 종교 갈등을 야기 시키고 있지 않겠는가? 라는 생각도 없지는 않다. 개인적으로 토속 신앙은 교리도 없고 법문도 따로 정해진

바 없지만 믿음으로써 마음을 빌고 닦는 대에는 부족함이 없었던 것 같다는 저만의 생각이다. 우리가 신(神)을 알고 애수님과 부처님을 믿고 따를 때에는 조상을 알고 생명을 주신 부모님을 공경(恭敬)하며 받들고자 하는 마음이 컸을 것이라 생각한다. 그러나 이면(裏面)에는 종교(宗敎)를 알고 신앙(信仰)을 가지게 되면서 조상(祖上)을 배척(排斥)하고 부모형제를 배척하고 도외시 하는 이유는 무엇일까? 라는 생각을 해 봤다. 그래서 과연 우리들 종교관념(觀念)은 도대체 무엇을 추구(追求)하기에 종교이념과 사상이 다르다는 이유로 부모형제를 멀리하고 나라 미풍양속인 전통마저 바꿔 살아가는가? 라는 부분에 개인적으로 의문을 가진 부분이다. 종교 때문에 갈등을 겪고 있는 사람들을 주변에서 종종 보노라면 자신의 운명에 흠은 고치려 하지 않고 외모만 뜯어고쳐서 사는 사람의 심리와 흡사하다고 여긴다. 제가 걱정하고 고민해야 할 문제는 아니다. 목숨 받쳐 나라를 지켜주시고 자신을 있게 해주신 선조님들과 부모님 은공만은 절대 잊어서는 안 되는 부분이라 생각한다. 유구한 우리나라 미풍양속 중 하나인 조상숭배사상이라는 큰 맥이 저변에 이어져있음을 잊지 말아야 하지 않을까? 싶다. 그리고 우리 선조님들이 헌법을 만들어 국가기본법을 제정하고 사회 기본법을 만들어 제정 할 때는 마땅히 대한민국 국민이라면 누구나가 국가기본법에 준하여 나라를 지키고자 노력을 해야 하는 것이 국민 된 도리 가 될 것이다. 더구나 사회기본법은 각자 양심과 윤리성과 도덕성으로써 지켜가야만 되는 것이 국민 한사람으로써 사회의 일원으로써 마땅히 지키나갔을 때 비로소 우리나라 대한민국은 참으로 아름다운 나라가 될 것이다. 애석하게도 국가기본법과 사회기본법을 유린하는 무리들이 생각하는 것은 자기들이 법을 잘 알고 지혜로워 사회기본법을 역이용하고 있다며 자랑스럽게 이야기 할 때 참으로 안타까운 마음이 든다. 우리들은 그저 법대생이면 무조건 공부 잘하고 똑똑하다는 이유로 율사들을(법대생)앞장세워 법을 제정해 국민들을 이롭게 하고자 하였으나 결과는 헌법 개정 70년이 흐르고 나니 경험 없고 고생하지 않고 학교에서 법만 배운 법관 출신들을 너무 많이 국회로 보냈던 것이 지금 우리가 후회하는 부분이 되었고 사회가 빈익빈 부익부 현상을 양상 시킨 결과를 초래 한 것을 이제 사 람들은 공감하고 있는 추세다. 법을 모르는 사람들이 법을 만들지는 못하는 것이다. 그런데 법을 제정(制定)하는 입법부라는 국회로 우리는 법대 출신들을 여과 없이 내보내다 보니 결국은 국회가 도둑놈의 소굴이 된 이유이다. 국회라는 입법부를 통해 국민을 위한 법을 만든 것이 아니고 국회의원 자신들에게 유리한 법만 만든 곳이 바로 국회이지 싶다. 더구나 그런 사람들은 자기가 똑똑하고 영리해 사회기본법을 역이용하고 편법을 써 사회기본법을 자신들에게 유리하게 이용하고 있다고 자랑도 일삼고 있으니 참으로 어처구니없는 현상이 아닐 수 없다. 백사장에 모래알갱이 하나를 놓고 보았을 때 정말 보잘 것 없는 아주 작은 돌멩이에 지나지 않지만 이 작은 모래알들이 모여 백사장을 만들어 우리에게 푹신하고 따뜻하게 휴가를 즐기게 해 주는 것이고 넓게는 바다와 강을 막아 우리들을 안전하게 살게 하는 방패가 되어 주기도 한다. 그리고 우리의 삶에서 떼놓을 수 없는 필수요건이 되어 다양한 건축물이 만들어져 우리 삶을 윤택하게 하는데 일조를 하고 있어 우리는 작은 모래알갱이 하나라도 허투루 사용해서는 안 된다는 사실을 알았으면 좋겠다. 그리고 그 작은 모래알도 응집되어 바다와 강을 이루고 있는 것처럼 나라의 기본질서 하라도 나부터서 지켜 나갈 때 비로소 나라도 강한 토대를 만들어 진다는 사실을 알았으면 한다. 그러니까 이 말의 뜻은 소위 만물의 영장이라 말하는 우리 인간들이 바로 올곧게 응집되어야만 된다는 뜻이다. 분명 사회는 좋은 세상으로 바꾸어 질 것이다. 이런 이야기를 거론

하는 이유는 요즘 현실 사회가 너무 개인적인 이권(利權)에만 너무 잔머리 쓰고 있는 추세이고 보니 안타까운 마음이 들어 나열한 것이다. 그래서 가능한 우리만이라도 서로 상생(相生)하는 마음과 건설적(建設的)인 생각들이 한대 뭉쳐 서로가 번영(繁榮)해 나가는 길로 나가보자는 뜻이다. 특히 그 좋은 머리로 서로 존중하며 이 나라가 요구하는 인간상이 되고 나아가 국가에 이바지 할 수 있는 거룩한 생각으로 살아가자는 뜻이다. 나의 궁극적인 목표는 우리서로 상생(相生)해서 콩 한 쪽이라도 나누워 먹을 수 있는 그런 사회가 되었으면 좋겠다. 라는 막연한 생각을 갖고 있다. 그렇지만 한편으로는 이 생각이 그저 막연하다고는 볼 수 없다. 왜냐하면 그 이유는 내 주변에서부터 작은 것 하나라도 실천하노라면 그것이 곧 상생(相生)의 장(場)이라고 생각하기 때문이다. 이런 세계를 동경하신 저희 어머님께서 이제껏 꿈꾸시고 발원하시는 목표요 희망이고 소원하시던 세계다. 저는 비록 미흡(未洽)하고 미련스럽기 짝이 없는 여식(女息)이라 할지라도 가능한 이러한 어머님의 목표를 꼭 이루시게 옆에서 조장 해드리고 싶고 꼭 그렇게 될 것이라고 믿고 그 목표점에 다가가려 나름 행하며 살고 있다. 그러나 제 개인적인 인생살이가 보통 사람들에 비해 유독 녹록치 않는지 지금 내 처지는 난간에 봉착(逢着)해 허우적거리는 형국이다. 사연(事緣)도 많고. 시련(試鍊)도 많았으며 인생(人生)여정(旅程)의 고비(苦悲)고비가 첩첩산중과 같았지 않았나 생각한다. 더구나 유독 행하기 곤란한 일들이 많았으며 남들에게 말하기가 난처(難處)했던 일들이 비일비재(非一非再)하였으니 분명 팔자 좋은 인생은 아니었지 않나 생각한다. 제 스스로가 험한 길을 선택해서 걸어왔던 인생길이라 내 인생길 굽이굽이에서 겪어야 했고 경험하고 체험했던 소소한 이야기 거리는 어쩌면 다른 사람들과 비교했을 때 남보다는 많은 것이 나의 자랑이라면 자랑이다. 그러나 때가 아직 되지 않았는지 아직 시절 운이 도래하지 않았는지 아무튼 어머니께서 뜻을 두고 이루고자 하시는 일에는 많은 난제(難題)들이 도사리고 있으며 형제간의 갈등이 발목을 잡고 있는 형국이라 옆에서 어머님 뜻을 받들고 있는 내 입장에서는 서글픈 마음이 깃든다. 이제껏 저희 어머님 원하시는 것 하나 똑바로 이룬 것이 없으니 이 시점에서 돌이켜보면 가장 문제가 되었던 부분이 아마도 접근성이 문제가 있었을 것이고 방법론 또한 문제가 없지는 않았을 것이고 시기적으로 적절치 않아 어쩌면 시기상조(時機尙早)이지 않았을까? 라는 생각도 한다. 그러나 어머님 뜻이 아직 이루지 못하였다고 해서 불행하다거나 실패했다고는 볼 수 없다. 포기하지도 않았으며 망각 속에다 두지 않았기에 언젠가는 저희 모녀의 작은 몸짓들이 좋은 세상 만들어 가는데 초석이 되는 날들이 오지 않겠는가하는 마음이다. 그러므로 나는 오늘도 부모님 은혜에 보답하는 심정으로 거짓되지 않게 살고자 노력한다. 독일 베를린의 막스플랑크 교육연구소에서 수 년 간 천명을 대상(對象)으로 나이와 지혜(智慧)의 연관성을 연구(硏究)했다는 글을 읽었다. 오랜 연구를 통(通)해 지혜로운 사람들이 갖는 몇 가지 공통점(共通點)을 밝혀냈는데 그 공통점은 다음과 같다는 연구결과가 나왔다. 첫째는 역경(逆境)을 극복(克服)했거나 고난(苦難)을 체험(體驗)한 경험(經驗)이 있다. 둘째는 가난한 환경에서 자란 경험이 있다. 셋째는 일찍 인생의 어두운 단면을 경험한 적이 있다. 이연구소는 결론적으로 인생의 문제를 깊이 생각하는 사람이 지혜를 얻는다고 발표하였단다. 지혜는 문제를 열심히 고민하는 사람에게 주어진 선물이라고 표현을 했다. 지혜는 인간의 의지나 노력이 필요하지만 참 지혜란 의지나 노력만으로 얻어지는 것은 분명 아니 다는 뜻이다. 그럼 과연 참 지혜란? 무엇인가? 그것은 해야 할 일과 하지 말아야 할 것을 구분 짓는 분별력이 될 것이고 죽일 것과 죽여서는 안 되는 것을 가름 할 줄도 알아야 하고 옳은 것과 그른 것을 구분 짓을 줄도 알아야 하고 써야 할 사람과 쓰지 말아야 할 사람을 헤아릴지도 아는 것이 지혜라고 읽었다. 나 역시도 어렵고 가난하고 역경과 좌절을 겪어온 사람들이 분명 불행 하다고 생각하지는 않는다. 이유는 어려운 역경 속에서 좌절하지 않고 역경을 이기고자 하는 강인한 정신이 더 깃들어지며 고단한 삶 속에서 목표가 더 바로 세워지며 고난 속에서 확고하게 더 나은 목적을 키워가게 되는 부분이라 힘들수록 더욱 꿈을 포기 하지 않으려 노력하는 것이고 역경과 좌절에 맞서면서도 꿈을 이루고자 하는 마음을 절대로 놓지 않을 것이라 생각하기 때문이다. 더구나 역경을 극복하고 살아온 사람들 대부분 이웃을 더 살필 줄 안다는 것이다. 즉 눈물 젖은 빵을 먹어본 사람만이 남의 아픔을 더 잘 알기 때문이다. 아무튼 지혜를 헤아려보자면 고난 속에서 깊어지며 역경 속에서 축적 되는 것이 지혜라 생각이 한다.

"그럼 과연 어떤 사람들이 불행하고 행복 하는가?"

라는 주제에 대해 생각 해 본다면 제 경험상 그것은 목표가 없고 꿈이 없고 삶에 의미(意味)를 찾지 못 했을 때 불행하다고 본다. 그리고 누가 행복한가에 대해서도 생각해 보면 그 사람은 목표가 분명 있었고 도약하고자 하는 마음이 굳건하며 해야 할 일이 명확하게 확립이 된 사람이라고 생각한다. 그래서 자신의 미래에 대한 확고한 신념과 지향해야 될 목표와 목적을 향해 불어오는 비바람도 헤쳐 나갈 용기와 높은 장벽에도 굴하지 않고 도전할 것이며 높은 파도와도 맞서 싸우려 노력하니 불행 할 시간이 없다는 뜻이다. 자고로 사람이라면 생각이 거룩해야 한다. 라고 했는데 거룩하다는 뜻의 사전적 의미(뜻이 매우 높고 위대하다)라고 쓰여 있다. 어쩌면 자신의 존엄성을 망각하지 않고 보다 나은 내일을 마중하기 위해 인생을 헛되이 살아가지 않고자 노력한다는 뜻이다. 물론 일상에서 느끼는 행복(幸福)과 불행(不幸)의 차이는 백지 한 장 차이라 생각한다. 그리고 그렇게 생각하는 것 자체도 생각의 차이이며 감정의 차이이지 신께서 너는 행복해라. 너는 불행해라. 라고 명(命)을 내리지는 분명 않았다는 것이다. 인간은 신(神)의 피조물(被造物)사전적 의미로는(조물주 의해 만들어진 모든 물건)이라는 말도 있지만 내게 주어진 명(命)의 의존해 사는 것보다는 내게 주어진 운명의 틀을 벗어나 운명을 개척하고 운명과 맞서며 최소한 사명감(使命感)정도는 갖고 살아가야 되지 않겠는가? 싶다. 거룩함의 뜻은 남을 이롭게 하고자 하는 마음이라 생각한다. 그래서 불의(不意)와 타협하지 않고 좀 더 나은 세상을 만들어 보려는 바른 의식을 세우고 그 의식은 무엇을 향한 의식인가가 명확해야 되는 것이다. 그 의식은 그 어떤 곤란에도 좌절하지 않으며 흔들리지도 말아야 한다. 나는 종종 사람들에게 내 자신이 누구인지를 먼저 알아보는 것이 먼저라는 말을 한다. 그리고 네가 설정해 놓은 목표가 있는가도 물어본다. 묻는 이유는 우선 나를 먼저 아는 것이 순서이기 때문이다. 그리고 상대를 알아가는 것이 다음이다. 첫째도, 둘째도, 자신을 아는 것… 그러나 전쟁터에서는 상반된 말이 있다. 지피지기백전백승(知彼知己百戰百勝)상대를 먼저 알고 나를 알아야 유리하게 전략(戰略)을 세울 수가 있다는 뜻이다. 그러나 우리는 포화 속 전쟁을 치르면서 사는 것이 아니고 사회를 이루고 있는 세상과 어울리면서 살아가야 하는 사회성동물이고 만물의 영장이면서 만물의 용제(溶劑)이다보니 항상 세상과 어울리면서 사는 것이 바람직 할 것이다. 사람을 만물의 용제(溶劑)라는 의미를 부여한 뜻은 사람이 풀지 못 하는 일 없으면 해결하지 못하는 일이 없다는 뜻으로 해석하면 좋을 것이다. 사전적 의미로는 고체 기체액체를 녹이는 액체로 나와 있다. 그러나 보통은 사람과 사람이 사는 대에는 소통이 필요하고 소통이 안 되는 곳에는 중재가 필요하듯이 우리도 그 누군가 중재 역할을 할 수 있다는 뜻으로 나는 해석한다. 사람이라면 누구나가 안목을 다듬고 넓혀 좋은 세상 만들어 가는데 일조하는 것이 바람직하다. 비록 모래알과 같은 작은 힘이라도 응집되면 세상을 바꾸는 괴력의 힘을 지니듯 우리들의 각자의 힘은 비록 작지만 그 작은 힘이 응집되면 그 힘은 엄청난 시너지효과가 일어나 반듯이 좋은 세상이 만들어 질것이다. 어쩌면 힘없고 가난한 자(者)말은 제 아무리 지혜롭다 할지라도 무시되고 반영이 되지 않는 경우가 허다하다. 하지만 우리가 조금만 마음의 문을 열어 중립적인 자세로 귀담아 들어 우리들의 번영과 행복을 만들어가는 대해는 그 어떤 것도 배우려는 사람은 분명 현명하다. 그렇지만 세상사에는 무엇 하나를 두고도 의견들이 분분한 것이 기정사실이다 보니 강요할 일은 분명 아니다. 옛말에 '세상에서 가장 어리석은 사람은 귀머거리이다!' 라고 했다. 그리고 어리석은 사람들은 뜻있어 험한 길을 가고 있는 사람들은 보편적으로 멍청하다고 생각하니 과연 무엇이 어리석었는지 무엇이 멍청한 짓거리인지 역사가 심판 할 것이라 생각한다. 반면 '가장 현명한 사람은 그 어떤 주제이든 열린 마음으로 귀담아 듣는 사람이다.' 라고 했다. 열린 마음으로 너와 내가 변하고 지혜로워져 우리가 함께 사는 세상 우리가 후세대에게 물려주고픈 아름다운 세상을 만들어가고 싶은 것이 나의 궁극적인 목표라 하겠다. 물론 변해도 긍정적이고 능동적이고 미래지향적이며 질타적인 것보다는 win win하며 공격적인 것 보다는 협력적인 태도만이 좋은 미래를 가져올 것이라 믿는다. 아무튼 우리는 변해도 밝은 쪽으로 변해가는 것이고 이왕지사 음지쪽보다는 양지쪽을 바라보면서 생각하는 것이 더 좋고 바람직하다고 여긴다. 특히 백 마디 말보다는 하나라도 실천하는 사람이 바람직하다. 나는 집이 조용한 틈을 타 이런저런 생각을 한듯하다 그러다보니 하루가 어떻게 지냈는지 모르겠으나 남편은 벌써 큰딸을 공주 기숙사까지 데려다주고 늦은 밤이 되서야 돌아왔다.

참 세월이 좋고 시절이 좋다. 옛날 같았으면 당일에 이렇게 오고가지 못했을 거리지만 도로가 잘 되어있고 차도 성능들이 좋아 과학과 문명의 발달로 참으로 편리하고 빠르고 좋은 것 들을 누리고 사는 현 세상에 사는 우리는 축복받은 몸이다. 우리 가족 6명의 식구가 이젠 5명으로 줄었다. 그 만큼 큰딸 빈자리가 허전하다. 자식을 멀리 유학 보낸 어미의 마음은 몹시도 허전함으로 다가왔다. 아무튼 '우리 딸 파이팅!'하고 대학생활 보람차고 벗들과 지혜롭게 어울리며 무사히 대학 4년 잘 마치고 돌아오기를 기원한다. 나는 딸을 공주로 보내놓고 지금 우리가 살고 있는 이 집을 팔아 보려고 나름 여러 가지 방법을 써본다. 소위 말하는 수단과 방법을 가리지 않고 있다. 하물며 이번에는 인접지역인 부산정보지까지 활용한다. 경제적으로 곤란하지만 울 엄마 소원이 고향 내려가서 나와 함께 사시는 것이라 하시니 이렇게라도 나는 집을 팔려고 노력 중이다. 이곳저곳에서 집 관련 문의전화만 있을 뿐 정작 거래는 이루어지지는 않는 상황이라 울 엄마 애간장만 태우고 있는 상황이다. 이 무렵 어머니는 유독 빨리 고향으로 내려가지 않는다고 성화가 심하시고 매사를 못 마땅하게 여기시는 시기다. 그러다보니 나는 자동으로 엄마 눈치만 보고 있는 상황이다. 제 입장은 집 팔기 위해 할 수 있는 일은 다 해본다고는 하지만 성과가 없다보니 그저 엄마 입에서 나온 소리란 쯧쯧쯧으로 일관하시고 계신다. 마음대로 매매가 이뤄지지 않고 있으니 나 역시 괴롭다. 집 빨리 팔지 못한다고 저에게 혀를 쯧쯧쯧 차시는지라 엄마 궁둥이를 사수하고 있는 입장에서 좌불안석(坐不安席)이 따로 없다. 아니 가시방석이란 표현이 맞을 듯하다. 나는 나의 모든 생활의 불편(不便)한 상황을 배제하고 엄마가 바라시는 것 위주로 다 해드리려 한다지만 집 파는 문제만큼은 제 마음 대로 되지 않아 지역정보지 활용비로 가난한 살림에 제법 돈이 지불 되고 있으니 이 또한 난감하다. 사실 애옥살이 형편에 이렇게 나가는 돈도 나에게는 큰돈이다. 그렇지만 어떻게 해서라도 빌라를 팔아 어머님 마음 편케 고향으로 내려가려는 의도이나 우리가 살고 있는 집이 아파트가 아니고 빌라라 그런지 급매로 내놓고 시세를 낮춰 내놓고 있지만 감감무소식이라 여유롭지 않아 빌라에 살고 있는 사람들 애로상황이다. 달리 표현하자면 울 엄마 마음을 편안하게 해드리고 나면 울 엄마 건강이 빨리 회복 될 것 같은 마음에 나도 집을 빨리 팔아 보겠다고 수단과 방법을 가리지 않고 있지만 불경기라 그런지 쉬이 매매가 이루어지지 않으니 정말 애간장만 태운다. 나의 목표는 울 엄마 남은 여생 고향에서 그렇게도 하고 싶은 일들 내가 옆에서 보조하면서 엄마의 꿈이요 목표들을 이루시게 하고 싶다. 오직 그 마음 하나로 울 엄마 뜻과 계합하려는 의도지만 옆에서 보기에는 내가 친정 재산이나 노리고 고향 내려가는 것으로 오해를 하고 있는 부분이라 사실 마음 한 구석은 불편한 것이 내 심정이다. 더구나 현실의 나의 인생 여정이 정말 첩첩산중이라 노모님 뜻 쫓아 가는 길 또한 만만치 않은 것이 현실이고 보니 자꾸만 어머님 눈치만 살피게 된다. 나의 인생살이가 남과는 다르게 녹녹치 않았던 삶이고 나의 힘에도 한계가 있는 법이라 어쩌면 불가(佛家)에서 자주 쓰는 일체유심조(一切唯心造)라는 말을 해석하면 세상 모든 일은 마음먹기에 달렸다. 라고 일컫지만 제 경험상 세상 모든 일은 마음먹는 대로 되지 않는 일도 많다는 것을 깨달은 것이다. 그러나 쉽게 포기하지는 않을 것이다.

엄마는 일주일 내내 짜증만 내시고 계시더니 결국 오늘 또 다시 집이 안 팔리니 고향에라도 다녀오자고 하신다. 어머니가 고향 내려갔다 오자고 하시면 내 입장에선 난감하다 더구나 몸도 성치 않으시면서 또 고향에 갔다 오자고 하시니 나름 고민이다. 분명 어머님 하명 떨어졌으니 고향집을 다녀는 와야 하겠지만 또 남편한테 무엇이라고 말을 하고 가야 할지 또 다시 고민스럽다. 그렇다고 남편 몰래 다녀 올 수 있는 거리가 아니라 분명 남편에게 말은 하고 가야 하겠는데 어떻게 남편에게 말을 꺼내야 할지 난감하고 고민스럽다. 그러나 어머니께서도 고향 다녀오자고 말씀 하실 때는 나름 고민 하시고 말씀 하셨을 것이라 생각하여 어머님 의사를 무시할 상황이 아니라 참으로 난감하다. 왜? 나는 이렇게 남편과 이런 문제로 실랑이를 벌어야 하는지? 정말 풀지 못하는 숙제라 생각되어 고민스럽다. 마냥 고민만 하고 있을 수는 없어 나는 다시 용기 내 남편에게 시골 다시 다녀와야 될 것 같다고 말을 했다. 그랬더니 역시 반응은 불같은 성질이 나온다. 남편은 시골 갔다 온지 얼마나 되었다고 또 가냐. 라고 역시나 한 성질부린다. 그 말도 일리는 있다. 나는 남편이 불같이 화를 냈다고 울 엄마 말씀을 거역할 용기는 더욱 없다.

이번 구정 명절은 유난히 쓸쓸한 명절이 되었다

　나는 어머님 모시고 조용한 명절을 보냈다. 아마 내 인생에 있어 가장 쓸쓸한 명절이었지 싶다. 그리고 명절 새고 일주일이 지나니 어느 새 남편 퇴원 날이 되었다. 남편은 입원해 있는 동안 어찌나 까다롭게 굴었던지 다른 환자들보다 퇴원 날짜가 십 여일 늦어졌다. 물론 어떤 이유에서 젊은 사람이 이렇게 여러 날이 지연되었는지는 알 수 없다. 그러나 유추 하건데 남편이 매사에 불평불만이 많아 그랬지 싶다. 사실 돌이켜보면 유독 남편에게 관련된 일들을 돌이켜보면 하나같이 순조롭게 진행된 일이 하나도 없었다는 사실이다. 그래서 나는 어느 책에서 읽었는지는 생각나지 않지만 이런 구절이 생각났다. 그러니까 어느 책에 이런 내용이 잠시 나를 생각하게 만든 것이다. 대저 사람이 산에 오르면 먼저 그 높은 것을 배우려고 할 줄 알아야하고 물을 만나면 그 맑음을 배울 걸 먼저 생각하고 단단한 돌에 앉으면 돌처럼 굳음을 배울 걸 생각하며 소나무를 보게 되면 그 푸르름을 배울 걸 생각하며 달과 마주하게 되면 그 밝음을 먼저 배울 걸 생각하고 곧은 대나무를 보면 대나무처럼 강직한 마음을 먼저 배우려 해야 한다. 아무튼 남편은 눈에 보이는 사물에 대해서 먼저 흠(欠)을 보려는 성향(性向)이다. 특히 대화 도중에는 먼저 부정적인 생각이 먼저 들어오는지 그게 아니고… 라는 말이 무조건 먼저 튀어나오는 것을 생각하면 아무튼 남편은 그게 아니고. 가 특징이다. 우리와 대화 도중 먼저 나온 말이 그게 아니고. 라는 부정적인 말을 먼저 내뱉어 대화가 끊기는 사례가 허다해 참으로 진솔한 대화 한번 해보지 못하고 살아온 부부다. 아무튼 저희 부부를 볼라치면 하나에서 열이 틀리고 다르다. 더구나 달라도 너무 달라 골이 깊을 대로 깊어 나만 보면 원수 보듯 하니. 참으로 전생에 원수가 정말 부부인연 되었던 것이 확실히 맞을 것이라 생각한다. 그러니까 10여 전 남편은 나를 보고 마누라가 아니고 천적(天敵)이라 했을 정도이니 저희 부부가 살아온 과정이 어느 정도 마찰이 자주 일어나는지 가름 해 볼일이다. 어쩌면 천적과 동행(同行)이라서 그런지 정말 하루도 평화롭게 살아보지 못했던 우리 부부의 지난 날 역사다. 남편을 탓하려고 하는 말이 아니다. 정말 같은 장소에서 같은 것을 말하고 있지만 너무 달라도 너무 달라 나는 일정 부분 포기를 했다. 그리고 외모가 다른데 굳이 같을 필요는 없겠지만 그래도 원칙적인 것은 일치(一致)하고 그 밖에 것은 자유를 줘보지만 아무래도 마인드가 일반인가 같지 않은 본인 자체도 많이 힘들었겠지만 한순간도 맞은 적 없는 사람과 살아야 한 우리는 정말 마음 편한 날이 없었다. 남편은 나쁜 사람은 분명 아닌데 우리들과 달라도 너무 달아 이 부분을 객관적인 입장에서 생각해 보기를 대체로 사람들은 어떤 주제 하나를 놓고 듣는 사람 기분에 따라 더러는 마음 불편하게 듣기도 하고 좋지 않게 해석하는 경우가 있어 이 또한 그 사람 마음 작용이 중요하다는 사실을 깨달은 것이다. 우리만이라도 어떤 주제든 좋은 쪽으로 듣고 생각해서 자신을 바로 세우는데 교훈삼고 지침서 삼아 바르게 살아보려는 사람이 되고자 한다. 같은 것을 놓고 좋게 생각하지 못하고 좋게 보지 못하는 사람은 인생이라는 같은 길을 가면서도 불공평하다고 투정이나 부리며 가는 형국이라 그 얼마나 본인 스스로 더 많이 힘이 들지 않겠는가? 라는 생각이다. 어쩌면 세상만사 모든 번뇌는 자기 마음 안에서 일어났다가 소멸하는 그 이치를 남편도 깨우쳤으면 한다. 이 사람은 분명 나의 동반자이며 아름다운 동행을 해야 할 부군인데 왜? 이다지도 서로 주파수가 맞지 않는지 참으로 삶이란 어려운 과제요 공략하기 어려운 요새가 바로 내 남편 마음이 아닌가 싶다. 저희 부부가 이렇게 치열하게 시비(是非)로써 논쟁을 벌이며 살아야 했던 이 부분이 아마도 비록 삶이 고달프더라도 바르게 살자는 쪽과 현시대는 부도덕 할지라도 부(富)를 가진 자를 인정(認定)하는 시대라고 주장하는 쪽으로 나뉘어져 의견(意見)불일치(不一致)의 파장 음(音)들이 일어나 그러지 않았나 싶다. 반면 내가 아내로써 남편에게 저주고 살았더라면 이렇게까지 아옹다옹하며 살지는 않았지 않았나 하는 생각도 들어 이 또한 나의 불찰이라 여긴 부분이다. 그러니까 부처님 말씀 응무소주 이생기심(應無所住 而生其心), 모든 것을 있는 그대로 보지 않고 산보고 물이 되라고 하는 격이라 제가 참으로 어리석었다는 생각이다. 허긴 나만 바르면 된다. 아무튼 저는 남편과 티격태격 하며 병원을 나섰지만 그래도 기분 돌려 편안하게 김해에 도착하고 싶다는 생각이다. 왜냐하면 친정어머니 앞에서 찌푸린 모습 보여드리기 싫다. 마음 불편하게 살고 있는 딸 모습을 병든 어머님께 보여드리고 싶지 않다. 딸자식 집에서 기거하신 엄마 마음 한 구석이 어딘지 모르게 불편 할 수도 있을 것 같다는 생각에 나는 가능한 남편과 마찰을 피한다. 성치 않으신 어머니께서 혹여 사위 눈치 보실까봐 나 나름 조심하고 양보해서 가능한 부부 접전(接戰)만은 피하려 노력 중이다. 친정엄마와 함께하는 일상(日常)에서 가장 조심스러운 부분이 바로 부부가 티격태격하는 부분은 정말 보기 좋지 않다. 이런저런 이유로 나는 무조건 남편에게 양보 하고보니 남편은 안하무인이 격이라 더 기세등등 하고 있는 것이다. 남편에게 양보하면 사는 이유 이면에는 혹시라도 어머니께서 사위 눈치 보실까봐 나 자신이 더 조심하게 되고 아내 된 도리에 어긋나지 않으려 가능한 남편 의사를 존중하려 남보다 더 노력하고 있다 보니 기고만장한 모습에 가끔 울화(鬱火)가 치밀 때가 있다. 허나 어찌하겠는가? 내 사정이 있어 친정어머니를 모시는 입장이라 무의식(無意識)중에 남편 눈치를 많이 보고 있는 내 자신이 처량하다. 사실 생각해 보면 분명 생명을 주신 부모님 모시는 일이 세상에서 가장 떳떳하고 당당한 일이건만 왜? 나는 남편 눈치를 보는 것일까라는 의문을 가져 보기도 한다. 그러니까 우리나라 옛 풍습에서 딸은 출가외인(出嫁外人)이라는 타이틀이 주는 인식작용에서 일어나는 마음 작용이라는 것을 깨닫는다. 그래서 무의식(無意識)중에 딸은 출가외인이라는 심리(心理)가 내 마음을 불편하게 만들었고 시집눈치를 은연중(隱然中)살피게 된 이유였다. 그러나 시대는 변했다. 딸이든 아들이든 마음이 있는 사람이 부모님 모시면 되는 일이다. 그런데 왜? 나는 아직도 친정 엄마 모시는 부분에 대해 남편 눈치를 보는지 아무튼 이런 의식(意識)은 나부터서 타파(打破)해야 할 의식(意識)이지 싶다. 어찌되었건 친정어머님 모신 이유로 나는 남편에게 무조건 양보하고 있는데도 불구하고 남편은 매사가 불만이 많으니 참으로 안타깝다. 물론 가까이 있는 것에 대한 소중함을 모르는 것이 문제다. 더구나 유형별로 편차(偏差)가 있듯. 남편은 스스로 자신을 옭아매어 사는 것도 자기 성품이라 스스로를 결박하고 사는 꼴이라 나는 어머님께 사위 눈치 절대로 보지 말고 편안하게 지내시라고 말씀 드리며 살아가는 편이다. 그렇지만 더러는 친정어머님 모시고 있다는 이유로 나 자신도 더러는 위축(萎縮)되기도 한다는 사실이 관건이다. 반면 친정어머님 모시고 사는 부분만큼 사실 입장에선 내 자신이 자랑스럽고 떳떳하게 생각한 부분이다. 더군다나 부산에서 제일 가난한 곳으로 시집와 시어머님 병 수발 2년 반 동안 꾀부리지 않고 했다. 방탕 생활로 사랑과 정열을 길거리에 쏟고 다니 남편과 이혼하지 않았으며 어린 나이에 양친 부모 여의고 의지할 곳 없는 어린 시동생 15년 동안 눈치 준적 없고 입에다 험담 한 번 늘어놓은 적 없이 4년대 마치고 결혼까지 시켰기 때문에 형수로써 기본 도리는 했다. 나는 이런저런 이유로 떳떳하고 당당하게 친정어머님 모실 자격이 있는 사람이 정말 맞다. 그리고 일상(日常)에서도 양심을 저버리지 않고 살았다고 자부한다. 어쩌면 이 부분에서 내 스스로 내 양심에 떳떳하고 당당하고 픈 사람이다. 그래서 어머니에게 딸네 집에 계시는 것에 대해 조금도 미안하게 생각하지 말라고 누누이 말씀 드리고 살아가는 중이다. 다만 내게 어머니 생활비를 주고 안주고는 형제들 몫이다. 그렇지만 내가 어머니 생활비를 형제들에게 따로 달라고는 할 수는 없는 부분이다. 입장 바꿔놓고 생각하면 딸네 집이라 할지라도 형제들이 어머님 생활비를 보내줬더라면 더러는 내가 남편 눈치 덜 보지 않았을까? 라는 생각은 든다. 유독 내가 형제들에게 사기꾼 도둑년 소리를 듣고 있는 입장이라 어머니 생활비를 따로 달라고 할 수 있는 입장은 분명 아니다. 내 생각은 어떠면 형제들에게 엄마 생활비를 의존하기보다는 내 스스로 해결하는 것도 나쁘지 않다고 생각했다. 시동생도 15년 같이 살았지만 시댁형제들에게서 시동생 생활비를 한 번도 받지 않고 살았기 때문에 당연히 내 엄마 모시면서 따로 생활비가 들어오기를 바랬던 마음은 더더욱 없었다. 그러니까 나의 주의란 그저 있으면 같이 먹고 없으면 같이 굶는다는 차원이다. 우리나라 속담 중 산입에 거미줄 치랴. 라는 속담에 힘입어 안주는 생활비에 연연하지 않았다. 아무튼 무식하면 용감하다. 라는 속담처럼 부모님 모시려는 마음이 있다면 그저 용기내서 실천하면 된다. 내 경험을 통해 깨달은 것이 있다면 아마도 그것은 아무리 어렵고 힘든 상황이 닥쳤더라도 옳은 일을 하게 되면 분명 좋은 방법이 생긴다는 것을 깨달은 것이다. 나이 드신 부모님은 내일을 기약 할 수 없다는 것이다. 그리고 내가 좀 잘 살면 모셔야지라는 생각 자체가 가장 어리석은 생각이라 생각한다. 왜냐하면 사람 명(命)은 순간(瞬間)이고 찰라(刹那)에 결정되어 이승과 저승사이가 바뀌는 것이 세상사 이치(理致)라 부모님 떠난 후 천번만번 후회는 의미가 없다는 뜻이다. 상황 여의치 않다는 이유로 병든 부모모시는 것을 주저하는 것 보다는 무조건 모시다보면 살아가는 방법이 다 생긴다. 정성으로 내 부모 내가 귀하게 여기지 않으면 그 누구도 내 부모를 귀히 여기지 않는다는 사실이다. 의향이 있다면 이제라도 나이들고 힘없는 부모 형편 따지지 말고 울타리가 되어 드렸으면 한다. 더구나 부모님 섬김에 있어 아들이여야 되고 딸이라서 안 되는 것이 따로 정해져 있는 것이 아니라는 것이다. 성의만 있으면 된다. 나도 진수성찬에 호강은 못 시켜드렸지만 그래도 이렇게라도 울 엄마 요양병원에 모시지 않고 우리 곁에 모시고 사는 것에 감사하고 이 또한 나의 행복이라 생각하며 오늘도 울 엄마 궁둥이 밑을 꾀부리지 않고 사수한다. 제가 경제적으로 가장 힘든 시기에 어머니를 모시겠다는 뜻을 굳히기까지 큰 영향을 주었던 분은 바로 저희 어머님 발자취가 나를 이끌었다. 울 엄마는 사람만 좋고 경제개념이라곤 1도 없으신 친정아버지 밑에서 그저 천둥벌거숭이처럼 날뛰기 좋아한 철부지 저희 6남매를 키우시던 시절을 생각해보면 유독 그 시절이 전쟁 뒤 격동기라 그랬는지 모르겠지만 새마을운동이 한창이던 무렵 더러는 땟거리 걱정하며 살던 어렵고 고달픈 농촌의 애옥살이고 척박한 환경이었지만 그래도 와중에 저희 어머니는 외할머님을 너무도 극진히 모신 과정들이나 큰 장애를 갖고 계셨던 작은집 할머님을 모시는 과정들이 어린 제 마음속에 너무나 효성스럽고 지극(至極)해 어린 제게는 그런 모습들이 너무 감동 되었던 부분이다.

그 당시 저희 어머니가 외할머님 모시는 부분이나 친척할머님께 행하신 정성들이 너무 지극하여 제가 깨닫기를 부모는 저렇게 섬겨야 되는 것이구나. 라고 배웠던 사례다. 어머님께서 외할머님 섬기시는 정성이 너무나 지극하여 어쩌면 어머님 그런 모습들이 저에게 큰 감동이 되었으며 큰 교육이 되었지 않았나 생각한다. 대부분 사람들은 어릴 때 보고 듣고 자란 부분들이 자식들에게는 커다란 교육이 되었던 부분이라 우리들은 소이 버릇없는 사람을 일컬어 세속에서 흔히 말하는 본디 없이 자란 자식이라 그러지. 이란 말이 이런 뜻으로 말하지 않았을까? 라는 생각이 든다. 그래서 옛 속담 중에 윗물이 맑아야 아랫물이 맑다. 라는 말이 명언인 된 것이고 콩 심은데 콩이 나온다. 라는 속담을 되새겨 보는 것이다. 아무튼 매사에 말보다는 행동으로 보여주셨던 저희 어머님! 존경해도 부족함이 없으신 저희 어머님을 저는 나의 가장 큰 스승이며 가장 훌륭하신 스승이라 여기며 살아가고 있다. 특히 자신을 무던히도 희생하셨고 1년 365일 비가 오나 눈이오나 냉수 목욕재계하시고서 일구월심 빌고 또 빌면서 한 평생 살아오신 저희 어머님 일생(一生)이 너무나 숭고하시며 마음 쓰시는 것이 하해(河海)에와 같이 넓고 깊으셨기에 저는 저희 어머니를 생불(生佛)이라고 표현했던 이유다. 어릴 때부터서 지극정성으로 자식 된 도리를 다하시는 어머니 모습을 보고자라서 저 또한 어머님 정성만큼은 못 따라가더라도 흉내라도 내보려고 노력중인 것이다. 하지만 이 또한 타고나야 하는지 나의 정성은 울 엄마 정성(精誠)에다 견줄 수도 없고 비교 할 수 없다는 사실이다. 저희 어머니께서 부모님 섬기시는 모습들을 생각하면 분명 아무나 따라 할 수 없는 경지에 수준이었으니 분명 존경 받을 자격이 있으신 분이 바로 저희 어머니이다. 일상에서 행여 저희들이 남 험담이라도 하노라면 어찌나 엄격하게 지청구를 하셨던지 나는 무서운 우리엄마 때문이라도 남의 험담이나 세상 돌아가는 이야기는 함부로 하지 못한다. 보통 사람들은 나이 들고 병이 깊으면 강한 정신세계도 약해져 버린 것을 종종 주변에서 보아왔지만 울 엄마만큼은 유독 나이 들어 노구 된 육신(肉身)이라 할지라도 엄격함이 더 살아있어 제가 혹시라도 잘 못이 있을 때는 가차(假借)없이 불호령이 떨어졌다. 그런데 요즘 엄마는 그 강인한 정신세계가 많이 유약해지셨는지 명절 지내고 나서 일절 말씀이 없으시고 저희들 미흡(未洽)한 행동(行動)을 보시고도 전혀 지청구를 하지 않으시니 왠지 걱정이 앞선다. 어머니는 20여 년 동안 단어 20개 정도를 구사(驅使)해서 이제껏 살아 오셨지만 그래도 나름대로 의사표시를 확실하게 해서 마루에 머리카락 하나라도 보이면 손짓으로라도 신호를 보내 머리카락 하나도 치워야만 직성이 풀리셨던 분이셨다. 무슨 연유인지 요즘 들어 말씀이 없으시고 표정도 아무런 느낌 없는 사람처럼 조용히 누워만 계시니 안쓰럽기 그지없다. 막내아들이 명절 다음날 고향에 성묘 다녀와서 잠깐 어머니에게 인사차 들렸었다. 막내 남동생 올 때 말고는 엄마 웃는 모습을 요즘 들어 전혀 보지 못했다. 이 시기는 어머님 기분이 썩 좋지 않아 저희들도 어머니 눈치 보느라 숨죽여 지내고 있는 상황이다. 집안 공기가 식구들은 많은데 적막(寂寞)감이 깃들 정도로 조용하다. 왠지 모르게 어머님 얼굴에 쓸쓸함이 느껴지다 보니 좌불안석이다. 일단 제가 저희 어머니 기분을 유추하고 추측해보면 아마도 명절 때 고향집엘 다녀오지 못해서 마음이 많이 언짢으신 것이 아닌가 싶다. 사실 작년 겨울에 일주일정도 머물다온 후로는 가보지 못했으니 벌써 두세 달은 고향집을 못 간 것이다. 나는 어머님 쓰러지시기 전에는 명절이 되면 어머니를 마산 큰 동생 집으로 모셔다 드렸다. 명절 때 만이라도 자식들이랑 손자들하고 즐거운 시간 가져보시라는 뜻이기도 하고 아들들 앞장 세워 고향집에 다녀오시라는 의미였다. 물론 그 이전에는 어머니는 큰 아들내외와 함께 고향집에 내려가셔서 음식 만들어 놓고 멀리 있는 가족들을 고향으로 불러내려 명절을 지냈다. 아마 그 때는 명절이 다가오면 비어있는 고향집에 미리 내려가서 큰 아들내외와 청소하고 음식 만들어 차례 지낸다고 큰아들 내외가 가장 고생했다. 딸들은 각자 시댁에서 차례지내고 나면 엄마 내려가 계시는 고향집으로 모두 모였던 시절이 엊그제다. 사실 저도 친정집이라고 7~8시간이 걸리는 명절 대이동의 차 막힘을 불사하고 남편과 대접전을 치르며 고향집을 찾아 갔다. 남편하고 실랑이가 이루어지는 이유가 매일 엄마와 함께 살고 있으면서 굳이 이렇게 차가 막혀 오래 걸리는 고향집 갈 이유가 뭐가 있냐? 라고 남편이 불만이 많았던 것이다. 엄마 모시고 살고 있기 때문에 굳이 가지 않아도 되는 문제다. 그렇지만 내 생각은 조금 달랐다. 그러니까 조상숭배사상의 후예들의 명절 대이동으로 차가 막혀서 고향 가는 길이 비록 험난할지라도 이렇게 어머님 살아 계실 때 아이들 데리고 고향집 찾는 것도 그리 오래 가지 않을 것이라는 생각이 들었다. 그래서 나는 악착같이 친정집을 찾았던 이유다. 저변에 내 생각은 이렇게 악착같이 고향 가는 것도 저희 어머님 돌아가시면 갈 수 없는 명절문화이라 유독 명절이면 친정집을 찾았던 이유다. 명절 때 고향방문은 오직 부모님 살아 계실 때 의미가 큰 것이고 오직 부모님 건강하셨을 때만 누리는 우리의 아름다운 문화이고 어릴 적 뛰놀던 그 세계로 돌아가는 유일한 문화다. 생각해보면 그렇게 고향집 찾아가는 것도 오래지 않아 엄마 돌아가시고 나면 누가 있어 고향집에서 우리들을 반겨 줄 것이며 부모님 계시지 않은 고향집을 그 누가 차량정체 불사하고 가지는 않을 것이라 생각했기 때문이다. 어머님 살아계실 때만이라도 악착같이 명절 빠지지 말고 다니자는 주의였던 것이라 하겠다. 그러니까 어머님 돌아가시고 나면 갈 수 없을 것 같아 후회하는 마음 갖지 않으려고 남편 결사반대에도 불구하고 남편과 대 접전을 벌려가면서 명절 되면 고향집을 악착같이 찾아갔던 이유고 고향을 그리워하는 귀소본능의 끌림에 찾아갔던 고향이다. 물론 지금 와서 생각해도 제가 그 시절 그렇게 억지 부려 고향에 다녀오는 이유는 오직 부모님 살아생전에 느낄 수 있는 부모님 품속 같은 고향에 정겨움을 만끽하려는 이유고 우리엄마가 가족들 모두 모아 놓고 흐뭇해하시는 그 모습이 좋았던 이유다. 훗날 부모님 떠나신 뒤 후회하지 않으려는 마음이 컸다. 그러니까 부모님 떠나시고 나이 들고나면 다시는 돌아오지 않는 과거가 될 것 같아 나는 기회 있을 때 그 기회를 놓치지 않으려는 이유다. 부모님 살아 계실 때만 가능한 아주 귀(貴)한 우리나라 정서고 정겨움이라 생각한 것이다. 그래서 난 우리 엄마 살아계실 때만이라도 찾아가자. 주의(主意)라 하겠다. 사실 저희 어머님 뜻과는 다르게 언제부터인지 고향집에서 명절지내는 것이 다소 불편하다는 이유로 마산 큰아들 집에서 명절을 지내게 되니 엄마는 크게 실망 하셨던 것이다. 그러니까 엄마는 마산에서 명절지내는 것을 아주 못 마땅히 여기시고 그것이 아닌디. 라며 몹시 낙담(落膽)해 하셨다. 내 입장에서는 마산에서 명절이나 제사를 지내게 되면 일단 우리 집 하고 가까운 거리라 나에게는 좋은 점도 있었다. 그렇지만 그래도 명절이 되면 친정 내려가는 기분은 어딘지 모르게 설레는 마음도 없진 않아 좋았다. 하지만 큰 동생네 집에서 명절지내고 부터 어머니를 뵈려가는 일이 어려운 일이 되어버렸다. 그 이유는 아들들은 명절 마치자마자 처가에 내려간다고 서둘러 식구들이 모두 떠나버리니 딸들이 찾아갈 친정이 없어져 버린 것이다. 그래서 저희 어머님 말씀 그것이 아닌디. 라는 뜻을 이해하게 된다. 의당 며느리들도 친정 가는 것이 당연하다. 그리고 아들들도 처가에 가서 그쪽 부모님들 찾아뵙고 인사 올리는 것도 당연하여 무어라 말 할 수는 없다. 딸들 입장에서도 그 부분을 충분히 이해하기 불만을 갖지 못한 부분이다. 그리고 서로 입장 바꿔 생각해보면 나 역시도 시집 차례 지내고 큰집 인사드리고 나면 친정 부모님 빨리 찾아뵙고 싶은 마음이 컸었다. 그래서 올케들 그 기분을 십분 이해하고 남음이라 불만 갖지 못한 부분이다. 다만 시어머니가 거동 불편 할 정도로 건강이 좋지 않았을 때 그때는 어떻게 해야 옳은가를 놓고 잠시 생각했을 때 문제가 되는 것이 있다면. 병든 시부모 팽겨 쳐두고 친정 가는 것이 그렇게 중요 한 것은 아니지 않느냐? 라는 생각을 좀 했다. 나의 이런 생각자체가 이기적인 생각이라 생각하여 이 생각도 지웠다. 그러나 세월이 흐르니 어머니는 차츰차츰 쇠약해지셔 급기야는 성묘 가는 아들을 따라가지 못하시게 되고 우두커니 큰 아들집에 혼자 계실 상황이 된. 저희 어머니를 생각하면 가슴이 아팠다. 아니 큰 동생에게 서운한 감정도 좀 들었다. 평소에는 제가 어머님을 모시고 있어 가슴 아프다고는 생각을 하지 못했는데 명절이라고 아들집에 가서 겨우 이틀 계시는 동안 거동 불편하신 엄마를 혼자 계시게 하고 처가로 떠나가는 큰 동생이 참으로 야속하게 느껴졌다. 하지만 그렇게 생각하는 것 자체가 이기적인 나의 생각이다. 옛말에 자고로 사람이라면 해야 할 일과 해서는 안 되는 일을 구분 짓을 줄 아는 지혜가 필요하다. 라는 말이 새삼 나를 깨우치게 했다. 아들들 처갓집 간다고 다 떠나버린 큰아들 집에 어머니께서 우두커니 혼자 계시는 상황이 되다보니 갑자기 처가가 없어져 버린 막내 남동생에게 어머니를 다시 모시고 저희 집으로 오라고 하는 상황이 여러 해 된다. 나는 명절이면 집에서 차례 마치고 시동생네 가족들과 부산큰댁 찾아가서 인사하고 나면 다시 순천으로 시부모님 산소에 성묘를 다녀오는 코스가 저희 집 명절 문화다. 그러나 어머니께서 마산에서 차례를 마치자마자 저희 집으로 오시게 되어 나는 언제부터인지 모르지만 큰집 인사가는 것이나 성묘 가는 길에 동행하지 않게 된 사연이다. 물론 와병 중이신 엄마 모심에 있어 그런 행사가 나에게는 무슨 의미가 있을까마는 나 또한 한집 안에 큰며느리이다 보니 왠지 남편이 불만을 갖고 있어 괜스레 남편 눈치를 보게 되는 경우다. 반면 왜? 여자들은 친정 부모님을 모시면서 시집 쪽 눈치를 살펴야 하는가? 라는 의문이 생겼다. 그렇지만 우리나라 전통사상이 아들을 선호하는 사상이고 보니 왠지 딸들은 의례적으로 친정 부모님 모시고 살면 시집 쪽 눈치를 보면서 살았던 것 같다. 하지만 요즘 현대는 여존남비시대가 도래(到來)했는지 더러는 친정 쪽을 우선시 하는 경우가 많아져 군이 눈치 보면서 친정 부모님을 모시지는 않다. 아무튼 우리나라 문화이면서 미풍양속 중에 하나인 부모님을 장남이 모시는 것이 관례이고 장남이 여의치 않으면 차남이 모시는 순서가 되었던 것이 우리나라의 전통문화데 지금은 그런 문화들이 없어지는 수준이고 딸들이 오히려 친정 부모님 모시는 경우가 많아 진 것이 추세라 이 또한 시대의 변천사라 여긴다. 어쩌면 핵가족 시대라 그런지 귀차니즘이 생기고 자기중심적인 사고방식(思考方式)들이 득세하니 아마도 인정이 메마른 사회로 변해가고 있는 느낌이다. 사실 시대 흐름이라 그런지 저희 친정을 비롯해 며느리가 시부모님을 모시는 경우는 줄어들고 딸들이 친정 부모님 모시고 사는 가정들이 늘어가고 있는 것이 주변에서 많이 보이니 아마도 정말 옛 법이 이젠 의미가 없어진 경우다. 특히 가난한 부모는 멸시하고 돈 많은 부모는 서로 모시려는 추태도 보이는 집도 있어 주변에서 일어나는 이런 사례를 거울삼아 나만이라도 생명을 주신 부모 병들고 가난하다는 이유로 멀리하고 종교가 틀려 멀리하고 성격이 맞지 않아 멀리하는 것 보다는 비록 애옥살이 살림이라 할지라도 거짓 없는 마음으로 모셔야 된다는 사명감 정도는 갖고 있다. 특히 나 하나쯤이야. 라는 생각보다는 나 하나만이라도. 라는 생각으로 내 인생길을 걸어가고자 함이다. 아무튼 많은 사람들로 하여금 때로는 고지식하고 융통성 없고 답답하다는 말들을 종종 듣고 살지만 나는 내 생각이 옳다고 생각한 일에 대해선 말 보다는 행동으로 마무리 하는 것을 좋아한 것뿐이다. 매사 내가 먼저 양보하고 견리사의(見利思義)에 입각해 이익(利益)이 있을 때에는 의리(義理)를 먼저 생각하면서 살고자한다 그렇지만 보는 눈도 각양각색(各樣各色)이요 생각하는 마음도 천양지차(天壤之差)라 자기가 가지고 있는 그릇이 종제기 그릇이면 종제기 그릇만큼 보는 것이 보편적이고 큰 솥이면 큰 솥만큼 보는 지라 자고로 사람은 자기가 아는 만큼 세상을 본다. 라는 속담이 분명코 과언은 아니었음을 깨닫게 된 경우다. 더구나 개 눈에 보이는 세상은 개의 세상이고 부처님 눈으로 보는 세상은 극락세상이 따로 있지 않듯 개의 눈에는 개만 보이는 것이고 부처님 눈에는 부처님만 보인다. 라는 이 말 또한 참으로 진리였다는 사실을 실감한다. 깨달은 자의 안목으로 보는 세상은 만사는 항상 돌고 도는 것이 만물에 이치라 집착하는 마음 없이 세상과 열린 마음으로 마주하려는 마음이고 삶이란 무대가 바로 덧없고 부질없음을 인정하고 부질없는 일에 집착하는 마음을 멀리 하고자 한다.

이젠 남편도 항문 복원 수술까지 마쳤으니 어느 정도 두 환자는 위험한 고비는 넘긴 것이다. 그래도 다행스럽게 남편도 퇴원하고 나니 두 환자 보는 입장에선 시간이 많이 줄어 한결 수월해 조금 한가함을 느낄 정도다. 특히 어머니도 병세(病勢)가 많이 호전(好轉)되어 눈이 띄게 몸을 가볍게 일어나 앉아주고 움직여 주셔서 책상의자로 옮겨 앉으신 부분도 한결 가볍게 앉으시니 장족의 발전이 바로 이것이지 싶다. 나는 큰마음 먹고 책상 의자에 엄마를 앉혀 목욕탕으로 모셔놓고 오랜만에 엄마 목욕을 시켜드리고자 한다. 명절 새기 전날 욕조에다 물을 담아서 씻겨 드렸다. 하지만 이날 어머님 몸을 부리신 후로 처음으로 욕조에 앉혀드려서 씻겨드리는 것 까지는 무리가 없었다. 하지만 목욕 마치고난 후 욕조에서 엄마를 꺼내드리지 못해 말 할 수 없을 정도로 엄마를 고생시켜드리고 나는 나 나름대로 땀을 뻘뻘뻘 흘리며 고생고생 했다. 속담에 머리가 멍청하면 손발이 고생이다. 라는 속담을 스스로 경험하면서 좌우지간 경험만한 스승 없다는 말을 상가하며 오늘은 좀 머리를 굴려 엄마를 고생시키지 않으려 잔머리를 굴려 보려한다. 지금도 며칠 전 욕조 사건을 생각하면 숨이 막히고 아찔하다. 그래서 이번에는 다시는 그런 실수를 범하지 않으려 나름 머리를 써 볼 계획이다. 한번 크게 실수한 경험이 있으니 내 비록 영민하지 못 할지라도 나름 요령이 생겼다. 지난번에는 몸을 부려버린 엄마를 물이 묻으면 미끄럽다는 사실과 욕조 또한 미끄럽다는 사실을 망각하고 힘으로만 엄마를 들어 올리려다가 비지땀을 흘렸던 사연을 거울삼아 다시는 그런 실수는 범하지 않으리라. 자고로 사람은 첫 경험이 큰 스승이고 큰 가르침이다. 라는 말을 명심하여 두 번 다시는 그런 실수는 범 하지 않을 것이다. 힘들게 겪은 경험만이 각인된 교육이고 지혜의 산실인 것을 배웠던 경험이다. 그날따라 그 많던 가족들은 왜? 아무도 없어 도움을 청할 사람 없어서 눈물 나게 고생했고 애 먹었던 그 날을 나는 잊을 수 없고 가장 눈물 났던 울 엄마 목욕 사건이다. 지금도 그 날을 생각하면 왜? 나는 그렇게도 미련하였는가? 싶다. 미련한데는 약도 없다. 라는 말을 상기하게 된 사건이다. 무조건 힘으로만 어머니를 들어 올려 앉혀 드리려고만 했던 나의 어리석은 그 생각은 너무도 무모했던 사연이다. 다른 방법도 사실 여러 가지 시도했었다. 하지만 이 날만은 여러 방법들이 긴장해서 그랬는지 미숙해서 그랬는지 아무튼 여러 방법들이 통하지 않았고 급기야는 어머님 겨드랑에다 큰 수건을 넣어 들어 올려도 보았지만 몸을 부려버리고 발을 딛지 못하신 엄마를 혼자 들어 올려 세우기란 정말 미련한 방법이라는 사실을 깨닫게 한 사연이다. 나에게는 눈물 나도록 힘겨운 경험을 한 체험이고 큰 교훈 얻게 된 나만의 체험이다. 어머님 간담도 길에 박혀있는 스탠스를 조심하다보니 힘 조절부분에서 애로사항이 많아 더욱 힘겨웠던 이유다. 혼자 비지땀을 흘리면서 어찌 할 바를 몰라 하는 저를 보시신 엄마는 제가 답답하셨는지 아니면 혼자 고생한다고 그러셨는지는 모르겠으나. 아이고! 참말로. 라고 하셨지만 왠지 그 말씀 속에는 지청구보다는 울 엄마 따뜻한 정(情)이 가득 느껴졌었으니 분명 지청구는 아니었지 않았나싶다.

이날 우여곡절 끝에 엄마를 욕조 밖으로 모시고 나온 후 소파에 앉혀 물 젖은 채 장시간 계셨던 엄마 옷을 서둘러 챙겨 입혀드리고 머리는 드라이로 말려드리고서 엄마 로션가방을 옆에다 갖다드리고 엄마에게 로션을 바르시라하고 나는 긴 숨을 몰아쉬었다. 그런데 엄마는 미련한 딸 때문에 고생을 많이 하셨건만 자기를 고생시킨 딸이 밉지 않았지 비지땀을 삐질삐질 흘리며 한 숨 돌리고 앉아 있는 나에게 이마 땅 하자고 엄마는 이마를 갖다 내밀어 주셨다. 나는 그랬어? 라고 하시던 엄마 말씀이 왠지 정(情)이 가득 들어있었는지 아직도 다정한 울 엄마 말씀 '그랬어? 라는 말이 지금도 귓가에 맴돌고 있는 느낌이다. 이번 목욕은 그냥 예전처럼 언니랑 내가 심혈을 기우려 만든 울 엄마 전용 이동식 특별 좌변기를 활용 할 생각이다. 그래서 엄마가 욕조에 들어가시기 전 나는 이동식 좌변기를 먼저 욕조 바로 옆에 갖다놓았다. 그리고 엄마를 모시고와 좌변기에 조심스럽게 앉혀드리고서 조심스럽게 발 하나를 먼저 욕조 안으로 넣고 다른 발도 마저 넣고서 살포시 일으켜 세운 다음 다시 앉혀드렸다. 이전 목욕은 이동식 좌변기에 앉아 샤워만 하셨지만 이젠 따뜻한 물속에 몸을 푹 담가드리면 아마 혈액 순환에 큰 도움이 되지 않겠나 싶어 욕조에 따뜻한 물을 가득 채웠다. 고관절로 쓰러지신 이후 상상도 못한 목욕이지만 벌써 두 번째 뜨거운 물에 몸을 담근다. 욕조에 수월하게 들어가신 엄마도 따뜻한 물에 몸을 담가 그런지 편안해 보이셨다. 그리고 그렇게 혼자 욕조에 앉아 이곳저곳을 비누칠 하시는 모습이 다 나으신 것만 같아서 보기 좋다. 엄마는 그렇게 1시간 동안 목욕을 하셨다. 이번 목욕은 지난번 일을 거울삼아 욕조에서 물기를 다 닦은 다음 살포시 어머님을 안아 욕조에 걸쳐앉게 한 후 이동식의자에 한발 한발 옮겨 앉혀드리니 목욕 게임은 수월하게 끝이 났다. 수월하게 엄마를 옮겼더니 사람에게는 경험만한 스승이 없다는 사실을 체험한 사례다. 나는 이럭저럭 어머님 옆을 사수하며 하루하루 보내고 있다. 어머님 병세가 크게 차도가 있다거나 이상이 있다거나 하는 일 없이 그저 하루를 지내고 있다. 남편도 퇴원한지 한 달 넘다 보니 건강이 많이 회복되고 장류 교체도 하지 않으니 남편에게 특별히 신경 쓸 일은 없다.

못마땅하게 여기는 남편 의사를 외면하고 나는 또 어머님 뜻 쫓아 고향집으로 출발한다

성질 부리는 남편 말을 무시하고 나는 또 다시 엄마를 모시고 고향집으로 출발한다. 3월이라 아직 날씨는 쌀쌀하지만 그래도 큰 추위는 아니라 고향가는대는 별 문제는 없다. 우리 모녀가 말없이 한참을 가다보니 보성 휴게소가 보여서 엄마와 나는 어김없이 보성 휴게소에 들렸다. 이곳에 꼭 들려야 하는 이유는 이곳 휴게소 이후로는 국도로 가야 하기 때문에 다른 휴게소가 없어 꼭. 이곳을 들린 이유다. 휠체어가 비치되어 있는 휴게소를 이용하려는 것이다. 그리고 김해에서 이곳 까지는 두 시간 달려왔기에 엄마 다리도 한번 폈다가 가는 것이 좋다. 나는 휠체어가 비치되어 있는 가까운 곳으로 차를 주차 했다. 그리고 예전처럼 휠체어를 가져와 조수석에 갔다 세웠다. 엄마는 스스로 천천히 자리에서 일어나 휠체어 쪽으로 몸의 방향을 바꿔주셨다. 제가 이 시점에서 차이를 느낀다면 지난번보다는 엄마가 스스로 몸동작을 조금 가볍게 하신다는 차이를 본다. 지난번 보다는 훨씬 수월하게 화장실을 다녀왔다. 나는 엄마를 모시고 매점 앞에 가서 옥수수 하나 사 드리고서 조수석으로 가 엄마에게 차문을 꽉 붙잡고 서 계시라고 한 다음 다리를 한번 쭉 펴보자고 권했다. 그랬더니 엄마는 괜찮다고 하신다. 그래서 나는 다시 엄마를 차에 앉혀드리고 난 후 선걸음으로 달려가 커피 한잔 뽑아들고 운전석에 앉았다. 나의 삶이 고단하다면 고단한 삶의 여정이다. 그러나 엄마 덕분에 이렇게 나와서 고즈넉한 시골 휴게소에 들려 연초록으로 물들여진 주변 산천을 보며 봄의 향기를 맡아보는 여유를 부려보았다. 아마도 이런 나들이도 나에게는 작은 행복의 요소다. 나는 커피를 마시면서 차창 밖 이른 봄기운을 온 몸으로 느껴본다. 김해 집이 팔려 고향으로 짐 싸들고 내려가는 길목이었더라면 더 행복하지 않았을까? 라는 생각도 잠시 든다. 나는 커피를 다 마시고 다시 서둘러 고향집으로 향했다. 당일 치기로 고향집을 다녀와야 하는 코스라 나름 서둘렀다. 몸이 자유롭지 못하시는 어머님 사정을 배제 할 수 없어 서두른 것이다. 그래서 최대한 나는 시간을 아낀다. 저희 모녀는 말없이 또 한 시간 정도 달려 고향집에 도착했다. 그런데 왠지 고향집이 유난히 낯설고 썰렁한 기운이 감돈다. 아직 날씨가 풀리지 않아 그랬는지는 모르겠으나 아무튼 고향집에 들어서니 평소와는 다르게 냉기가 느껴졌다. 어머니도 평소 같지 않게 집안으로 들어가시지 않겠다고 하시면 그냥 차 안에 계시기를 원하셨다. 나는 엄마에게 방으로 들어 가시자는 말을 더 권하지 않았다. 집안으로 모시자면 어머니를 들쳐 업고 토방마루 올라가는 서너 계단이 사실 나에게는 난코스라 더 이상 권하지 않은 이유다. 나는 굳게 닫힌 방문을 열쇠로 열고 방안으로 들어가 대충 집안을 살폈다. 집안에는 특별한 문제들이 보이지 않았다. 서너 달 전 그러니까 지난 12월 중순경에 이곳에서 일 주일 머무르면서 부엌수리 하고 방안정리를 해서 그런지 특별히 손 볼 곳 없이 깨끗했다. 나는 다시 부엌으로 가서 새로 샀던 냉장고를 열어보았다. 엊그제 산 냉장고가 음식들이 많이 들어있지 않아 새 하얀 내부가 눈이 부시도록 푸른 감이 느껴질 정도로 깨끗하다. 사연 많은 냉장고를 어루만져보고 있잖니 저절로 한숨도 나왔다. 하지만 깨끗한 새 냉장고를 보니 마음도 같이 깨끗해지는 듯 기분도 상쾌하다 하지만 양문냉장고를 사지 않고 투도어로 샀다고 울 엄마가 몹시도 서운하게 생각했고 불쾌하게 여기시고 언짢아 하셨던 모습이 떠올라 냉장고를 막상 보고 있잖니 너무 죄스러운 마음이 든다. 나는 냉장고 문을 닫고 마당으로 나와 차에 앉아 계신 어머니에게

"엄마 괜찮아요?"

라고 물었다. 그랬더니 엄마도

"나는 괜찮다."

라고 하신다. 그래서 어머님 잠시 차에 앉아 계시는 틈을 타 마당 옆 장독대를 덮고 있는 풀들을 장갑을 끼고서 대충 잡아 뽑아 놓는 작업을 했다. 그리고 마저 집 둘레에 돋아나 있는 풀마저 뽑아 버리기를 한 시간가량 계속 했다. 그런데 차 속에서 나의 이런 모습을 가만히 지켜만 보고 있던 엄마가 이제 그만 하고 김해로 가자는 신호를 보내신다. 나는 풀 뽑는 작업을 마무리 짓지 못했지만 차안에서 앉아계시는 엄마 사정 고려해 잡초 뽑는 일을 그만 두었다. 그래도 어느 정도 고향집 설거지는 대충이라도 된듯하여 뿌듯한 마음이 든다. 나는 대충 손을 씻고 차에 올라앉았다. 그런데 어머님께서 무슨 말씀을 하셨다. 알아듣기에는 어려운 말씀이지만 그래도 마음으로는 어느 정도 어머님 생각은 짐작 할 수 있었다. 그러니까 어머님 말씀인 즉 몇 년 전 심어놓은 도라지가 없어졌다는 뜻이다. 그 도라지들이 없어지지 않았다면 어머니께서 심어 놓으신 지가 벌써 5~6년이 되었으니 지금쯤 캐서 나물정도는 해먹을 수가 있었을 것이라 생각한다. 그런데 장기간 집을 비워놓은 관계로 남의 손을 탔다. 울 엄마는 도라지들이 없어져서 속이 많이 상하신 것이다. 엄마가 직접 심어 놓았던 토란이나 도라지들이 사라져버려서 엄마 마음이 좀 씁쓸하신 것이다. 이렇게 집을 오래 동안 비워두어야만 하는 울 엄마 심정이 몹시 안타까운 것이라 하겠다. 어머니께서 고향집을 고즈넉이 바라보는 그 모습은 왠지 쓸쓸함으로 가득하다. 더군다나 그냥 이대로 고향집을 두고 떠나야하는 어머니 마음이 아쉬움으로 가득 차 보인다. 그러나 이 모습을 뒤로 하고 그냥 돌아서 가야 하는 나의 심정(心情)도 어머님 마음과 매한가지로 쉽게 집 마당을 벗어나지 못한다. 그저 애처로운 눈으로 집 모퉁이를 한참이나 바라보고 계신 엄마 모습을 보고 있 잖니 마음 한 쪽은 모든 걸 포기하고 그냥 이곳으로 와서 어머님과 생활 을 해버릴까라는 생각도 있다. 사실 3 ~ 4년 전 어머니랑 제가 이곳에 와 서 제법 자란 도라지가 대나무를 타고 올라가도록 대나무 사다리를 열 심히 만들어 두었던 기억이 새롭다. 아마 저희 모녀가 대나무를 잘라 도 라지가 감고 올라가도록 울타리를 열심히 만들어 지붕에 비스듬히 기대 놓았던 것이 지금은 헛수고가 되어버려서 엄마 마음이 몹시 서운하신 모양이지 싶다. 어느 무더운 여름 날 힘겹게 만들어 놓은 정성을 몰라보 고 누군가가 도라지를 캐 가버린 행동이 몹시 야속타. 도라지 옆에다가 는 약으로 쓰신다고 민들레도 친척집에서 몇 뿌리 얻어 일부러 심어놓 았건만 그것마저도 보이지 않아 서운하기 그지없다.

    자고로 사람이라 함은 자기 것이 아니면 탐하는 마음을 가져서는 안 되거늘 아무튼 이러한 모습들을 보노라면 쓸쓸한 마음이 들고 헛 숭헌. 이다. 그런데 어머니는 또 나에게 무슨 말씀을 하신다. 아마도 어머니는 예전에 쓰시던 장독들이 많이 없어졌다는 뜻 같다. 물론 고향집 수도가 옆에 자리 잡고 있던 장독대에 장독들이 꽉 차있던 장독들이 언제부터 인지 하나 둘 사라지더니 이제는 그 많았던 장독들이 다 사라지고 달랑 서너 개 뿐이라 어머니는 몹시 서운하신 듯 쓸쓸한 표정으로 장독대만 무심히 바라보고 계신다. 엄마는 텅빈 장독대를 쓸쓸히 보시고선 없다 없다. 라는 말씀만 반복하신다. 사실 몸이라도 성하시면 덜 서운 할 텐 데 자유롭지 못하신 몸이라 엄마 마음은 더욱 안타까움으로 가득하신 것이다. 아무튼 어서 빨리 김해집이라도 해결이 되었으면 그나마 울 엄 마 마음이 편하실 텐데 지금 당장 해결 할 수 없는 문제이고 보니 그저 이렇게 한 번씩 다녀가는 것 말고는 뾰족한 방법이 없어 내 마음도 애만 탄다. 나는 차 시동을 걸다 잠시 아래채를 보게 된다. 제 작년 태풍에 아래채 지붕 한쪽 끝이 날아가 버려서 보기가 좀 흉하다. 나는 시선을 돌려 창고 쪽을 봤다. 창고도 역시나 지붕이 태풍에 절반가량이 날아 가버려 흉물스럽다. 정말 옛 속담처럼 여자와 집은 가꾸기에 매였다는 말을 실감하는 차원이다. 집이 흉물스럽게 변해가는 모습을 본 울 엄마 마음은 더 안타까웠을 것이라 생각한다. 저희 모녀는 허물어져 가는 고향집을 바라보면서 느껴지는 쓸쓸한 마음을 뒤로 한 채 고향집을 벗어난다. 그리고 동네 앞 연못 길을 따라 3 ~ 400미터 정도 가다가 폐교 앞에 잠시 차를 멈추어 섰다. 잠시 폐교에 설치된 태양 열판들을 물끄러미 저희 모녀는 말없이 바라만 보고 있다. 만감(萬感)이 교차(交叉)하는 순간이라 하겠다. 그리고 인생사는 어쩔 수 없는 일들이 더러 있다는 것을 깨닫게 된다. 세상만사 모든 일들이 마음먹는 대로 이루어진다면 무슨 고민할 일이 있겠는가만 꺼져가려는 울 엄마 등불을 부여잡고 있는 나의 입장에선 이 과정이 너무나 애달프다. 이 또한 내가 견디어 내야하는 과제인 듯하고 더러는 쉽게 이룬 것 없는 이 과정들이 힘겹다는 생각이 든다. 잠시 머물던 폐교 앞에서 미련두지 않으려 나는 말없이 김해를 향해 운전대를 돌린다. 어머니는 본인이 그렇게 인수하기를 원했던 자리에 설치 되어있는 태양 열판을 보시고 무슨 생각을 하셨을까요? 그저 말없이 앉아 태양 열판만 주시하고 계시는 울 엄마 모습이 안쓰럽기 그지없다. 어쩌면 아직은 인수 할 때가 아니다. 는 것을 아시고 계셨던 것은 아닐까? 그런데 갑자기 엄마는 제가 이해할 수 없는 말씀을 하신다. 운전 중이라 어머님 말씀에 집중 할 수 없어 더욱 이해가 불가한 말씀이다. 더구나 엄마는 밑도 끝도 없이 그저 그래서 그래 그래서 그래. 라고만 하신다. 나는 운전 중이라 엄마 말씀에 집중되지 않아 이 뜻이 무슨 의미인지를 빨리 알아차리지 못했다. 울 엄마 말씀 그래서 그래. 라는 이 말씀이 무슨 의미를 내포하고 있는지? 어쩌면 알 듯도 하면서도 쉽게 이해되지 않는 부분이다. 물론 운전 중이라 어머니 말씀을 깊이 새겨듣지 못한 탓도 있다. 어쨌든 이해가 가지 않는 어머니 말씀에 나는 운전하는 내내 마음이 심란하다. 특히 그래서 그래. 이 말씀을 어떤 의미로 하셨고 어떻게 해석을 해서 들어야 할지 아무튼 엄마 말씀을 빨리 이해를 못하고 있으니 답답한 마음이 생겨 운전하는 동안 내내 마음이 불편하고 불안해진다. 어쩌자고 어머니는 그렇게 잘하시던 말씀을 못하시어 우리들을 이렇게 답답하게 하시는지 그러나 본인은 그 얼마나 답답하실까? 싶다. 엄마 말씀을 빨리 이해하지 못하는 우리도 답답하기는 매한가지이니 참으로 답답하여 그저 나의 미련함이 한 없이 원망스러운 시간이 바로 이 순간이다. 어느새 우리 모녀는 역 방향 보성 휴게소에 도착했다. 물론 방향이 다르기 때문에 또 왔다는 말을 못한다. 오전에는 고향집 방향이고 이번에는 김해 쪽 방향이다. 오전에 그랬듯이 휠체어를 꺼내어 차 문 쪽에다 대기 시켜놓고 엄마 발을 밖으로 내리게 한 다음 어머니를 일으켜 세워드렸다. 장시간 차 속에서만 계셨기에 이렇게라도 해서 노모님 다리를 좀 풀어드리고 궁둥이도 바람 좀 들어가게 일으켜 세운 것이다. 물론 항상 장거리를 다닐 때는 이렇게 하면서 다녔기 때문에 이런 행동들은 이제는 익숙하다. 어머니는 열어진 차문을 자연스럽게 붙들고 계셨다. 그래도 다행스럽게 발뒤꿈치가 다 아물어 신발을 바로 신고 다니시니 이 또한 다행이다. 자동차 문을 열고 자연스럽게 서 계시는 울엄마 모습을 보면서 어서 빨리 쾌차하셔서 자유로운 몸으로 그 어디라도 다니시기를 기원 할 뿐이다. 허나 차문을 의지해서 서계시는 엄마 모습을 보고 있노라니 무엇이 그리도 잘 못 되었는지 왜? 이렇게 회복이 더디게만 느껴지는지… 작년 같았으면 정말 상상도 할 수 없는 울 엄마 모습이다. 그렇지만 사람 욕심(慾心)은 한계(限界)가 없는 듯 작년 이 맘

때에는 제발 살아만 계시게 해달라고 빌었는데 이제는 어머니께서 스스로 걸어 다니시기를 빌고 있으니 사람 욕심은 정말 끝이 없는 것이 맞다. 요즘 나는 저희 어머님 보다 연세가 더 많으셔도 혼자서도 잘 다니시는 어르신들을 보면 무척 부럽다는 생각을 많이 한다. 그리고 우리는 어쩌자고 엄마를 잘 모시지 못해 부처님 같으신 저희 어머니를 이 지경까지 이르게 했는가? 라는 반성을 많이 한다. 누구나 건강하시지 못한 부모님을 모시고 계신 분들이라면 나와 같은 생각들을 많이 하지 않을까? 싶다. 더러는 인간은 만물에 영장이라고 자부하면서도 정작 자기 부모님 병 하나 치료해드리지 못하는 아주 나약한 인간이라는 것을 깨달은 계기다. 나는 연로하신 어르신들께서 건강하게 다니시는 것을 보면 제일 부러웠던 모습 중에 하나가 바로 이 부분이다. 더구나 엄마를 살뜰히 모시지 못해 이렇게 어머니를 병들게 했나 싶어 죄스럽기 그지없어 죄인이 된다. 특히 자기부모님 병 하나 치료해드리지 못하는 아주 무능한 인간이라는 사실을 깨닫고 정말 인간은 자연 앞에 티끌과 같은 존재임을 깨닫고 정말 겸손하게 살고자 한다. 사실 우주에서 본 지구는 티끌처럼 작다는 사실을 모르는 사람은 없다. 그래서 우리 인간은 거대한 자연 앞에서는 티끌과 같은 존재일 텐데 무엇을 갈구하기 위해 나는 오랜 세월 형제들 오해나 만들어 가면서 형제들에게 말썽쟁이요. 미운 오리새끼요. 이단아로 살고 있나 의문스럽다. 그렇다고 나를 위해 살아보지도 못한 것이다. 그런데 왜? 형제들에게만은 자꾸만 오해가 생기고 있으니 참으로 안타깝다. 저는 휴게소에서 김해를 향해 출발을 한다. 아마 보성 휴게소에서 출발하면 김해까지는 대략 1시간 3 ~ 40분 정도 걸리면 김해에 도착하는 시간이다. 그래서 나는 미리 김해 도착 시간을 대강 우리 아이들에게 알려주었었다. 열심히 달려 그 시간에 집 앞에 도착 하니 벌써 우리아이들이 현관 앞에 나와 서성거리는 모습이 빌라 입구에 들어서니 보인다. 나는 가능한 어머니를 차에서 빨리 내려드리는 것이 최선이라 여겨 미리 아이들에게 협조를 부탁한 이유다. 장시간 차에만 앉아 계셨던 엄마를 1분 1초라도 빨리 집으로 모시려는 차원에 저희아이들을 현관 앞에 대기시킨 이유다. 다행스럽게도 저희아이들이 셋이나 되고 체격도 좋아 나에게는 정말 든든한 지원군들이다. 저희 아이들 셋은 여느 때와 마찬가지로 이구동성(異口同聲)으로

"할머니 잘 다녀오셨어요?"

라는 인사를 드리고서 숙달된 간병인이 되어 신속하게 할머니를 부추겨 집안으로 모시고 들어간다. 나는 할머니를 조심스럽게 부추겨 계단 올라가는 저희 아이들 뒤 모습을 보면서 이런 생각이 들었다. 그러니까 세상 사람들 대부분 각자 아름답게 보는 사물이나 우리들 행동거지(行動擧止)를 보는 관점들이 다 다르겠지만 내 입장에선 외할머니를 지극한 마음으로 모시고 올라가는 저희 아이들의 협동심(協同心)이 너무 예뻐 보여서 내가 아름답다고 여기는 부분이 바로 이 부분이 아니겠는가? 라는 생각을 했다. 저희 아이들 셋이 외할머니를 베테랑급 간병인처럼 부추여가는 모습을 보노라니 왠지 흐뭇한 마음이 일었다. 나는 아이들이 현관 안으로 들어가는 모습을 뒤로 하고 지하주차장으로 내려가 주차를 했다. 그리고 미처 챙기지 못한 내 가방 하나 챙겨들고 터벅터벅 계단을 오르며 오늘도 어머니를 모시고 무사히 고향 집 다녀 온 것에 감사함을 천지신명님께 고한다. 사실 고향 다녀왔으니 마음이 가벼워야 하지만 오늘은 마음도 무겁고 몸도 무겁다. 한 순간도 안심할 수 없는 환자를 모시고 다닌다는 것이 정신적으로 몹시 긴장하게 했고 쓰러져가는 고향 집을 바로 해결할 수 없는 현실이 피곤함을 더 느끼게 했다. 그리고 폐교 앞에서 엄마가 하셨던 그래서 그래. 라는 말씀을 아직 해석하지 못해 몸도 마음도 무겁다. 제가 주차하고 집으로 들어서니 엄마는 많

이 피곤하셨는지 벌써 소파에 누워 계셨다. 어쩌면 말씀으로는 표현하지 않으셨지만 엄마는 장거리 이동에 힘이 많이 드셨는지 벌써 자리 잡고 누우셨다. 사실 저희 엄마는 이전에는 이렇게 먼저 누우신 일이 별로 없으셨다. 그러니까 제가 들어올 때까지 소파에서 앉아 기다리고 계시다가 제가 들어오는 것을 확인하고 대충이라도 씻으시고 누우셨는데 이번에는 고향 내려갔다 오는 길이 평소보다는 많이 힘이 부치셨는지 제가 들어오기 전에 미리 누워계신 것이다. 어쩌면 나이는 못 속인다. 라는 말이 맞는 모양이다. 저희 어머님 연세가 벌서 82세이고 보면 무리는 아니지 싶다. 특히 병중이시라 많이 힘에 부치신 것이다. 저는 잠시 어머님 누워계시는 틈을 타 저녁 식사 준비를 서둘렀다. 몸이 천근이라 일 속도가 나지 않아서 괜스레 신세타령이 나오려했다. 이 상황을 글 몇 자로 표현하기에는 사실적인 면이 많이 부족하다는 생각도 든다. 더구나 몸을 부려버리신 엄마를 모시고 다니는 과정에서 에너지를 다 써버렸기에 사실 내 몸은 지치고 지쳐있는 이 상황에서 손가락 하나 움직일 힘이 남아 있지 않아 괜스레 짜증이 나려했다. 그러나 병든 어머님 앞에 피곤함을 내색해서는 안 되는 것이라 나름 정신 바짝 차려 울 엄마 반찬 하나라도 더 만들어 보려는 마음이지만 몸은 천근이라 말을 듣지 않는다. 여자들은 밖에 나갔다 오면 저녁상 차리기가 제일 싫을 때가 있다. 힘이 들면 반찬 하나라도 만들어 상 차리는 과정이 더러는 싫다. 청소가 되어 있지 않은 집을 보노라면 더러는 마음 속 깊은 곳에서부터 욱 하고 치밀어 올라 올 때가 있는데 오늘이 바로 그날이지 싶다. 아마 오전에 고향 집에서 풀을 뽑을 때 풀 하나라도 더 뽑아 놓고 오고 싶어서 나름 사력(死力)을 다해 뽑았는지 오늘 따라 유독 피곤함이 밀려왔다. 나도 옛날 같았으면 할머니가 되어있어야 할 나이다. 그리고 요즘 들어 자주 힘이 부친다는 느낌을 받는다. 그러니까 1년 동안 두 환자 사수하느라 나 역시도 힘이 고갈상태인지 근래 들어 자주 몸이 피곤함을 느꼈다. 나도 작년 초겨울 남편 퇴원하고 이틀째 되던 날 막내 남동생이 일요일이라고 어머니를 뵈려 왔었다. 막내 남동생 도착시간이 마침 점심시간이 되어 나는 어머니와 함께 따뜻한 점심이라도 먹여 보내고 싶은 마음에 나는 남동생에게 엄마 잠깐 살펴 달라고 하고 부엌에서 열심히 점심 준비를 했다. 갑자기 어떤 힘의 의해 내가 쓰러진 사건이 생겼다.

고향 다녀오신 후 어머님 얼굴빛이 많이 어둡다

저는 그 무서운 빗속을 뚫고 고향집을 다녀왔건만 저희 어머니께서는 고향집을 다녀오신 이후로는 급격히 우울해 보여 안타까운 마음이다. 특히나 냉장고 사건이 이후로 유독 기력을 잃으신 듯 모든 것을 체념하신 모습으로 무력하게 누워만 계시고 표현도 그다지 없으시니 그저 어머님 눈치만 살피느라 전전긍긍하고 있는 신세다. 예전에는 6시 내 고향 같은 TV프로들을 1분도 틀리지 않게 시간 맞추어 보셨을 정도인데 근래에 와서는 TV도 전혀 보지 않으시고 그저 무력하게 이불에 나있는 보푸라기만 무의식(無意識)적으로 잡아떼고 계신 것이다. 그리고 간간히 앉으셔서 티슈를 곱게 접어 머리맡에 갖다 놓으실 뿐 큰 움직임도 없으시고 말씀도 없으시니 옆에서 지켜보는 제 마음이 무겁다. 그렇다고 저에게 따로 시키시는 일도 없으셨다. 그래서 요즘 집 안 분위기가 적막(寂寞)강산처럼 고요하다. 더구나 어머니는 최근 들어 별다른 움직임 없이 그저 누워 이불보푸라기 아니면 손톱을 입으로 물어뜯고 발톱은 손으로 잡아떼시는 동작만 반복하시는 것이 고작 움직이시는 동작이다. 그러다가 결국에 가서는 상처를 내 피가 나오면 하시는 말씀이 아이고 참말로. 라는 말씀뿐이다. 아마 이 말씀은 본인도 조심히 한다고 하면서 뜯었는데 결국 피가 나왔다는 뜻이라 생각이 든다. 무력하게 누워만 계시는 어머님 모습을 보고 있는 제 마음도 무겁고 무기력해진다. 제가 해드릴 수 있는 것이 한계가 느껴져 제가 무엇을 어떻게 해드려야 저희 어머님 기분이 나아지고 기력(氣力)이 회복(回復)되실까? 라는 생각만 있을 뿐 정작 저 자신도 어머님 기분을 바꿔 드릴만 한 일이 생각나지 않아 저 또한 힘이 빠진다. 막연한 생각이지만 저희 어머님 일으켜 세우는 특효약이 있다면 고향 집으로 빨리 이사 가는 일밖에는 없을 것 같다는 생각만 있지 이 또한 억지로는 안 되는 일이라 그저 재주 없는 저 자신만 원망하고 있는 신세다. 집이 팔리지 않는다는 이유로 이렇게 무기력하게 시간만 지체하는 것 같아 참으로 마음만 애달프고 그저 속절없이 시간만 보내고 있는 이 상황이 너무나 안타깝게 느껴진다. 어느새 유난히도 더웠던 여름날이 가고 이제는 서늘한 바람이 아침 저녁으로 느끼게 하는 9월이 되었다. 이렇게 달이 바뀌고 있는데 아들들은 서너 달째 소식이 없다. 다만 잊지 않고 간간이 전화해 주는 언니와 여동생이 있을 뿐이다. 형제들은 그동안 2년 가깝게 오고 가느라 경제적으로나 마음들이 많이들 힘들었지 않았나. 라는 생각한다. 더러는 어머님에게 안부 묻지 않는 부분에 대해서 나름 이해해 본다. 그러나 날이 가고 달이 가고 해가 넘어가다 보니 이제는 마음들이 시들해졌는지 남동생들은 어머님 생신 때 다녀간 후 어머님에게 이제껏 안부 전화가 없어 조금 서운한 마음이 일어난다. 지금 이 상황이 옛 속담 중에 눈에서 멀어지면 마음에서도 멀어진다. 라는 말이 맞다 는 사실을 실감하는 중이라 하겠다. 어머니께서는 비록 이렇게 누워계실지언정 매일 매일 자식들 생각만 하고 계시건만 바쁜 자식들은 그 마음이 전해지지 않는지 하루에 1분 정도면 전화로 병중이신 어머니께 안부 정도는 충분히 물을 수 있건만 무심(無心)한 아들들은 그 1분도 어려운 일인듯 통 소식들이 없다. 무관심(無關心)이라고는 표현(表現)할 수 없다. 아무튼 소식들이 뜸하다 보니 저희 어머님 우울감이 더욱 심하신듯하여 옆에서 지켜보는 제가 오히려 안타까운 마음이 든다. 그러다가 간간이 딸들이 전화를 해오면 저희 어머님 얼굴에는 금방 생기가 도는 것을 확실(確實)하게 느낀다. 반가운 자식들의 목소리는 와병 중이신 저희 어머님 얼굴빛을 밝게 만들어 드리는 특효약이라는 것을 저는 확실하게 경험하는 중이다. 저희 어머니께서는 자식들 목소리만 들어도 활기가 유독 차 있어 저는 이런 생각을 안 할 수가 없다는 사실이다. 그러니까 저희 어머님께만은 유독 자식들의 안부가 어머님을 일으켜 세우는 명약(名藥)중에 명약이 아니겠는가? 라는 생각을 해보았던 이유다. 자식들 전화라도 받으시면 어머님 얼굴에 확연하게 생기가 돋고 있는 차이를 보이셔서 제가 이런 생각을 하지 않을 수가 없던 이유라 하겠다. 어머님을 모시면서 느꼈던 부분은 유독 어머님에게게만은 자식들의 관심이 커다란 힘이 되었던 사실을 깨달은 사례이다. 자고로 예로부터 효를 상징하고 효를 강조(強調)할 때는 대표적으로 반포지효(反哺之孝)와 오조사정(烏鳥私情) 이야기를 운운하는 이유가 바로 하찮은 까마귀일지라도 자신을 길러 준 어미의 은혜를 갚는 부분을 반면교사 삼으라는 뜻이며 자주 세상에서 운운(云云)한 이유가 아마도 하찮은 미물(微物)인 까마귀도 늙은 어미를 데려다 모셔놓고 먹이를 되새김질해서 부모 은혜에 보답(報答)하며 살아가는 것을 거울삼으라는 뜻일 것이다. 소이 고등동물이라 일컬을 우리 인간들은 이런저런 이유로 늙은 부모님 모시기를 꺼려하는 추세로 이끌어가고 있는 것이 현사회이고 보면 씁쓸한 마음이 일어난다. 나라 제도가 새롭게 바뀌어 부모님 모시는 부분을 집중 지원을 나라에서 하게 되면 이런 꼴사나운 현상도 자동으로 없어지는 현상이겠지만 현재로서는 늙은 부모님 모시는 부분에 있어 서로 애로사항이 많다는 사실의 입각해 이해하려는 차원이다. 요즘 돌아가는 사회현상으로만 봤을 땐 만물(萬物)의 영장(令長)들이라 일컫는 우리 인간(人間)들이 오히려 병든 부모님을 홀대(忽待)하는 경우가 아닌가 싶어 저 개인적으로 애석하게 생각한 부분이라 하겠다. 그러나 언제부터인지 몰겠으나 무심 해져가는 형제들이 어머님에게 안부 전화라도 했으면 하는 마음에 저는 언니에게 어느 날 다른 형제들이 요즘 안부 전화가 없네. 라는 말을 했던 기억이 있다. 그랬더니 역시나 우리 언니는 아주 냉정하고 이성적인 사람이라서 그런지 너만 잘하면 되지 남까지 잘해라 말라 할 수 있겠느냐? 라는 말을 했었다. 이 말을 언니한테 들었을 당시에는 조금 서운한 감정이 일어지만 한 생각 버리고 나니 언니 말도 일리가 있다고 생각이 들기도 하였다. 그러니까 언니 말처럼 정말 나만 잘하면 되는 것이었다. 무릇 지각(知覺)있는 사람들은 타인(他人)의 발자취를 거울삼아 인생길 함부로 즈려 밟지 않으려 노력을 하는 사람이 있는 반면에 어떤 사람은 일부러 고생을 자처한 사람들은 멍청한 짓거리다. 라고 말하며 굳이 인생을 그렇게 살 필요 있겠는가. 라는 말로 비아냥거리는 사람들도 있다는 사실이다. 그렇다 보니 제가 이제껏 바보스럽게 살면서 행(行)하는 것이 비록 저의 입장에서 생각할 때는 비록 옳은 일이라 할지라도 보는 사람 관점에서는 달리 판단할 수 있다는 생각을 한다. 결론(結論)은 그 어떤 것을 선택할 것인가? 라는 부분은 진정 본인의 몫이라는 사실이다. 누군가 뜻있어하는 행동에 대해선 저만이라도 왈가왈부(曰可曰否)하지 않을 것이라 다짐한 부분이기도 하다. 내게 주어진 일들이라면 더러는 힘이 들더라도 최소한 꾀는 부리지 말자. 라는 주의(主意)이다. 이 부분에서만큼은 나만이라도 병든 부모님을 최소한 외롭게 만들지는 말자. 라는 차원(次元)이라 하겠다. 제가 이런 생각을 갖은 이유가 아마도 은연중에 저희 어머니에게서 물려받게 된 습관이고 저희 어머님께서 직접 행동으로 보여주셨던 가르침이 저에게 은연중 답습이 되었지 않았나 싶기도 한 부분이다. 다만 이 부분에서 다른 각도로 해석하자면 해를 좋아하는 사람과 달을 좋아하는 사람의 생각도 다르고 느껴지는 감정도 다르듯이 부모님을 공경하면서 살아가든 부모님을 홀대하면서 살아가든 각자 스스로가 지혜롭게 선택을 할 일이다. 우리만이라도 생명을 주신 부모님만큼은 가능한 공경(恭敬)하고 살펴드려야 할 의무(義務)와 사명감(使命感)을. 갖고 살아야 한다는 것을 망각(忘却)하지 않았으면 한다. 왜? 언젠가는 우리도 늙고 세월 이기지 못하는 시한부 인생이기 때문이다. 부모님은 언제나 우리 곁에 영원히 계실 거라는 착각은 절대 하지 말아야 한다. 사실 저도 저희 어머니께서 뇌경색으로 쓰러지실 줄은 꿈에도 생각해질 못했다. 유독 저희 어머님은 다른 분과는 다르게 시골 분이라 하시더라도 매사에 긍정적이시고 적극적이시며 정신세계 또한 그 누구도 따라올 수 없을 정도로 굳건하시며 정신세계가 다른 분들과 유별나게 차별이 있으셨기에 이렇게 뇌경색이 찾아와 자식을 의지해 사실 것이라는 생각을 정말 꿈에도 생각해보지 못했던 일이었다. 특히나 저희 어머니께서는 일 년 365일 눈이 오나 비가 오나 하루에 두세 차례씩 냉수 목욕하시며 지극 정성으로 사셨던 분이라 저는 저희 어머니가 일찍 뇌경색으로 쓰러지시고 말이 어눌해지실 것이라는 생각을 전혀 못 하고 살았던 이유다. 저는 남과는 다르게 유독 미련하고 어리석었는지는 알 수 없으나 저희 어머니만큼은 분명 다른 분들과는 다르게 빨리 회복해지셔 예전처럼 말씀도 잘하시게 될 것이라고 철석같이 믿고 살아왔다. 항상 저변에는 저희 어머님만큼은 빨리 자리를 박차고 일어나 소싯적 건강하셨던 때처럼 산으로 들로 이곳저곳을 자유롭게 다니시게 될 것이라고 생각하고 또 생각하며 이제껏 살아왔던 이유다. 어찌 된 일인지 저의 바람과는 달리 회복은 고사하고 점점 노쇠해가는 모습이 요즘 들어 역력하게 보이니 제 마음이 너무나 애달프고 안타깝기 그지없음이다. 유수 같은 세월 탓도 있을 것이라 생각도 해 보지만 왠지 나도 모르게 무심 해져가는 자식들 마음이 식어 그랬을 것이라는 원망의 생각이 자꾸만 든다. 이런 생각이 자꾸만 드는 이유가 뭘까? 싶다. 더러는 나의 사사로운 감정이 영입되어 이런 생각이 들지 않을까라는 생각도 해본다. 나도 이런 감정정도는 다스릴 수 있는 단계다. 이런 감정으로는 저희 소중한 어머니를 모실 자격이 없다는 사실을 잘 알고 있다. 제가 이런 감정에 쌓여있노라면 오히려 저희 어머니에게 화(禍)가 미친다는 것이 우주의 법칙임을 잘 알고 있는 부분이다. 저는 가급적 누구를 원망하는 마음을 머릿속에서 지우고 살아가는 이유이다. 왠지 모르게 자꾸만 포커스가 자식들의 무심함 쪽으로 생각이 맞추어지고 있다는 사실이 의문스러울 따름이다. 그렇지만 이렇게 시간만 보내고 어머님 뜻 하나 받들어 들리지 못하는 죄 많은 입장에서는 점점 쇠약해지시는 어머니를 마주하노라면 예전에 울 엄마의 그 고운 모습을 찾을 수가 없어 그저 죄스럽고 미안한 마음이 한없이 든다. 부모님을 잘 섬기지 못한 죄가 크게 느껴지는 부분이 이 부분이지 싶다. 분명 이 모습은 누구를 탓하기보다는 제가 울 엄마를 잘 받들지 못한 탓이라 여긴다. 예전에는 그렇게도 건강하셨던 분이건만 뇌경색이라는 병과 함께 살아오신지 어느새 어언 20년이 넘고 보니 점점 무기력해지시고 의기소침(意氣銷沈)하신지라 옆에서 어머님을 보고 있는 저 또한 기(氣)가 점점 꺾어지고 있음을 느낀다. 저마저 이렇게 넋을 잃고 앉아 있을 수만은 없다. 그래서 저는 누워계시는 어머님 옆으로 다가가 엄마 제가 노래 불러줄게요. 라고 했다. 어머님께서는 씩 한번 웃으시더니 아이고 참말로 라고 하시면서 제 얼굴을 어루만지어 주신 것이다. 그 옛날 울 엄마 농촌에서 생활하실 때에는 울 엄마 손바닥은 수세미처럼 거칠었다. 그런데 나이 들어 손으로 거친 들일을 하지 않으셔서 그런지 울 엄마 손은 어린아이 손처럼 부드러워졌다. 그래서 더욱 어머님 손길이 따뜻하고 부드럽게 느껴진 이유이다. 제 얼굴을 쓰 담아 주시는 울 엄마 손길이 너무나 따스하였다. 제가 이렇게 옆에 앉아 있으면 주로 누워 계실 때 어머니가 자주 해주시던 애정표현이라서 전혀 어색하지 애정표현이다. 앉아 계실 때는 양손을 옆으로 넘어가지 않으시려 지지대 삼고 계셨기 때문에 양손을 쓸 수 없어 주로 이마를 저에게 붙이시며 아낌없이 애정표현을 해주신 울 엄마가 이렇게 제 곁에 계셔주시니 행복하다. 저희 어머니께서는 자유롭지 못한 몸이라 하더라도 애정(愛情) 표현만큼은 아끼지 않으셨던 분이지 싶다. 엄마와 저만의 애정표현이지만 사랑은 그 무엇과도 비교할 수 없을 정도로 따뜻하고 포근하다. 우리 어머님만의 깊고 넓은 사랑이다. 저는 사랑이 가득한 울 엄마 표 사랑을 오롯이 혼자 받고 있는 지금 이 순간에 저는 감사한 마음이다. 이 느낌이 감정은 그 어떤 말로도 형언할 수 없을 정도로 깊고 따뜻함이 서려 있는 우리 엄마의 사랑을 고이 간직하려한다. 저는 마음 가득히 사랑을 주시는 저희 어머니의 따뜻한 사랑에 감사드린다.

쓸쓸한 아버지 기일을 맞이한다

오늘은 아버지 기일이 분명 맞다. 그래서 언니를 제외하고 마산 큰 동생 집에 다들 모였을 것이라 생각이 든다. 더구나 시간이 제법 깊었으니 제사도 다 지냈을 시간이다. 그러나 이 늦은 시간이 되도록 누구 하나 거동 못하시는 어머니께 안부 물어오는 사람이 없어 서운한 마음이 든다. 사실 어머니께서 이렇게 쓰러지신지 10개월이 넘다보니 다들 지쳤는지 다소 소원(疎遠)한 감이 느껴지는 시기다 일단 사람은 감정에 동물이 맞다. 평소에는 소식 없더라도 이렇게 기다려지지 않고 그러려니 생각했는데 그러나 더러는 이렇게 집안 행사 있는 날이 되면 왠지 어머님께 안부 묻지 않은 형제들에게 다소 서운한 감정이 깃든다. 나의 속 좁은 마음의 파장이라 생각한다. 어머니는 아직까지 별다른 말씀은 없다. 그렇다고 특별한 내색도 없으셨다. 하지만 왠지 누워계시는 모습이 다른 날과는 다르게 쓸쓸함이 묻어나는 느낌이 왠지 모르게 내 마음에 깃든다. 어쩌면 엄마 속마음은 남편 제사에 몸이 자유롭지 못해 갈 수 없다는 사실이 서글프실 것이라 생각한다. 그리고 자식들이 아버지 제사 지낸다고 마산까지 왔을 텐데 이 시간까지 소식전하는 자식이 없으니 한편으로는 씁쓸한 기분이 드셨을 것이라 생각한다.

건강(健康)한 나도 누군가 관심(關心)을 갖고서 챙겨주는 마음을 느끼노라면 어딘지 모르게 마음이 흐뭇해지는 느낌을 받는데 하물며 병이 깊으셔 거동 불편한 울 엄마 마음은 오죽하겠는가? 싶다. 나는 형제들에게 많은 것을 요구(要求) 하지 않는다. 그저 와병(臥病)중이신 엄마에게 작은 관심이라도 가져 하루에 1~2분 정도도 아니면 일주일에 한두 번 정도라도 안부를 물어주었으면 하는 바램만 갖고 있을 뿐이다. 어쩌면 이 작은 관심(關心)은 어머니에게는 큰 위안(慰安)이 되어 주리라 믿기 때문이다. 나는 말없이 누워서 아무런 감정표현하지 않으시는 저희 어머님 기분을 십분 이해해 본다. 그런데 어머니께서 갑자기 일어나 앉으시며 머리를 매만지시더니 전화기를 열어보시고선 다시 덮어 놓으시기를 여러 차례 반복하시는 모습을 자주 하신다. 말씀은 따로 없으셨지만 그래도 자식들로부터 아버지 제사를 잘 모셨다는 소식 정도는 받고 싶은 신 듯 자꾸만 전화기를 열었다 덮었다만 반복하시는 모습이 옆에서 보기가 안쓰럽다. 어머니는 이 늦은 시간까지 소식 없는 무정한 자식들 소식을 저렇게 애타게 기다리시고 계시는 울 엄마 애타는 심정을 누가 있어 알아줄까? 싶다. 추측컨대 지금 이 시간쯤이면 마산에서는 제사를 마치고 모두 모여 음식상 차려 놓고 술 한 잔 하는 시간이지 싶다. 어머니와 아들들은 서로 생각만 하고 있지 전화 걸어보는 것을 어머님처럼 망설임으로만 끝냈을 수도 있다는 생각을 한다. 그러나 어머님께서는 미련을 아직 놓지 않으셨는지 다시 누우시면서 휴대폰을 머리맡에 올려 났다가 다시 집어 들었다가를 서 너 차례 더 하시더니 아들들에게 전화를 걸고자 하시는 마음을 접으셨는지 휴대폰을 휘딱 던져 버리고나서 애꿎은 화장지만 뽑아 곱게 접어 본인 머리맡에 가지런히 올려놓으시기를 한참을 하셨다. 나는 무엇 때문에 이날따라 어머님 손은 그 무엇인가를 찾아 바스락 거렸고 사부작 거리셨는지를 짐작하고 남음이다. 물론 저 역시도 어머님 불편(不便)한 심기(心氣)를 살피느라 좌불안석(坐不安席)이었다. 어머니와 같은 심정으로 혹여 형제들에게서 전화가 올까? 싶어 이제나 저제나 애타게 기다리는 마음 또 한 저나 어머니의 마음은 같았으리라 짐작한다. 엄마는 나에게 형제들한테 전화하지 말라고 따로 말씀을 하셨던 부분이다. 나는 동생들에게 전화를 걸지 못하는 상황이라 그저 엄마 눈치만 보느라 전전긍긍하고 있는 상황이다. 이날 저는 하루 웬 종일 어머니 심기를 살피느라 마음이 너무나 무거웠던 하루가 이럭저럭 자정을 넘기고 말았다. 할 수 없이 어머님 눈치 살피며

"애들이 아무래도 연락을 하지 않을 듯하니 이제 그냥 자봅시다."

라고 하면서 나는 어머님께

"안녕히 주무세요."

라는 인사를 하고 잠을 청한다. 하지만 잠이 올리는 없다. 어머니도 같은 심정일 것이다. 나는 이렇게 애타게 마산 소식 기다리시는 어머니의 모습을 보다 지쳐 이제는 소식 없는 형제들을 원망(怨望)하려는 마음까지 들려한다. 제가 먼저 형제들에게 전화를 걸어 어머님 바꿔드리면 마음 조아리며 이렇게 대치하지 않아도 되는 상황이다. 그러나 엄마는 내가 먼저 전화 하는 것을 허락(許諾)하시지 않으시니 이 부분이 문제다. 냉혹(冷酷)할 정도로 매섭게 전화를 못하게 만류하시니 내 입장에는 전화를 엄마 허락 없이 걸어보는 것이 엄두가 나지 않는 부분이다. 그래서 나는 생각했다. 진정 어머니께서 바라시는 것은 자식들 전화를 바란 것이 아니라는 뜻이다. 다만 자식들에게 효 할 수 있는 기회를 주시는 것이고 자식들의 진솔(眞率)하고 정성(精誠)어린 성의(誠意)를 살피고자 하시는 의미라는 느낌이다. 그러나 이미 시간은 지나 자정(子正)을 넘겨 신데렐라 공주는 떠났다. 그동안 형제들에게 어머님에게 안부 묻기를 기대했던 마음이 허무함으로 바뀌는 찰나(刹那)다. 하지만 기다리다 지친 마음도 기대했다 허무한 마음도 이젠 모두 잊을 것이다. 그리고 좋은 것만 생각할 것이다. 우리가 인생을 살면서 버려야 할 것이 있고 잊어야 할 것이 있다면 아마도 지금 이 순간(瞬間)이 바로 그 순간이지 않나싶다… 그 옛날 저희 어머니는 자식(子息)이 아프면 눈이 펑펑 쏟아지는 새벽에 꽁꽁 얼은 수돗가에 가서 얼은 펌프를 뜨거운 물로 녹인 후 물을 받아 냉수목욕 재계 하시고선 자식 낫게 해달라고 정안수 떠놓고 기도하시던 모습이 가끔 나는 떠오른다. 다른 집들은 자식이 아프면 어떻게 하셨는지는 알 수 없으나 우리 엄마는 가끔 자식이 아프면 걱정이 되셔서 잠을 전혀 주무시지 않으셨는지 유독 이른 새벽에 일어나셔 옥

수(玉水) 한 그릇 떠놓고 기도하시는 그 모습이 유독 지극(至極)하셨다는 것이 내가 느낀 부분이다. 누구나 쉽게 하는 기도의 모습은 아니었던 것으로 기억한다. 더구나 새벽 4시에 일어나 얼은 펌프를 녹여 펌프질하시는 우리 엄마는 일명 옥수를 매일 아침저녁으로 갈아놓고 기도드렸던 모습을 나는 잊을 수 없다. 그리고 그 정성은 예사 정성 갖고는 실천하기 어려운 부분이라 나는 생각하고 있다. 그리고 누가 알아주지는 않지만 그나마 우리가 건강한 몸으로 살고 있는 것은 우리 엄마의 숨은 공로라 여긴다. 더구나 정성스러운 마음과 정성스러운 행동들은 아마 타고나지 않으면 행(行)하기 어려운 행위(行爲)이다. 누가 시킨 사람 분명 없었을 것이다. 그러나 어머니는 타고나셨는지 전생에 수도승이셨는지 매일 아침저녁으로 옥수 떠놓고 자식들 잘 되라고 빌고 계셨던 것을 나는 잊지 못한다. 자식 중 누구 하나라도 아프면 어머니는 날을 꼬박 세워 아픈 자식위해 물수건 적셔가며 정성으로 열을 식혀주셨던 것을 나는 뚜렷하게 기억한다. 그래서 그런지 나는 일단 우리 엄마 그 정성만큼은 잊지 않으려 한다. 우리 엄마 그 정성을 헤아려 어머님 은혜에 100/1이라도 보은(報恩)하고자 하는 마음이다. 정성을 드리는 부분이 유독 남 다르셨던 울 엄마 지극(至極)한 간병 덕분에 나는 어렸을 때 2~3차례 죽을 고비를 무탈(無頉)하게 넘겼던 일들을 어렴풋이나마 기억(記憶)하고 있다. 그리고 엄마의 정성에는 미치지 못하지만 그래도 우리 엄마 그 은혜(恩惠)에 미력(微力)하나마 보은(報恩)하고자 함이다. 어느새 아버지 기일이 지나고나니 연말 분위가 여기저기서 물씬 풍겨 세모(歲暮)라는 것을 느끼게 하였다. 대중매체 여기저기에서도 벌써 연말연시(年末年始)를 운운하고 있는 중이다. 어쩌면 새롭게 시작하는 새해가 나도 나름 기대된다. 더구나 유난히 환란(患亂)을 많이 겪었던 올 한해는 아마 내 인생에서 가장 풍파가 많이 겹쳤던 해다. 돌아오는 새해는 우리 엄마 쾌차하셔서 가족 여행 한번 다녀오고 싶은 생각을 잠시나마 해본다. 하지만 아직은 섣부른 생각은 금물(禁物)이다. 나의 일과는 연말인데도 두 환자 수발로 하루해가 짧게 느껴질 정도로 바쁘다. 겨울 날씨에도 나 혼자는 비지땀을 흘리고 있는 것이다. 어머니는 아직 때가되지 않았는지 남편 장루 교체하는 것을 그리도 못 마땅히 여기시고 내가 장루 교체 하고 나오면 나를 보시고 못 마땅하시다는 뜻으로 혀를 쯧 쯧 쯧 차시니 마음이 참말로 불편하고 불편하다. 이 부분은 제가 미워서 그러시는 것이 아니라는 생각이 든다. 달리 표현하자면 사위 품행(品行)이 방자(放恣)하더니 마누라 고생시킨다는 뜻으로 오늘은 해석이 된 것이다. 그러나 속 모르는 남편은 자기 신경 더 써주지 않는다고 투정이 심하고 그저 인상만 찌푸리고 있으니 웃다가 벼락을 맞았는지 원숭이 사나운 낯바닥하고 있으니 참으로 남편 얼굴 마주하기가 싫다. 그러니까 이 부분은 아무리 이해해보려 해도 이해가 불가(不可)다. 어쩌면 내가 가장 힘든 하늘의 시험(試驗)에 든 상황 같기도 하다는 느낌이다. 굳이 표현하자면 정신적으로 두 사람이 유별나다 보니 이쪽저쪽 눈치 보느라 내 입장에선 날카롭게 날이 선 작두위에 서있는 느낌 같이 이 상황이 싫다. 그래서 문득 짜증만 알관 하는 남편을 두고 굳이 이렇게 마음 불편하게 살 필요 가 있을까? 싶은 생각이 든다. 아무튼 고약한 이 현실이 내 마음마저 피폐하게 만든 상황이다. 허나 이렇게 두 환자를 비롯 가족 모두에게 특별한 일없는 것이 사실 감사한 부분이다. 그러나 굳이 문제점을 말하라고 한다면 울 엄마가 예전처럼 잘 웃지 않는다는 것이 걱정이고 안타까움이다. 사실 이전에는 아무리 힘들어도 엄마는 웃음을 자주 저희에게 보이셨다 그런데 어디서 무엇이 잘 못 된 것인지 아무튼 냉장고 사건 이후론 엄마 얼굴에 쓸쓸함이 묻어 있고 감정이라곤 하나도 보이질 않아 제 마음을 아프게 한다. 어쩌면 본인 병세가 차도 없이 세월만 흐르니 마음이 울적하신지 아니면 명절이 다가와 고향 집 걱정이 되시는지 알 수 없지만 요즘 들어 엄마는 말없이 누워만 계시니 근육들도 탄력을 잃어 쭈그렁망태기처럼 쭈글쭈글 살이 늘어져 근육을 잃어가고 있어 옆에서 보기가 안타깝다. 이런저런 이유로 집안 분위기가 침울한 가운데 유수 같은 세월은 흘러 어느새 신년을 맞이한다. 정말 우리 집은 작년한 해 두 환자들 사이에서 자식들까지 다치는 사고들이 연이어 일어나 정말 목숨을 어떻게 부지하고 살았는지? 그리고 정신은 어디다 두고 살아왔는지? 내 스스로가 생각해도 참 고단하고 힘겨웠고 참담하였던 세월을 근 1년 가깝게 보냈지 싶다. 그 와중에도 나는 울 엄마 놓치지 않으려고 동분서주(東奔西走)하며 애간장 다 녹은 사연(事緣)을 생각하면 지금도 아찔하고 끔찍하다. 그 어려운 상황들 속에서도 울 엄마 놓치지 않았으며 큰딸 학원 한 번 보내지 못하고 국립대라도 턱걸이 해 들어가게 되었으니 그나마 다행이라 여기며 살아간다. 이제는 두 환자도 많이 회복(回復)되어 병원(病院)이 아닌 집에서 요양(療養)중이라 나에게는 이 부분이 가장 많이 위로가 되는 부분이고 감사하게 생각한 부분이다. 특히 큰 딸과의 약속을 지킬 수가 있었던 부분이 나름 보람 있었다. 사실 입시 준비하는 큰 딸에게 할머니 수술하려 가면 남편 간병 부탁해놓고 남편 수술하려 가면 할머니 간병해 달라고 부탁 할 때면 공부해야 되는데 간병 부탁하는 것이 제일 마음 아프고 미안했지만 그때마다 나는 딸에게 가스라이팅 수준으로 '네가 환자들 돌본다고 남보다는 공부를 많이 못하지만 그래도 네가 원하는 대학에 꼭 들어가게 될 것이다. 대학(大學)진학 문제(問題)에 대해서는 너무 걱정하지 말고 있어라.' 라고 했었다. 그 말에 대한 책임을 진 것 같아 나름 보람도 컸던 부분이 큰딸 대학합격이다. 큰 딸은 그 당시 엄마인 제 말을 막연하게 들었을 수 있을 것이다. 어딘지 모르게 제 말을 믿었던지 그 믿음에 대한 신뢰인지 일단 딸이 원하는 대학에 입학하게 되었을 때 가장 기뻤다. 더구나 큰딸 고 3학년 시절이 공부보다는 보조간병인 역할을 더 많이 하던 수험생 생활도 다 끝나고 이젠 의젓한 대학생이 될 것이라 생각하니 밥 안 먹어도 배부르다. 한편 다른 각도로 생각해보면 큰딸은 훗날 부모의 파란만장한 삶 속에서 다양한 경험들을 남보다는 많이 겪어 왔던 것이라 더러는 이야기 거리가 다른 사람들보다는 많을 것이라는 생각이 든다. 큰딸의 경험들을 자랑할 것은 못되지만. 옛말에 이르기를 경험 많은 사람 괄시(恝視)못한다. 라고 했던 이유가 아마도 경험에서 얻은 지혜는 분명 있는 것이라 전혀 시련들을 겪어보지 못한 또래들보다는 나름 대처 능력은 남다르지 않겠는가? 라는 생각을 한다. 큰딸이 성장해서 사회에 진출하게 되면 곤란한 환경에서 얻은 경험들이 어떻게 반영(反影)이 될지는 미지수(未知數)이나 그래도 남들보다는 자신을 극기(克己)하고 진기(盡己)하며 애기(愛己)하는데 큰 도움이 될 것이라 생각한다. 우리가 이럭저럭 시간을 보내고 났더니 어느새 암수술 퇴원한지 3개월이 지나 항문(肛門)복원(復元)수술 날짜가 도래(到來)했다. 그래서 나는 오늘 남편 따라 해운대병원으로 수술 날짜를 잡기 위해 나서게 되었다. 그 어쩔 수 없이 또 엄마를 큰딸에게 부탁하고 해운대병원으로 향한다. 딸에게 할머니를 부탁하지 않았지만 딸은 이미 자기가 할머니 발밑을 사수하고 있어야 된다는 것을 알고서 미리 할머님 옆을 지키고 있는 모습을 보니 왠지 든든하고 보기가 참 좋다. 그리고 안심도 된다. 큰딸 대학 합격 통지를 받아 놓아서 그런지 나 역시 딸에게 어머니를 맡기고 가는 것이 부담되지 않아 병원 가는 길이 가볍게 느껴졌다. 그러나 그 마음도 잠시 차에 올라 탄 저희부부는 해운대병원 가는 길에 또 티격태격한다. 티격태격하게 된 이유는 뉴스에 나오는 정치인을 두고 남편이 또 도둑놈이니 사기꾼이라는 말을 하는 바람에 나는 남편에게 우리와 무관한 일에는 관여하지 말자. 라고 했다. 그랬더니 벌써 삐졌는지 분위기가 싸늘하다. 사실 옛말에 이르기를 공리공담(空理空談)이라고 했는데 이 말인즉 나의 의사(意思)나 나의 뜻이 제 아무리 나라사랑하는 마음이 지극하고 가상(嘉賞)할지라도 나의 뜻과 나의 의사(意思)가 반영되지 않는 곳이라면 제 아무리 주장하고 뜻을 표출(表出)하고 열변(熱辯)을 토하더라도. 다 부질 없는 헛소리요. 잡다한 소리에 불과하다는 뜻이다. 그러니까 시세말로 Too much talker다. 사실 보통 사람들이 많이 모인자리에 가면 사람들은 자신과 무관한 이야기로 자기주장을 너무 내세우는 경우가 많이 있어 더러는 그 모임이 오히려 불편한 자리가 되기가 일쑤다. 아마 그 주인공 한사람이 바로 내 남편이 아닌가 싶을 정도로 자기중심적으로 판단을 하는 경우가 많다보니 나는 언제부터인지 모르지만 남편 말을 귀에 많이 담아두지 않는 편이다. 이것도 나의 병중에 하나일지 모르겠지만 말이 너무 많으면 쓸 말이 적다는 말에 공감하는 차원이다. 그래서 나는 항상 남편에게 그저 우리만이라도 알고도 모른척하고 보고도 못 본척하며 살아가자고 이야기하는 편이다. 더구나 저희 집에 지금 현실과 상황을 돌아보면 참으로 비운(悲運)을 만나 내 코가 석자가 된 현실이고 상황이 되어있어 한시도 한눈 팔 수 있는 상황이 아니고 한눈을 팔아서도 안 되는 상황인데도 불구하고 남편은 자꾸만 남의 일에 이러쿵저러쿵 말을 하니 옆에서 듣고 있잖니 마음이 불편하여 한마디를 했던 것이다. 특히 엄마는 내가 잠시라도 눈에 보이지 않으면 늘 불안하게 생각하고 계셨기 때문에 나의 부재(不在)로 인해 불안해하시는 엄마 걱정 때문인지 알 수 없으나 남편의 이런저런 말에 귀가 기울어지지 않는 것이다. 여러 차례 나의 빈자리에는 항상 위급한 상황 생겼던 터라 어린 딸에게 어머니를 맡기고 나온 내 입자에서는 불안과 초조함을 떨쳐버리지 못한 상황이다. 그래서 온통 내 신경은 엄마에게 쏠려 있는 것이다.

해운대병원을 가고 있지만 마음이 불안해 옆을 돌아보고 한 눈 팔 겨를이 내겐 없다. 그런데 남편은 나의 이런 마음은 조금도 헤아려주지 않고 속없이 그저 애기가 하고 싶어 그랬는지 온갖 잡다한 이야기를 늘어놓고 내가 반응 없으면 남편 말이 말 같지 않으니 무시하니 라는 말을 해 서로 마음만 상한다. 아무튼 벌써 남편은 삐져있다. 헉 아무튼 1시간가량 걸리는 해운대 병원 가는 길이 가시밭길처럼 불편하고 멀게만 느껴진다. 서로 맞지 않는 의견 맞추어 산다는 것은 보통 마음 아니고는 정말 어려운 부분이다. 인생사에 있어 가장 어려운 일중에 제일 어려운 일이 우리 부부가 의견(意見)좁히는 일이라 생각도 든다. 저희 부부는 천적(天敵)이라는 타이틀을 남편이 붙여놓았을 때 보통 부부와는 달라도 너무 다르지 않겠는가? 라는 생각을 하고보니 아마 이런 타이틀을 붙여놓지 않았을까? 싶다. 남편도 힘들기는 마찬가지고 이렇게 사는 나 역시도 녹녹치 않은 인생(人生)여정이며 이것이 바로 전생 원한 관계에서 파생된 업보와 연결된 인연법이지 않겠나 하는 생각을 종종하게 된 동기다. 제가 모르는 세상에서 끝나지 않은 업보에서 파생된 업장(業障)인연이라 여기고 끊임없이 반복되는 부부(夫婦)갈등(葛藤)을 숙명이라 생각하며 오늘도 나는 남편을 이해해보련다. 바로 동상이몽(同牀異夢)이 바로 이것이 아닐까? 싶은 생각도 든다. 의사소통(意思疏通)이 통하지 않고 같은 자리에 누워있지만 분명 꿈을 달리 꾸고 있으며 생각마저도 극에서 극을 달리고 있으니… 분명 부부의 인연은 전생 악연의 연결고리다. 다른 부부들이라고 삶이 다를까마는 달라도 너무나 다른 우리 부부 아무튼 연구 대상이 아닐까? 라는 생각도 든 부분이다. 저희 집 큰딸이 중학교 3학년 때 저에게 이런 말을 했었다. 마침 일요일이라 마트를 큰딸과 같이 가는 도중 큰딸이 밑도 끝도 없이 갑자기 나에게

"엄마 이제는 아빠 옆에 가도 어색함이 조금 덜해요."

라고 했다. 물론 그렇게 말한 딸 말의 의미를 안다. 그래서 나는

"그래 그런 아빠 멀리 하지 않고 그래도 가깝게 해보려고 노력하는 너의 마음이 고맙구나. 그동안 우리 딸 고생 많았어. 그리고 특별한 아빠 만나 마음고생 많았다."

라고 하며 저는 딸에게

"사람들은 더러는 해를 좋아하는 사람이 있는 반면에 달을 좋아하는 사람이 있는데 그중에 달을 좋아하는 사람 중에 한사람이 바로 아빠일 거야. 그렇지만 마냥 달만 좋아 하고 실지는 않을 터이니 우린 그런 아빠를 탓하지 말고 우리가 더욱 햇볕을 내리 쨰어 아빠도 밝은 해를 좋아하게 만들어주자꾸나."

라고 했다. 그랬더니 큰딸이 다시 말하기를

"그동안 엄마가 그런 신랑 밑에서 저희들을 보호 하느라 더 고생 많이 하셨어요."

라고 하는 것이다. 그리고 다시

"그렇지만 아직까지는 아빠에 대해서는 가면(假面)이다."

라고 했다. 그래 저도

"그래 아직은 너의 마음에 상처가 커서 가면(假面)이겠지만 그래도 그렇게 가면이든 복면이든 써서라도 아빠를 가까이 하다보면 어느 날 마음에 문(門)이 아빠도 열리고 너도 열리고 나면 서로 이해하는 마음이 생겨 아빠에게 다가가는 것이 어색해지지 않을 날이 올 것이야. 아빠를 멀리하지는 말아라. 더구나 너희들에게는 우주에 하나 밖에 없는 아빠인 것을 필히 잊지 말거라."

라고 했던 기억이 있다. 남편은 저희 가족들에게는 아주 특별한 사람이었다. 그러니까 세상만사(世上萬事)를 자기시선(視線)에 자기생각과 자기 뜻에 자기 눈높이에 포커스를 맞춰놓고 우리들에게 맞니 안 맞니

하여 집안 분위기를 살벌하게 만들어 서로 고달픈 생활에 연속이다. 그렇다 보니 남편의 말을 어느 부분에서 우리는 가급적 회피한다는 사실을 저 스스로가 느껴다. 어쩌면 마찰이 싫어서 그랬을 것이다. 남편은 자기와 의견(意見)이 부합(符合)되지 않으면 억지를 부려서라도 자기의 사에 따르도록 우리를 아무튼 까만 밤을 하얗게 새우게 하는 일이 많았기에 우리는 밤새우기 싫어 남편 질문에 대답하는 것을 피하게 되었고 심지어 같이 동석(同席)하는 자리마저 회피하려는 마음을 자연스럽게 갖게 되었다. 그렇지만 가능한 같이 어울리고 함께 하려하다보니 너무 정신적인 부분에 있어 괴로움이 따른다. 우리만이라도 남편을 아빠를 도외시(度外視)하지 않고 무시하지 않으려 무던히도 노력(努力)하고 인내(忍耐)하던 세월이 벌써 25년째이고 보니 이제는 암이라는 큰 벌을 받았으니 과거를 거울삼아 변하고 변해 어디를 가더라도 존경받는 사람으로 거듭나기를 소원한다. 티격태격 이러쿵저러쿵 옥신각신하면서 해운대병원에 도착했다. 교수님 만나 1월 하순경으로 수술 날짜를 잡았다. 항문복원수술하고 퇴원까지는 20여일이 걸린다고 말씀을 해주셨다. 그래서 저는 날짜를 대충 꼽아보니. 수술마치고 퇴원하면 구정 명절은 집에서 지내면 될 것 같다는 생각이 들어 그나마 다행이라 여겨진다.

   저희는 이날도 교수님 진료를 마치고 병원에서 수납하고 처방전을 받아서 분명 약을 받아 챙겨왔을 것이다. 그런데 진료를 마친 이후의 기억이 없다. 물론 진료 마친 기억까지는 어렴풋이 기억은 있다. 하지만 그 이후 다른 일들은 전혀 생각나지 않는다. 아마 이후의 기억들이 내 기억에서 사라진 이유가 큰딸이 할머니 이상하다고 빨리 오라는 연락을 했고 그 때문에 너무 긴장해 진료 후에 있었던 일들을 전혀 기억하지 못한 이유다. 울 엄마는 정말 아주 특별하신 것은 사실이다. 어쩌면 저희 어머님 몸은 그렇게도 나의 부재를 알고 있는지? 의문스럽기까지 한 부분이다. 그러니까 내가 옆에 없으면 엄마는 심리적(心理的)으로 불안(不安)하셔 그러시지 않았을까? 라는 일반적 상식으로만 추측(推測)해 본다. 반면(反面)병든 부모님을 잠시라도 소홀히 대하지 말라는 신(神)의 조화(造化)였지 않았을까? 라고 유추한다. 무슨 조화인지 어머님 곁을 잠시 내가 떠나있으면 엄마에게 이상증세가 꼭 나타나 저희 가족을 혼비백산(魂飛魄散)하게 만들어주시니 이런 상황을 어떻게 설명해야 할지 모르겠다. 물론 1년 가깝게 여러 차례 이런 현상을 겪다보니 나도 가능한 아이들에게 엄마를 맡기지 않으려 노력하지만 부득불(不得不) 내가 꼭 나서야 되는 일이 생겨 잠시의 나의 외출(外出)은 더러는 어머니 생명(生命)에 위험(危險)을 느끼게 하는 상황(常況)이 연출(演出)되고 보니 언제나 당황스럽고 경황이 없다. 신(神)께서는 내게 잠시의 여유를 주시지 않는 다는 느낌이 들 뿐이다. 할머니 위독하다는 큰딸 전화를 받고 나는 마음이 급해졌을 것이다. 그래서 저희 부부가 어떻게 병원을 빠져 나왔는지 전혀 기억이 없다. 일단 딸에게 빨리 간다고는 하나 거리가 50km가 되는 거리라. 아무리 빨리 달려도 한 시간은 족히 걸리는 거리라 나는 딸에게 우리가 도착 할 수 있는 시간을 대충이라도 가르쳐 줬다. 그것은 어느 정도 집에 도착까지 걸리는 시간도 마음이 불안 할 때는 알고 있으면 그 시간까지는 억지로라도 기다리는 마음이 생겨 덜 불안 할 것이라는 생각이 들어 미리 도착 예상 시간을 가르쳐 준 이유다. 제 경험상 도착시간을 모르면 마냥 초조하고 이제나저제나 하고 기다림이 더 초조해지는 것을 제 경험으로 미루어 딸에게 저희 도착시간을 미리 가르쳐준 이유다. 어머니를 아이들에게 부탁하고 올 때부터 마음이 편치 않았는데 그것이 현실이 되고 보니 내 마음이 조급해지고 불안해서 1분 1초가 더디게 느껴졌다. 그리고 부산 시내를 통과하는 구간들 신호등은 왜? 그리도 많고 차들은 왜? 그리도 정체(停滯)구간(區間)이 자꾸 생겨 마음을 더 안절부절 하게 만든 것이다. 이 상황에서 느끼는 제 마음은 거리에 서있는 신호등을 몽땅 다 뽑아버리고 싶은 심정이었다. 그리고 밀려있는 차들도 다 밀어내버리고 싶은 심정이다. 그러나 그리 할 수 있는 일은 아니다. 그러기에 제 마음 제 스스로 달래며 부디 어머니께서 무탈 하시기를 바라고 바랄뿐이다. 저희 부부는 어머니 위급(危急)한 소식(消息) 듣고 부터는 티격태격할 여력이 남아있지 않은 것인지 아니면 상황이 급하다는 것을 느꼈는지 남편은 말없이 운전을 잘해주니 고맙다. 나는 불안한 마음을 진정코자 말없이 역동적인 차창 밖 세상을 보면서 왜? 나의 인생(人生)길은 이다지도 고달프기만 하는 것인가? 왜? 나의 삶은 이렇게도 녹녹치 않고 곤곤(困困)한가? 라고 자문(自問) 했다. 특히 남들은 열심히 살아 청운(靑雲)에 오르고자 하는 꿈을 갖기도 하고 작은 가게를 대기업(大企業)으로 만들어 경영(經營)하고자 하는 야망(野望)도 갖고 살아가고 있건만 왜? 나는 이다지도 꿈도 목표(目標)도 세울 여력도 여유도 없이 살아가는 박복(薄福)한 운명(運命)인가? 싶다. 이런저런 서글픈 생각이 밀려오니 마음 속 깊은 곳에서 뜨거운 서러움이 올라온다. 어쩌면 지독하게도 아니 구구절절(句句節節)하게 사연(事緣)많은 내 인생길이 왠지 회의(懷疑)마저 느껴진 순간이다. 어쩜 척박(瘠薄)한 삶의 연속이 이골이 난다. 어쩌면 느끼는 감정(感情)마다 메마른 듯하고. 삶에 현실은 메마름을 지나 숨 쉬는 것조차도 힘겨워 내게 불어온 불운(不運)도 이제는 무뎌져 무감각(無感覺)이 되고 생각마저 무의미(無意味)하고 감정마저 건조해진 느낌이다. 아무튼 삶의 무게가 너무 무거워 더러는 정신(精神)마저 피폐(疲弊)해진 느낌이지만 나는 여기서 주저앉기 싫다. 어쩌면 나만 바라보고 있는 사람들이 많기 때문이다. 나는 나만 바라보고 있는 사람들에게 희망(希望)은 주지는 못 할

망정 실망(失望)을 주기는 싫다. 어떤 부분에서는 나는 가족들에게 작은 희망이라도 줘야 되는 사명감(使命感)도 없지 않다. 그 이유는 가족(家族)이라는 든든한 울타리를 만들어 줘서 나는 우리 아이들이 작은 꿈이라도 키워 사회를 이끌어가는 구성원(構成員)으로 성장(成長)해 나갈 것이라 믿기 때문에 나는 지금의 시련(試鍊)과 고초(苦楚)는 기꺼이 감내(堪耐)해서 타인(他人)들의 귀감(龜鑑)이 되면 더 좋을 것이고 개인적으로는 포기(抛棄)하지 않은 인생(人生)길이었노라고. 훗날 나의 경험을 논할 때가 있을 것이라 생각하기 때문이다. 나는 집에 오는 길에 딸에게 자주 전화했다. 자주 전화한 이유가 울 엄마 상태(狀態) 체크하는 차원이고 불안해하는 딸 안심시키려는 차원이다. 딸의 말을 빌리자면 할머니께서 덜덜 떨고 계신다고 한다. 나는 또 임시 방편으로 할머니에게 해열제(解熱劑)라도 드려보라고 권했다. 나는 해열제 효과(效果)가 제발 있기를 바라며 빌고 빌며 김해를 향해 질주한다. 어쩌면 신(神)은 나에게 잠시잠깐이라도 엄마에게 소원하지 말라는 경고인지도 몰겠고 엄마를 신경 더 쓰라는 메시지가 아니겠는가? 라는 생각도 든다. 엄마가 이상하다고하니 만 가지 생각을 하는데 남편이 이제 김해 다 왔네. 라는 말을 한다. 나는 김해 왔다는 남편 말을 듣고 정신을 차린다. 내가 잠사망상에 사로 잡혀 있는 동안 차는 어느새 저희 집 앞에 도착한 것이다. 물론 1시간정도 예상한 거리고 정체구간 고려하면 이렇게 빨리 올 수 없는 거리인데 40분 만에 집 도착 한 것을 보니 아마도 남편이 나름 어머님 위급(危急)한 상황(常況)을 고려(考慮)해서 밀린 구간들을 요령껏 빠져나온 덕분이지 싶다. 나는 남편에게 고맙다는 인사도 하지 않고 차 세우자마자 헐레벌떡 뛰어가 현관문을 열었다. 그런데 이게 웬일입니까? 내가 걱정했던 것과는 사뭇 다르게 엄마는 너무나 평온한 모습으로 고개 들어 왔어? 라고 제게 말을 하신 것이다. 아 정말 울 엄마 다정하고 건강한 목소리가 나의 모든 시름을 날려버린 순간이다. 아 정말 이 순간 나는 천지신명님께 나도 모르게 감사합니다. 감사합니다. 라는 말이 거미똥구멍에서 거미줄 나오듯 나도 모르게 나온다. 집 오는 도중에 울 엄마 놓치지 않을까? 라는 방정맞은 생각 때문에 애간장 녹이던 순간의 생각들을 한 순간에 날려버린 경우다. 어쩜 나의 인생길은 조화(造化) 그 자체다. 아무튼 비록 우리 부부는 민방공훈련을 했을지라도 이렇게 어머니가 무탈하게 계시니 그 얼마나 기쁜 일인가? 싶다. 그리고 제가 애간장 녹이며 달려온 보람도 크다. 아무튼 나는 놀란 가슴을 쓰담으며 어이구 우리 엄마 때문에 우리는 또 민방공 훈련했네. 라고 했다. 이 말의 이면에는 울 엄마가 위험한 고비를 잘 넘기시고 계셔서 고맙다는 나만의 은유법(隱喩法) 인사다. 제 말 끝에 엄마도 나도 모르겠다. 나도 몰라 라고 하신다. 아무튼 과정이야 어찌되었든 이렇게 무탈(無頉)하게 계셔서 천만다행(千萬多幸)이다. 어쩌면 하늘은 성치 않으신 엄마 홀로 두고 남편하고 너 못 했니 나 잘했니 시비(是非)하지 말고 병든 부모 잘 살피라고 하시는 뜻으로 나는 해석(解釋)하고서 잠시 어리석게 남편만 원망했던 마음을 반성한다. 어쩌면 세상사 이치(理致)가 다 그러하듯 한 생각 버리고 나면 극락(極樂)인 것을 순간(瞬間)의 감정에 나 잘했니 너 못 했니.를 두고 말 시름한들 무엇을 얻을 것이며 그렇게 얻어 본들 어디다 쓰겠는가? 싶다. 그리고 그 또한 한 생각 버리고 나면 다 부질없고 다 의미 없음을 알려나만 나는 순간의 감정을 추수르리지 못하고 잠시라도 남편 탓하며 마음을 심란하게 하면서 병원을 다녀왔던 부분을 반성하고 반성한다. 특히 세상사 원리(原理)는 오묘(奧妙)하고 오묘해서 다 헤아려보지 못하는 것이 바로 중생(衆生)이고. 우리네 인생(人生)이 아닌가? 싶은 마음이 들어 오늘 나의 불찰(不察)을 후회(後悔)하는 마음이다. 더군다나 속된 생각에 사로잡혀 스스로를 속박(束縛)하여 그 감정(感情)

에서 벗어나지 못했던 것이 바로 내 자신임을 반성하게 되었던 부분이다. 한치 앞도 가름 할 줄 모르는 너와 내가 살아가는 인간 세상에서 굳이 왈가왈부(曰可曰否)한 논리(論理)란? 신(神)의 섭리(攝理)로 볼라치면 헛되고 가소롭다 하였거늘 아무튼 나 역시 어리석고 미흡한 인간이 맞다. 나는 어이해 공명정대(公明正大)한 우주법칙을 망각(忘却)하고 시비(是非)장단(長短)에 휩싸여 내 마음을 그리도 힘들게 하였던가? 싶은 생각에 반성한다. 반면 내 스스로 에잇 시근 없고 속 좁은 사람 같으니라고. 라는 생각으로 내 자신을 자책(自責)하고 반성(反省)하며 자성(自性)의 소리에 귀를 기우리고 헤아려 내 자신(自身)을 바르게 세워야 함을 절실히 깨닫는다. 어쩌면 남의 탓만 일삼고 있는 내 자신이 부끄럽다. 옛말에 이르기를 '소인은 자기 잘 못도 남의 탓으로 돌리고 대인은 남의 잘 못도 자기 탓으로 여긴다.'라고 했던 말을 명심(銘心)하고 명심해서 나는 나로써 존재(存在)하고 있고 나의 존재 가치(價値)는 역사(歷史)와 하늘이 평가(評價)할 것이라 믿고 좀 더 갈무리하고 좀 더 내 자신을 다듬는데 신경을 써야 할 부분이다. 저희 어머님의 민방공훈련 덕분에 남편과 논쟁했던 부분을 깊이 반성한다. 탁월(卓越)하시고 부처님 같으신 저희 어머님 희생(犧牲)으로 나는 남다른 경험을 많이 쌓고 있는 것은 확실하다는 느낌이다. 그렇지만 제가 이렇게 깨우치기까지는 어머니가 겪는 고초(苦楚)가 너무 힘든 과정이 많다는 사실이 어머님께는 죄송스럽다. 반면 저희 어머님 희생에 보답하는 뜻으로 어머니가 뜻하시는 의중이 무엇인가를 먼저 살피려는 마음으로 임하고자한다. 내 입장을 전혀 이해 못하는 형제들에게는 어떻게 비춰질지 모르겠다. 그러나 나는 울 엄마가 원(願)하시는 일이라면 가능한 들어드리고 싶다.

어머니는 병원 다녀온 저희 부부를 보고 소파에서 일어나 앉으셨다.

그래서 나도 어머님 옆에 잠시 앉아 나 없는 사이 그 얼마나 힘 들었을까싶어 애처로운 눈으로 어머님을 바라보았다. 어머니도 나를 보시고서
"그랬어?"
라고 하시며 이마 땡을 하자고 이마를 갖다 대주셨다. 아마 울 엄마 그랬어? 라는 말씀에 뜻은 본인 때문에 걱정 많이 했지. 라는 뜻으로 해석했다. 어쩌면 나는 참 행복한 사람인듯 하다는 생각도 든다. 이렇게 옆에서 이마 땡 해주시는 엄마 무한(無限)한 사랑을 오롯이 혼자 받고 있는 기분에 행복하다는 생각이 든 것이다. 그리고 이렇게 무탈 하신 엄마를 보니 잠깐 동안이라도 무거웠던 마음도 괴로웠던 심정도 다 내려놓고 안도의 숨을 내쉬면서 울 엄마 점심식사 서둘러 챙겨 드리려고 일어섰다. 반찬은 작년 김장때 담아놓은 갓 김치와 총각김치이다. 막내 여동생이 작년여름에 갖다 준 부지깽이 나물 볶아 가져다 드렸다. 역시나 엄마는 언제 아팠든가? 싶을 정도로 맛있다. 이것도 맛있고 저것도 맛있다. 라고 하시며 참말로 맛있게 드시니 옆에서 보기가 너무 좋다. 제가 어머니를 모시면서 항상 느끼는 부분이지만 엄마는 항상 정말로 맛있게 식사 하시는 것을 보고 있노라면 나도 모르게 침이 꿀꺽하고 넘어갔는지 목 줄기가 움직이는 것이 느끼곤 하였던 것이다. 이렇게 맛있게 식사 해주시는 엄마가 항상 우리 곁에 계셔서 감사한 마음이다. 이 부분은 저희가 일상에서 배워야 할 부분이 바로 이 부분이지 않겠는가? 라고 생각한다. 이런 부분은 식사를 챙겨주는 사람에 대한 예의가 아니겠는가싶은 생각이다. 나는 어머님 식사를 떠드리고 난 다음 남편 식사를 따로 챙겨줬다. 그리고 자식들은 알아서 챙겨먹으라고 나뒀다. 나는 자식들 밥까지 챙겨줄 수 있는 여건은 분명 아닌 듯하다. 언제부터인지 자식들 밥을 챙겨주는 일은 내 역할이 아닌 듯하다. 저희 집 아이들이 한사코 자기들 밥은 신경 쓰지 말라고 해서 이렇게 자연스럽게 자식들 밥은 챙

겨주지 않아도 되는 상황이라 마음은 편다. 이면(裏面)에는 우리 아들이 여동생들을 살뜰히 챙겨주고 있어 믿는 구석 있었던 것이다. 하지만 한편으로는 오손 도손 식탁에 모여앉아 같이 식사하던 일이 벌써 일 년 전 일이 되어 같은 식탁에 앉아 밥을 먹지 못함이 다소 서운 할 수 있겠지만 그래도 두 환자를 이 병원 저 병원 입원시켜 놓고 동분서주(東奔西走)하던 시절을 생각하면 지금 이 상황도 나에게는 작은 행복이다. 이렇게 같은 공간에서 생활 할 수 있는 것 자체도 난 너무 감사 할 일이다. 나는 점심식사를 마치신 엄마 양치질을 시켜드렸다. 그리고 어머님 머리카락을 돋보기 쓰고서 다듬어 드렸다. 제가 자주 엄마 머리를 잘라드리는 이유는 앉아 계시는 것보다 누워계시는 시간이 많다보니 머리라도 단정하게 잘라 드리고 싶은 딸 마음에서다. 어머니 쓰러지기 전에는 염색까지 자주해서 드렸다. 그런데 요즘은 염색은 전혀 하지 않고 머리만 잘라 드린다. 요즘은 발뒤꿈치의 괴사가 다 아물어 엄마가 소파에서 일어나서 발을 비비시며(일명 트위스트)아이들 책상의자에 앉으시면 보자기를 씌워 머리까락을 잘라 드리는 상황이라 이 상황도 예전에 비하면 아주 쉬운 작업이 되었다. 엄마가 병원 계실 때는 대부분 누워계시는 상태라 누워 계신 상태에서 머리를 잘라 드린 것을 생각하면 아무튼 장족에 발전이라 생각한다. 의자에 앉으시는 과정만 보더라도 엄마가 많이 호전 되신 것 같아서 흐뭇하고 행복하다. 나는 이렇게 어머님 머리를 잘라드리면서 우리나라 속담들이 명언 아닌 속담(俗談)은 없다는 사실을 나의 경험(經驗)을 통해 알게 되었다. 무심코 지나치면. 아무런 의미 없고 느끼는 바도 없겠지만 그래도 우리가 삶에 있어 속담들을 한 번쯤 되새겨보면 옛 선조님들께서 그냥 한 말이 아니고 수많은 경험 속에서 나오게 된 명언(名言)이라는 것을 새삼 느낀 부분이다. 옛 속담 중 하나가 저를 크게 깨닫게 했던 부분이 있는데 그 속담이 바로 시간이 약이다.

라는 말이다. 더구나 이렇게 시간이 흐르고 나니 울 엄마께서 많이 호전되신 것을 보고서 정말 시간이 약이다! 라는 말을 실감하게 된 사연이다. 사실 처음에는 닥친 일들이 너무 힘겹고 고달파 곧 죽을 것만 같아도 정성스런 마음으로 시간을 보내놓고 나면 어느새 우리들은 그 고비들을 잘 넘기고 있었던 것이고 그 고비 속에서 더러는 성숙(成熟)해지며 자신(自身)을 극기(克己)하는 수행(修行)에 시간(時間)이 되어 자신에게는 약(藥)이 되었던 것이다. 더러는 고통의 시간들이 누군가에게는 자신을 다듬어 주는 시간이 되었으며 누군가 인생길에서는 약(藥)이 되었던 것이다. 나의 개인적(個人的)인 견해(見解)로는 우리나라 속담(俗談)들이 너무나 의미 깊은 철학이요 명언 아닌 속담이 없다는 사실을 엄마 수발하면서 깨닫게 된 동기이다. 그리하여 난타(他)문화권(文化圈)인 어려운 경전(經典)속이나 성경(聖經)속에서 깨달음을 찾기보다는 나의 삶에서 인간의 도리(道理)를 먼저 찾으려 했던 것이고 일상(日常)에서 자식 된 도리(道理)만큼은 먼저 행(行)하고자 했던 이유다. 깊은 산중에서 도(道)를 구(求)하지도 찾지도 않을 것이며 진리(眞理)도 대문 밖에서 찾지 않을 것이라 생각했었던 부분이다. 우리는 일상 속에서 무심코 지나쳐버렸던 도리가 무수히 많이 도처에 있다는 사실을 어머님을 모시면서 절실히 깨닫게 된 동기요 사례다. 어머니로 하여금 겪게 된 많은 경험(經驗)들이 쌓이고 쌓여 나에게는 일종(一種)에 신앙(信仰)이 되어주기도 하고 한편으로는 교리(敎理)가 되어주기도 했던 것이라 생각한다. 더군다나 삶에서 나를 힘들게 했던 사람들을 반면교사(反面敎師)로 삼고 그 사람들을 거울삼아 나 자신을 더 깨끗하게 더 바르게 더 정직하게 라는 푯말을 좌우명(座右銘)으로 삼을 수가 있었으리라 생각하는 바이다. 옛말에 이르기를 시오악자(是吾惡者)시오사(是吾師) 즉 '나를 악(惡)하다고 말하는 자(者) 바로 나의 스승이다.'라는 말이 나에게는 큰 교훈(敎訓)이 되었던 것이다. 더구나 일상에서 깨달은 존자(尊者)들은 산속에서 목탁 두드리는 분들보다는 삶속에서 갖은 고초 겪으며 병든 부모님 정성으로 살피며 사시는 부분과 세속(世俗)의 많은 유혹(誘惑)에도 불구하고 청렴(淸廉)하게 살아오신 분들 삶이야말로 진정한 깨달음의 길이 아니겠는가? 라는 마음이 든 것이다.

어머니께서는 추석이 가까워지니 다시 고향집에 다녀오자고 하신다

지금 저희 어머니를 일으켜드릴 활력소가 절실히 필요하다는 생각이 드는 시기다. 뾰족한 방법을 아직 찾지 못한 채 어머니와 저는 그렇게 저렇게 한 달 정도의 나날을 보냈다. 바야흐로 추석이 가까워진다. 어머니께서는 옆에 앉아 있는 제 눈치를 한 번 보시고 달력을 한번 쳐다보시더니 추석이 다가오니 추석이 되기 전에 고향 집에 다시 갔다 오자 라고 말씀하신다. 말씀은 뚜렷하시지는 않지만 알아들을 수 있다. 저 역시도 고향 집에라도 훌쩍 더 다녀오면 무기력하게 누워 계시는 어머님 기분 전환에 조금이라도 도움이 될 것 같아 그렇게 합시다. 라고 답을 했다.

명절이 가까워지고 불경기라 그런지 다른 집과는 다르게 급매로 집을 싸게 내놓았지만. 집이 매매될 기미가 전혀 보이질 않아 그저 애만 태우고 있는 신세다. 그래서 속절없이 세월만 보내고 있는 느낌이 들어 불안하기까지 했다. 그러다 보니 본의 아니게 울 엄마 눈치만 살피는 신세가 된다. 돌파구를 찾기 위해 고향 집이라도 다녀오는 것이 좋을듯하다는 생각을 하던 차 마침 어머니께서 제 마음을 읽으셨는지 고향 집에 또 내려갔다 오자고 제안하시니 반가운 소리로 들린다. 어머니와 저는 따로 말은 없었지만 사실 집 파는 문제를 해결하지 못해 지치고 지쳐있는 마음이라 하겠다. 기분전환도 할 겸 시골이라도 다녀와 집안 분위기를 밝게 바꿔보고 싶다는 생각을 했다. 환자가 집안에 있다 보니 분위기가 티를 내지 않아도 자연스럽게 어두웠다 그러나 가급적 활기차게 생활하려 나름 노력 중이다. 저는 아침 일찍 울 엄마 씻겨드리고 식사를 챙겨드렸다. 엊그제 여름 갓이 나와 그것을 국물김치를 담아놓았더니 색깔도 짙은 붉은색이 배어나와 시각적으로도 맛을 느낄 정도로 국물김치색이 이쁘다. 일단 한 수저를 떠드렸다. 그랬더니 한입 잡수시더니 어머니께서는 맛있다. 라고 하신다. 이 상황에서 어머니께서 밥을 잘 드시지 못하시고 반찬 까탈 부리셨다면 아마 저는 이중고(二重苦)에 많이 힘들었을 터지만 어머니께서 식사라도 이렇게 맛있게 드시니 너무나 감사한 것이다. 이 부분은 제게는 복(福)중에 복(福)이라 생각한다. 만약에 없는 살림에 어머니가 반찬투정이라도 남편처럼 까탈을 부렸다면 저에게는 정말로 견디기 버거운 일이 되었으리라 생각한다. 어머님께서는 그야말로 범사에 감사 할 실 줄 알고 작은 것이라도 실천하며 살고 계신분이라 여겨진 부분이 바로 이 부분이지 싶다. 더구나 사소한 된장국하나라도 너무나 맛있게 드셔주시니 정말로 이것은 나의 복(福)중에 복(福)이 아닐 수 없다. 저는 일단 아침 설거지를 대강 해놓고 차를 현관 앞에 미리 세워놓았다. 그렇지만 이웃들이 공교롭게 차를 빼달라고 하면 달려가야 하는 코스다. 그래서 마음이 바쁜 것이다. 더구나 오늘 따라 보조해줄 식구들이 하나도 없다는 것이 문제다. 보조를 맞춰줄 식구들이 없을 때에는 어머니를 차에다 모셔 앉혀드리기까지는 저에게는 큰 용기가 필요한 과정이다. 일단 걷지 못하시는 어머니를 소파에서 현관까지는 평소처럼 아이들 책상의자를 이용했다. 요즘 의자들이 바퀴가 다 달려있으니 집에서는 휠체어가 따로 생각나지 않는 상황이다. 그러나 어머니 모시고 잠깐 외출이라도 할라치면 은근히 휠체어 생각이 나는 것은 어쩔 수 없다. 저는 어머님을 현관 앞에까지 책상 의자에 모셔다 놓고 의자에 앉아계실 때 신발을 신겨드린다. 신발은 막내 여동생이 비싸게 사준 일명 메이커 구두를 신겨드렸다. 이제껏 발 괴사 때문에 신발을 사놓고서 한 번도 신어보시지 못했던 신발을 드디어 오늘 신겨드린 것이다. 여동생이 사준 신발은 오이씨같이 이쁘게 생긴 울 엄마 발에 잘 어울렸다. 어머님께서도 새 구두가 불편하지 않으시는지 구두를 사양하지 않으신다. 저는 구두를 신으신 어머님을 힘껏 양팔로 껴안아 일으켜 세워드리고 어머니를 안고서 어머니와 함께 호흡을 맞추며 한발 한발 조심스럽게 박자를 맞춰 내 딛는다. 어머니 왼손은 한쪽 벽면을 받쳐가며 조심스럽게 현관을 빠져나와 마의 고지인 계단에서 우리 모녀는 한 박자 쉬고 숨을 고른 뒤 다시 용기를 내어 계단을 내려와 현관 앞에 세워둔 차에 앉혀드렸다. 정말 이 과정이 짧은 코스다. 그런데 혹여 어머니 다리가 힘이 없어 계단에서 주저 앉으실까봐 너무 긴장하고 신경을 곤두세우며 힘을 썼더니 벌써 나의 옷은 다 젖었다. 9월이라 날씨가 쌀쌀하지만 저는 이렇게 힘을 쓰고 나면 주체할 수 없을 정도로 땀을 흘린다. 저는 운전석에 앉자마자 흐르는 땀을 먼저 닦았다. 유독 땀이 눈에만 들어가면 눈알이 빠질 것 같은 통증에 시달렸기에 제일 땀이 눈에 들어가는 것이 싫었다. 이마에 흐른 땀을 닦고 콩닥콩닥 뛰는 심장을 잠시 나는 진정시킨다. 형관 앞이 짧은 구간이다. 그런데도 용을 써서 그런지 벌떡벌떡 뛰는 심장이 좀처럼 진정 되지를 않아 잠깐 심호흡을 한 후 저희 모녀는 또다시 고향 집을 향하게 되었다. 벌써 계절은 가을로 들어섰다. 그리고 추석이 내일

모레다 보니 이제는 이글거렸던 불볕더위는 물러간 상태다. 다만 차창으로 쏟아지는 햇볕이 너무 따갑게 느껴질 뿐이다. 저는 열심히 달려 보성 휴게소에 들려 잠시잠깐 휴식을 취하고자 이곳에 차를 세웠다. 한적한 휴게소이다 보니 오고 가는 사람이 그다지 많지 않아 저희 모녀가 쉬어가기에는 안성맞춤이다. 화장실을 다녀 온 후 어머니께서 조수석 차문을 부여잡고 서 계시는 동안 숨을 한번 크게 들이쉬고는 녹음이 짙은 주변 산들을 단 몇 초이지만 바라보았다. 초가을에 가을하늘은 눈이 시리도록 파란 빛이 돌았다. 이 기분으로는 이제 저희 어머니께서 스스로 걸으시기만 하면 여한이 없을 것 같다는 생각을 잠시 했다. 저는 잠시 들었던 망상들을 접고 다시 고향을 향해 떠날 준비를 한다. 막상 운전대를 잡고 보니 햇빛이 유독 어머님 쪽에 강하게 비추는 것이 눈에 들어왔다. 저는 어머니 앉아계시는 차창에다 또 햇볕을 막기 위해 유리창 사이에 손수건을 펼쳐 끼워 드렸다. 저의 이런 행동을 보신 울 엄마가 오랜만에 살포시 웃어주신다. 요즘 들어 저희 어머님의 얼굴에 웃음이 드물어졌음을 느끼는 시기라 살포시 엄마가 웃어주시니 기분이 좋다. 할 수만 있다면 예전처럼 울 엄마 얼굴에 웃음을 빨라 찾아드리고 싶다는 생각을 한다. 저는 출발하기 전 옆에서 말없이 앉아 계시는 어머님을 다시 한번 쳐다보았다. 어머님 몸 상태를 살피는 과정이다. 안전벨트 매셨고 안색도 그런대로 괜찮아 다시 출발을 서둘렀다. 지난달 뇌성벼락 속에서 냉장고 안에 벌레들과의 사투를 생각하면. 다시는 가고 싶지 않은 고향집이다. 하지만 혼자서는 아무것도 할 수 없는 저희 어머님 손과 발이 되어 드리고 싶고 원하시는 일이라면 그 무엇이든 해드리고 싶은 마음에 저의 작은 수고라도 보테 드리고자 하는 마음이고 제가 이 상황에서 고작 해드릴 수 있는 행위가 이것뿐이라 그저 안타까운 현실이다. 이런 부분이라도 제가 해드려야만 제 마음도 조금 편 할 것 같아 저는 김해

식구들 눈치를 뒤로하고 또 이렇게 나서서 고향 집을 향해 가는 중이다. 저는 그저 말없이 앉아계시는 어머니를 가끔 살펴보며 이런저런 생각을 하다가 어머님 은혜의 노래 한 구절을 마음으로 읊조렸다. 낳으실 때 괴로움 다 잊으시고 밤낮으로 기르실 때 애쓰는 마음 왠지 이 가사만 읊조려도 가슴이 먹먹하다. 잡을 수만 있다면 무슨 수를 쓰더라도 흐르는 세월을 잡고 싶다. 아니 노쇠해가는 저희 어머님의 시간을 붙잡고 싶은 것이다. 저는 말씀 잘못하시는 어머님을 모시게 되면서 깨달은 것은 비록 말씀은 하지 않으시더라도 누구나 한가지씩이라도 자신이 바라는 목적이 있었다는 사실을 알게 되었다. 육신이 자유롭지 못하면서 목적(目的)도 놓아 버리신 분들도 더러는 계시겠지만 저희 어머님만큼은 육신(肉身)은 비록 자유롭지 못하셨지만 그래도 아직까지 확고(確固)한 목적이 있다는 것이 다행스럽게 여겨진 부분이고 이렇게라도 어머님을 움직일 수 있게 하는 원동력이 되었지 않나 싶은 생각이 든다. 저는 이렇게 목적(目的)이 확고(確固)하신 저희 어머님의 의식(意識)에 감사드린다. 제가 이런저런 생각에 젖어있는 사이 어느새 고향 동네 어귀에 들어섰다. 지난달 이곳에 들릴 때는 세찬 비바람 때문에 자세히 보지 못하였던 고향 동네의 모습이 한눈에 들어왔다. 왠지 정겨운 모습은 없고 낯설게만 느껴졌다. 더구나 기분마저 썰렁하다. 과연 그렇게 정겹던 고향동네가 갑자기 썰렁하게 느껴지는 이유는 무엇일까라는 생각을 해본다. 첫눈에 낯설게 느껴지는 부분은 바로 수령이 4~500년이 된 커다란 은행나무 3그루가 몽당하게 잘려져 있어 낯설고 흉물스럽게 보인다. 뒷산에 세세연연 커다랗게 자리 잡고 있던 아름드리 소나무 일부가 베어져 버린 모습이 멀리서 바라 볼 땐 동네가 대머리가 되어버린 형상(形像)같아 동네 분위기가 썰렁하고 낯설게 느껴진 것이다. 예전에 보고 자랐던 옛 고향 모습이 작은 변화로 많이 낯설게 느껴진 부분이다. 대머리가 되어버린 듯한 동네 뒷산에 아름드리 소나무들이 잘려져 버리니 어딘지 모르게 볼품이 없고 품위도 없어졌다. 이제껏 살면서 이렇게 변화된 고향 동네 모습은 처음인지라 왠지 낯설어 삭막하고 쓸쓸함마저 들었다. 아니 정말 평소와는 다른 고향 동네를 바라보니 너무나 삭막했다. 어머니께서 그렇게 매수하시기를 원하시고 바라셨던 폐교는 태양 열판들이 가지런히 나열되어 어느새 이 동네에 오래전부터 있었던 것처럼 적응기를 마친 듯하였다. 저희 모녀가 폐교 앞 다리를 지나 차를 오른쪽 방향으로 운전대를 돌려 연못을 끼고 고향 집으로 향해 들어가노라니 아직은 황금빛으로 물들었다고 말하기에는 좀 이른 연못가 주변의 논에 벼들이 수확기를 앞두고 있음을 자랑하듯 살랑거리고 있다. 이 모습만은 왠지 썰렁한 기분을 조금 추스르게 하였다. 연못 속 수초들은 아직 누렇게 물들기를 거부하는 듯 파랗게 너풀거리고 있다. 연못의 흐르는 물에 몸을 맡긴 채 피어 있는 개 연꽃과 마름들이 평화롭게 유유자적(悠悠自適) 살랑거림이 인간(人間)의 고뇌(苦惱)와는 아랑곳 하지 않고 세월을 보내고 있는 듯 보인다. 그런데 물오리 몇 마리가 물속을 들어갔다 나오기를 반복하는 모습이 바로 이곳이 물오리들의 놀이터요 사냥터가 된 듯 한가로운 시간을 보내고 있는 모습들이 정말 평화롭고 낭만적으로 보였다. 평화로운 물오리들이 헤엄치며 놀고 있는 모습들을 보노라니 저도 저렇게 세상시름 잊고 유유자적 몸을 맡겨보고 싶은 충동이 일었다. 저희가 고향 집에 도착할 무렵이 점심때라 그런지 주변에 고향 동네 사람들이 전혀 보이지 않았다. 평소 같았으면 저희가 이렇게 고향동네를 찾아오면 오고 가는 동네 분들을 종종 길가에서 뵙기도 하여 길거리에서 아짐 오셨오. 라는 인사를 종종 나누기도 하였는데 오늘은 동네 분들을 한 분도 만나보지 못하고 고향집으로 들어가는 중이다. 동네 분들은 수확 철이라 들로 나가셨을 수도 있을 것이라 생각이 든다. 우리 고향 동네도 언제부터인지는 잘 모르겠지만 젊은 사람들 보기가 드물어진 경우라 하겠다. 더구나 어느 지역을 막론하고 시대가 시대인 만큼 젊은 사람들이 농촌에서 부모님 모시고 사는 모습을 보기란 귀한 현상이 되었고 지금 우리나라 농촌의 현주소라 하겠다. 저는 말없이 옆에 앉아 계시는 어머님의 표정을 살피며 서행으로 조금 낯선 마을을 살펴보면서 연못가 끄트머리에 자리 잡고 있는 그야말로 울 엄마가 오매불망 못 잊고 있는 고향 집으로 들어섰다. 친정집은 공가(空家)가 되어 버린 지가 근 20여 년이 되었다. 저희 형제들이 드문드문 이렇게 와서 살펴보는 것이 전부인 고향 집이라 하겠다. 소싯적 어머니와 아버지가 농사철이면 경운기 타고 들고났던 정든 고향 집이다. 어린 6남매가 앞서거니 뒤서거니 하면서 리어커를 끌고 다녔던 어린 시절 추억이 많이 서려 있는 고향 집이다. 소싯적에는 저희 집 전경(全景)은 다른 집에서 흔히 볼 수 없는 부분이 따로 있었다. 그 전경은 친정아버지께서 애지중지(愛之重之)해 기른 하얀 비둘기가 100여 마리다. 더구나 하얀 비둘기 100여 마리가 떼를 지어 마당에 하얗게 내려앉아 모이를 쪼아 먹는 장면은 그야말로 장관이었다. 많은 비둘기 떼들이 떼를 지어 앉아 놀면서 모이를 쪼아 먹는 모습은 평화로워 보였고 마당은 하얗게 변해 그야말로 비둘기 천국인듯하여 보기에는 정말 낭만적인 모습이다. 비둘기 무리 들이 마당 전체를 차지해 모이를 쪼아 먹다가 방에서 사람이 나오는 인기척이 들리면 일제히 푸른 하늘로 비상(飛翔)하는 그 모습들은 그야말로 낭만적인 모습이 아닐 수 없었다. 이젠 그 모습도 옛 추억이 되었고 아버지 떠나 신지도 벌써 20년이 넘었다. 영원한 것이 그 무엇이 있겠는가만 그래도 우리가 이렇게 기억하는 추억이 있어 그나마 옛일을 되 집어 보는 것이라 생각한다. 그 당시에는 마당 가득히 비둘기들이 모여 모이를 먹는 모습은 정말 낭만적이었지만 농사를 짓는 농촌에서는 한편으로는 애물단지가 되기도 하였다는 사실이다. 저는 집 마당에 차를 세워 놓고 어머니께 내리실 것인지를 여쭙는다. 어머니께서는 내리기 싫다고 하셨다. 저는 어머님 차에 앉아 계시라고 하고서 서둘러 잠겨놓은 자물쇠를 열어 방안을 들려다 보고 다시 부엌으로 가서 조심스럽게 부엌을 살펴보았다. 엊그제 저희가 다년간 이후 그동안에는 다른 식구들이 다녀가지를 않았는지 제가 지난달에 와서 빗물에 씻어놓은 냉장고 부속품들과 열려있는 냉장고가 한눈에 들어왔다. 이젠 고향집에 전기가 꺼졌는지 들어왔는지 관심도 없는 것이다. 어쩌면 전기로 인한 피해는 이젠 없어졌으니 별로 크게 신경을 쓰지 않아도 괜찮다는 생각이다. 저는 마지막으로 대충 방안을 살펴보고 나서 은행잎이 이불처럼 푹신하게 가득 떨어져서 어질러질 대로 어질러진 마당을 대강이라도 쓸어 본다. 열심히 마당을 쓸고 있는 저에게 어머니께서는 이제는 그만 쓸고 가자고 재촉하신듯 손짓을 하신다. 저는 차 속에 앉아만 계셨던 울 엄마 고충을 고려(考慮)안 할 수가 없는 상황이다. 대충 마당만 쓸어두고 텃밭과 외할머니 묘소를 한번 쓱 돌아만 보고 그 길로 김해를 향해 고향 집 좁은 길을 나선다. 그런데 집 앞 연못가를 따라서 동네를 지나고 있는 찰나 일가친척 되시는 분을 만나 인사를 나눈다. 하지만 일가 되시는 분 옷차림새가 어디를 서둘러 가시는 모습이었다. 저는 잠시 차를 멈추고 일가 되시는 분께 어디를 그렇게 서둘러 가시냐고 인사를 했다. 자기네 작은어머님께서 갑자기 돌아가셨다고 하신 것이다. 일가분의 작은 어머님은 바로 내가 제일 좋아하는 친구 어머니이다. 성치 않으신 어머니를 모시고 광주까지 조문은 할 수 없는 사항이라 저는 일가 되시는 형님 편에 부조금만 드리고서는 저희는 고향 연못가를 벗어났다.

지금 고향 풍경은 아직 벼 수확하기에는 좀 이른 시기라 생각이 든다.

고향 들녘은 그야말로 황금물결을 이루고 있어 가을 논만 쳐다만 봐도 마음이 풍요롭게 느껴지는 계절이다. 평화로운 집 앞 연못은 이름 모를 수초들과 잠자리들의 향연 장소요 선녀들의 쉼터 같아 보이기까지 한다. 한가롭게 물속을 자유롭게 들락거리는 물오리 한 쌍이 다시 나그네의 시선 속으로 들어와 다정함을 과시하고 있음이 돋보인 것이다. 참으로 자연 속 산천초목(山川草木)의 모든 것들은 인간사(人間事)의 고충과 시름 따윈 무관(無關)하는지 너무나 평화롭고 자유스러워 나로 하여금 저리도 한가로울 수 있을까? 라는 생각을 들게 했다. 저 모습도 크게 보면 자연에 일부다. 우리도 자연 속에 같이 어울려 사는 동물일 뿐이다. 우리도 대자연과 함께 어울려 사는 한 생명체일 뿐인데 왠지 지금의 내 모습은 비운(悲運)을 만나 거센 물살을 헤치며 기를 쓰며 거슬러 올라가려고 무던히도 악전고투를 벌이고 있는 모습 같다는 생각이 든다. 더구나 자꾸만 꺼져가려는 울 엄마의 등불을 꺼지지 않게 하려고 몸부림치고 있는 모습 같아 나도 모르게 씁쓸한 마음이 감돈다. 울 엄마의 소원이라고 할 수 있는 이곳에 내려와 살고 싶어 하시는 마음이 저리도 강하셔서 울 엄마는 애간장을 태우시고 계시건만 나는 김해집이 팔리지 않는다는 이유로 울 엄마 소원하나 들어드리지 못하는 신세라 더욱 내 마음은 씁쓸하다. 더러는 내 스스로에게 묻기를 모든 것을 내팽개치지 못하고 고향 집에 내려오는 것을 주저하고 있지나 않은지... 라는 반문(反問)도 스스로에게 던져보지만 해결책이 되지는 못하는 질문인지라 마음이 천근이다. 저는 이런저런 생각으로 머리가 복잡하다. 저는 폐교에 미련이 많이 남아 있고 관심이 많아서 차를 폐교 앞에 잠깐 세웠다. 그리고 가지런히 나열된 태양열판을 잠시 물끄러미 바라만 보았다. 우연에 일치겠지만 태양열이 설치 된지 불과 1년 남짓 되었지만. 그 사이 저희 어머니께서는 생과 사의 고비를 10여 차례 넘기셨다. 그리고 우여곡절(迂餘曲折)끝에 여기까지 온 것이다. 저는 잠시 폐교에 설치된 태양열 판을 멍하니 바라본다. 태양열판을 바라본 제 마음은 만감(萬感)이 교차(交叉)했다. 그런데 이제껏 침묵만 일관하시던 어머니께서 갑자기 그래서 그래. 라는 말씀을 하신 것이다. 그리고 하시는 말씀이 아직 아니네. 라는 말씀을 하셨다. 저는 우리 엄마 그래서 그래 라는 말씀과 아직 아니네. 라는 말씀을 해석하기가 난해했다. 짐작으로 아직 때가 아니라는 뜻과 있어서는 안 될 것이 동네에 자리를 잡고 있어 동네에 우환(憂患)이 생긴다. 라는 마음에 메시지라고 해야 될지 모르지만 느낌만 받았을 뿐이다. 저는 어머님 말씀을 되뇌어보며 동네 어귀를 돌아 부산으로 향하는 국도로 진입을 하려고 좌회전 신호를 넣고 차가 오른쪽에서 오는지를 확인하는 그 순간 갑자기 어머니께서 아버지 고향으로 가자고 신호를 하셨다. 갑자기 어머니가 이렇게 주문하시면 조금은 당황스럽다. 그렇지만 나는 이런 경우가 빈번(頻繁)하게 자주 발생했던 경험이 많아 당황스럽지는 않다. 그렇지만 더러는 황당할 때도 더러 있다는 사실이다. 저희 친정아버지 산소 또한 이곳에서 그리 멀지 않은 곳이라 그곳에 가는 것은 그리 어려운 일도 아니다. 생각지도 못했던 코스다. 그리고 갑자기 아버지 산소에 들리자는 어머님 말씀에 당황해 저는 어머니 얼굴을 한 번 쓰윽 쳐다보고 차를 군말 없이 돌렸다. 저는 산소 가는 도중 마트에 들려 산소에 올릴 술 한 병을 샀다. 그리고 10분쯤 지나 아버지 산소에 도착해서 술 한 잔 부어 드리고 아버지께 울 엄마 모든 병 훌훌 털고 가벼운 몸이 되게 해달라고 잠시 빌었다. 선걸음에 산소에서 내려 왔다. 저는 산소에 오래 머물지 못한다. 산소 밑에 있는 논에다 주차를 하고 어머니를 차에 홀로 두고 왔기 때문이다. 차 속에서 혼자 저를 애타게 기다리실 어머니를 생각하면 1분 1초도 길게 느껴지는 상황이다. 저도 모르게 몸이 자동 적으로 서둘러진 것이다. 그나마 다행한 것은 아버지 산소 앞 논까지 차가 들어오는 코스라 술 한 잔 올리는 시간이 그리 오래 걸리지 않아 저는 어머님 홀로 두고 아버지 산소에다 술 한 잔 올리고 내려가는 것이다. 어머님께서는 시동을 거는 것을 확인하고서 또 다른 곳으로 가자고 말씀을 하신다. 울 엄마가 들리자고 하신 곳은 이곳 산소 근방이며 저희친정아버지 원래 고향인 동네를 들려보자고 하신 뜻이시다. 4년 전 쯤 집안 할머님과 힘을 모아 심어놓은 소나무가 있는 아버지 고향 동네로 가보자는 말씀이시다. 이 또한 어렵지 않는 일이다. 아버지 산소가 있는 이산만 넘으면 바로 소나무 다섯 그루를 심어놓았던 아버지 고향 동네라서 그다지 어려운 코스가 아니었다. 저는 어머님께 그렇게 합시다. 라는 말씀드리고 비탈지고 좁은 산길을 조심스럽게 가다 보니 조금은 불안한 마음이 들어 저는 운전대를 꼭 붙들고선 산을 넘는다. 바로 산을 넘고 나니 제가 초등학교 2학년까지 다녔던 정겨운 아버지 고향 동네가 바로 나왔다. 바로 소나무를 심으라고 논을 내주셨던 친척 할머니 집이 마을로 들어가는 길목에 있었다. 나는 조금 내려갔다가 할머님 댁 앞에서 차를 세웠다. 그리고 대문 안으로 들어가 집안 할머님을 불러 인사를 드린다. 집안 할머님께서는 토방마루까지 버선발로 나오셔서 저희를 반겨주셨다. 집안 할머니의 촌수는 높으나 저희 어머님과 연배가 동배(同輩)이시다. 하지만 서열상 어머니에게는 숙모님이 되시고 우리에게는 집안 할머니가 되신 관계다. 병중이신 어머님께서는 할머니가 차 있는 곳까지 버선발로 나오셔 반겨주셨지만 일어서지도 못하시는 신세라 차 안에서 두 분이 손만 부여잡은 인사만 나누시게 되었다. 그런데 할머니께서 저희 어머니에게 자네가 위독하시다는 소문에 걱정을 많이 했는데 이렇게 좋아져서 찾아오니 정말 좋네. 라는 말씀을 하셨다. 어머니께서는 집안 할머니의 그 말씀 끝에 나는 이제 괜찮을 것이요. 라는 말씀을 하신다. 저희 어머님의 이 말씀은 천만번 들어도 싫지 않은 멋진 말씀이라 생각하고 항상 긍정적인 울 엄마의 사고방식이 존경스러울 뿐이다. 그러니까 언제나 한결같이 나는 괜찮을 것이다. 라는 울 엄마의 희망(希望) 메시지는 늘 저로 하여금 다시 재충전 되는 에너지였던 것이다. 저는 두 분이 손을 부여잡고 정을 나누고 계시는 사이 트렁크에서 두유 1BOX를 꺼내 토방마루에다 올려놓고 나왔다. 저희 모녀는 항상 고향 동네를 찾게 되면 휴게소에서 음료 한 박스 정도는 기본적으로 사서 싣고 다녔다. 이유는 애기치 않게 나이 드신 동네 분들을 우연히 만나게 되면 누가 되었든지 이렇게 두유 한 박스 정도는 드리려는 마음이다. 저희 어머님께서는 고향 내려가면 항상 뭐라도 사셔 들고 가자고 시키신 이유이기도 하다. 그래서 이번에도 아버지 산소에 가져갈 재주(祭主)를 사면서 사두었던 두유 한 박스를 할머님께 드리고 바로 그곳을 빠져나와 소나무를 심어놓은 동네 앞을 지나가게 되었다. 4년 전 그 추운 날 집안 할머님과 저희 세 사람이 심어놓았던 소나무들이 아주 잘 자라고 있어 마음 한쪽이 뿌듯했다. 아마 어머님께서도 소나무가 잘 자라고 있는 모습을 보고 저와 같은 마음이 아니었을까 싶다. 어머님께서도 잘 자라고 있는 소나무를 한참 보시더니 이젠 괜찮을 것이다. 라는 말씀을 하신다. 저희 어머님의 이 말씀에 뜻은 이제는 이 동네도 서서히 좋아질 것이라는 말씀인 듯하였다. 저는 어머님 말씀을 긍정적(肯定的)으로 해석을 하였더니 마음 한쪽이 뿌듯해지면서 편안함을 느끼게 되었다. 저는 서서히 차를 몰아 멀어져가는 아버지 고향을 빠져나와 김해를 향해서 속력을 냈다. 아버지 고향 동네는 그 옛날 제가 초등학교 2학년 때까지만 언니와 함께 다녔던 동네다. 어린 제 기억으로는 이 동네를 벗어나기 위해서는 산비탈을 한참이나 올라가는 구간이 있었다. 어린 저에게는 이곳을 지나서 학교 가는 길이 되다 보니 어쩔 수 없이 이 산비탈을 지나가지 않으면 안 되는 코스였다. 더군다나 겨울에는 유독 눈이 많이 내렸던 구간이라 이곳 산비탈 구간은 어린 저에게는 완전히 히말라야 등산코스였다. 이곳에 겨울은 너무나 혹독했다. 그 당시를 상기하면 그 세찬 눈보라가 어찌나 강했던지 겨우 올라간듯하면 쪼르르 미끄러져 내려가기가 일수였다. 어린 저희 자매는 서로 의지하며 동네 친구들과 눈보라 맞으면서 3 ~ 4km거리나 되는 그 먼 길을 서로 의지하며 소이 말하는 재를 힘겹게 힘겹게 넘으며 학교를 등교했던 기억이 뚜렷하다. 저는 그 당시 나이는 두 살 위인 언니가 저보다는 모타리가 (체구)작았지만 그래도 의지를 많이 했고 언니 손을 꼭 붙잡고 휘몰아치는 눈보라 속을 뚫고 언니와 함께 이 언덕을 힘겹게 넘어 학교 다녔던 아련한 추억이 서려 있는 산골 마을이다. 그때는 왜? 그렇게 눈들이 많이 내렸는지 그때를 기억하면 이곳은 정말 그 당시의 풍경은 전형적인 우리나라 산골 마을에 60년대 모습 그 표본이었을 것이다. 이곳에서 학교 가는 길이 너무 멀었고 바람도 세찼던 것이 아직도 잊혀 지지 않고 기억에 남아있다. 더구나 저희 어머니 재봉틀 솜씨가 좋아서 울 엄마가 손수 만들어준 치마와 바지들을 생각하면 그 당시 누구나 할 것 없이 가난해서 해지고 기워진 옷들을 많이들 입고 다녔지만 우리 형제들은 어머님의 지혜로움 덕분으로 그다지 낡은 옷들을 입고 다니지는 않았던 기억 또 한 이곳을 지날 때면 아련히 떠오른 옛 추억이다. 다른 형제들은 이곳에 기억이 별로 없겠지만 언니와 저는 이곳에서 생활이 추억으로 남아 가끔 옛 추억을 더듬어 이야기를 한다. 그 당시를 회상하면 어린애들 걸음으로 무려 3 ~ 4km등교하며 겪었던 고생을 생각하면 요즘 애들은 그 시절의 고달팠던 시절을 상상도 못 할 것이고 이해도 못 할 것이라 생각이 든다. 하지만 그때는 그리하지 않으면 학교 가는 방법이 없었으니 누구나 그렇게 고생고생하면서 등교하는 것이 당연하다고 여기며 살던 시절이라 누구 하나 불평을 하며 학교를 가지는 않았을 것이다. 특히나 돌멩이뿐인 신작로 길로 접어들기까지는 긴 언덕을 넘어야 했는데 유독 그 언덕에 들어서면 어찌나 눈보라가 세찼던지 숨도 제대로 쉴 수 없을 정도로 바람이 세차 저는 날아가지 않으려고 언니 손을 꼭 붙잡고 어깨에 멘 책보자기를 놓치지 않으려고 있는 힘껏 책보자기 움켜 지고서 눈물 콧물 흘리며 학교 다녔던 기억만 아련히 남아있는 곳이 바로 이곳이다. 친정아버지 고향이라 어쩌면 이곳이 바로 저희의 진짜 고향 마을이라는 생각이 든다. 저는 저희 어머님을 멀리 떠나 보내드리고 난 후로는 부모님 제사에 참석하지 못하는 신세가 되었다. 그러다 보니 덩달아 언니와 여동생도 함께 제사에 참석하지 않은 것으로 알고 있다. 우연히 일이 겹쳐서 제사에 참석하지 못했을 것이라. 생각한다. 그리고 저는 돌아가신 어머님 첫 제사에는 비록 참석하지 못했지만 어머님 산소라도 다녀와야겠다는 생각으로 어머님 첫 생일을 맞이해 우리 부부와 사촌 동생 그리고 이모님과 언니를 읍내에서 만나 어머님 산소를 엊그제 찾았었다. 그러니까 우리 일행들은 부모님 산소 들렸다가 오는 길목에 어머님과 함께 심어놓았던 소나무를 보고 가자고 제가 이모님께 말을 해 다시 소나무가 심어놓은 고향 동네를 찾아 왔다. 소나무가 어머니랑 같이 왔을 때처럼 잘 자라고 있는지를 확인하기 위함이다. 그런데. 실망스럽게도 누군가가 소나무를 5그루 몽땅 4~50cm정도만 남겨 놓고 잘라버린 것을 보게 되었다. 사실 1년 전 어머니와 함께 왔을 때만 하여도 제법 자리를 잡아 소나무가 멋지게 자라있었는데. 어느새 이렇게 몽땅하게 잘라 버린 것을 보니 너무나 속이 상했다. 더군다나 저는 속도 없이 어머니와 제가 나무를 이렇게 심어놓았다는 것을 자랑하려고 일행들을 데리고 이곳까지 이렇게 찾아 왔는데 실망스럽게도 우리 어머님의 노고의 흔적이 사라진듯해서 속상했다. 그러나 영원한 것이 어디 있을까? 싶다. 우리들의 소중한 어머님도 떠나셨는데 무정한 세월 속에 이제는 어머니도 떠나시고 친척 할머님도 떠나시고 멋지게 자란 그 소나무들도 볼 수가 없게 되었으니 쓸쓸한 추억만 더듬어졌던 부분이다. 고향에 내려올 명분이 사라진 것 같아 마음이 허전하고 쓸쓸한 기분이 들었다. 인간 욕심에 실망한다는 뜻이다. 사실 먼 훗날 나무가 크게 자라면 농사에 지장을 줄까 봐 동산처럼 땅 면적을 널찍하게 자리 잡아 심었던 보호수(保護樹)인데 저희 어머님이나 집안 할머님께서 동네 안녕을 고려하시며 추운 겨울 눈보라 속에서 심으셨던 나무인데 그렇게 애쓰신 보람이 사라져 버렸으니 아쉬움만 가득하다. 더군다나 소나무들이 잘 자라도록 자리를 확보하는데. 집안 할머님께서 동네 편안을 위해 논 한 마지기를 일부러 내어주셔서 소나무를 심을 수가 있었던 부분이라 더욱 애석했다. 이 땅을 확보하고 나무를 심어놓기까지는 여러 가지 어려운 문제들이 많았다. 다행스럽게 집안 할머님의 배려로 터를 넓게 자리 잡아 심어놓았던 터라 농사(農事)짓는데 지장을 주는 염려(念慮)는 없다고 생각했었다. 아니 오히려 농사짓다 힘들면 잠시 쉴 수 있는 그늘 공간이 만들어져서 더 좋을 것이라 생각했었다. 그 누군가는 두 분께서 성치 않으신 노구를 이끌고 그 추운 날씨에 이 마을의 안녕을 빌고자 사람들의 반대와 사연을 앉고 심어놓으셨던 보호수(保護樹)를 본인들 농사에 지장 있다고 남의 정성(精誠)과 수고로움을 짓밟아 버린 것 같아 쓸쓸하다. 몽땅 잘려나간 소나무들을 보고 있자니 인간들의 이기심에 실망감이 들었다. 자신에 이익만을 추구하는 이기심(利己心)이 불러온 미혹(迷惑)한 자(者)의 소행이라는 생각이 들어 더 괘씸하다는 생각도 든다. 멀리 보지 못하고 코앞만 보는 자(者)의 큰 발전 없는 소행이라 여겨진다. 저는 실망감을 앉고 잠시 몇 년 전 저희 어머니와 친척 할머님께서 불편한 몸으로 그 추운 날씨에 소나무를 심으셨던 모습을 떠올리며 저희 아버지 고향 동네를 떠나게 된다. 인간사(人間事)란 내일을 기약할 수 없고 예측(豫測)도 할 수 없다는 사실을 크게 깨달은 부분이다. 저는 이날 어머님께서 원하신 대로 친정아버지 묘소도 들렸고 잘 자란 소나무도 보았으니 김해 가는 마음이 다소 가볍게 느끼며 이곳을 떠난다. 저희가 아버지 고향 동네를 등지고 10여 km부산 방향으로 가노라면 친정집을 다시 보고 가는 과정이 되었다. 그러다 보니 제 눈길은 자연스럽게 한두 시간 전에 들려 나왔던 친정집을 먼 거리에서 다시 바라보았다. 일단 다시 보는 고향 집 앞에 커다란 연못에는 온갖 수초들이 연못 절반을 가려버렸다. 연꽃보다는 마름이라는 수초 잎들이 연못 가장자리 전체를 차지하다 보니 맑고 깨끗한 연못에 이미지는 분명 아니라는 생각이 든다. 이제는 여름날에 무더위로 바싹하게 말라가는 누런 수초(水草)잎들이 겨울이 다가오고 있음을 알리고 있다. 어머니께서 자나 깨나 못 잊고 있는 정겨운 고향 집을 멀리서나마 다시 보며 가다 보니 왠지 주인 잃은 초가집처럼 고향집이 왠지 초라해 보이기까지 했다. 텃밭에 유자나무가 주인이 떠나가는 것을 아는지 아무도 돌봐주지 않은 텃밭에서 애처로이 서 있는 느낌이 유독 쓸쓸하게 느껴졌다. 더구나 친정집에 메인이라고 할 수 있고 산 끝자락에 자리 잡고 있는 친정집을 감싸 안아 바람을 막아주며 시골풍경을 더 아름답고 포근함을 느끼게 해주던 대나무들은 초여름에 실바람처럼 살랑거리듯 흔들어 보지만 보아주고 살펴주는 주인 떠나감에 구슬피 우는듯한 쓸쓸함이 고향 앞을 지나가는 나그네의 마음까지 전해지는 느낌이 든다. 어쩌면 멀리서 고향 집을 바라보며 떠나가는 이 심정은 아마도 다시 울 엄마와 찾아오게 될 것이라는 기약(期約)이 없고 자꾸만 꺼져가려는 어머님의 혼(魂)불이 희미하게 느껴져 마음이 울적하여 고향 집을 바라보는 시선마저 회색 안경을 쓰고 바라보는 느낌처럼 어둡다. 저는 어머님께 고향 집 전경을 조금 더 보시라고 속력을 내지 않고 간다. 이렇게 가는 것도 잠시다. 벌써 고향 집 뒷산에 모셔져 있는 외할머님의 묘소를 끝으로 저는 이렇게 고향 집을 뒤로하고 이곳을 안전히 벗어나게 되었다. 친정집을 다시 보고 가노라니 만감(萬感)이 교차(交叉)하는 순간(瞬間)이다. 우리 어머니 소원을 빨리 들어 드릴 수가 없으니 더욱 만감이 교차해 애처롭기 한 것이다. 김해 집이 팔릴 기미가 보이지 않아서 더욱 아득하기만 하였다. 매매가 쉽게 이루어지지 않고 있어 그런지 제 마음은 어디를 가더라도 무겁다. 그래서 집 생각만 하면 가슴이 답답함이 밀려왔다. 저희 모녀에게는 쉽게 풀지 못하고 있는 숙제다. 저는 고향 앞 국도를 벗어나 탐진강 줄기를 따라가다 보니 유년시절 집 앞 연못을 놀이터 삼아 보냈던 시절이 생각난다. 저는 어릴 적 제 성향이 바로 섬 머슴아이다. 그러니까 뚝 하면 대나무를 잘라 만든 낚싯대 들고 연못으로 나가 낚시를 하는 바람에 무던히도 저희 어머니 속을 썩혀드렸던 부분이다. 천둥벌거숭이처럼 철없이 굴다 보니 유독 다른 형제들에 비해 지청구도 많이 들었던 이유이기도 하였다. 지금도 철이 든 것은 전혀 아니지만 제 어린 시절은 유독 천둥벌거숭이였던 것이다. 그러나 무정(無情)한 세월이 유수(流水)같이 흐르고 나니 지금은 거동이 불편한 어머니와 중년이 되어 버린 제가 있을 뿐이다. 그 누구도 거스르지 못한 세월 탓도 있을 것이다. 하지만 비록 세월은 흘렀을지라도 건강을 유지해서 장수 하신 분들도 많다는 사실이다. 오늘에 울 엄마 모습은 늙고 병이 들었다. 천지 분간 못하고 고향산천을 뛰어다녔던 저는 어느새 초로(初老)에 길목에서 비운(悲運)을 만나 악전고투(惡戰苦鬪)를 면하지 못하고 있는 상황이지 싶다. 그렇지만 마음만은 지금도 제가 어떻게 해드려야만 저희 어머니께서 자리를 훌훌 털고 일어나실 수가 있을까? 라는 생각 밖에는 아무런 생각이 없고 그저 저희 어머니 일으켜드리려는 생각에 일념(一念)하고 있을 뿐이다. 어떻게 보면 저희 어머니의 병은 유독 탈도 많고 요구하는 것도 많았다. 그러나 이 또한 저희 어머님의 의식이 살아있다는 증거라 저에게는 힘이 되었던 부분이기도 하다. 제가 어머님을 모시고 이 병원 저 병원을 전전할 때 뭇사람들은 저희 어머니를 많이 부러워하셨다. 뭇 사람들이 이구동성(異口同聲)으로 하시는 말씀이 주로 할머님께서는 인생 성공하신 분이 맞습니다. 라는 말씀들을 많이 하셨던 부분이다. 그리고 저에게는 당신은 요즘 보기 드문 사람입니다. 라는 말씀들을 많이 해주셨다. 하지만 어머니께서 이렇게 기력을 잃고 무력해지시는 것을 보고 있노라면 세상에서 떠도는 칭찬은 저에게는 아무런 힘이 되지 않는다는 사실이다. 그러니까 지나간 시간보다는 지금 이 순간이 저에게나 우리 어머니에게는 아주 소중한 시간이라 여겨진 부분이다. 그래서 저는 이 시간도 울 엄마의 꺼져가려는 혼(魂)불을 지켜드리고자 저의 작은 정성이라도 아끼지 않으려 노력한다. 저는 조수석에 얌전히 앉아 계시는 어머니를 보면서 운전대를 힘껏 잡았다하는 이유다. 나는 정신일도(精身一道)해서 울 엄마를 김해까지 안전하게 모셔야 할 의무와 책임이 따르기 때문이다. 저희 모녀가 정든 고향산천을 뒤로 한 채. 열심히 달려 보성 휴게소에서 또다시 들려 잠깐 휴식을 취한다. 저는 장시간 앉아만 계셨던 어머니 다리를 풀어드리다가 연한 분홍색 바지 속에 감추어진 울 엄마의 앙상한 다리를 만지게 된다. 매일 이렇게 어머니 다리를 주무르다가 느끼는 것이지만 소싯적에는 육덕(肉德)이 참으로 좋으셨던 울 엄마 모습은 이제는 온데간데없고 언제 이렇게 뼈만 앙상하게 남게 되었는지 완전히 뼈에 초 배 입혀 놓은 형상을 보노라면 가슴이 저민다. 제가 할 수 있는 것이 한계(限界)가 있는지 좀처럼 예전 모습을 찾아 드릴 수 없다 보니 그저 안타까운 마음뿐이다. 지금 현제 우리가 처한 상황이 이렇다 보니 마음만 가지고는 안 되는 일이 분명 있으며 행동(行動)과 실천(實踐)으로도 되지 않은 일들도 많다는 사실과 제가 할 수 있는 일과 할 수 없는 것이 따로 있다는 것을 깨닫게 된 부분이다. 상황이 좋지 않더라도 제가 어머니를 위해 할 수 있는 일이라면 작은 힘이라도 아끼지 않을 터이고 어머님 섬김에 있어 소홀함이 없도록 최소한에 노력이라도 해보고자 한다. 옛말에 이르기를 하늘은 높디높아 더위잡을 수 없고 땅은 두껍디두꺼워 차버리지를 못하네. 라는 글귀를 저는 다시 한 번 더 되새기며 너만이라도 병든 부모님 한결같은 마음으로 살펴드려라 라는 글귀를 각인시킨다. 요즘 들어서는 옛 속담 중에 긴병에 효자(孝子) 없다. 라는 말을 절실히 공감(共感)하는 차원(次元)이라 하겠다. 더구나 사람은 감정에 동물이라서 그런지 눈에서 멀어지면 마음에서도 멀어진다. 라는 말도 천 번 만 번 공감하고 있다. 저희 형제들도 2년 가깝게 어머님 병석에 계셔서 그랬는지? 아니면 20여 년 가깝게 병중이셔서 그랬는지? 이제는 만성이 되었는지? 처음 어머님 쓰러지셨을 때처럼 어머니에게 관심을 집중적으로 두지 않고 있음을 느낀다. 이런 저런 이유로 형제들 마음들이 처음 같지 않고 와병(臥病)중이신 어머니는 자꾸만 기력을 잃어 가신 듯하고 형제들은 병든 어머니 향한 마음들이 이제는 많이들 소원(疏遠)해져 있음을 확연히 느껴가고 있는 중이다. 더구나 저도 이제는 형제들에게 어머님께 관심을 가졌으면 하고 바라는 마음을 조금씩 내려놓고 있다는 사실이다. 저도 한때는 형제들에게 병석에 계시는 어머니에게 하루에 한 번 정도 전화 정도는 해주었으면 하고 바라는 마음 컸었다. 그리고 형제들도 제가 바라는 대로 초반에는 형제들도 연락을 자주 해주어 더 이상 바랄 것 없을 정도로 모두가 합심 된 마음이라 너무 좋았다. 그러나 해를 넘기고 나니 소식 오는 것이 조금씩 조금씩 뜸해진 현상이 되어가니 그저 서글픈 마음이다. 이제는 저도 일주일에 한 번 정도라도 어머님께 소식을 전해주었으면 하는 마음으로 바뀌다가 그 생각도 바뀌어 열흘에 한 번 정도라도 좋겠다. 라는 마음으로 바뀌었지만. 이 또한 저에 부질없는 집착에 일부 같아 이제는 그 마음마저 버리게 되었다. 저는 앙상한 다리로 차 문을 붙들고 이제껏 서 계셨던 어머님을 다시 자리에 앉혀드린다. 그리고 석양빛이 어머님 쪽을 비추는 것 같아 또 손수건을 이용하여 차창을 가리어 드렸다. 저는 다시 마음을 단단히 가다듬고 열심히 김해를 향해 달려볼 심산으로 어머님께 엄마 이제 우리 출발합시다. 라는 말을 하며 가속 페달에 발을 올려놓고 살포시 힘을 준다. 그와 동시에 어머니께서도 오냐. 라고 하신 것이다. 언제나 들어도 정겨운 울 엄마의 오냐. 라는 짧은 한마디가 너무나 정겹게 들렸다. 항상 저는 울 엄마의 오냐. 라는 말씀에 힘을 얻어 또 페달을 밟는다. 아마 이곳 보성 휴게소부터는 쉼 없이 2시간 정도 달려야 김해에 도착한다. 그래서 안전 운전하게 해달라고 천지신명님께 마음속으로 빌었다. 저희 어머님께도 무탈하게 가게 해달라고도 마음속으로 빈다. 제가 이렇게 마음속으로라도 기도라는 것을 하게 되면 하늘에 닿을지는 의문스럽다. 하지만 나 자신에게는 많은 의지가 되고 위안이 되는 부분이 바로 이 부분이며 종교인들이 기도하는 의미도 아마 이런 기분으로 기도를 하지 않겠는가라는 생각을 한다. 그래서 저는 언제부터인지 모르지만 이렇게 저렇게 마음속으로 주문 아닌 주문을 하게 되었고 기도 아닌 기도를 하게 되었다. 저는 이렇게 저희 어머님께 빌고 가면 어딘지 모르게 든든함이 있었다. 그래서 저도 모르게 습관처럼 어머님께 이렇게 부탁을 하며 움직였다. 그러다 보니 저는 습관(習慣)처럼 보이지 않은 힘과 위력(偉力)에 많이 의지(依支)하는 나약한 중생이다. 남들은 이런 습관을 갖고 사는 저를 어떻게 생각하느냐에 따라 다소 제가 너무 나약(懦弱)해 보이기도 하겠지만 사실 인간은 자연 앞에 너무나 나약하고 티끌과도 같은 존재(存在)라는 것을 깨달았기에 저는 보이지 않은 세계의 힘을 의지하는 차원이라 할 것이다. 그리하여 저는 언제 어디서나 무슨 일을 어떻게 하더라도 저희 어머님께 항상 보고 드리고 자문 받으며 부탁하며 살아가고 있는 사람이라 하겠다. 더구나 저희 어머님의 그늘을 언제나 든든하게 생각하는 차원이다. 제가 살면서 정신적으로나 여러 면에서 저희 어머님만한 스승이 없었던 이유이고 든든한 저희 어머님의 그늘이 유난히 든든했고 믿음이 남다르게 좋았던 이유다. 저에게만은 울 엄마가 정신적(精神的) 지주(支柱)이며 교훈적(敎訓的) 스승이다. 그리고 인생 여정에 이정표(里程標)이며 삶에 지로인(指路人)이시다는 걸 저에게만은 부정할 수 없는 사실이다. 저는 정신일도하사불성[精身一途何事不成]을 되뇌며 보성 휴게소를 벗어났다. 저희 모녀는 그렇게 30여 분을 말없이 가게 되었다. 일단 말씀 없으신 저희 어머님 무료할 실 것 같아 흘러간 옛 노래를 틀어드렸다. 그 옛날 꿈 많고 건강했던 젊은 날들을 회상해보시라는 의미다. 카세트를 눌렀더니 때마침 아으악새 슬피 우니 가을인가요? 라는 대목의가사가 흘러나온다. 나이 드신 분들이 애창곡이라 하겠다. 저는 이 노래를 듣는 순간 불현듯 이런 생각이 든다. 울 엄마의 삶이 바로 가을을 훌쩍 지나 늦겨울에 들어서 있는 인생여정 같다는 생각이 든 것이다. 울 엄마는 분명 그 옛날 소싯적에는 그 누구보다 더 건강하셨던 분이셨다. 그리고 그 누구보다 정신세계가 굳건하셨으며 매사 긍정적(肯定的)이시고 생각은 남과 다르게 지혜로우셨기에 딸인 제가 초인(招引)이라고 칭(稱)했던 분이셨건만 지금은 나이 들고 병이 들어 스스로 할 수 있는 일보다는 할 수 없는 일이 더 많아지셨다. 물론 세월을 풍미했던 영웅(英雄)호걸 그 누구도 흐르는 세월(歲月)은 비껴가지 못했다. 그리고 이것이 인간사이며 자연의 이치고 우주에 법칙이라 생각한다. 인간의 욕심이라는 것이 보편적으로 내 부모님만큼은 무병(無病)장수하시기를 소원하고 있다는 사실을 부인할 수는 없을 것이다. 하지만 그 소원 역시나 쉽게 얻지 못하는 부분임을 깨달은 것이다. 병중이신 부모님께 해드릴 것이 그리 많지 않다는 사실이 더욱 애석하게 느껴지고 먹먹하게 느껴진 부분이지 싶다. 자식들이 소이 말하기를 엄마 150살까지만 사세요. 라는 말들은 보통으로 하지만 내일을 사실 예측할 수 없는 것이 인생이고 보니 지금은 꺼져가려는 어머님 생명줄 하나 겨우 붙들고 실랑이를 하는 모양새라 서글픈 마음이 일어나는 것이다. 저는 생각한다. 사람이 잘 살아야 기껏 100년 이내이다. 우리 부모님들 세대는 자기 자신을 위해서 살아온 날들은 거의 없었을 것이라는 생각을 한다. 우리 부모님 세대는 어려서는 일제시대(日帝時代)를 본의 아니게 겪었던 시절이다. 그리고 해방을 맞음과 동시에 남북전쟁을 맞이하여 그 험악한 전쟁을 겪고 나니 당파싸움의 격동기를 지내느라 가난과 시름 하며 여러 자식을 키워야 했던 세대였다. 어떻게 생각하면 저희 어머님들의 세대는 유독 자기 자신을 돌아볼 수 없었던 세대다. 그러나 나이 들고 좋은 세상을 분명 맞이하였으나 이제는 몸에 병이 들어 스스로 하지 못하는 것들뿐이라. 참으로 안타깝고 서글픈 인생 여정이라 여겨진다. 잠시 제가 생각에 빠져 있어 시간이 어느 정도 흐른 줄 모르고 달리다 보니 문득 출출하다는 생각이 든다. 그래서 어머님을 살펴보았다. 여전히 어머니는 말없이 조수석에 앉아 무슨 생각을 그리 하시는지 침묵하고 계신 것이다. 일단 배꼽시계는 점심때가 훨씬 지났다고 알리고 있다. 시간을 보니 3시가 넘었다. 차 안에는 여러 가지 간식들이 있어서 그런지 배가 고프다는 생각은 없었다. 그렇지만 막상 섬진강 휴게소가 보이니 간단하게 저희 어머님 늦은 식사라도 사드려야 할 것 같았다. 저는 어머님께 엄마 섬진강 휴게소에서 우리 간단하게 식사 좀 하고 바람 좀 쐬고 갈까요? 라고 어머님 의사를 물어보았다. 저희 어머님께서도 시장하셨는지 아 그래. 라고 짧게 답을 하셨다. 나름 조금은 시장하셨는지 거부를 하지 않아 저는 섬진강 휴게소에서 내려 잠시 쉬어 가기로 하고 그곳으로 차를 정차한다. 요즘 시절(時節)이 좋아서 그런지 들리는 휴게소마다. 휠체어가 비치되어있어 참 편리하다는 생각을 많이 하고 다니는 중이다. 일단 저는 차를 주차하고서 휠체어를 가지고 와서 어머니를 휠체어에 앉혀드리고 난 후 어머님 휠체어를 밀어 식당으로 들어갔다. 이곳 식당에서 저희 모녀는 우동 한 그릇씩 시켜 먹고 난 후 잠시 바람을 쐬려고 어머니 휠체어를 밀어 섬진강이 유유히 흐르고 있는 한적한 강변 쪽으로 휠체어를 밀고 나왔다. 일단 강변 쪽으로 펼쳐지는 전경을 바라보니 섬진강의 고즈넉하고 정겨운 우리나라 강산(江山)의 전형적인 시골풍경이 한눈에 들어왔다. 아직은 초가을이라 단풍이 곱게 물들어지지는 않고 진초록의 나무들이 섬진강 강줄기 따라 끝없이 펼쳐있는 것을 보니 어느 봄날 저희 어머니와 함께 이곳에 잠시 들려 벚꽃이 만발해 있어 벚꽃 구경을 실컷 했던 그 날이 어렴풋이 스친다. 저는 이곳에서 많은 시간을 소요할 수 없었다. 그저 휠체어 밀고 다니는 시간은 길어봐야 5분이면 족했다. 사실 저는 세상 시름없는 사람이 아니라 시름 속에서 찰나에 시간이라도 이렇게 나와 어머니와 함께 자연과 일치하고픈 마음이다. 병 깊으신 어머님을 생각하면 더 이상에 시간은 무리다. 중환자 수준인 울 엄마를 모시고 다니는 5분이 저에게는 감사한 시간이라 생각한다. 저는 다시금 휠체어를 돌려서 차 앞에다 세워놓고 어머니를 다시 차에 앉혀드렸다. 그리고 다시 휠체어를 보관소에다 갖다 놓고 또다시 서둘러 김해로 향했다. 저는 집에 도착하기 10분 전 저희 아이들에게 전화를 해두었다. 울 엄마 1분 1초라도 편안하게 쉬어보시라는 마음에서 미리 아이들에게 전화를 항상 하였다. 저희가 집 앞에 도착하니 벌써 아이들은 현관 앞에 나와 대기 하고 있었다. 제가 현관 앞에서 차를 멈추자 바로 할머님을 아들과 막내딸이 나와서 외할머니 양쪽 겨드랑을 부추겨서 조심스럽게 모시고 들어간 모습이 경력

많은 노련한 간병인 수준이라 여겨질 정도로 능숙했다. 아마도 이런 일을 자주 해봐서 그랬는지 아무튼 능수능란하게 할머니를 양쪽 겨드랑에 팔을 끼어 조심스럽게 모시고 들어가는 모습이 왠지 대견해 보여 마음이 훈훈했다. 이렇게 외할머니가 계시지 않았다면 언제 이런 멋진 연습을 해보겠는가 싶은 것이다. 아마 이런 경험은 훗날 우리 아이들에게 쉽게 해 볼 수 없는 커다란 경험으로 남을 것이라 생각하니 왠지 제 입가에 미소가 머문다. 저희 어머니는 외손자 외손녀의 부축을 받으며 계단을 오르시다가 아이들에게 고개 돌려 멋진 한 말씀 그랬어. 라고 하신다. 우리 엄마 이 말씀은 손주들에게 이렇게 마중 나와 줘서 고맙다. 라는 인사로 나는 해석한다. 아이들이 어머니를 모시고 들어가는 모습을 확인하고 저는 서둘러 지하로 내려갔다. 저는 차를 주차해 놓고 계단을 뛰다시피 하며 들어와 어머니 옷부터 갈아 입혀 드린다. 제가 집안으로 들어서자마자 옷부터 바꿔드렸더니 어머니께서는 외출복이 다소 불편하셨는지 저를 한번 쳐다보시더니 그랬어? 라고 하시며 옷을 갈아입히는 와중에 저에게 이마 땡을 하자고 이마를 내밀어 주신 것이다. 저는 울 엄마 이 모습이 왠지 웃음이 나왔다. 그러니까 병중에 먼 길 다녀오셨기에 엄마가 오히려 저보다는 몇 곱절 더 피곤하실 텐데 이렇게 정 깊은 마음의 표현을 잊지 않으시고 사랑의 표현을 마음 가득히 해주시니 어쩌면 제가 너무 행복해서 나도 모르게 웃음이 나왔던 이유다. 우리 엄마의 애정 가득한 사랑으로 피곤했던 몸은 사라지고. 몸도 마음도 가볍게 느껴지는 순간이다. 기분 탓이라 생각한다. 저는 서둘러 어머님 식사와 가족들 저녁 식사를 챙기려 부엌으로 향했다. 어머님께서는 늦은 점심이 아직 소화가 안 되었다고 저녁 식사를 거부하셨다. 저는 한 수저라도 드셔보자고 작은 상에다 간단하게 차려 어머니 앞에 갖다 놓고 식사를 떠드렸다. 어머니께서는 이것도 맛있고 저것도 맛있다. 라는 말씀을 하시면서 밥 한 그릇을 다 비우신 것이다. 이렇듯 저희 어머니께서는 일상에서도 작은 것 하나에도 감사(感謝)하는 마음으로 이제껏 사신 것이 저희에게는 큰 귀감(龜鑑)이 되는 부분이며 답습하고 푼 모습이지 싶다. 식사를 챙겨주는 사람 성의(誠意)를 생각해서 맛있다. 라는 말씀을 하셨는지는 알 수 없으나 언제나 맛있다. 라는 말씀을 달고 사신 저희 어머니가 저는 존경스럽기만 하다. 저도 지친 몸이지만 어머님의 맛있다. 라는 말씀을 듣고 나니 나도 모르게 힘이 났다. 이것이 우리가 알고 있는 행복이지 싶다. 일단 어머님 식사를 마치고 나니 왠지 오늘 할 일을 다 한 듯해 마음 한 부분이 뿌듯한 기분이 들기도 하였다. 저도 장거리 운전을 했더니 피곤이 밀려왔다. 정신적으로는 뿌듯한 기분도 들지만 몸은 피곤해서 무거운 것이 사실이다. 그래서 설거지는 막내딸에게 부탁을 했다. 막내딸이 아이고 참말로. 라고 하는 것이다. 저는 어린 막내딸이 울 엄마 흉내를 낸 부분이 너무 우스워 저도 모르게 아이고 참말로. 라고 하며 같이 웃었다. 저는 녹초가 된 몸을 어머님 옆에다 부려버렸다. 나의 이런 모습을 보신 어머니께서는 제가 조금은 안쓰러우셨는지 울 엄마의 따뜻한 정(情)이 듬뿍 들어있는 우리 엄마표 그 멋진 그 한 마디. 그랬어? 라고 하신다. 저도 그 말씀 끝에 네 그랬어요. 라고 응석 어린 어조(語調)로 답을 했다. 우리 엄마 특유의 깊은 정이 듬뿍 담겨있는 엄마의 따뜻한 손이 저의 얼굴을 감싼다. 그 옛날 울 엄마 손은 농촌 일 때문에 수세미같이 까칠했었다. 그런데 요즘 저희 어머니 손은 아기 손처럼 부드럽다. 아마도 손을 사용하시지 않고 사시다 보니 갓난아이 손처럼 부드러워졌을 것이라 짐작한다. 저는 울 엄마의 따뜻한 손길 속에 깃든 지극한 사랑을 홀로 오롯이 느끼며 울 엄마 발밑에 누워 오늘 있었던 일을 잠시 되새겨 보았다. 오늘 고향 다녀온 일은 달리 생각하면 어머님 덕분에 일상을 탈출해 가을 여행을 잘 다녀온 느낌이 든다. 그러니까 진초록에 살랑거리는 산천을 평소보다는 많이 구경하며 가을 여행을 멋지게 했다는 표현이 아마도 맞지 싶다. 거동 불편하신 어머니를 긴장하며 모시고 다녀 다소 피곤함도 없지는 않다. 하지만 비록 고향 집 나들이지만 이렇게라도 제가 어머니를 모시고 다닐 수 있어 이 또한 행복하다고 생각한다. 그리고 우리 엄마의 사소한 것이라도 이렇게 받들어드릴 수 있어 이 또한 다행이지 싶다. 더구나 이렇게라도 다닐 수 있는 형편과 이렇게라도 움직일 수 있는 이 상황도 나에게는 작은 행복이라 여긴다. 이제는 이 집이 빨리 팔려 어머니께서 오매불망(寤寐不忘) 소원(所願)하시고 계시는 부분인 고향 집에 내려가셔 사시도록 해드리는 것이 나의 유일한 목표(目標)이며 소원(所願)이라 하겠다. 저희 모녀는 오늘도 무탈하게 고향 집을 내려갔다 왔다. 그리고 몇 년 전에 심어놓은 소나무마저 보고 왔으니 이것 또한 저희 모녀의 작은 보람이라 여긴다. 저희 모녀는 범사(凡事)에 감사(感謝)하며 살고 있다. 저는 무심결에 따스한 어머니의 손길에 얼굴을 맡기고 있다가 정신이 반짝 들어 벌떡 일어나 앉았다. 이유는 건강한 저도 장거리를 다녀왔기에 몹시 지치고 힘이 들고 피곤하다는 생각이 드는데 성치 않으신 어머니께서는 하루 온종일 차 안에서 꼼짝도 못 하시고 장시간 앉아계셨다는 생각이 든 것이다. 입장 바꿔 생각을 해보니 그 피곤함이 오죽하겠나? 싶은 생각이 들었던 이유다. 그래서 저는 무거운 몸을 일으켜 앙상한 어머님의 다리를 잠깐만이라도 주물러드리고 싶은 생각에 벌떡 일어나 앉은 것이다. 그런데 저희 어머님은 벌써 제 마음을 읽고서 손사래를 치시며 저에게 일어나지 말라는 뜻인지 저에게 거침없이 잠자. 라고 하시며 저의 손을 밀쳐내신다. 어찌 생각하면 간단명료한 단어이다. 짧은 한마디 말씀은 힘이 있다. 저희 어머니께서는 가능한 타인에 힘을 빌리지 않으시려는 의도가 늘 역력했었다. 그 카리스마가 압도적이었다. 저는 가끔 이렇듯 타인에게 의존하시지 않으시려는 저희 어머님의 정신세계가 너무 존경스러울 따름이다. 저는 어머니의 저지로 다시 누웠다. 그리고 저는 노모님 명령에 따라 미련 없이 꿈나라로 향하게 된다.

의당, 나는 친정어머니를 모시고 살 자격이 있는 사람이다

　나는 이렇게라도 남편에게 마땅히 나는 친정어머니를 모시고 살 자격 있는 사람이라는 것을 간략하게나마 설명을 하게 되었다. 제가 지금껏 바보처럼 살고는 있지만 더러는 인간도리(人間道理) 부분만큼은 어딘지 모르게 저에게는 냉소적인 성향이 있다는 사실이다. 그래서 화는 잘 내지는 않지만 한번 화를 내게 되면 주변이 많이 긴장했던 이유이기도 하였다. 저는 이혼하자는 남편 말에 물러설 마음 없고 미안해해야 할 마음 또한 전혀 없었다. 그리하여 이제까지 제 심중(心中)에 깊이 담아두었던 말들인지는 잘 모르겠지만 나도 모르게 남편에게 구구절절 쏟아내는데 내가 양가 어머님들 병간호과정을 ABC로 표현 한자면 우리 엄마 병간호가 A급이라고 한다면 당신 어머니 병간호는 A+A+A이였으며 어린 시동생 양친 부모 일찍 여위어 어린 마음 다칠까 싶어 아직까지 쓴 소리 한번 한적 없이 키웠으며 당신 그놈의 사랑과 정열을 길거리에 쏟고 다닌 성적표로 집안은 좋은 시절인 이 시대를 살면서 떼거리 걱정을 하며 살아왔었지 하지만 그래도 어린 시동생 양친 부모 잃고 큰형 바탕 생활하는 모습 속에서 그 얼마나 마음 의지할 곳 없을듯하여 나라도 어린 당신 막내 동생 울타리가 되어 주려고 나 나름대로 무던히 노력했던 몸이지. 특히 허구 헛날 술과 여자로 제정신 못 차리고 방탕 생활하고 사는 형님(남편) 무시하는 마음 갖지 않도록 하기 위해 힘든 내색 한번 해본 적 없으며 우리 아이들은 못 가르치더라도 부모 없고 재산 없는 시동생 학벌이라도 갖추려고 대학 4년제 보내 결혼시켜났으니 형수 도리(道理)는 기본(基本)이라도 하였으니 나는 분명 울 엄마 모실 자격이 충분히 있는 사람이야. 더 이상 이제는 우리 엄마 모시는 부분에 대해서는 왈가왈부(曰可曰否)하지마. 라고 쏟아냈다. 남편 왈 그럼 언제까지 우리는 이렇게 살아야 하고 우리 아이들은 언제까지 저렇게 소외당하고 방치당해야만 하는데. 라고 한다.

저는 남편 말끝에 그 무슨 말을 내가 어찌 우리 아이들을 방치를 했을까. 이것이 내가 가르치는 가정교육이 될 것이고 우리 아이들이 배워야 할 으뜸이 되는 자손의 도리야. 그리고 외할머니를 모시고 간병 하는 부분은 우리 아이들에게는 두 번 다시는 겪을 수 없는 아주 값진 경험이 될 것이야. 더구나 늙으신 부모님 모시며 공경(恭敬)하는 모습을 보고 병든 부모님 정성(精誠)으로 간병하는 모습을 보고 자랐다는 것은 오히려 사회생활에 있어 남을 먼저 배려(配慮)하려는 마음가짐을 갖게 하는 기틀이 될 것이기 때문에 바로 이것이 내가 생각하는 참다운 가정교육에 학습 현장이라 생각하네. 나는 인격 없고 지식 위주로 하는 주입식 학교 교육보다는 세상과 어울리며 살아가는 방법을 가르치는 과정이라 여기 때문에 방치라는 말은 가당치가 않지. 외할머니가 이렇게 살아 계시니 이런 경험도 쌓을 수가 있는 것이라 생각하네. 내가 우리 아이들을 방치했다는 말은 내게는 가당치 않는 말이지. 라고 했다. 매사를 날카롭게 보는 남편과 살아가고 있는 제 입장에선 친정어머니를 모시는 과정이 남들보다는 애로사항이 많았던 이유다. 칼날처럼 매사가 날카롭다보니 여러 부분들이 순탄치가 않았던 부분이다. 그러나 가족이라면 그런 불편쯤은 당연히 감내해야만 하는 부분이고 당연히 수용해야만 하는 관계라 생각하는 부분이다. 특히나 저희 아이들은 오히려 제게 저희 어머니 처음 입원하시던 날 삼 남매가 한목소리로 엄마라도 외할머니를 끝까지 책임지세요. 라고 하면서 자기들은 일체 신경 쓰지 말고 할머니 병간호나 잘하시라고 당부했던 부분이다. 어쩌면 이 과정들은 저희 아이들에게 병든 부모님은 어떤 경우라도 자식들이 사명감을 가지고 모시는 것이 우리의 사명감이요 의무사항이라는 사실을 가르치고. 있는 중이라 생각한다. 더구나 남편의 생각과 말처럼 내가 힘들다고 불편하다고 병 들었다고 이런저런 이유와 핑계로 생명을 주신 부모님 은혜를 보은(報恩)은 못 할지언정 어찌 배은(背恩)을 할 것인가? 싶은 생각이다. 그리고 아이들에게는 친할아버지와 친할머니께서 일찍 돌아가신 관계로 할머니와 할아버님의 깊고 애틋한 사랑을 받지 못하고 살아왔다. 하지만 외할머님이라도 옆에 이렇게 살아계셔서 친할아버지와 친할머니의 빈자리를 채워주고 계셔서 그나마 저는 다행이라 여기는 부분이다. 저희 어머니가 남다르게 더러는 엄격하셨지만 다른 한편으로는 다정다감(多情多感)하신 부분이 더 많았기에 오히려 저희 아이들에게는 정(情)많고 사랑 깊으신 외할머님의 사랑을 오래도록 기억하고 특별하신 외할머니의 따뜻한 사랑을 오래도록 받아보게 하는 것이 나의 바램이라면 바램이다. 제 가슴 속 깊이 심어두었던 뜻이 있다면 그것은 바로 가족이란? 서로를 귀하게 여기며 서로의 아픔을 공유하며 어려운 상황에 놓여있을 때 적극적으로 힘을 모아 어려움을 같이 극복하고 같이 헤쳐 나가도록 협력하는 것이 가족의 역할이 되는 것임을 가르쳐주는 과정이라 여겼다. 우리들의 의무(義務)는 나이 들고 병이 찾아와 쓸쓸한 노후를 맞이하시는 부모님들을 마땅히 봉양해야 할 책임과 의무가 있다는 사실을 각인시켜주는 과정이며 우리만이라도. 그 의무를 망각하지 말고 정성스러운 마음으로 부모님을 살펴드리는 것이 후손들의 역할임을 저는 이렇게 간접적으로 가르치고 있는 사례라 여기며 산 이유다. 누군가에게 주장은 하지 않겠지만 사람이라 하면 마땅히 병들고 나이 드신 부모님께 힘이 되어주고 정성을 다해 섬기는 것만이 자식도리라는 것을 망각하지 않았으면 하는 마음이다. 남편은 사람이 정작 해야 할 일과 해서는 안 되는 일을 구분 짓는 지혜가 많이 부족한 듯하다. 그러니 저에게 자식들을 이렇게 방치하고 있는 것으로 착각을 하고 불만을 저렇게 털어놓고 있는 중이라 여긴다. 아니 이제껏 남편 마음속에는 처남들이 3명이나 있는데 굳이 딸인 제가 그 짐을 다 지고 가려 하는가!?라며 못마땅하게 여기고 있었다. 그리고 지금은 자기도 암 환자가 되었으니 자기 좀 제발 살펴주었으면 하는 투정이라 여겨진 것이다. 그 마음 충분히 이해는 한다. 그렇지만 제 생각은 조금 다르다. 제 입장에서는 어찌 생명을 주신 부모님을 모시는데 아들딸을 구분할 것인가 싶다. 더구나 이미 시대는 변해 아들만이 부모님을 모시고 살던 시대는 이미 지났다는 뜻이다. 딸이든 아들이든 마음이 있는 자식이 부모님을 모시면 되는 것이지 굳이 성별(性別)을 구분 짓을 필요는 없다고 생각하고 살아간다. 부모님한테는 아들이든 딸이든 다 같이 귀한 자식이기 때문이다. 그래서 굳이 아들딸을 구분 지어 책임을 회피하려 들지 말자는 의미로 생각하면 된다. 우리나라 속담 중에 우선 먹기에는 곶감이 달다. 라는 말의 의미를 되새겨보노라면 우리들의 인생사를 비유했을 때 젊은 날 즐겁고 쉬운 일들만 찾게 된다면 세상만사 굽이굽이에서 보이지 않게 도사리고 있는 인생여정 속 곤란한 상황들을 어찌 극복할 것인가. 싶은 것이다. 더구나 제 경험을 볼라치면 곤란한 상황을 극복하는 과정에서 얻어지는 보람은 유독 컸기에 저는 초년고생 했던 경험들은 저 개인에게는 큰 가르침을 얻은 것이라 생각한 부분이다. 더구나 곤란을 딛고 일어서는 과정에서 얻어지는 값진 지혜를 어디에서 얻을 것인가? 싶다. 피눈물 속에서 얻어진 지혜는 자신을 성장시키는데 자양분이 될 것이라. 저는 생각하는 사람이기 때문에 저는 저희 아이들이 이 어려운 환경에도 협동심을 기르고 밝게 성장하기를 바라는 마음이라 우리 아이들에게는 이 과정들이 돈 주고도 사지 못하는 정신수양 하는 과정이고 큰 지혜를 얻는 시간들이라 생각한 부분이다. 그래 겉보기에는 방치 같지만. 방치가 전혀 아니고 우리 아이들이 학교에서 배우지 못하는 인성 교육장이라고 남편이 생각했으면 좋겠다. 옛 속담 초년고생은 사서도 한다. 라는 말의 큰 의미가 한편으로는 고생을 해보지 않은 사람은 절대로 남을 배려하고 남을 이해하려는 마음이 적다는 의미도 되지 않겠는가? 싶다. 자식들에게 고진감래(苦盡甘來)의 의미인 고생 끝에 낙(樂)의 단맛을 보게 하고자 하는 차원일 수도 있다는 의미다. 사람이 갖은 고난과 역경 속에서 얻어지는 인내(忍耐)는 지혜를 낳게 되는 것이고 고통은 성품을 다듬어 주며 그 성품과 인격을 다시 한 번 더 갈고닦아 가노라면 언젠가는 품격을 갖춘 참된 삶을 살아가리라 여긴다. 더구나 이런 요소들이 쌓여서 자신이 걸어가는 이정표가 될 것이며 지침서가 되어주지 않겠는가? 하는 생각도 가져본다. 저는 어렵고 험난한 삶을 살아온 사람과 부유한 부모님 밑에서 곱게 자라온 시세 말로 하자면 금 수저와 흙 수저 차이는 분명 있는 것이라 여긴다. 그리고 그 차이는 백지 한 장 차이 일 수도 있겠지만 어떤 면에서는 남을 먼저 배려하려는 마음가짐과 세상 사람들과 어울리려는 부분에서 많은 격차가 분명히 있을 것이라 생각한 부분이다. 저희 부부는 매사(每事)에 같은 주제를 놓고도 생각하는 것부터가 달라도 너무 달라 언제나 대립과 마찰이 연속인지라 부부애(夫婦愛)보다는 너무 많은 대립으로 치열하게 싸워온 탓으로 우리부부애는 분명 전우애(戰友愛) 수준으로 보아도 이상하지 않을 듯. 하다는 결론이다. 저희 부부는 매사 이렇게 의견 대립으로 살아가다 보니 저희 부부 사는 이야기를 종종 주위 분들에게 말하게 되고 말을 하다 보면 부부애보다는 항상 접전 중이라 전우애(戰友愛)로 살고 있다는 말을 종종했던 이유였다. 남편도 유별나고 올곧은 장모님 때문에 지난 10여 년 동안 마음고생을 많이 했었다. 저희 어머니와 남편과의 견해(見解)차이를 보게 되노라면 하나에서 백 가지가 달라도 너무 달랐기 때문에 이 과정에서 생기는 불협화음(不協和音)의 파장(波長)은 오롯이 저의 몫이 되었다고 해도 과언은 아닐 것이다. 그러다 보니 남편은 다른 사람들과는 다르게 정신적으로 받게 되는 스트레스가 무시할 수 없는 수준이 되었으리라 유추한다. 제가 중간 입장에서 보더라도 저희 어머님께서는 언제나 원칙적이셨으며 정의로우신 분이셨다. 하지만 남편은 행실 부분부터가 바람직하지 못한 부분이 많아 같이 머리를 맞대고 의논을 할 대상이 못되어 많이 아쉬운 부분이라 하겠다. 저는 자연스럽게 어머님 편에 서서 세상을 바라볼 수밖에 없는 형국이다. 그래서 더욱 남편은 많이 외로웠을 것이라 이해도 해 보았다. 남편이 바라는 것은 부부가 한마음 되어 제가 남편 하는 일에 대해서는 무조건 동조를 해서 집안을 이끌어가자고는 하지만 제가 겪어온 남편은 일관성(一貫性)이 없고 시시때때로 변하는 성품이라 남편이 행하는 일들을 멀리 보았을 때 그다지 권장할 일이 아니라 저는 대부분 남편 의견을 수렴(收斂)한듯하지만 일관성(一貫性)없는 부분에서 불일치(不一致) 하는 발언(發言)을 하게 되는 경우가 많았지 싶다. 저희 부부는 이리 생각하고 저리 생각해도 남편이 저에게 말했듯이 우리 부부는 천적(天敵)이 맞는 것이 확실했다. 옛 속담에 말하기를 사람은 하나를 보면 열을 안다고 하였다. 이 속담이 내포하는 뜻을 비유하자면 분명 남편에게는 진정성이 부족했던 이유다. 중간입장에서 판단했을 때 진실과 거짓을 논한다면 당연히 어머님께서 진실하였던 분이라 저는 늘 어머님 편에서 세상을 바라볼 수밖에 없었던 이유다. 그러다보니 남편은 저에 대한 항상 불만이 가득했던 이유이기도 하다. 남편이 어느 날 어떤 이유로 시비가 되었는지는 기억이 없지만 이유 같지 않은 이유로 시비(是非)를 걸어 사람을 곤란하게 만들었다. 남편은 툭하면 술 먹고 죽을래 아니면 죽어 버린다. 라는 말을 달고 살았던 무렵이다. 하루는 남편에게 나도 참는 것도 한계가 있는 것이고 이해하는 것도 정도가 있다.

 내 비록 귀한 목숨이라 할지라도 진실을 왜곡(歪曲)해서 귀(貴)한 목숨 구차하게 연명하고 싶지는 않다. 라고 했을 정도로 언어폭력이 심했던 남편의 지난날이다. 저희 어머님께서는 저희가 거친 단어나 부정적인 단어가 혹여 우리들 입에서 나오면 백안시(白眼視)하시면서 단호하게 그럼 못써. 라며 호통을 바로 치셨던 분이셨던 것이다. 그러니까 어머니와 남편은 아주 상 반대되는 성향이라 남편. 입장에서는 아주 괴로운 장모님과의 동행이다. 제가 보아도 너무할 정도로 이해가 되지 않는 부분이 어머니에게도 많았다는 점이다. 예를 들어 하나의 실례[實例]를 들자면 어느 여름날 비가 개인 오후쯤 우리부부는 감천항으로 어머님을 모시고 바다낚시를 갔었다. 우리 부부는 티격태격하면서도 남편 현장일이 없는 날에는 종종 어머니를 모시고 낚시를 다녔다. 그런데 이날은 비가 그친 후라 사방이 깨끗하고 날씨 또한 쾌청하여 무료하게 계신 어머니에게 바람이나 쐐드리고픈 마음에 부산 감천항으로 낚시를 가게 되었다. 우리가 차로 1시간가량 가서 낚시터에 도착해 어머님 편히 앉아 계시도록 원터치 텐트를 치고 푹신한 매트를 깔아 드리고 커피를 한잔 타드리는 과정을 마치고 남편과 함께 낚시채비를 약 3 ~ 40분가량 했다. 낚시를 해보지 않은 사람들은 낚시채비 하는데 무슨 시간이 그렇게 많이 필요할까. 라는 의구심이 일겠지만 사실 낚싯대 하나하나에다 낚싯줄에 바늘 묶어 찌를 달아 바다에 던져놓기까지는 대략 3 ~ 40시 분의 시간이 필요한 것이다. 더군다나 노안(老眼)이 찾아온 우리에게는 낚싯줄 메는 것도 젊은 사람들보다는 시간이 훨씬 더 필요했다. 일단 낚싯대 서너 개 펼쳐놓고 낚시 바늘 달아 바다에 던져놓기까지는 대략 그 정도 시간이 일단 소요된다. 낚시채비를 어느 정도 마치고 그야말로 바늘에 새우 끼워 바다에 던져놓고 낚싯대 앞에 앉아 고기 입질해 오기만을 그야말로 기다리기만 하면 되는 순간이 된 것이다. 어머님께서도 텐트 속에 앉아 저희가 낚시하는 것을 바로 앞에서 지켜보고 계시는 중이셨다. 저희는 그래도 3 ~ 4시간 동안 있을 예정으로 어머니가 좋아하시는 간식들을 좀 챙겨 왔다. 그래서 이곳에서 저녁까지 해결해도 되는 수준으로 먹을거리를 챙겨 온 것이다. 이제는 정말 마음 놓고 저는 본격적으로 낚시에 전념하려고 어머님 동태를 살폈다. 그런데 갑자기 앉아 계시던 어머니께서 저를 부르셨다. 그리고 저에게 하시는 말씀이 아야 그것이 아니네. 라고 하시는 것이다. 저는 울 엄마 그것이 아니네. 라는 그 말씀이 무엇을 의미(意味)하는지 바로 이해(理解)를 했다. 그 이유는 오늘은 고기가 물지 않을 것이니 그만 헛수고하지 말고 집으로 가자는 뜻이었다. 하지만 남편은 이제 겨우 낚시하겠다고 먼 길 와서 낚시채비를 겨우 마치고 바다에다 낚싯대 던져놓은 상태였다. 갑자기 어머니께서는 오늘은 낚시 안 될 것 같으니 그만 가자고 하시는 바람에 저도 조금 아쉬움이 남아 남편에게 차마 오늘은 그냥 집에 가자고 말하기가 난처했었다. 어쩌면 제가 어머님을 모시고 살면서 제일 힘들었던 부분이 바로 이런 부분이지 않겠나 하는 생각을 한다. 우리들에게는 이런 일들이 비일비재하게 발생했기 때문에 예상 밖에 일이라고는 볼 수 없다. 남편 입장에서는 이해가 되지 않는 부분이라 여겨진 부분이 바로 이런 부분이며 중간된 입장에서는 정말 난처한 상황이 되는 것이다. 그렇지만 저는 언제나 성치 않으신 어머님 편에 서 있어야만 했기에 저는 늘 어머님 의사를 거부할 수 없어 늘 마음을 조아리며 여기까지 살아왔다. 저는 남편 반응이 두렵지만 용기 내어 남편에게 어머니의 뜻을 전하고 오늘은 낚싯대 접고 그냥 집으로 돌아가자고 했다. 이런 상황에서 좋아할 사람 분명 한 사람도 없다. 그리고 짜증 내지 않을 남편은 없을 것이다. 그런데 남편은 이런 유사한 경험들을 수차례 겪어오다 보니 이제는 어느 정도 만성이 되었는지 아니면 장모님을 이해해보려는 마음이 들었는지 아니면 장모님 고집을 꺾을 수 없음을 알았는지 제 말에 따라 순순히 낚싯대를 거두었던 사연이다. 저희 어머니는 이와 같은 사례처럼 일반 사람들이 이해하기 어려운 일들을 우리 부부에게 많이 겪게 했기 때문에 남편은 나름대로 장모님과의 함께했던 생활이 많이 불편했을 것이라 충분히 이해하는 이유다. 더구나 현실에서는 신(神)의 세계를 이해(理解)못 하는 남편 탓만을 할 수는 없다는 것이 문제라면 문제이지만 보편적으로 남자들은 신의 세계를 이해하려 하지도 않을뿐더러 따르려 하지도 않는다는 사실에 주목해야 될 부분이다. 남편도 유별나고 고집 센 장모님 덕분에 마음 고생을 정말 많이 했음을 인정하고 그동안 성치 않으신 장모님 덕분에 많이 외로웠으리라 짐작하여 그동안 많이 참아줘서 고맙게 생각하는 마음이다. 남편도 보통사람들은 이해하기 어려운 세계를 걷고 계시는 장모님 따라주느라 무척이나 힘들었으리라 생각해서 저 자신도 더러는 남편에게 미안한 마음도 없지는 않다. 저는 특별한 장모님 덕분에 사람과 사람이 함께 공존해가는 현실은 상황에 따라서 중도(中道)를 지켜 더러는 강함보다는 유연함이 더 필요하다는 사실을 남편도 깨닫기를 바라는 부분이다. 그러나 오랜 세월같이 살다 보니 어느 정도 남편도 장모님의 탁월한 성품에 대해 이해를 했던지 그 당시 군말 없이 낚싯대를 철수하는 모습에서 장모님께 가능한 양보하려는 마음이 보여서 그때는 남편이 너무 감사했다. 자주 이런 상황을 겪어가다 보니 이제는 남편도 이런 부분에 대해서는 만성이 생겨서 나름 단금(鍛金)질이 어느 정도 되었는지 이제는 그러려니 하는 마음에 여유가 생긴 것이라 여겨진 부분이다. 남편은 참는 것도 한계가 있었는지 성질 급한 남편은 본인을 챙겨주지 않는 이 생활을 2년 가깝게 참다보니 이제는 한계를 느껴 이혼하자고 말을 꺼냈지만 결과(結果)는 장모님 모시는 문제에 대해서는 다시는 왈가왈부(曰可曰否)못 하게 된 것이다. 남편이 이렇게 짜증내는 이유는 자기도 환자이니 자기에게도 관심 좀 가져주라는 의도라는 것쯤은 삼척동자도 눈치 채는 사항이다. 하지만 차마 자기를 봐 달라고 할 수 없으니 아이들을 핑계 삼아 성질 부리 하고 있는 것이다. 그동안 그 모난 성질로 잘 참아줘서 고맙고 직장암(直腸癌)도 잘 이겨내 주어 고맙기도 하다. 그렇지만 제가 아이들을 방치(放置)한 것이 전혀 아니라는 사실을 알아줬으면 한다. 저변(低邊)에는 우리가 거친 황무지를 개척해놓으면 후세대들이 밭 갈기가 쉽듯 제가 이렇게 만고풍상(萬古風霜)을 겪으며 어려운 난간들을 극복해가노라면 저희 아이들에게는 보이지 않는 지혜가 생길 것이고 그 지혜(智慧)는 저희 아이들 인생길에 알게 모르게 반영이 되어 더러는 남들보다 어려운 일을 직면했을 때 당황하지 않고 현명하게 대처해나가지 않겠는가 하는 생각을 사실 제 마음 깊은 곳에 숨겨두었던 나의 비밀스러운 의도였다. 다른 집 아이들과는 좀 다르게 가정교육을 훈련시키는 과정이라 생각하면 이해가 쉽지 않겠나 싶다. 그리고 분명 나의 수고로움이 훗날 저희 아이들 삶에 있어 밑거름이 되었으면 되었지 해(害)가 되지는 않을 것이라 저는 확신(確信)한다. 그러므로 나는 더욱 자식 된 도리에 꾀부리지 않으려 노력하는 것이고 올곧게 살고자 오늘도 노력 중이다. 제가 이렇게 고단한 삶을 선택(選擇)한 것도 제 운명이고 제 삶이며 제가 짊어지고 가야하는 제 몫인 것이다. 그리고 잠시 병든 남편보다는 늙고 병들어 나약해질 대로 나약해진 저희 어머님을 우선먼저라고 생각하는 것도 나의 선택이고 나의 판단이다. 저는 인생에 있어 무엇이 최선인 줄은 잘 모른다. 그러나 생명을 주신 노모님 봉양하는 부분에 대해서는 꾀부리고 싶은 마음이 없다. 더구나 저 자신이 힘들다고 꺼져가려는 울 엄마의 생명줄을 중도에 놓고 싶은 생각은 더욱 없다. 그래서 이 시점에서 남편에게 바라는 것이 있다면 앞으로는 그 급한 성질을 좀 여유 있게 다듬어 부모 공경하면서 조금은 느린 듯 걸어가며 조금은 멀리 보고 좀 더 진솔하게 한 발 한 발 조심스럽게 인생길 밟아가자고 말하고 싶다. 우리가 기껏 잘살아봐야 3~40년 남았을 텐데 아웅다웅하며 살 필요는 없다는 뜻이다. 더구나 미지의 세계를 걷고 있는 우리들은 한낱 지구의 나그네이며 내일을 예측 할 수 없는 아주 나약한 한 생명체 일뿐인데 왜 그리도 힘들게 생각을 해서 세상을 살아가는지 도무지 이해가 가지 않는 부분이 많은 사람이지 싶다. 인생을 마냥 허비하고 낭비해 허송세월 보낼 만큼 긴 세월이 남은 것이 아니며 내일을 기약할 수 없는 것이 우리네 인생이고 보면 좀 더 진솔하게 좀 더 바르게 살아야 할 의무가 우리에게는 있는 것이고 부부인연을 맺었으면 힘든 일이든 좋은 일이든 함께 이겨내야 할 책임감도 있는 것이기에 조금은 고달프고 힘들어도 이왕지사 잔머리 쓰지 말고 바르게 올곧게 살아갔으면 좋겠다. 우리가 부모 존경하고 극진히 봉양하며 사노라면 자라나는 아이들에게는 모범(模範)이 될 것이라 생각한다. 부끄럽지 않은 부모가 되는 길이 바로 이 길이기에 남편도 자식들로 신뢰받는 다정다감한 아빠였으면 좋겠다는 생각이다. 그 존경은 가장 가까운 곳에서부터 일어나야 한다고 나는 생각한 사람이다. 왜냐? 하면 가장 가까이에 있었던 사람이 그 사람의 일거수일투족을 지켜봤던 증인이기 때문이다. 타인(他人)들은 대부분 단면(斷面)만 보고 상대를 평가하는 것이 보편적이다. 그러기 때문에 대부분 옳은 평가보다는 사회의 성공(成功)기준으로 평을 하게 되고 그러다 보니 진정한 인격을 갖추어 존경받는 성공 자 찾기란 쉬운 일이 아니라는 뜻이다. 성공한 기업인들이나 정치인 학자들의 뒷모습은 감출 수 없는 추(醜)한 모습도 많다는 사실이다. 그래서 그 이면에는 진정 가족들에게서 존경심이 우러나와야 하는 부분이고 말보다는 행동으로써 실천하는 사람이 되어야만 하지 않겠나 싶다. 고등 동물이라 일컬은 우리 인간의 처세(處世)가 바로 이런 것들이 기초가 되어야 하지 않겠는가? 라고 저는 생각하는 부분이다. 남편이 이번 일들을 거울삼아 이제부터라도 좋은 생각과 바른 행동을 해 바람직한 사람으로 거듭나기를 소원한다. 매사가 면도날처럼 날카로운 우리 집 양반 주색잡기에 너무나 오랜 세월 허랑방탕한 세월을 보냈던 죄(罪)값을 요즘 톡톡히 치루는 중이라 여긴다. 더구나 설상가상(雪上加霜)으로 암 환자의 대우(待遇)는 고사하고 가장(家長)의 대우도 제대로 받지를 못한 이 시점을 곰곰이 생각해보면 분명 하늘은 공명정대(公明正大)하다는 것을 새삼 저는 깨닫는 부분이다. 이 무렵 남편에게는 생(生)과 사(死)의 갈림길이며 인생 반전을 꾀하려는 가장 힘겨운 시기다. 그러나 워낙 위중한 장모님 덕분에 암 환자의 대우(待遇)는 고사하고 도외시(度外視)된 입장이 된 것을 보면 우주의 법칙이란 참으로 상(賞)과 벌(罰)을 확실하게 주신다는 점과 인간으로서 존엄성을 망각하고 함부로 살았던 대가를 혹독히 치르게 하시는 것을 보니 참으로 하늘은 공명정대하여 남편에게 벌을 내리셨다는 사실을 새삼 느낀다. 우주의 법칙은 호리(毫釐)에 어긋남이 없었다는 것을 깨닫게 된 사례라 하겠다. 남편은 여러 해 동안 장모님 때문에 마음고생 많이 했으므로 저는 가급 적 남편 마음을 건들지 않으려고 저는 저대로 남편 심기를 불편하지 않도록 나름 노력 중이다.

남편은 이혼을 앞세워 본인 좀 살펴달라는 의사표시(意思表示)가 무산되니 남편은 할 말을 잃은 듯 멍하니 천장만 바라보고 앉았다. 남편은 암 수술을 받았던 것을 계기로 범사에 감사하며 작은 것 하나라도 여유롭게 생각을 가져 평온한 인생 후반전을 설계했으면 좋겠다는 생각을 저는 가져본다. 두 환자를 보고 있는 나의 일상은 평화로운듯하지만 매 순간이 긴장에 연속이다. 그래서 계절이 바뀌어 날씨가 조금 쌀쌀해졌는데도 불구하고 제 이마에는 땀이 줄줄 흐른다. 유난히 땀을 흘리는 이유는 저 개인적인 생각으론 두 환자가 다른 환자보다는 유독 까탈스러워 당황스러운 일들이 허다하게 일어나 긴장을 놓지 못해 그렇지 않았나 싶기도 하고 갱년기증세가 유독 심해서 그러지 않겠나. 라는 생각도 든다. 그래도 우리의 사연과는 무관하게 원형이정(元亨利貞)의 순리로 계절이 바뀌어 가을로 접어들고 보니 날씨는 조금 변화가 있음을 느낀다. 그러니까 한여름 무더위 때에는 페트병에 물을 얼려 어머님 옆구리에다 갖다 놓고 살았지만 이제는 물을 얼려 어머님 옆구리에 얼음 병을 끼워놓는 수고로움은 덜은 것이다. 그래서 날씨로 인한 작은 변화도 저에게는 감사할 일이라 여긴다. 그러다보니 덥다는 불평은 하지 못한 이유다. 요즘 들어 알게 모르게 저희 어머니 간병하는 일이 많이 수월해졌음을 알 수 있다. 그리고 장장 9개월 동안 우리의 애간장을 녹이던 발뒤꿈치 괴사도 아퀴를 이젠 완전히 지었다. 그래서 요즘은 어머님 발밑만 사수(死守)중이라 조금은 한가로운 편이다. 어쩌면 2년 가깝게 종종걸음으로 살았다면 지금은 보통걸음 수준이라고 보면 될 것이다. 이제 두 환자가 어느 정도 치료를 마치고 요양수준이라 크게 염려하는 부분은 사라졌다고 느낀다. 일상으로 보면 며칠 있으면 추석이라 차례 상 준비를 해야 하는 주부 입장에서는 마음이 조금 부담감이 없지는 않다. 우리 모녀가 이럭저럭 지내다 보니 추석이 코앞으로 다가왔다. 내일모레가 바로 추석이다. 그런데 생각지도 않은 언니가 주말을 이용해왔다. 너무 반갑다. 언니도 작년 이맘때 교통사고로 발목을 다쳐 그동안 고생이 많았던 언니다. 다행스럽게 장애 없이 많이 나아서 이렇게 다시 보니 반가운 것이다. 이 또한 우리에게는 감사 할 일지 싶다. 지난 2월경 남편 항문복원 수술할 때 저 대신 어머님 간병 한다며 김해에 왔을 때는 언니가 발을 딛지를 못해 많이 아파 보였다. 그리고 많이 불편해 보였다. 이 또한 시간이 가고 달이 가니 완쾌가 되었다. 오랜만에 언니를 만나니 무척 반갑게 느껴졌다. 사실 3개 월 전 언니는 자기도 사고가 나서 발목이 낫지 않았는데도 불구하고 엄마 간호도 하며 동생인 저를 잠시라도 쉬게 하려는 마음에서 엄마 수발들겠다고 김해 왔었다. 공교롭게도 언니가 이곳에 도착하고 1~2시간도 되지 않아 형부가 일하시다가 갈비뼈가 부러져 급히 병원으로 이송 중이라는 연락을 받게 된다. 예기치 않은 사고소식에 언니는 어쩔 수 없이 그 어두운 밤에 다시 전주로 부랴부랴 내려갔었던 사연이 있었다. 그때 언니가 전주로 내려가면서 저에게 했던 말인즉 이것도 다 니 복(福)이여 어쩜 이렇게 너에게 조금이라도 편리를 주려왔건만 평소에는 전혀 일 나가지도 않던 사람이 일을 나가 다쳤다고 하니 분명 너는 엄마 전담(全擔)반이 맞나 보다. 라는 말을 하며 김해를 떠나갔었다. 어쨌든 언니가 그 말을 남기고 간지가 엊그제 같았는데 벌써 서너 달이 지났다. 언니와는 자주 통화하는 편이다. 이곳에 안부를 자주 물어주던 유일한 사람이다. 그러다 보니 왠지 멀리 떨어져 지내던 사람 같지 않았다. 언니 자신도 부상자이면서 그동안 형부 간호(看護)한다고 고생 많았을 것이다. 이 무렵 언니집이나 우리 집에 유독 사건 사고가 많았던 해가 아니었나 싶다. 다른 말로 비유하자면 불행(不幸)이 이집이나 저 집에 패키지였던 시기다. 언니가 오랜만에 오고 나니 집안 분위기가 활기(活氣)가 돌았다. 어머니께서도 제 마음처럼 오랜만에 애

337

지중지(愛之重之)한 큰딸을 만나보시니 마음이 흐뭇하신지 얼굴색이 아주 건강해 보이신다. 아니 어머니 얼굴에 분명 생기가 돌고 있다. 지난 10여 년 동안 제가 어머니를 모시면서 확실하게 느낀 부분이 있다면 그것은 바로 자식들이 부모님의 활력소라는 것이다. 언제나 그리운 대상(對象)이 바로 자식들이라는 것을 알게 되었다.

 오랜만에 언니를 맞이한 울 엄마 눈가가 뜨겁게 촉촉이 젖어 가는 것이 제 눈에 보인다. 울 엄마는 예전에는 그 누구보다 정신세계가 강하셨고 매사에 여장부기질이 많으셨던 분이셨다. 이렇게 유약(柔弱)해지신 모습이 낯설게만 느껴지지만 최근 들어서는 자식들만 보면 눈가가 촉촉이 젖는 것을 보니 옆에서 바라보는 제 마음이 아려온 것이다. 이 또한 세월 탓이지 싶다. 더구나 저 또한 언니가 오니 왠지 저도 그동안 홀로 엄마와 사투를 벌었던 서러움을 위로받는 느낌이 들어 왠지 눈에 뜨거운 물이 고인 느낌이다. 한동안 집안 분위기가 어쩌면 평온은 하였다고는 하지만 더러는 무료함보다는 분위기가 활기가 없어 다소 쓸쓸함이 깃든 시기였다. 그런데 이렇게 언니가 오고 나니 반전을 맞이한 듯 분위기가 활기가 돌고 먹을 것도 많아지고 할 이야기도 많아 이런저런 이야기를 하면서 시간 가는 줄도 모르고 저희 자매는 어머님 옆에 앉아 재잘거리고 있는 것이다. 더구나 우리자매가 모든 시름 잊고 이런저런 이야기를 하고 있는 이 순간의 이 모습은 왠지 엄마 옆이라서 그런지 행복해 보이기까지 하는 것이다. 오랜 가뭄 끝에 단비가 내린 것처럼 쓸쓸했던 공간이 따사로운 햇살이 내려 째듯 모든 것이 평온해 보이고 모든 것이 풍요로워 보이기까지 하여 어쩜 울 엄마 옆이 왠지 낙원처럼 느껴지는 순간이다. 참 오랜만에 언니와 저는 어머니 누워계시는 소파 밑에 나란히 앉아 더러는 엄마의 고집(固執)으로 난감(難堪)했었던 일들과 유별

(有別)나신 엄마 때문에 편리한 현대문명 혜택을 전혀 받지 못하게 된 부분에 대해 불만들을 모아모아 이제껏 우리들을 일부로 고생 사서 시키시는 부분들을 농담 삼아 원망(怨望)의 감정을 표출(表出)하는 시간이 되었다. 어머니는 말없이 우리들의 이야기를 옆에서 가만히 듣고 계시더니 빙긋이 웃으시며 나도 몰겠다. 라는 말씀으로 한마디 거들어 주셨다. 어머니께서도 저희를 일부러 고생시키시려는 의도는 전혀 없다는 사실을 알기 때문에 우리는 이렇게 울 엄마 성토대회를 가진 것이다. 그리고 어머님 의도하고는 다르게 펼쳐지는 현실이 어머님 자신도 당황스럽거니와 우리도 당황스럽기는 매한가지라 여겨진 부분이다. 저는 울 엄마 저변(低邊)에 의중(意中)을 잘 알고 있다. 그래서 울 엄마가 원(願)하신 일이라면 가능한 들어드리고 싶었던 이유다. 저희 자매는 오랜만에 어머니 양옆에 앉아 그동안 있었던 사소한 이야기로 시간 간 줄 모르고 이야기를 나눴다. 지난 2년간을 돌이켜보면 어머니께서 사선(死線)을 넘나드는 위험(危險)한 고비들이 많아 우리도 덩달아 너무나 당황했고 고달프고 힘든 시간이었다. 그렇지만 돌이켜보면 죽을 만큼 힘들지는 않았지 않았는가? 라는 생각을 한다. 저는 저희 시어머니 간 병 할 때를 생각하면 울 엄마 간병은 새 발의 피(血) 수준이었다. 저의 시어머님 간병생활은 유독 의학의 힘을 일체 배제하고 종교적(宗敎的)인 행위(行爲)인 그러니까 오직 정성으로 냉수 목욕재계 하루 서너 번하고 장시간 꿇고 앉아 축원 드린 후 기(氣)를 쌓아 통증으로 몸부림치시는 시어머님에게 기(氣)를 넣어 드리는 과정이 우리에게는 주었진 과제였던 것이다. 이 과정의 행위들이 의학적으로는 설명할 수 없는 부분이지만 시어머님은 우리가 기(氣)라도 넣어드리는 과정을 행하게 되면 거짓말처럼 통증이 자자 드는지 통증에서 오는 신음(呻吟)소리가 확연하게 줄어들곤 하여 우리는 이런 행위를 멈추지를 못했던 이유다. 우리가 해드릴 수 있는

것이라고는 해봐야 이것뿐이고 고작 미음 6 ~ 7가지 해드리는 것이라 우리는 이것이라도 해서 하루하루를 버티며 2년을 넘기게 되었던 사연이다. 저는 종교적인 이유로 치료를 거부하신 시어머니가 이해가 되지 않았던 시절이다. 그리고 결혼 한지 3 ~ 4년밖에 되지 않아 깊은 오해가 생길 이유 없건만 무슨 운명에 장난인지 시어머니는 저에 대한 오해가 깊어 저를 완전히 경멸하는 시점까지 갔었다. 그러나 시한부 목숨이 되어버린 시어머니를 탓할 수 없는 것이라 오해는 하늘에 맡기고 그저 며느리 된 도리(道里)에 전념(專念)했고 그러다 보니 얼마 가지 않아 우연인지는 알 수 없으나 신명(神明)님들 덕분에 시어머니와의 깊은 오해가 풀려서 시어머님 가시는 날까지 저에게 많이 미안해하셨던 사연이다. 그때는 정말 육체적으로 정신적으로 정말 힘든 시기였다. 시어머님께서는 통증이 심하면 진통제라도 드셨으면 참 좋겠는데 모든 의학의 치료법들을 종교적인 이유로 거부하시는 사례라 제 입장으로는 많은 갈등과 애로(隘路)사항들이 저희 친정어머님 못지않게 따랐던 것이고 제가 종교를 떠나게 된 동기이기도 한다. 저희 어머니는 그래도 병원 치료를 받으셨고 통증이 시어머님처럼 심하시지 않았지만 폐에 물이 차 호흡 곤란과 발뒤꿈치 괴사로 폐혈 증 때문에 물이 빠지지 않고 자주 폐가 막혀 응급실을 자주 들락거리고 간담도 길마저 막혀 시술을 여러 번 하시는 사례라 울 엄마께서 고생을 많이 하시게 된 동기다. 그렇지만 그래도 시어머님처럼 24시간 통증에 시달리는 고통은 없어서 일단 옆에서 간병하는 제 입장에서는 친정어머니 간병은 월등히 수월했다고 말 할 수 있다. 일체 현대의학을 거부하신 시어머님은 시어머님대로 고통이 심했고 그런 환자 수발을 들 수밖에 없었던 저 역시도 육체적으로나 정신적으로 힘들었던 시절이었다. 특히나 시한부 6개월 선고를 받고 나서 병원 가시는 것을 일체 거부하시고 오직 집에서 제가 해드리는 음식에 의존하시다 결국 2년 겨우 넘기시고 떠나신지라 간병했던 제 입장에서는 허무하고 허무하여 저 자신도 한동안 마음 가누지 못했었던 기억이 있다. 아마 이때 시어머님을 떠나보내면서 종교에 의존하면 꼭 일어나실 것이라는 믿음에서 생긴 실망감이 종교적인 이야기가 나오게 되면 저도 모르는 사이 마음에 문을 닫았던 이유다. 아니 종교도 진리를 빙자한 이념 갈등이라는 것을 깨달은 것이다. 그래서 그때 종교(宗敎)의 규율이나 규범에서 벗어나 자유로운 인간으로 살고 싶다는 생각들을 많이 했던 이유다. 그런데 막상 친정어머니께서도 종교를 벗어난듯 하였지만 결국은 종교 안에 있는 것처럼 모든 부분을 병원에 의존(依存)하기보다는 일정 부분이라도 자식의 도리로써 정성(精誠)을 다하게끔 했으니 결론은 자식들에게 정성으로써 부모님께 효를 다하라는 하늘의 메시지지가 아닐까? 라는 생각을 많이 하게 되었다. 언니와 함께 어머니 옆에 앉아 이런 여유로운 시간을 보내고 있다는 사실이 행복했다. 어머니께서 차츰차츰 기력을 회복하고 계시고 발뒤꿈치 괴사도 이제는 다 아물었으니 이제 정말 요양만 잘 하면 우리 엄마는 곧 걷게 되실 것이라는 희망이 보였다.

옛 속담처럼 시간이 약이 되었는지 이제는 매일 4~5차례씩 거즈를 갈아드리는 일이 없어져 그저 어머니 발밑에 앉아 다리를 주물러 드리고 어머니 돌아 뉘시면 옷을 바르게 펴 드리는 정도의 손길 정도만 어머님께 해드리는 것이 전부다. 우리 자매는 어머님 덕분에 이렇게 어머니를 사이에 두고 앉아 시시콜콜하게 이런저런 이야기에 여념이 없다. 바로 이 순간이 작은 행복이라면 행복이지 않나 싶을 정도로 망중한을 보내고 있는 것이다. 행복해서 웃는 것이 아니라 웃어서 행복하다. 라는 말의 의미를 조금이라도 공감(共感)하는 시간이지 싶다. 조금 남다르신 어머니께서 이렇게 저렇게 일부러 자식들 고생을 시키시는 부분에 대해서는 아주 특별한 이유가 분명 있을 것이라는 생각하는 부분이다. 지금도 그 이유를 정확히는 깨닫지는 못하고 있는 상황이다. 그렇지만 한편으로는 어머니께서 자신의 몸을 희생시키시는 이유는 앞으로 살아가게 되는 자식들 운명(運命)의 흠을 알게 모르게 고쳐주시는 과정이라는 생각은 지금도 변함없다. 아주 특별한 경험을 저희에게 만들어주신 어머님 덕분에 남들은 쉽게 경험할 수 없는 경험들을 많이 채득하게 되었던 부분은 저에게는 큰 행운이었다는 사실을 잊지 않을 것이다. 저희 형제들도 언젠가는 어머님의 깊으신 뜻을 훗날이라도 깨닫게 되면 감사하게 생각할 때가 있을 것이라 생각한 부분이다. 일반 사람과는 차원이 많이 다르셨던 울 엄마를 존경하며 우리 어머니 모심에 꾀부리지 않으려 노력할 것이다. 더구나 저희 어머니는 다른 분하고 다르지 않은듯하면서도 어딘지 모르게 다르신지라 이 병상 생활도 빨리 회복하셔서 예전처럼 가족들 모두 대동하고 여기저기 여행 다니실 것이라고 기대도 해본다. 저는 이렇게 의지할 수 있는 언니가 옆에 있으니 왠지 든든하고 괜스레 기분이 좋다. 어쩌면 어머님께서도 자식들이 여럿이 옆에 있으면 어딘지 모르게 든든하실 것이라는 생각이 번뜩 든다. 그래서 더러는 누워계시는 분들에게는 정신적으로 옆에 지원군이 있다면 그것은 큰 의지가 되는 것이고 그 의지 되는 부분이 시너지 효과를 일으켜 기력 회복하시는데 큰 도움이 되는 부분이 아니었을까? 라는 생각을 문득 해보았다. 물론 확신할 수는 없겠으나 무시할 수도 없는 일이라 여겨진다. 저는 언니와 함께 유별(有別)나고 탁월(卓越)하시고 고집(固執)은 메가톤급이신 울 엄마 흉을 좀 보고 났더니 그동안 겪은 서러움도 사라진 느낌이 든다. 자고로 사람은 가끔 마음속에 불만을 은유법(隱喩法)을 써서라도 표출을 하고 나면 속은 좀 후련하고 시원한듯하다는 느낌을 받았던 사례다. 이렇게 저렇게 어딘가 하소연이라도 하는 이유는 흔히 사람들이 말하는 삶에서 받는 스트레스를 풀어보는 경우가 아닐까? 싶다. 이 시간 만큼은 언니에게 그동안 별난 두 환자 보기가 많이 힘들었다고 하소연하는 시간 되었다. 저희 자매는 만나면 즐겁다. 언니와 이제껏 살면서 얼굴 붉힌 적 한 번도 없었다는 사실이 자랑스럽다. 더군다나 언니의 재치 있고 유머러스한 말들과 박식한 학식과 조예(造詣) 깊은 역사 이야기가 우리 귀를 항상 흥미롭게 하고 척박한 환경 속에서도 팔자 타령하지 않고 끊임없이 노력하는 나에게는 우주에 단 한 사람 나의 언니가 여러 가지 부분에서 저는 자랑스럽다. 특히 한 인간으로서 존경해도 부족함이 없는 사람이 바로 우리 언니가 아닐까? 생각한다. 그리고 언제였는지는 모르겠지만 제가 언니에게 언니는 나중에 기회가 되면 역사박물관 큐레이터로 직업을 바꾸소. 라는 말까지 했던 기억이 있다. 언니는 그만큼 역사에 대해서는 해박한 지식을 갖고 있다는 사실이다. 그래서 우리나라도 전문지식을 갖추고 있는 사람들을 학벌 위주보다는 재능과 소질 위주로 채용해서 다양하게 활용해 나라 발전에 기여(寄與)할 수 있는 기회가 열렸으면 하는 바람도 크다. 어느새 시간이 쏜살같이 지나갔다. 하루를 어떻게 보냈는지는 기억이 없지만 일단 언니와 만남이 즐거웠는지 하루 밤을 보내고 났더니 벌써 헤어질 시간이다. 회자정리(會者定離)이 자정회(離者정定會)라고 하듯 사람은 만나면 반듯이 헤어지는 것이고 헤어지면 다시 만나는 것이 자연에 순리라고 한다. 우리는 이 법칙(法則)을 피해가지 못하는지 언니는 또 떠나가는 것이다. 아니 언니는 추석이 내일모레라 어머니께 자식 도리로서 미리 인사를 하려 이렇게 먼 길을 왔을 뿐이다. 언니가 떠나간 자리는 많이 허전했다. 하지만 마냥 같이 있지는 못한 것이 우리들의 삶에 현실이라 저는 아쉬운 이별을 고한다. 우리네 삶은 잠시라도 생활 전선에서 노력하지 않으면 다음 달에 경제적 어려움을 겪어야만. 된다는 것이 숙제라 나는 언니를 더 이상 붙잡지 못한다. 모든 사람이 다 그렇게 살지는 않겠지만 서민들 대부분은 우리와 유사한 형편이 보편적이라 생계(生計)걱정을 안 하고 살 수 없다는 것이 현실이다. 언제나 서민들은 고달프고 고달픈 것이다. 특히나 꾀부리지 않고 열심히 노력했으나 결과는 언제나 똑같이 궁(窮)하다는 사실이 마음 아프다. 나라제도가 잘못되었는지 나라는 부자인데 국민 생활 수준은 일하지 않고 노력하지 않으면 숙명처럼 고달프기 그지없다. 우리나라 제도가 국민을 삶에 노예로 만들지 않았나하는 생각이 든다. 그래서 저는 언제나 이런 생각을 하고 있다. 국민이 나라를 위해 있는 것이 아니라 국민을 위해 나라가 있는 것이라고 그러나 제도가 낡아 그런지 형편 성에 맞지 않게 현시대는 열심히 노력해도 늘상 형편이 나아지는 것보다는 돌아서면 부족하다는 생각이 든다. 국민 7~80%가 항상 여유롭지 못한 생활을 하고 있다는 사실이다. 나라는 부자로 세계 10위국이라고 하는데 국민 생활은 56위라는 사실이 가슴 아프다. 그러나 저는 늘 희망을 앉고 살고 있다. 그러니까 정역 시대가 돌아오면 강력한 구심점이 되어 주실 분이 출현하실 것이라는 예언된 부분이 현실이 될 것이라는 사실을 예언서 정감록이나 격암유록에서 자주 등장하는 글 중에는 사인불인(似人不人)이라는 대목 글을 인용하면 즉 사인불인이란? 사람 같지만 사람이 아니다. 그러니까? 신(神)이 직접 사람 모습으로 강림하셔서 우리나라 질서를 바로 잡으시고 우리나라를 깃 점으로 해서 세계 국경을 아울러 하나의 지구국으로 만들어 간다는 대목이 자주 반복되어 나의 눈길을 사로잡았다. 이 부분을 자주 되 새게 보노라면 마냥 허무맹랑한 이야기가 아니고 실현 가능하다는 의미가 될 것이다. 우리가 그렇게 열망하고 학수고대하고 기다리는 백마 탄 초인(超人)이며 메시아며 마이트리아이며 미륵이신 분이 정말로 현실로 나투시지 않을까? 라는 생각을 한다. 나는 항상 예언서에서 등장하는 신인(神人)을 절실히 염원하는 이유이다. 더구나 그런 마음과 생각으로 살기 때문에 삶이 고달파도 바르게 올곧게 살고자 노력하는 중인 것이다. 그 세상이 바로 미륵사상(彌勒思想)에서 운운(云云)되고 있는 오만극락이며 지상낙원이 될 것이라 생각하기 때문이다. 더구나 먼저 남을 배려하고 인간의 도리를 다하고 사노라면 반듯이 맞이하게 되는 세상 지상낙원 특히 서양에서 말하는 유토피아를 우리는 곧 맞이할 것이라는 생각을 가져본 것이다. 더구나 이러한 예언들은 조선시대에서 금서로 여겨졌던 격암유록이나 정감록에 명시되어 있는 내용들이다. 해인시대(海印時代)가 오는데 그 해인시대는 바로 언어도단(言語道斷)시대가 될 때이며 언어도단 시대는 말이나 글과 도와 경전이 단절된 때가 되며 바로 그때 우리 지구촌 사람들을 다시 선(善)한 세상으로 이끌어주시고자 하늘에서 직접 신(神)이 인간(人間)의 모습으로 내려오셔서 온갖 수모와 온갖 고생을 겪으시다 때가 되면 나라 제도를 바꿔주시려 세상 밖으로 나와 우(牛)목소리를 내는데 세상 사람들은 그 분을 몰라보고 99.9%가 대부분 사기꾼이라 하고 광인(狂人)이라 일컫는다는 내용이다. 그러니까 예언서에 기록하기를 말세성제시부지(末世聖帝視不知)라는 대목이 있는데 바로 이 말뜻은 말세에 하늘에서 성제(聖帝)가 직접 내려오셨는데 세인(世人)들은 대부분 알아보지 못하고 그분을 보고 그저 미친놈 사기꾼이라 여기다가 아사(餓死)직전 즉 우성재야(牛聲在野) 소 울음소리(神人) 밑으로 구름처럼 밀려든다고 했다. 왜 신인(神人)이라 하는가. 라는 대목에서 의문을 갖는다면 그것은 하늘에서 직접 강림(降臨)하신 신(神)께서 인간의 모습으로 오시기 때문에 신(神)자 옆에 인(人)자를 붙여 신인(神人)이라고 칭하는 이유라 하였다. 그분이 나투 실 곳은 한반도이며 타골이 말했던 동방의 등불을 밝히실 그 분이 바로 신인이며 우리들을 지상 낙원으로 인도(引導)하시게 될 것이라는 암시(暗示)다. 저는 누가 뭐래도 나름 올곧게 정의롭게 살아가는 사람들에게 희망을 주는 예언서를 믿는다. 그러기에 더러는 삶이 힘겨워도 저 나름 바르게 살고자 노력했던 이유가 될 것이다.

우리 역사 5000년 동안 기다리고 기다렸던 신인(神人)을 맞이할 때 바로 지구가 하나 되며 사회가 극락이 되고 지상낙원이며 파라다이스며 유토피아가 전개될 것이라 확신하는 바이다. 나라가 국민을 위해 존재해야 하는데 요즘 세상은 나라위해 국민이 있는지 서민 경제는 바닥을 치고 있어 폐지 줍고 다니시는 어르신들 얼굴 보기가 개인적으로 부끄럽게 생각한 부분이다. 더구나 어르신들은 척박했던 우리나라 발전을 위해 적게나마 일조하셨던 분들인데 현 사회에서는 늙고 병들어 경제적 능력이 없고 보니 생활고를 겪으시는 모습이 내 부모 모습인 냥 그냥 지나치기에는 가슴이 아픈 모습이라 여겨진다. 저는 언니를 보내고 또다시 일상을 속으로 들어왔다. 더구나 주부에게는 숙제가 되는 추석이 내일모레로 가까워졌다. 어머니께서는 저에게 또 없다. 라는 말씀을 하신 것이다. 아마도 가을에 입으실 옷이 마땅치 않으신 모양이라 여긴다. 엊그제 사 온 옷들은 평상복이라 아마도 이번 없다. 라는 의미는 외출복을 의미하신 뜻이라 생각이 든다. 저는 그 뜻을 알고자 엄마 입고 나갈 옷이 없다고 그러시는 것이에요? 라고 물었다. 어머니께서 바로 그렇지. 라고 말씀하신다. 특히나 요즘 어머님 입으신 옷들이 대부분 늘어나 있어 지난번에 산 것 가지고는 부족도 하리라 저는 생각하고 이제는 어머니도 서서히 외출하실 채비를 하신듯하여 기분이 좋았다. 누워만 계시니 늘어진 옷들이 돌아누울 때마다 말려 들어가 많이 불편하셨을 것이라는 생각도 들었다. 이 상황을 겪어보지 않은 사람은 이런 불편함을 모른다. 표현을 잘못하시는 분들의 고충은 더 불편하셨으리라 생각한다.

어머님께 빠른 시간 내로 시간을 내어 옷을 사다 드리겠다고 말씀을 올렸다. 어머님께서는 이번에는 카라 없고 잘 늘어나는 재질이었으면 좋겠다는 뜻을 비춰주셨다. 그렇지만 예전처럼 꼭 사야겠다는 의지가 없어 보인다는 느낌이 한편으로는 서글프게 느껴진다. 삶에 대한 애착을 놓아버린 사람 같다고나 할까? 옷에 대한 의욕이 없으신듯하니 약간 서글픈 마음도 없진 않다. 저는 이틀 후 아이들에게 어머님을 부탁하고 또 주문하신 옷들을 사려 다녔다. 주말을 이용해야 했던 이유는 그나마 아이들이 집에 있는 시간이 이때뿐이라 주말을 주로 이용하게 된 사연이다. 아이들이 주말이라도 할머니를 잠시라도 살펴줄 수가 있어 그나마 나에게는 다행이다. 저는 언제나 어머님 옆에다 울 엄마 지킴이를 앉혀놓고 다녀야만 잠시 잠깐이라도 집 현관을 나섰던 시기다. 그렇지 않고서는 단 몇 분에 외출(外出)도 생각할 수 없었던 시기(時期)이지 싶다. 어머님께서는 제가 옆에 없으면 유독 탈이 유난스럽게 잘 났기 때문에 나는 절대로 아이들에게 어머니를 맡겨 두고서 어디를 여유 있게 다녀온다는 것은 상상도 못 할 일이라 비록 아이들이 지키고는 있다지만 저는 최대한 시간을 줄여 다녀와야만 하는 이유다. 더구나 이때는 제가 화장실을 다녀올 때도 꼭 어머니께 허락을 받고 다녀왔을 정도였으니 이 상황이 어떤 상황이었는지 짐작이 되리라 생각한다. 막상 용기 내어 여러 가게를 들러보고 있다. 그렇지만 마음은 항상 어머님 곁을 맴돌고 있어 시간이 좀 지났다 싶으면 마음이 불안하고 조급해진다. 어머님께 맞을만한 옷을 본다고 여러 옷을 찾아보지만 마음이 불안하고 안정이 되지 않아 그런지 눈에 옷이 잘 들어오지 않는 것이 문제다. 울 엄마가 유독 옷 고르시는 것이 까달스러워 저는 어머니가 옷 사달라고 심부름시키시면 우선 먼저 불안하고 걱정부터 앞섰던 것이다. 노이로제 수준이라 하겠다. 저는 항상 매장에 들어서면 지금 사간 옷을 어머니께서 싫다고 하시면 나중에 바꾸러 와도 되나요? 라는 말부터 먼저 물어보게 된 이유다. 저는 매장 서너 군데를 더 둘러본 뒤 신축성 있는 니트 하나와 까실까실한 인견으로 만든 상의가 외출할 때도 점잖아 보여 하나 더 사게 된다. 물론 마음으로는 제발 제가 사간 이 옷들이 저희 어머니 마음에 들었으면 하는 마음이 간절하다. 그래도 이렇게라도 옷을 샀으니 다행이라 여기며 숨 쉬는 시간까지 아껴 뜀박질하여 주차장으로 가서 차를 빼낸 뒤 어머님께 달려갔다. 그리고 어머님 앞에 다가가 숨 고를 시간도 아깝게 느껴져 숨도 참으며 조심스럽게 방금 사 온 옷을 꺼내 입혀 드린다. 그런데 다행스럽게도 어머니께서는 옷을 한 번씩 입어보시더니 좋다. 라고 하시며 흡족해 하시는 것이다. 저는 울 엄마가 좋다. 라는 말씀을 하시면 세상 것을 다 얻은 기분이 든다. 그래 저는 지금 너무 행복한 것이다. 더구나 어머니가 옷이 마음에 들어 하시니 그 얼마나 다행스러운 일인가 싶다. 아무튼 울 엄마가 좋다. 라고 하시니 땀 흘리며 사 온 보람이 있어 저도 기분이 좋다. 언니 다녀가기 전에 사다 드린 외출복은 입지 않으시고 옆에 두고만 계셔서 마음에 들지 않으신 것이라 생각했었다. 더구나 외출복이라고 따로 사 온 옷들은 며칠 전에 반품처리를 해 두었던 것이다. 어머님 마음속으로는 이번 추석 때 꼭 고향 집에 내려갔다 오고 싶은 마음이 있어 수월하게 넘어 갔을지 모르겠다는 생각도 왠지 느껴지기도 한 부분이다. 우리 엄마 생각은 비록 누워 계시더라도 고향 집에는 꼭 다녀오시고 싶은 마음이 크다는 사실이다. 그러니까 어머니 마음속에는 오매불망(寤寐不忘) 잊지 못하는 고향 집이 아닐까 싶다. 특히나 고향 내려가셔서 어머니께서 해야 할 일이 많으신 것이라 유추한다. 어떻게 보면 이런 강한 의식들이 저희 어머니를 사선(死線)에서 버티게 하였던 원동력이 아니었을까 싶다. 본인이 해야 할 일은 많은데 이렇게 속절없이 누워계시는 부분이 몹시 괴로우신 부분이기도 하였을 것이라 생각한다. 그렇다고 병든 몸으로 혼자 고향으로 내려 갈 수 없기에 저와 동행(同行)하기를 그렇게도 원하신 이유이기도 하였으리라 유추해 본 이유다. 더구나 고향으로 내려가고 싶은 마음은 바쁘지만 이곳 집이 팔리지 않는다는 이유로 고향 가는 것이 미루어지고 있는 나의 현실이 저희 어머님 애간장을 다 타들게 하고. 있다는 생각을 하면 제 마음도 괴롭고 괴롭다. 그렇다고 어머니 입장에서는 딸자식 보고 병든 신랑과 어린 자식들을 팽개치고 고향 내려가서 저가와 같이 살자고 억지 부릴 수는 없는 형편이라 어머님께서도 딸 형편 고려해서 지금 이 과정을 감내하고 계신 것이라 생각한다. 어쨌든 속절없이 누워만 계시고 몸은 타인의 도움 없이는 거동 못 하시는 저희 어머님 마음은 얼마나 괴로우시고 편치 않으실까? 싶은 마음이다. 그러다 보니 저는 저대로 그저 어머님 눈치만 살피고 있는 것이 지금의 나의 처지라 하겠다. 주고 싶은데 너무 가난해서 주지 못하는 빈자(貧者)의 마음도 이렇지 않겠나 싶다. 그러니까 마음은 어머님 소원을 받들고 싶으나 사정이 여의치 않아 그 소원하나 받들어 드리지 못하는 나의 심사(心思)가 너무나 괴롭고 애달픈 마음이며 무능력한 딸자식의 탄식이 절로 나온 상황이라 하겠다. 이곳 집이 빨리 팔리지 않아 저희 어머님을 저렇게 무력하게 만들고 있는 것만 같아 그저 눈감고 조용히 누워만 계시는 어머님 모습을 옆에서 바라만 보고 있는 저는 죄인(罪人) 아닌 죄인(罪人)이 되어 몸들 바를 몰라 하고 있는 중이다. 허나 분명 제가 이 상황에서도 해드릴 수 있는 부분이 있을 텐데 그 부분을 아직 찾지 못했는지 아니면 때가 되지 않았는지 알 수 없다. 그러나 저는 항상 어떤 상황이 마지노선이라 생각이 들면 일단 이곳에 미련 두지 않고 저 혼자라도 어머님 모시고 훌쩍 떠날 준비는 되어있다는 것이다 다만 지금은 저희 어머님 명령만 떨어지기를 기다고 있을 뿐이다. 어머니께서는 오늘 제가 사가지고 온 옷들을 머리맡에 가지런히 개어놓으셨다. 그리고 지금 무슨 생각을 저리도 골똘히 하시는지? 그저 어머니가 무력해 보여 옆에서 지켜보고 있잖니 나의 깊은 시름만 늘어간다. 제 마음은 어서 빨리 저희 어머님 마음 기쁘게 해드리고 싶은 마음뿐이다. 하지만 하늘은 나에게 기회를 주시지 않은 듯. 그저 속절없이 이렇게 세월만 보내는 형국이라 속만 타들어간다. 어떻게 보면 저도 참으로 안타까운 사연을 만들고만 있는 것은 아닌지 의문스럽다. 사실 저도 이곳 생활을 빨리 접고 울 엄마 소원대로 고향 집으로 모시고 갔으면 하는 마음이 이제는 급하다는 생각을 한다. 무력하게 누워계시는 병든 어머님 원(願)이라도 더 늦기 전에 들어드리고픈 마음이 굴뚝같은 것이다. 하지만 이렇게는 고향으로 가는 것을 원치 않으시니 애간장 녹는 마음은 어머니 마음이나 저의 마음이나 매한가지가 아니겠는가 싶다. 저는 이 시점에서는 어머님에게 딱히 해드릴 수 있는 것이 없었다. 그저 어머니 발밑에 앉아 앙상하게 변해버린 노모님의 다리를 부여잡고 주무르고만 있는 것 말고 딱히 해드릴 것 없음이 슬프다.

 이젠 추석이 그야말로 내일로 다가왔다. 저도 이제는 추석 상 차릴 시장도 대충이라도 봐야 했다. 그래서 마음이 바쁘다. 그런데 어머니 점심 드리고 얼마 되지 않아 큰 남동생이 소식도 없이 찾아 왔다. 추석이 내일로 다가와 미리 어머님을 뵙고 간다고 과일 세트를 사 들고 어머님께 인사차 들린 것이다. 그래도 장남이라 뭔가 달라도 다르다는 생각을 갖는다. 어쩌면 장남의 보이지 않은 책임감도 무시할 수 없는 것이 우리나라 전통풍습에 여파라 생각한다. 하지만 추석에 어머님을 모시고 마산 가서 함께 지낼 의사는 이번에도 전혀 없다는 것이 느껴졌다. 이 시점에서 어머님을 모시고 가서 추석을 지내는 것을 바랄 수도 없는 처지다. 그래서 그것까지는 바라지는 않겠지만 그래도 빈말이라도 엄마 이번 추석은 마산으로 내려가서 손주들과 추석 하루 밤만이라도 같이 지내고 올까요? 라는 말을 저는 은근히 바라고 있었다. 이젠 언제부터인지 모르지만. 저도 그런 마음을 이젠 내려놓은 상태라 하겠다. 어머님께서도 몸을 부려버린 상태라 같이 갈 사항도 못되지만 그래도 빈말이라도 자식들과 손자들이 많이 모이는 곳으로 가서 지내면 어떨까요? 라는 어머님의 의사 정도는 인사차 물어주었으면 하는 아쉬움은 남아있다는 사실이다. 일단 남동생은 잠깐 어머님 얼굴 보고는 차가 밀린다고 선걸음으로 떠나갔다. 어머니는 잠시 왔다 떠나가는 장남을 소파에 앉아서 배웅해 주셨다. 왠지 장남을 보내는 어머님 안색이 쓸쓸함이 가득함을 느끼게 했다. 어머님 눈가가 촉촉이 젖어 있음이 보인 것이다. 예전에는 그렇게도 굳건해 보이셨던 저희 어머님이시건만 이제는 80을 넘고 병든 노구 되고 늙은 몸마저 자유롭지 못하시게 되니 마음이 많이 울적하신 듯이라 여겨진다. 이제는 그야말로 추석 당일을 맞이했다. 그래도 이번 추석은 어머님 핑계로 다른 해 보다는 음식들을 많이 줄인다고 줄였지만 그래도 차례 상이고 보니 손이 많이 가는 음식들뿐이라 음식 만든다고 시간이 제법 걸렸던 것 같다. 하지만 저는 산 조상이 먼저였다. 그래서 가급 적 음식은 어머님께서 주무시는 틈을 타서 만든다고 만들었지만 그것은 무리였다. 워낙 어머님께서 주무시는 것이 토끼잠이라 간간이 혼자 일어나서 TV를 보고 계신 듯하였다. 물론 평소 같았으면 TV를 보시지 않는 편이다. 그런데 추석날인 오늘 아침부터 힘드실 텐데 유달리 오래 동안 앉아 계시니 나의 신경이 곤두선 것이다. 울 엄마 입장에서 사돈 식구들이 차례 상 차린다고 왔다 갔다 하는 상황이라 마음이 많이 불편하셨던 이유라 생각이 든다. 달리 표현하자면 어머님 자리가 아니라서 어딘지 모르게 불편하셨다는 뜻이 될 것이다. 더구나 저 역시도 우리 엄마가 좌불안석이 되어 눕지 못하시고 소파에 다소곳이 앉아계시는 모습을 보노라면 화가 났다. 왜? 딸자식 집에 계시는 부모들은 사위 눈치를 봐야 하는가? 싶어 딸자식으로 태어난 것이 억울했던 이유다. 더구나 부모님 생활문화권이라는 것이 대부분 딸집은 다녀가는 곳이지 머물 곳이 아니라는 옛날 사고방식 때문에 유독 명절 때가 되면 친정 부모님들은 마음 불편해 하시는 것을 느낀다. 우리 가족들도 서로 조심한다고 추석날 아침 차례를 아주 조심스럽게 지내게 되었다. 어머님께서는 사돈 차례 지내는 동안 소파에 다소곳이 앉아 차례지내는 모습들을 엷은 미소를 지으시며 보고 계셨다. 그렇지만 어딘지 모르게 쓸쓸함이 묻어있다는 사실을 감출 수가 없다. 엷은 미소를 머물고 계신 어머님모습이 유독 안쓰러워 보였다. 명절날만이라도 그동안 흩어져있던 자식들과 함께 모여 화기애애한 분위기 속에서 차례를 지낼 수 있도록 해드려야 했었는데 내가 우리 엄마 보필 잘못해 이렇게 사돈네 차례지내는 모습 바라보며 우두커니 앉아 불편하지만 불편하지 않은 척 엷은 미소 짓고 계시는 울 엄마 모습이 너무 안쓰럽다. 제 마음이 그리 봐서 그랬는지는 모르겠지만 소이 말하는 꿔다놓은 보리자루… 아무튼 사돈 차례 지내는데 우두커니 앉아 계시는 어머님 모습이 그리 썩 좋지 않다는 생각이다. 이 마음도 편견이다. 그리고 이런 마음도 이제는 버려야 된다. 왜? 시대가 바뀌었으니… 어딘지 모르게 그 무엇에 미련이 남았는지 자꾸만 나는 어머님의 쓸쓸한 표정에 신경이 곤두서 있다. 아니 이 시간이 어머님께 너무 죄스러운 시간이라 생각한다. 저는 마음으로 엄마 어서 빨리 쾌차하셔서 다음 명절 때에는 고향 내려가서 아들딸들과 함께 지내게 우리 파이팅해요. 라고 응원했다. 며칠 후 추석을 지내고 나니 완연한 가을이 되었음을 실감하게 한다. 우리 동네 가로수 은행나무 잎들이 어느새 하나같이 짙은 노란 색으로 물 드려져 아름다움을 한껏 뽐내고 있는 중이다. 나의 시름을 뒤로하고 주변 풍경만 보노라면 자연 그 자체가 풍경화다. 그리고 황금물결 넘실대는 김해평야(金海平野)의 풍요로운 들판의 풍경은 보는 자(者)의 시름과 사연과는 무관(無關)하게 평화로운 풍경을 선사하고 있으며 넓은 들녘은 풍요로운 결실을 맺었노라고 한껏 폼 내고 있는 것이 느껴지는 그야말로 전형적인 농촌들녘의 풍요로운 풍경을 보고 있는 것이다. 하지만 그 또한 며칠사이로 한포기 한 평 한마지기 또 한 필지의 황금물결의 평야도 가을걷이가 시작되면 이렇게 황금물결 일렁이던 풍요로운 누런 가을들판은 사라지고 퇴비로 쓰기위해 잘라 놓은 볏 집단들이 논바닥 주인이 되어 차가운 겨울을 맞이하게 될 것이라 생각한다. 우리네 인생도 사계절에 비유를 하자면 풋풋한 젊은 날은 봄과 같이 새파랗고 활기가 넘치고 중년이 되어서는 갖은 경험들로 무르익어 여름철에 무성하게 자란 잎과 같이 세상을 품으며 초로에 들어서는 인생사는 젊은 시절과 중년(中年)에 갈고 닦았던 재능(才能)과 학문(學文)그리고 인격(人格)을 갖추어 가을철 알곡이 되고자 뜨거운 태양을 견디어 내듯이 인생도 자기 극기로 자신의 업적의 결과를 얻게 되는 것이라 생각이 든다. 달리 말을 하자면 지상에 태어날 때는 분명 누구나 태어난 이유가 있었을 것이란 뜻이고 그 이유에 부합(符合)하며 살았는가? 라고 누군가 물었을 때 살아온 삶의 의미(意味)가 조금은 좀 다르지 않았겠는가 생각한다. 자신이 태어난 의미를 알고 살아가는 사람은 더러는 삶이 힘들고 고달픔이 있었다고는 하지만 그래도 소이 불교에서 말하는 윤회(輪回)의 악순환(惡循環)고리를 타파(打破)하고자 나름 모진 풍파를 견디며 살아 왔던 것이라 생각한다. 자신이 이 세상에 태어난 이유를 모르는 사람은 신세타령과 쾌락(快樂)을 즐기다가 세상을 떠나는 차이가 조금 있을 뿐이라 생각한다. 그러나 하늘은 우리의 사소한 것 하나도 놓치지 않는 것이 하늘에 아카식 빅 데이터라는 것을 알았으면 한다. 어우리가 알게 모르게 쌓아두었던 업적은 업적대로 죄업은 죄업대로 기록이 블랙박스에 담겨 그 업적은 자신의 이력서요 성적표라 거스르지 못하는 것이 자연에 이치(理致)라는 것을 나는 깨달은 부분이다. 우리 인간(人間)은 한줌에 흙으로 다시 돌아가는 과정을 수 억 번의 윤회(輪回)를 걸쳐 생(生)이 다시 사(死)가 되고 사(死)가 다시 생(生)으로 변한다는 윤회설을 되새겨보면 우리는 자고로 선업(善業)을 쌓고 쌓아 윤회를 멈추는 것을 목표로 살아감이 과제가 되지 않을까 싶다. 그리고 나이 들면 세상사 잡다한 소리에 귀기우리지 말라고 귀가 어두워지는 뜻이고 눈이 침침해지는 이유 또한 눈을 통해서 보는 것은 모든 것이 허상(虛像)이고 물거품이요 환영(幻影)이니 인간사 미련두지 말고 윤회가 없는 세상을 생각하라는 의미로 눈은 침침해지지 않았을까 라고 의구심을 품는다. 나이 들면 기억이 희미해지는 것은 과거에 찌든 마음을 깨끗이 청소해서 씻을 것은 씻고 잊을 것은 잊어 인간세상에서 얽히고설킨 인연에 집착하지 말고 지워버릴 것은 지워버리라고 기억이 쇄잔 해지는 이유라 해석해 봄이다. 생(生)은 곧 사(死)를 뜻하니 저 또한 어느 시점에서 한줌에 흙이 된다는 사실이 이미 태어나면서 정해진 이치라는 것이다. 그렇지만 잠시 머무는 이 지구별에서 과연 나는 무엇을 추구하였는가? 라고 묻는다면 소유(所有)적 가치(價値)를 추구하기보다는 존재적 가치를 추구하지 않았을까? 싶은 생각을 해본다.

유수(流水)같은 세월(歲月)은 우리의 사정(事情)을 전혀 봐주지 않고 흘렀다. 그러다 보니 어느덧 10월도 중순이 되었다. 어머니께서는 또 고향집에 다녀오자고 하신 것이다. 날씨가 더 추워지기 전에 한번 다녀오는 것도 좋을 것 같다는 생각을 저도 한다. 그런데 이번에는 사정이 좀 다르다. 차가 없다. 남편이 몸이 우선해져서 현장 일을 다니게 되니 성치 않는 몸으로 일을 나가다보니 막상 일 다니는 길에 교통편이라도 편했으면 해서 내 차를 내주었다. 형편이 여유롭지 못해서 따로 차를 구입하지 못한 이유가 제일 크다. 이 무렵 나의 경제사정은 하석상대(下石上臺)이며 초근목피(草根木皮)하던 시절이라고 이해하면 될 것 같다. 그래서 현장에서 다용도로 쓰는 트럭을 구입을 못 하고 남편이 일단 제 차를 가지고 일하려 다니게 된 사연이다. 제 입장에서는 남편 일하는데 지장이 없도록 편리를 봐주는 것이 우선이라 일단 차가 없어 고향 잠깐 다녀오는 것이 조금은 망설어지는 부분이다. 그러나 용기를 내어 남편에게 양해를 구했다. 물론 당연히 좋은 소리는 하지 않았다. 그렇지만 그래도 차를 내어주어 고향집을 한번 들리게 되었다. 그러니까 우리는 한 달 만에 다시 찾은 고향이다. 늦가을에 알맞게 누런 은행잎들과 은행 열매들이 고향집 입구전체를 누렇게 이불을 덮어 놓은 듯 푹신하게 깔아 놓고 있었다. 옆집 커다란 은행나무에서 떨어진 은행잎들이 온통 우리집 주변을 점령한 것이다. 더구나 보기에는 정말 아름다운 풍경이라 하겠다. 저는 부득불(不得不) 푹신하게 깔린 은행잎과 은행 열매들을 저는 어쩔 수 없이 차로 짓눌리며 지나가야만 되는 코스다. 옆집에서 빨리 은행들을 주었더라면 지나가는 길이 이렇게 마음 불편(不便)하지 않았을 것이다. 그러나 어쩔 수 없다. 걷지 못하시는 어머님을 업고 들어갈 수는 없기에 저는 가능한 은행을 깨지 않고 조심해서 지나가야만 했다. 하지만 막상 우리차가 지나가니 떨어진 은행 열매들 깨진 소리가 퍽퍽 퍽하며 유독 크게 들린 것이다. 아마 소리가 이렇게 큰 이유는 은행알맹이가 실하다는 뜻이 될 것이다. 저는 은행 깨진 소리를 들으니 왠지 아깝다는 생각도 살며시 들었다. 옆집 은행나무의 수령이 어림잡아 4~500년이 되었다고 알고 있다. 그런데 유독 옆집 은행은 알이 실하고 맛도 좋고 찰지기 까지 하여 저희 어머니가 종종 옆집 친척 분께 부탁해서 사서 저희들이나 이모님들께 드리곤 하셨던 은행이다. 저는 차를 마당에다 주차를 하면서 차 정면이 텃밭을 보게 주차를 했다. 이유는 뒷산에 모셔진 외할머니 묘소를 어머니께서 바라보실 수 있도록 시야를 확보해 드리려는 이유이다. 작년 여름에는 제가 어머니를 휠체어다 모시고 집 모퉁이를 돌아 외할머니 산소 앞까지 갔었다. 그때 어머니께서는 휠체어에 앉아 계시고 저는 산소 앞 여기저기에 돋아난 찔레꽃 가시덤불들을 문구용 커터 칼로 잘라냈다. 그러나 엊그제 같던 일이 벌써 1년이 넘은 것이다. 어머님께서는 외할머님 묘소를 차창 너머로 한참을 바라보시고 나서 저에게 그래서 그래. 라는 말씀을 하신다. 저는 어머니의 그래서 그래. 라는 말씀을 잠시 되 뇌여 봐야 될 것 같았다. 분명 어머님께서 그래서 그래. 라는 말씀을 하실 때는 어떤 이유가 분명 있을 것이라 짐작하여 잠시 저희 어머님의 의중이 무엇을 내포하고 있는지? 생각을 하게 된다. 저는 어머니께서 갑자기 이런 방법으로 그래서 그래. 라고 하시면 이 말씀을 어떻게 해석을 해야 될지 난감 할 때가 많았다. 더구나 밑도 끝도 없이 단어 하나 던져주시면 나는 수수께끼 낱말 풀 듯 어머니가 주신 화두(話頭)를 풀어야 했기에 머리가 하얗게 되는 것이다. 도대체 어머니는 어떤 의미로 그래서 그래. 라는 말씀을 하셨을까? 라고 잠시 생각을 하는 찰라 문득 생각하나가 떠오른 것이다. 그래서 저는 어머님께 엄마 우리 측량 한 번 더 할까요? 라고 물었다. 그랬더니 어머니께선 바로 그렇지 바로 그거야잉. 라고 하신 것이다. 제가 한 말이 어머님 뜻과 일치하여 저도 바로 그래요. 우리 내년 봄에 사촌오빠와 의논해서 측량한번 더 합시다. 라고 말을 하였다. 제가 어머님 뜻을 빨리 알아차려서 그랬는지 아니면 측량 다시 한 번 더 하자는 말이 좋았는지는 알 수 없지만 일단 어머님 얼굴이 화색이 갑자기 돌면서 바로 그것이다잉 바로 그것이야. 라고 연거푸 하시며 얼굴이 밝아지신다. 수 십 년 동안 이웃이며 일가로서 어머니는 말도 제대로 못하시고 속만 끓이고 살아온 부분이 바로 이 부분이고 울 엄마심기를 가장 불편하게 했던 부분이 바로 이 부분이라 여긴다. 10여 년 전에 어머님께서는 30만원을 주고 분명히 옆집 밭과 우리 산 경계를 확실하게 해두기 위해 일부러 사람을 사서 측량을 했었고 그 표시로 빨강깃발이 달린 말뚝까지 여러 군데 박아 놓으셨던 부분이다. 그런데 다시 빨강 깃발까지 빼버리고 자꾸만 경계를 침범해 산을 훼손시키고 있으니 우리 엄마 입장에서는 몹시 불쾌했던 것이다. 아무리 말 못하시고 사람이 살고 있지 않다고 해서 주인이 없는 것도 아니고 관리를 하지 않는 것도 아닌데 자꾸만 옆집 외숙모님은 산의 경계를 침범하고 산소 밑까지 파서 농사를 짓고 계시는지라 어머니 마음이 이제껏 몹시 불편하신 이유이다. 내 것이 아닌 것에는 욕심을 부리지 말아야 하는데 자꾸만 산을 훼손 시켜가며 밭농사를 짓고 계시니 어머님 마음이 이제껏 많이 언짢으신 부분이라 여긴다. 더구나 인간 욕심이라는 것이 한도 끝도 없다지만 굳이 남의 땅을 훼손 시켜가면서까지 경작을 해야 하는 것인지 의문스러운 부분이다. 그것도 남도 아니고 일가이고 이웃이면서 말 못하시는 저희 어머니의 마음을 지금까지 불편하게 만들고 있으니 참으로 바람직한 처사는 아니다. 이제껏 묘소 부근만큼은 훼손시키지 말아 달라고 신신당부를 하며 살았건만 자꾸만 산소 밑을 파고들면서 까지 경작을 하시니 어머님 심기가 몹시 불쾌하신 이유다. 아마 어머니께서는 이런 이유 때문에 더욱 고향 내려오셔 살아야 겠다고 고집하신 이유이기도 하였을 것이라 유추한다. 어머니께서는 자기 용돈을 털어 분명하게 말뚝에 빨강 깃발 달아 경계(境界)를 분명히 해두셨지만 그 일이 허사(虛事)가 되고 보니 또 다시 측량을 해서 경계를 확실하게 해두고 싶은 마음이 크신 것이다. 부모님들께서 일구어낸 재산을 한 평이라도 이유 없이 남의 손에 넘어가는 것을 방지코자 하시는 것이 울 엄마의 의도(意圖)라 저는 생각이 든 부분이다. 저희 어머니께서는 제가 측량을 다시 하자는 말에 안심이 되셨는지 얼굴색이 밝다. 그리고 그 뜻이 저에게 전달이 되어 더 이상 머물 이유가 없으신지 고향집 방문도 열어보지 않고 바로 김해로 가자고 재촉하신다. 그러니까 어머니께서는 이번에도 걷지 못한다는 이유로 차에서 내려 보지도 않으시고서 그냥 김해로 돌아가게 된다. 더구나 어머니가 내리지 않으셔서 저도 덩달아 차에서 내려 보지 않고 그저 외할머니 산소에 벌초가 잘되어 있는지 차에 앉아 바라보며 외할머니묘소 옆에 수령을 알 수 없는 감나무를 한 참을 물끄러미 쳐다보고 나서야 고향집 마당에서 차를 돌려 김해로 방향을 돌려 열심히 달린다. 그리고 저녁 무렵 김해 도착해 가족들 저녁식사 챙겨주고 고단 몸을 쉬고자 울 엄마 누워계시는 소파 밑에 몸을 부렸다. 그런데 문득 우리엄마 마음을 불편하게 만드시는 옆집 외숙모님이 좀 달리 생각 되었다. 특히나 처사(處事)가 바람직하지 못하시는 분이 우리 텃밭을 그것도 공짜로 일구고 계시니 마음 한쪽이 불편해진 것이다. 사실 둔한 제 마음도 이렇게 못마땅한데 말 못하시는 저희 어머님 마음은 오죽하겠나 싶어 더욱 안타까운 마음이 든 부분이다. 사람은 감정에 동물이다. 그렇다고 저희 어머니께서 인심 사나운 분은 더더욱 아니시다. 그렇지만 울 엄마도 사람인지라 기분은 분명 좋지 않는 것이 사실이라 여겨진다. 그래서 저는 준 것과 도둑맞은 것에 대한 차이(差異)는 미묘(微妙)한 차이가 아니고 엄청난 차이라는 것을 경험(經驗)한 부분이다. 어쨌든 마음이 불편해서 그런지 피곤한 하루다. 하지만 한편으로는 보람된 하루다. 저희 어머니의 마음속에 깊은 시름 한 가지를 내년 봄이면 해결 할 수가 있을 것 같아서다. 그리고 울 엄마 걱정이 무엇인지를 알았으니 그 걱정을 빠른 시일 안에 해결해드릴 것이라 생각한다. 어머니께서는 고향집을 다녀오셨으니 다소 기분이 좀 나아지셔야 하는데 저의 예상과는 다르게 울 엄마 기분이 썩 좋지가 않다는 느낌이

들었다. 도대체 무슨 일 일까? 몹시도 그늘진 표정을 짓고 계시는 어머니 표정이 제 마음을 무겁게 한다. 아직도 제가 모르고 있고 풀지 못한 숙제가 또 있는 것이라 생각된다. 그렇지만 어머님께서는 따로 말씀은 없으시다. 집이 팔리지 않는 다는 이유로 제가 고향으로 내려가지 않고 이렇게 세월만 보내고 있어서 어머님 안색이 좋지 않는 것이라 짐작만 할 뿐 정확한 이유를 아직 모르고 있다. 저는 어머님 안색이 너무 어두워 조심스럽게 어머니 눈치를 살피며 엄마 우리 아이들 겨울방학이 될 때까지 이 집 안 팔리면 방학 동안만이라도 시골 내려가 있다가 올라옵시다. 라는 말을 하였다. 바로 어머니는 아 그래. 라고 하시며 그럴까? 라고 하신 것이다. 그래서 저도 네 그래요 우리 휴양 차 이곳을 떠나 고향에 가서 겨울방학 동안만이라도 있다가 옵시다. 라고 한다. 저희 어머님 쓰러지시기 전에는 우리 가족들은 종종 아이들 방학을 이용해 며칠씩 머물다 오곤 했던 고향집이다. 그래서 우리가 고향집에 가서 한 달 정도 있다 오는 것은 크게 무리 되는 일은 아니다. 그런데 어머니께서는 그럴까? 라는 말씀 외에는 크게 반응을 보이시지를 않는다. 겨울 방학까지는 2달 정도가 남아있어 그랬는지는 모르겠지만 다른 때. 같았으면 좋아 하셨을 일이다. 그런데 요즘 들어 어머님의 기분이 영 저기압이라는 사실이다. 더구나 누워서 하시는 동작이란 고작 괴사로 함몰된 발뒤꿈치만 다리를 뒤로 꺾어 만지작거리고 계시는 것이 전부라면 전부다. 그리고 추가로 덮는 이불에 나있는 보푸라기만 더듬어 때내시고 계신 것이 하루 일과다. 어머님의 이런 동작들이 왠지 불만이 많아서 욕구불만을 이렇게 표출하시는 느낌이지 싶은 생각도 든다. 요즘 엄마 옆 분위기가 무겁다. 그러다보니 저는 자동적으로 어머니 눈치만 살피고 있는 상황이다. 허나 이 또한 어머님 마음대로 할 수 없는 상황이고 그렇다고 제가 할 수 있는 상황도 더더욱 아니라 저는 집이 매매가 안 되니 다시 전세도 가능 하다는 문구를 추가해서 전단지를 붙이는 것이 고작 이시기에 제가 할 수 있는 행동이라 제 자신이 한심스럽게 느껴진 것이다. 어느덧 11월이 되었다. 조석으로 제법 쌀쌀함을 느끼는 시기다. 그래서 저는 어머님 누워 계실 때 추우실까봐 전기 온열 매트를 꺼내 어머니 누워 계시는 자리에 깔아 드리고 더우면 끄시라고 작동 방법을 가르쳐 드렸다. 어머니께서는 못마땅하다는 듯 아이고 참말로. 라고 하신다. 어쩌면 모든 것이 이제는 귀찮다는 말씀 같았다. 예전에 저희 어머님 성품으로는 언제나 아 그래. 라고 분명 답하셨을 텐데 왠지 퉁명스런 어머니의 말투가 제 마음을 울적하게 만든다. 그렇지만 저마저 이런 기분으로 있을 수가 없어 어머님께 단감을 썰어서 갔다드렸다. 울적한 기분과는 상관없이 어머니 자리에서 일어나 앉으시고서 단감을 맛있게 드신다. 저는 그 틈을 타 어머님의 기분도 풀어 드릴 겸 광주 둘째 동생 아이들 사진이 마침 내 휴대폰으로 전송되어 광주 손자들 사진들을 보여드린다. 제가 둘째아들 아이들 사진을 보여드리니 사진 속 손자들을 한참 보시더니 갑자기 본인 휴대폰을 저에게 건네주신 것이다. 그러시면서 하신 말씀이 자기 휴대폰도 스마트폰으로 바꿔달라고 하신다. 저는 어머니가 무언가를 요구하시니 어머님 기분이 이제는 좀 나아지신 것 같다는 느낌이 들어 기뻤다. 요즘은 돈을 많이 주지 않더라도 쓸 만 한 스마트폰이 나와 있어 어머니 휴대폰 바꿔드리는 것은 그리 어려운 문제가 아니다. 그런데 주중이라 어머니를 혼자 두고 가지는 못한 사항이었다. 그래서 저는 자주 거래하는 대리점에 전화를 걸어 사정 있어 매장에 들릴 수 없다는 말을 하였다. 그곳 지점장님께서 때 마침 직원이 저희집 쪽으로 출장 나갈 일이 있다고 말씀을 하시며 그때 서류랑 휴대폰을 함께 보내주시겠다고 하신 것이다. 궁적상적(弓的相適)같다는 생각이 들었다. 그러니까 누가 궁(窮)하면 통(通)한다고 말했던가싶을 정도로 통했다. 아무튼 우연(偶然)의 일치겠지만 나의 편리를 봐주시니 이 또한 나에게는 잘된 일이라 생각이 든다. 만약 이렇게 연결이 되지 않았다면 분명 며칠 기다렸다가 주말을 이용 할 수밖에 없는 상황인데 일단 저에게는 잘 된 일이라 여긴다. 제가 지점장님과 통화를 마치고 난후 두어 시간 지나고 나니 직원분이 저희 집으로 와주셔서 서류를 작성하고 조금 저렴한 스마트폰으로 어머님 전화기를 바꿔드렸다. 이렇게 어머님 휴대폰을 스마트폰으로 바꿔드리고 나니 저 역시도 기분이 좋다. 나름 어머님께서도 관심을 가지시고 유심히 휴대폰을 살펴보시고 계시는 모습이 왠지 생기가 있으신 듯 보여 마음 한 구석이 뿌듯하게 느껴진다. 저는 어머니 새 휴대폰으로 제 폰에 저장되어있는 조카들 사진과 저희 6남매 가족사진들을 어머님 휴대폰으로 전부 옮겨드리는 작업을 잠시 했다. 어머니는 스마트폰에 가족사진들이 크게나오니 조금은 신기하신 듯 한참을 들려다 보신다. 일단 저희 어머님 이 모습만 봐서는 아주 평안해 보여 좋다. 울 엄마는 핸드백 속에다 언제나 저희 6남매와 함께 찍은 사진들하고 이모님들과 찍었던 사진들을 잘 챙겨 다니시며 종종 그 사진들을 꺼내서 보시곤 하셨던 것이다. 그러다보니 저희 어머님 핸드백 속은 항상 사진들이 많이 들어있었다. 그래서 가끔 어머니와 저는 가족들과 함께 찍은 사진들을 꺼내보면서 함께 라서 즐거웠던 날들을 회상(回想)하며 또 우리 다시 날 잡아 놀러 가자는 이야기를 종종했던 것이다. 그러나 지금은 그런 추억들은 다시 돌아 올 수 없는 과거가 되어버린 것 같아 아쉬운 마음이 많이 든다. 어머니께서 빨리 회복 하시면 가능하기도 하겠지만 예전처럼 들로 산으로 바다로 자유롭게 다닌다는 것은 일정 부분 한계도 있을 것 같다는 생각도 든다. 어머님 쾌차하시고 날 따뜻해지면 여행 좋아하시는 저희 이모님들과 다시 날 잡아 떠나 볼 계획은 서있다. 저희 이모님들께서는 저희 어머니가 어디 가자고 말씀 하시면 언제 어디든 가리지 않고 같이 동행 할 실 분들이다. 이모님들도 저희 어머님과 함께 다니시는 것을 좋아해주셔서 부담 없어서 더욱 좋은 부분이라 여긴다. 더구나 울 엄마 쾌차되면 이모님들과 언니를 모시고 2박 3일 정도 일정으로 이곳 인접지역이라도 다녀 올 생각을 하고 있어 어머님 쾌차만을 일구월심 바라는 사항이다. 저희 모녀가 이럭저럭 흐르는 시간 속에 몸과 마음을 맡긴 체 지내다보니 벌서 11월 달로 접어들어 선지 벌써 일주일이 넘었다. 하지만 나는 매월 달이 바뀌게 되면 내야 될 세금이 밀려 마음이 무겁다. 더구나 남편 병원비를 일정부분 카드로 냈기에 카드 값을 어떻게 메꿔야 할지 고민스러운 생각에 마음이 더욱 무겁게 느껴지는 부담은 피 할 수가 없다. 말일 날 밀린 것들을 결제 하지 못하다 보면 몸은 어머님 발밑을 사수하고 있으나 금전적으로 밀려오는 압박감에 어딘지 모르게 불안한 마음이 크게 일었다. 어떻게 하면 초미지급(焦眉之急)그러니까 눈썹에 불붙은 상황을 머리카락까지 옮겨 붙지 않게 할 것인가?라는 주제가 나의 과제다. 그래서 말일부터 결제해서 처리하기까지는 마음이 무겁고 무겁다. 내 삶이 더 험한 세상도 살아왔는데 라는 생각을 하며 고비 고비를 겨우 넘겨가는 형편이다. 그러나 옛 속담 중에 산 입에 거미줄 치지 않는다. 라는 속담이 있듯 어떻게 방법을 찾아보노라면 분명 방법은 있지 않겠나 싶은 것이다. 부족해서 오는 마음에 시름을 잠시 던져버리고 울 엄마 맛있는 것이나 챙겨드려야 할 것 같아 냉장고를 뒤졌다. 냉장고를 뒤지다보니 얼마 전에 사둔 수입산 포도가 눈에 들어와 어머니를 갖다드린다. 울 엄마는 제가 간식을 들고 오는 것을 보시고선 바로 일어나 앉으셨다. 그리고 포도 하나 따서 입에 넣어드리니 한입 드셔보시더니 바로 맛있다. 라고 하신 것이다. 어머니께서는 가끔 간식은 누워서 드실 때가 종종 있다. 오늘은 가볍게 일어나 앉아 드시니 제 입장에서는 보기가 좋았다. 딱딱한 단감이나 생 무를 드실 때는 대부분 앉아 드신 터라 소화를 못시켜 못 드신 경우는 저희 어머님 사전에는 없었던 일로 기억된 부분이다. 더구나 어머니께서 건치(健齒)라 음식을 드리는 부분이 다른 사람들에 비하면 많이 수월한 부분도 없지 않다. 그래서 나는 겨울철이 되면 무를 일부러 사 놓고서 잘라 들리곤 했었다. 어머님께서도 무우를 좋아하셨다. 그리고 어찌나 무를 와삭와삭 잡수시는지 울 엄마 무 잡수시는 소리가 유독 와삭거려 옆에 있는 저도 자동적으로 침이 꿀꺽하고 넘어 갈 정도로 맛있게 잡수신 것이 특색이다. 불과 1 ~ 20년전 만 해도 100세 시대가 아니라 82세 연세에 이렇게 딱딱한 무를 맛있이 잡수시는 일은 그리 흔치 않는 일이라 여겨진 부분이다. 시절(時節)이 좋아 요즘은 건강(健康) 백세 시대(時代)가 열려 80세 연세는 보통 연세라 자랑거리는 아니라 여긴다. 하지만 저희 어머님 치아(齒牙)만큼은 백만 불짜리가 아닌가. 라는 생각이 들 정도로 건치라 이 또한 우리들의 복(福)중에 복(福)이라 생각 한다. 그 옛날 저희 어머님 시골에서 살고 계실 무렵 충치치료를 한 번 간적이 있었다. 그런데 그때 그곳 치과의사선생님께서 저희 어머니께 할머니치아는 백만 불짜리입니다. 라고 하셨을 정도로 울 엄마 치아는 정말로 건치(健齒)다. 옛 속담 중에 오복(五福) 중에 하나가 치아건강이라고 하셨던 옛 선조님 말씀이 바로 진리였다. 어떤 음식이든 맛있게 잡수시는 저희 어머니가 이렇게라도 옆에 계셔서 저는 너무나 감사하고 행복하다. 울 엄마는 음식 만들어 주는 사람의 성의(誠意)를 헤아려 그랬는지는 모르겠으나 언제나 맛있다. 이것도 맛이고 저것도 맛있다. 라는 말씀을 잊지 않고 해주셔 이 또한 모시고 있는 제 복(福)이라 여기며 살고 있다. 저희 어머님이 바로 저에 롤 모델이지 싶은 생각을 했다. 그래서 울 엄마처럼 나이 들어가고 싶은 생각을 많이 하게 된 이유이기도 하다. 저희 어머님의 성품을 답습(踏襲)하고 싶은 생각이다. 그리고 어머님의 하해(河海)

같은 도량과 아량도 배울 수만 있다면 배우고 싶은 부분이다. 아마도 저는 저희 어머님의 인자(仁慈)하신 모습이 부러운 부분이라 하겠다. 참사람의 모습이 바로 이런 모습이지 않겠나 하고 생각한 부분이기도 하다. 저희 어머니의 이러한 품성을 어떻게 생각하면 보는 사람의 안목에 따라 다소 차이는 있겠지만 대부분 사람들이 저희 어머님을 좋은 인상과 점잖으신 노인으로 인식해주는 부분을 생각하면 보편적으로 저희 어머님께서 인생을 잘 살아오신듯하다는 느낌이다. 제 눈에 비춰지는 저희 어머님의 인상은 더 이상 바랄 것 없는 고매(高邁)한 인품이고 부처님처럼 온화한 모습인지라 더욱 저는 이렇게 인자하신 울 엄마 모습을 답습하려는 차원이지 않겠나 생각한다. 누가 뭐래도 나는 저희 어머니가 자랑스럽고 존경스럽다. 그리고 아무나 따라 할 수 없는 영역(領域) 또한 분명히 존경할 영역이라 생각한다.

보통사람들이 볼 수 없는 심안(心眼)의 경지(境地)에 이르신 초인(超人)이시고 생불(生佛)이라는 사실이다. 이 경지는 본인만이 아는 경지다. 그리고 보통사람들에게 말로써 지식으로써 아무리 가르쳐주고 싶어도 아무나 따라갈 수 없는 경지다. 그래서 설명하기가 난해한 부분이 바로 이 부분이다. 동물들에게 피자 맛을 설명(說明)하는 것처럼 난해(難解)한 부분이지 싶다. 그렇지만 아는 사람은 가르침에 기대지 않고도 아는 법이다. 그리고 바로 이것이 무위법(無爲法)이고 쉽게 범접할 수 없는 영역이라 하겠다.

분명 좋은 일이 있으면 반듯이 궂은일도 있다

벌써 11월도 중순으로 들어섰다. 저는 어머님 간식이 떨어져 5분 거리인 마트를 다녀오게 되었다. 요즘 저희 근황은 10여분 정도는 어머님 홀로 두고 다녀와도 되었다. 그래서 급한 대로 집 근처 마트정도는 다녀오게 되었다. 그러나 문제는 저희 사는 곳이 제법 경사진 오르막이다 보니. 저로서는 약간에 오르막이라 할지라도 힘들 때는 이 오르막도 마침 마(魔)의 고지처럼 느껴 질 때가 종종 있다는 것이 문제다. 그러나 오늘은 그다지 힘이 든다는 생각 없이 올라가고 있는 중이다. 그렇지만 머릿속은 조금 고민스러운 부분이 있다. 이유는 바로 오늘이 카드결제일이라 본의 아니게 마음이 저절로 무거워진 것이다. 하지만 분명 방법은 있을 것이라 믿기에 남은 시간만이라도 걱정을 미리 하지 않으려 애를 쓰며 오르막길을 올라가는 중이다. 그러나 현실을 무시 할 수 없었는지 무거운 마음을 지우지만 자꾸만 걱정이 근심으로 변해져 들어왔다. 마음이 카드 값 때문에 천근이다 보니 오르막이 갑자기 힘에 붙이는 마(魔)에 고지처럼 느껴지는 바로 순간이지 싶을 정도로 힘에 붙였다. 어머님께서 몹시 기다리실 것이라는 생각에 발걸음을 재촉하지만 몸집이 있는 저는 그냥 걷는 걸음이나 뛴다고 뛰어보는 뜀박질이나 도간개간이었다. 하지만 아무리 진전 없는 걸음걸이 라고 할지라도 세월아 내월아 하며 걸음으로 걸을 수 있는 처지는 아니었다. 마음을 다시 가다듬고 용기를 내어 헉헉거리며 집 앞까지 뛴다고 뛰어 도착을 하였다. 집 앞에 도착하면 자연스럽게 저는 힘든 내색을 지워야 했다. 울 엄마 내가 힘든 기색이 보이면 몹시 안쓰러워하신지라 가급적 집 앞에 도착하면 아주 쾌활하게 들어서게 된다. 인간의 이중성을 적나라하게 표출되는 순간이 바로 이 순간이지 싶다. 때마침 둘째 남동생이 그동안 육두문자 쓸 때 빼놓고는 안부전화 한통 없던 둘째가 무슨 일인지 전화를 해온 것이다. 막상 둘째 동생이라는 전화기에 문구가 뜨니 혈육이라서 그런지 왠지 반가운 마음이 들어 전화를 받았다. 둘째 동생에게서 전화가 오면 가끔 저는 받기가 망서러질 때도 없진 않았다. 하지만 그래도 내가 자기들에게 짖은 죄 없다고 생각이 들어 항상 전화를 받았었다. 오랜만에 둘째 동생 전화를 받고 보니 그래도 형제라고 이렇게 전화를 하는구나 싶은 생각에 반갑다. 한편으로는 옛 속담 사람마음이란 것이 참으로 간사하다. 라는 말이 맞는 것을 실감하는 차원이다. 피는 물보다 진하다. 라는 말이 명언(名言)이지 싶기도 한다. 그동안 우리집안에 일어났던 파장들을 한 발짝 물러서서 생각해보면 둘째 동생도 어머니를 염려했고 질서를 잡아보려는 차원에서 나에게 그렇게 악을 쓰고 욕을 했을 것이라 생각해보면 서로 행(行)했던 방법은 달랐지만 그래도 저변에는 어머니를 위한 효(孝)된 처사(處事)였으리라 생각한다. 오랜만에 걸려온 둘째 동생 전화가 반가워 저는 반가운 마음에

"네가 웬일이냐?"

라고 물었다. 둘째 동생은 거두절미(去頭截尾)하고

"엄마, 간병 비를 형제들한테 얼마씩 받고 있어?"

라고 묻는다.

"한 집 당 15만원씩 해서 월 75만원을 받고 있지만 형편 고려해서 더러는 60 ~ 65만원 받을 때도 있다."

라고 했다. 형제들은 이 돈을 붙여 줄때는 명분상 분명히 간병 비였다. 이렇게 보내준 돈은 환자이신 어머님 밑으로 들어간 생활비로도 부족하면 부족하지 분명 남지 않은 돈이다. 저희들의 소중한 부모님을 모시면서 어찌 형제들에게 간병(看病)비를 더 이상 운운(云云)할 수 없는 사항

이다. 남편 암 때문에 6개월간 한 집 당 30만원씩 저는 150만원을 받았기에 제 입장에서는 이렇게 주는 돈이 너무 감지덕지(感之德之)했던 부분이다. 받는 사람 입장에서는 적을지 모르지만 주는 사람 입장에서는 생각하면 크게 느껴지는 액수고 한 두 달도 아니고 6개 월 동안 받았기에 개인적으로 만만치 않은 액수였다. 30만원이라는 돈을 매월 기약(期約)없이 주는 것이라면 더욱 부담(負擔)이 되었을 수도 있겠으니 그래도 다행스럽게 6달로 마무리를 지어서 제 입장에서는 천만 다행으로 여겨진 부분이었다. 저희 형제들도 그동안 어머님 병원비와 간병 비까지 챙기며 어머님 자주 찾아뵌다고 여러모로 경제(經濟)적인 지출(支出)이 많았다. 저는 형제들이 십시일반으로 보내온 소중한 돈들을 가급적 저희 가족 생활비에는 지출하지 않고 오직 어머님 생활하시는데 필요한 곳에 사용하였다. 이 부분만큼은 개인의 양심이지 싶다. 그동안 형제들이 간병비로 보내준 돈은 저에게는 큰 힘이 되었고 이 고비를 지탱해 가는데 커다란 힘이 되기도 하였다. 둘째 동생은 제가 사정이 여의치 않은 형제 형편고려해서 적게 받기도 한다는 말끝에 동생은 여차 없이

"그것은 내가 알바 없고, 형제들 간병 비가 몇 달치가 밀렸어?"

라고 물었다 그래서

"두 달씩 미루어 받아왔어."

라고 나는 말 했다. 둘째 동생이

"대뜸 그럼 형제들이 밀린 두 달 간병 비를 내가 다 줄게."

라고 한다. 당연히 저에게는 럭키한 일이다. 그렇지 않아도 카드 막아야 되는 상황이라 걸어도 뜬 구름 위를 걷는 심정인 이 곤란한 이 상황 이 시기에 그것도 이제껏 저에게 시비만 일삼던 둘째 남동생이 이렇게 기특한 생각을 하였단 말인가? 싶어 가슴이 뭉클해지는 순간이었다. 그렇지만 그냥 넙죽 받기는 그렇고 해서

"네가 돈이 어디 있다고 그 많은 돈 150만을 주려고?"

라고 했다. 내 말끝에 둘째 동생이

"응, 어디서 돈이 좀 나왔어."

라고 하는 것이다. 제 입장에서는 너무나 고마운 일이었다. 지금 이 상황 제 입장에서는 코 묻은 돈이라도 빌려 쓰고 싶은 상황이라 거절할 수 없다. 그래서 저는 둘째 동생에게

"아무튼 고맙다. 잘 쓸게."

라는 말을 하고 통화를 끊었다. 저는 집 앞 언덕길을 내려가면서 이런 생각이 든다. 그래도 자기 중장비 사업을 하다 밀린 공사비가 어디서 나왔나 보네. 라고 짐작하게 된다. 이제껏 와병 중이신 어머니에게 자주 다녀가지도 않고 연락도 자주 않던 사람이라 제 마음속으로는 둘째에 대한 섭섭한 생각을 가졌었는데 이렇게 큰돈을 형제들 몫까지 내준다는 말을 듣고 보니 그동안 섭섭한 마음은 온데간데없이 사라지고 그래도 나름 부모 향한 기특한 마음은 갖고 있었구나. 라는 생각을 하게 된다. 둘째 동생의 고마운 마음이 들어서인지 둘째에 대해 편견을 가졌던 부분을 저 나름 반성을 했다. 이제껏 둘째 남동생을 내 눈 높이에서 내 편견으로 평가를 하였구나 싶다. 다시는 내가 가지고 있는 자로 남을 제지 말 것이며 내가 가지고 있는 저울로 상대를 저울질 하지 말자. 내게 옳다고 해서 상대에게도 옳은 것은 아니니 항상 중도(中道)로서 세상을 보자. 라는 마음을 갖는다. 이제라도 내 생각만이 반영된 상대평가는 절대 하지 말자라는 굳은 결심을 하게 된 동기(同期)다. 천우신조(天佑神助)로 저는 밀린 간병 비를 한꺼번에 받을 수 있어 카드 값 갚을 고민은 해결 되었다. 둘째 남동생에게 느꼈던 서운했던 마음도 이젠 많이 살아졌다. 이 상황에 감사하는 마음뿐이라 하겠다. 제 스스로가 이런 일들을 겪으면서 크게 깨달은 것이 있다면 내 마음 하나 바로 세우면 그저 내

마음이 오히려 편하다는 사실을 깨달은 것이다. 오묘(奧妙)한 것이 마음이기에 그 마음하나 고쳐먹으니 오히려 좁은 마음을 가졌던 제 자신이 한 없이 부끄러워진 순간이다. 석가머니(釋迦)께서 설파(說破)하셨던 말씀 중에 부처님이 살면 사바세계(娑婆世界)가 곧 극락(極樂)이요. 극락(極樂)도 중생(衆生)이 살면 사바세계라 했던 말씀을 공감하게 된 사례이다. 이 말은 피차일반(彼此一般)이라는 말의 시원(始原)이기도 한다. 피안(彼岸)세계 언덕 저 넘어(극락)를 중생이 살면 사바세계가 되는 것이고 차안(此岸)세계인 사바세계를 부처님이 살면 피안의세계도 극락(極樂)이 된다는 의미다. 사람마음은 요사스럽고 참으로 간사하다는 말을 되새겨 보는 과정이다. 사람은 죽으라는 법은 없는 듯. 어렵게라도 산입에 거미줄은 치지 않으니 자고로 사람은 바르게 살아야 되고 바르게 사노라면 이렇게 저렇게 살 길이 생기는 법이지 않나 싶다. 저는 둘째 남동생 덕분에 그렇게 고민스러웠던 카드 값을 해결했다고 생각하니 그렇게 무거웠던 발걸이 가볍게 느껴졌다. 그 순간 저는 동생이 병중이신 어머니의 안부를 묻지 않아 약간 서운한 마음이 들었다. 하지만 그래도 저변에는 어머님 생각하고 있다는 사실을 느낀 것 같아 기분이 좋다. 형제들 형편까지 고려해 자기가 두 달분 어머니 간병 비 까지 대신 내준다고 하니 하늘이 감동할 일이다. 저는 둘째 남동생이 돈을 붙여준다는 말에 오늘 카드 연체되는 공포에서 벗어나 모든 시름을 해결한 듯 마음도 발걸음도 가볍게 집으로 향했다. 저는 이 기쁜 소식을 어머니에게 빨리 전하려 내리막길을 통통거리며 집으로 달려 들어갔다. 집에 들어선 저는 바로 어머니 옆에 앉으며 이 기쁜 소식을 전하려 어머님 옆에 자리를 잡고 앉았다. 하지만 왠지 울 엄마 안색이 몹시 굳어 있어 보였다 그리고 분위기마저 살벌하다는 느낌이 든다. 몹시 노여운 표정이 어머님 얼굴에 역력이 나타나 보았다. 저는 어머니의 눈치를 살피면서

"엄마 둘째가 어디서 밀린 공사비를 받았는지 다른 형제들 밀린 간병비 까지 자기가 붙여준다고 하네."

라는 말을 하였다. 그런데 제가 바라던 예상과는 다르게 어머님께서는 노기 가득한 목소리로 그것이 아닌데 그것이 아니야. 라고 언성을 크게 높이셨다. 저는 상상을 초월한 어머님 반응에 너무 당황해 움찔해진다. 갑자기 집안분위기가 공포분위기로 전환 된 순간이다. 저는 이 순간이 비록 잠시라고 하지만 왠지 숨 막히는 긴장감이 돌았다. 더구나 제 말이 끝나기도 전에 벌써 어머님 얼굴은 노기(怒氣)가 가득 차 있다. 그리고 무엇을 체념하신 듯 어머님 얼굴이 서글픈 모습으로 바뀌는 것이 눈에 선명하게 들어왔다. 그리고 다시 저희 어머님의 불호령 같은 엄한 말씀, 그것이 아닌디 그것이 아니어. 라고 고함을 치시니 저는 그만 몸이 굳어버렸다. 울 엄마의 너무나 엄하고 냉소적인 고함소리가 적막 한 공간을 가른다. 속없고 주책 맞는 저는 이 돈이 화근이 되어 어머니와 영원(永遠)한 이별(離別)을 하게 되는 원인(原因) 될 것이라는 것을 전혀 예상하지 못한 체 그저 둘째 동생이 형제들 미린 간병 비를 부쳐주겠다는 말만 듣고 기쁜 소식이라 여기고 어머니에게 전하려고 달려왔건만. 이 무슨 날벼락 같은 말씀을 하시는지 이해를 못해 어리둥절해졌다. 그리고 몸은 이미 굳어 경직 상태다. 아니 아직까지 이 나이가 되도록 이렇게 노하셨던 어머니를 한 번도 보지 못했던 것이다. 저는 이렇게 격노(激怒)하고 계시는 어머님을 이해하기 어려웠다. 그리고 이 상황이 더욱 이해가 가지 않아 저는 더욱 긴장 했다. 이 상황이 이해하기가 어려웠고 무서워진 것이다. 그러다보니 머리가 하얗게 질렸는지 아예 상황판단이 멈춰 버린 상태다. 더구나 이 상황이 너무나 무서워 몸도 마음도 석고상처럼 굳은 상태다 아니 노기 가득하신 어머님 얼굴 마주하기가 두렵다. 크게 노하신 어머니의 분노의 외침 그것이 아닌디 그것이 아니여. 라는 절규에서 표출되는 소리는 제 가슴을 오려낸 듯 서늘했다. 더구나 어머님 표정이 너무 살벌했다. 낯선 어머니 모습을 본 저는 온 몸이 얼어붙어 움직이지 않았다. 그러나 생각은 할 수 있다는 것이다. 왜? 그렇게 다정하신 우리엄마가 이렇게 대노(大怒)하시는 이유가 과연 무엇일까? 라는 주제를 놓고 나의 머릿속이 복잡해지기 시작한다. 과연 나는 무엇을 어떻게 잘못하여 울 엄마를 이렇게 분노하게 만들었을까? 라는 질문을 저에게 던져본다. 나는 무엇을 어떻게 그렇게도 잘못을 크게 해 부처님 같으신 우리 엄마를 이렇게 분노하게 만들었을까? 제게 닥친 이 상황이 너무나 의문스러워 잠시 멍하니 앉아 어머니를 물끄러미 바라보며 동네 마트 내려가는 부분부터 되짚어 본다. 그러나 저희 어머니께서는 그 얼마니 화가 나셨으면 고장 난 녹음기 무한반복처럼 쉼 없이 노기 띤 얼굴로 반복된 말씀으로 그것이 아닌디 그것이 아니여. 라는 말씀만 되풀이 하시고 계신다. 그러나 그것이 아니여. 라는 말씀을 하고 계시는 우리 엄마 얼굴이 너무나 슬퍼 보였고 너무나 분노하고 계셔 저는 엄마 얼굴 보기가 너무 괴로워 몸 둘 바를 몰겠다. 아니 우리 엄마 얼굴을 차마 처다 볼 수가 없다. 그런데 갑자기 어머님께서 자식들에게서 받은 서운한 감정이 제 마음에 느껴진다. 그러니까 어머님의 한(恨) 많은 이 마음을 어디다 그 무엇에다도 비교(比較) 수 없을 정도의 슬픔과 서글픔이 제게 느껴진 것이다. 그러나 저는 이 숙제를 빨리 풀어야 된다는 생각뿐이다. 이 숙제를 빨리 풀어서 저희 어머님의 슬픈 마음을 풀어드려야 된다는 생각을 하던 문득 제 머리에 스치듯 짐작 가는 부분이 생각이 났다. 분명 둘째 남동생이 형제들 간병비로 붙여 준다는 돈이 문제가 있다는 생각이 든 것이다. 저희 어머니께서는 특별하신 부분이 많아서 말하지 않아도 아시는 분이라 어쩌면 이 돈이 바로 우리 엄마를 이렇게 노하게 만든 돈 일 것이라는 생각이 스친 것이다. 그래서 저는 정신을 바짝 차리고 어머니께서 그것이 아니여. 라고 하시는 말씀에 의미를 되새겨 이렇게 여쭈어본다. 엄마 둘째가 엄마간병비로 붙여준다는 돈, 엄마 달라고 그러시는 것이에요? 라고 물어보았다. 그랬더니 그렇지. 라고 하신다. 그래서 제가 어머님께 그럼 그 돈 붙여오면 제가 바로 찾아 엄마 갖다 드릴게요. 라고 했다. 오늘 동생에게서 돈이 송금되면 카드 결제 6시에 끝나면 바로 현금 서비스로 돈을 찾아 쓸 수가 있어 저는 그렇게 말씀을 드린 것이다. 그런데 저희 어머님 다시 역정을 내시며 그것이 아니당께. 라고 하시는 것이다. 도대체 무엇이 어떻게 잘못 되었기에 말씀 잘 못하시는 우리 어머니를 이렇게 화를 나게 하며 그것이 아니당께. 라는 말씀만 나오게 하는지 문제는 분명 이 돈이 문제 같은데 미련한 저는 추측만 난무하고 문제가 야기된 것을 확실하게 제시를 못하니 어머님 마음이나 제 마음은 답답함으로 가득 하다. 그래서 저는 다시 그럼 그 돈 들어오는 대로 바로 엄마 찾아다 드릴게요. 라고 말을 했다. 어머니께서는 더 화나시고 더 노여운 눈으로 저를 쏘아 보시면서 그것이 아니당께 그것이 아니여. 라는 말씀만 쉼 없이 하시는 것이다. 그리고 평소에 불미스런 일이 닥칠 때 주로 사용하시던 말씀 워메 우짜스까 워메 으짜스까 우메 으짜쓰까잉. 라는 말씀만 연이여 하시는 것이 예사로운 일이 아니라는 것을 직감한다. 이 말씀은 그동안 집안에 큰 변고가 있을 때. 종종 우리엄마가 쓰시던 단어다. 그래서 나는 어머니가 이 단어를 쓰시면 초고도로 긴장하게 된다. 지금 어머니 입에서는 연이여 우메 우짜까 우메 우짜쓰까. 라는 단어가 쉼 없이 반복하시니 갑자기 무서운 생각마저 방정맞게 스친다. 테이프가 고장 나서 무한반복 된 상황 같이 쉼 없이 우메 우짜쓰까 우메 우짜스까. 라는 말씀뿐이다. 저희 어머니 표정은 좌절 속으로 빨려 들어가는 듯 마음속 깊은 곳에서부터 실망에 겨워 슬픈 모습으로 변해가고 있는 것이다. 이 부분에 대해서는 나의 추측만 가지고 저희 어머니께서 이렇게 노하시는 이유를 형제들에게 전 할 수 없다. 그래서 제 마음도 너무 슬픈 것이다. 나는 둘째 동생이 나에게 형제들 간병 비를 대신 주겠다는 돈에 대한 출처를 알고자 둘째 남동생하고 자주 연락을 하고 있고 간병 비를 책임지고 받아주고 있는 막내 여동생한테 전화를 걸었다. 그리고 막내 여동생에게 엄마가 둘째한테서 돈이 들어 올 거라는 말을 듣고부터 저렇게 노하시고 그것이 아니다. 란 말씀만 연거푸 하고 계신다. 도대체 그 돈이 무슨 돈이기에 이렇게 우리 엄마 마음을 화나게 하는 것일까? 라고 저는 막내 여동생에게 물었다. 막내 여동생은 이미 알고 있었는지 그 돈은 건강보험에서 엄마 앞으로 얼마인지는 잘 모르지만 환급되었다고 했어. 그래서 둘째 오빠가 그 돈으로 형제들 간병 비를 대신 내주겠다는 말을 했어. 라고 한다. 저는 여동생에게서 그 말을 듣는 순간 저희 어머니께서 저렇게 노하시고 계실 만. 하다는 생각이 들었다. 여동생에게서 그 말을 듣는 저도 화가 치밀었다. 그래서 바로 막내 여동생에게 야 왜? 그 돈을 우리가 나눠가져야 하는데 그것은 우리가 엄마를 위해서 병원비를 지불했지만 나라에서 나이 드신 분에게 일정부분 환급해주는 돈이라 당연히 엄마를 드려야지. 라고 하였다. 그랬더니 막내 여동생이 그런다. 왜 그 돈을 당연히 엄마를 드려야 되는데. 라고 하며 막내 여동생에게 야 솔직히 말해서 우리 엄마나이 팔순이 넘도록 자식들이 엄마 용돈 한번 생활비 한번 제대로 준 적 없었다. 그러기에 나는 그 돈은 엄마를 드리는 것이 당연하다고 생각한다. 이제껏 건보에서 병원비가 종종 환급 될 때마다 내가 아무리 돈이 궁하고 힘들어도 엄마 호주머니에 넣어드렸지 10원짜리 하나 내 호주머니를 채워보지 않았다. 그 돈을 형제끼리 추접스럽게 나눠 쓰냐? 그리고 간병비 주기가 그렇게 힘이 들면 나한테 말을 했으면 내가 빼주던지 받지 않던지 할 것인데 왜? 어머니에게 들어갈 돈을 우리가 쓰는데. 라고 저도 악을 썼다. 그런데 옆에서 저희 자매의 통화내용을 듣고 계시던 어머니가 갑자기 전화기를 자기 달라고 손을 내미신 것이다. 그래서 저는 전화기를 어머니에게 건넸다. 전화기를 받으신 저희 어머니께서는 막내딸에게 아야 그것이 아이다잉 그것이 아니여 없다 없어. 라는 말을 되풀이 하신 것이다. 어머니가 유일하게 사용하시는 단어 몇 개를 가지고 이 사항을 막내딸에게 설명하고 자신의 뜻을 적나라하게 표현하기엔 현제상황은 너무나 복잡 미묘하다는 것이 애로사항이다. 그렇지만 어머니께서는 설명하기는 어렵지만 그래도 막내딸에게 애원하다시피 또 다시 아야 없다. 없어. 라는 말씀만 계속 반복하신 것이다. 이 광경을 옆에서 보는 제 입장에서는 어머니께서 자꾸만 없다. 없어. 라는 말씀을 듣고 있잖니 가슴이 미여졌다. 저희 어머님 성품이었다면 분명 산천초목이 흔들릴 정도 불호령도 이만저만이 아니었을 텐데 그저 애원에 가깝게 막내딸에게 그저 없다. 없어. 라는 말씀만 반복하시는 모습이 정말 정말 안쓰럽고 죄송스럽다. 반면 어머님말씀 없다. 없어. 라는 말을 듣고 있는 막내 여동생은 어머님 말씀을 무슨 뜻으로 이해를 했는지는 잘 모르겠다. 하지만 막내도 어느 정도는 어머니의 의중(意中)을 알아들었을 것이라 집작한다. 어머니와 막내 여동생간에 통화가 잠시 이어졌지만 결론(結論)은 이 사태는 다시 되돌릴 수 없다. 라는 방정맞은 소리인지 느낌인지는 잘 모르겠지만 일단 내 귓가에 들린다. 하지만 되돌릴 수만 있다면 저는 어떻게라도 되돌리고 싶다. 그래서 제가 다시 어머니에게 엄마 내가 그 돈 들어오는 대로 찾아다 엄마 드릴게요. 그러니 마음 푸세요. 라고 저는 어머님 마음을 조금 진정시켜드리려 했다. 그러나 어머니는 분명 그 돈이 필요하신 것이 아니다. 어머님은 아니 하늘은 자식들 마음이 중요했던 것이다. 그러므로 더욱 어머니에게는 제 말이 아무런 의미가 없었다. 어머니께서는 또 다시역정을 내시며 그것이 아니당께. 라고 소리를 지르신다. 너무 당황스러운 상황이다. 어머니께서는 또 다시 우메우짜까 우메 우짜쓰까. 라는 탄식을 연거푸 반복하신다. 이 순간만큼은 쥐구멍이라도 있었으면 좋겠다는 생각마저 든 상황이다. 어머님의 체념어린 한(恨) 맺힌 절규 같다. 저는 이 상황(常況)을 어떻게 하면 좋을지 막막하다. 너무 긴장한 탓인지 몸도 마음도 굳을 대로 굳어 움직여지지 않는다. 저희 어머니께서 이렇게 화를 내시는 부분을 어느 정도 가름 한다. 보통사람들은 이 부분에서 노인 양반이 돈 욕심을 부려서 그랬을 것이라고 오해도 하실 부분이다. 그러나 지금 어머님 수중에는 몇 백 만 원 정도 돈은 있는 것이다. 더구나 저희 어머니께서는 돈 욕심이 나서 화내실 분은 분명 아니셨다. 그리고 이제껏 제가 보아온 저희 어머님 성품의 모습은 분명 아니셨기에 저는 두려운 것이다. 어머니께서 이런 모습은 돈 욕심이 나서 화내시는 것이 아니다. 는 사실을 저는 어느 정도 알고 있어 더욱 슬프고 두렵다. 울 엄마는 이제껏 자신에 용돈을 모아 곤란을 겪고 있는 주변사람들에게 지갑을 열어주셨던 분이셨기에 분명 돈 욕심이 나서 화를 내셨을 것이라는 생각은 저희 어머님을 잘 모르고 하는 판단이다. 저는 생각이 복잡해졌다. 저희 어머님께서는 우리가 모르고 있는 또 다른 세계 또 다른 영역에서 볼 때 이런 처사(處事)는 분명 자식 된 도리가 아니라는 뜻이다. 우리가 모르는 세계를 알고 계신 어머니께서 이렇게 화를 내시는 이유가 분명 따로 있다는 뜻으로 나는 해석한다. 내 비록 영민하지 못하고 둔한 사람이지만 어머니께서 이렇게 화내시는 이유를 어느 정도는 가름하고 있다. 이 상황이 어머니 마음이나 제 마음이 저미도록 아프고 슬픈 이유다. 저희 어머니께서 이렇게 화내시고 고통스러워하시는 이유가 있다. 그 이유는 보통 사람들은 알지 못하는 영역이지 싶다. 누구에게 강요할 수 없는 부분이라 그저 옆에서 자식들의 성의와 정성을 그저 지켜 볼 수밖에 없는 입장이라 더 괴로우신 것이다. 하늘도 어쩌지 못하는 영역 인간의 자유의지(自由意志)다. 나는 생각한다. 지금 나에게 닥친 이 상황은 하늘에서 자식들 정성을 엿보시고자 내준 시험대였다고 저희 어머니께서 이렇게 힘들고 고통스러운 과정들을 이제껏 감내하고 계셨던 이유도 자식들의 운명(運命)에 흠(欠)을 고쳐주시고 계셨던 차원이라고. 그러나 지금 본인이 이제껏 희생(犧牲)하고 감내(堪耐)하시며 견디고 참아 오셨던 부분이 물거품이 되는 순간(瞬間)이라 더욱 어머니께서는 슬프고 괴로운 것이다. 어머님께서는 너무나 허무하고 허무하여 슬프고 또 슬프다. 신(神)과 하늘은 자식들에게 부모님 은공(恩功)을 작게나마 갚을 수 있는 기회(期會)를 만들어 주셨던 부분이다. 더구나 자식들은 부모님 은혜(恩惠)에 보답(報答)하는 뜻으로 병원비를 지불하게 되었고 그런 정성으로 본인들의 운명에 흠을 고쳐가는 과정이 되었던 것이다. 우리들은 어머니의 생명을 연장시키기 위해 자식들 정성이 필요했고 그 정성 표시로는 돈을 지불하게 되고 그 돈은 부모님 생명을 다시 사게 되는 것이다. 그러나 어리석게도 인간은 이러한 하늘의 법칙을 몰랐던 것이다. 이렇게 해석하는 것도 저 만에 생각일 수 있겠다. 다만 어느 경지에 올라서신 분들은 아는 이치라 여긴다. 반면 더러는 이렇게 해석하는 나의 생각에 반론(反論)의 소지(素志)가 다분(多分)할 수 있다는 생각도 들어 주장(主張)은 하지 않을 것이다. 저는 깨달은 존자(尊者)만이 아는 영역이라 생각한다. 자식들은 와병(臥病) 중이신 부모님을 살리려고 병원비를 통해서 생명 연장 비를 지불하게 된 경우라 생각하면 무난할 듯하다. 그리고 이 정성이 헛되지 않기를 바라는 것이 자식들의 마음이라 생각한다. 저희 어머님께서는 그 어려운 사선(死線)에 고비 고비를 잘 넘기시고 이젠 정말 근력회복과 재활할 시간만이 필요한 시기다. 더욱 저는 그 돈은 저희 6남매가 어머님을 살리기 위해서 병원비로 썼던 것이고 그 병원비로 썼던 돈이 일부 환급이 되었으니 그 돈은 당연히 어머님에게 드리는 것이 마땅하고 당연하다고 생각한 사람이다. 저희 어머님 주소지가 김해로 되어있을 때에는 건보에서 나온 병원비 환급 서류가 저희 집으로 배달되었다. 그래서 저는 그때마다 어머님의 통장번호를 기재해서 다시 건보로 보내 환급을 받아 왔었다. 더러는 이 과정이 번거로운 과정이다. 병원비 일정 부분 환급이 발생하면 발생 할 때마다 어머님 계좌번호를 기재해서 보내는 시스템이라 사실 어머님을 지키고 있는 저에게는 번거로운 절차(節次)였던 것이다. 그리고 그곳에서 환급(還給)된 돈들이 통털어 4~5차례였으며 액수는 일정하지 않았고 입금된 돈 최저가 30만 선이고 최고가 8~90만원으로 기억을 한다. 그리고 그 돈은 당연히 어머님에게 찾아 드린 것이 제 임무였다. 생각지도 못한 돈이 가끔 한 번씩 나오니 저는 저희 어머니 지갑 채워드리는 재미도 제법 쏠쏠해 기분이 좋았다. 그리고 저는 그 돈을 찾아 어머니에게 가져다 드릴 땐 항상 오만 원 권으로 바꿔 일면으로 가지런히 정리를 해서 어머님 드리면 저희 어머님께서도 기분이 좋으신지 아이고 참말로. 라는 말씀하셨다. 물론 찾은 금액 영수증도 항상 같이 드렸다. 그리고 작년 겨울 어머니께서 냉장고를 사셨고 저는 냉장고를 사시느라 가벼워진 어머니의 지갑을 건보에서 나온 돈을 찾아 채워드렸던 이유다. 그 당시 금액은 80만 원 정도였다. 그렇지만 시골에서 큰 냉장고가 필요 할 것 같지 않았으며 어머님 돈이라도 함부로 쓰고 싶지 않아 양문 냉장고를 사지 않고 투 도어 냉장고를 샀는데 그것이 어머님 마음을 몹시도 서운하게 하여 결국은 어머님 마음을 지금도 상하게 한 죄인이 되었던 이유다. 제가 이제껏 살아오면서 크게 실수한 부분이 있다면 아마 작년 겨울 냉장고 사건이 아닐까? 하는 생각이 든다. 그때를 생각하면 왜? 그리도 생각이 짧았을까? 왜? 그리도 미련했을까? 라는 후회만 있다. 그런데 그때 둘째 남동생이 저에게 건보에서 나온 돈으로 엄마 냉장고를 네네 마음대로 샀냐? 라는 반말로 10여년 차이 나는 손위 누나에게 꼭 꼭 씹어 내 뱉는 육두문자를 걸쭉하게 들었던 사건이다. 그 당시 너무 충격이 커 세월이 흐르더라도 잊혀 지지 않을 가장 씁쓸했던 사건이 된 사연이다. 둘째 동생이 건보에서 나온 병원비 환급을 받게 된 이유는 어머님의 주소지를 일 년 전에 둘째 동생 주소지로 옮겨 놓았기 때문이다. 사적인 이유가 있어서 어머님 주소를 광주 자기 집으로 옮겼던 이유가 있었다. 그러다보니 건강보험에서는 환자가 실제로 살고 있는 곳으로 보내지 않고 행정적 주소지로 연락을 취해 환급을 해주는 시스템이다 보니 주소 옮긴 이번 년도부터는 광주 둘째 남동생 주소로 병원비 환급통지를 보냈던 것 이유다. 그 돈을 둘째 동생이 찾아서 어머니에게 드렸으면 아무 탈이 없을 텐데… 그 돈을 어머니 드리지 않고 형제들 밀린 간병 비 명분으로 보내준다고는 하였지만. 결론은 형제들 끼리 나누어 가진 형국이라 신(神)에 세계에서는 그 이유가 통하지 않았고 그 일로 집안에 우환이 있을 것을 예견하신 어머니께서는 너무도 비통해 하신 이유라 생각한다. 둘째 동생이 아직 돈을 붙이지 않아 입금 되는 대로 바로 어머니께 찾아다 주면 해결 되는 일이지 않겠나 하는 생각도 한다. 그러나 그 방법도 틀렸는지 어머니께서는 막무가내로 그것이 아니다. 란 말씀만 하시고 저렇게 격노(激怒)하고 계시니 이 일을 어떻게 풀어가야 좋을지 난감하여 괴롭고 괴롭다. 무섭고 겁이 난다. 그리고 왠지 불길한 예감이 든다. 되돌릴 수 없는 엄청난 죄를 짓은 느낌이다. 갑자기 둘째 동생이 원망스럽다. 내가 돈 어디서 났냐. 라고 물었을 때 말을 바로 해줬더라면 우리 어머니 이렇게 가슴 아프지 않게 하고 좋은 방법을 찾았을 텐데… 이 일을 어쩌면 좋을지? 저희 어머님 저렇게 노하시는 얼굴을 보니 이 일은 분명 보통 일이 아닌 모양이지 싶은 생각이다. 형제들이 2년 가깝게 어머니 병원비와 저에게 간병 비까지 챙겨준다고. 모두가 경제적으로 많이 힘들다는 것은 알지만 그래도 그렇지… 저렇게 심하게 노하고 계시는 울 엄마 모습은 제 평생 처음이라 몹시 당황스럽고 무섭기만 하다. 이 사태를 저는 어떻게 대처해야 할지… 전혀 타협점이 안 보인 지금 어머니께서는 연거푸 그것이 아니당께 그것이 아니어. 라고 고함을 치시고 분통해 하시니 저는 정말 이 상황이 너무 두렵고 무섭다. 격노(激怒)하고 계시는 어머님 모습을 옆에서 보는 저의 심정(心情)은 바로 지옥(地獄)을 헤매는 중죄인(重罪人)모습이다. 좌불안석(坐不安席)이 따로 없고 바로 이것이 가시방석이 아니고 무엇이겠는가 싶다. 괴롭고 괴롭다. 정말 노모님 옆에 앉아 있는 것 자체가 두렵고 무섭다. 저는 지금 이 상황을 어찌해야 옳은 것인지 막연(漠然)해서 몸 둘 곳도 마땅치 않고 마음 둘 곳도 마땅치 않아 쩔쩔매고 있는 상황이다. 지옥이 따로 있을까? 싶다. 바로 이 상황이 바로 지옥이지 저는 어머니께 너무 미안하고 죄송하여 그저 어머님 처분만 기다리고 있는 중이다. 무거운 침묵(沈默)이 한 시간가량 흘렀다. 침묵 속 한 시간은 너무나 길게 느껴졌다. 어머님께서는 무거운 침묵을 깨고 입을 여셨다. 소통이 어렵기 때문에 저에게 오직 그것이 아니다잉 그것이 아니어. 라는 말씀뿐이다. 저희 어머님께서는 어떤 결단을 내리셨는지. 아주 근엄한 목소리로 변해 너무나 냉철하고 침착하게 그리고 중저음(重低吟)으로 제게 다시 그것이 아니다잉 그것이 아니어. 라고만 하신다. 그런데 그 모습에서 속에서 비춰지는 그 느낌은 이일을 어쩌지? 이 일을 어찌 할꼬?라는 느낌만 있을 뿐이다. 어머님께서는 이런 감정을 숨기고 차분한 어조(語調)로 내게 다시 그것이 아니다잉 그것이 아니어. 라고 하신다. 저는 이 말씀에 뜻이 무슨 의미를 갖고 있는지 생각을 해봐야 한다. 어머니께서 이렇게 엄숙(嚴肅)하게 말씀을 하신 이유를 생각해보면 분명 예삿일은 분명 아니다. 라는 생각이 든다. 제가 어머님 말씀을 빨리 이해 못해 넋을 잃은 듯 멍청하니 앉아 있으니 어머니께서는 슬픈 얼굴로 다시 그것이 아니다잉 그것이 아니야. 라는 말씀을 아주 힘없이 하시는데 왠지 느낌이 모든 것을 체념하신 마음으로 들렸다. 이럴 때 저희 어머님께서 정확하게 선(先)은 이렇고 후(後)는 이렇다. 라고 속이라도 시원하게 말씀을 해주실 수 있는 상황이라면 저도 편하고 어머니도 답답하지 않으련만 말 못하시는 관계로 어머님 뜻을 제대로 전하시지 못하시는 어머님이나 알아듣지 못하는 제 마음이나 답답한 것은 매한가지며 서로 애타는 마음만 그지없음이다. 무거운 침묵이 한 참 이어졌다. 저는 그 사이 눈을 감고 어머님 마음속으로 들어갔다. 그야말로 저희 어머님께서 저에게 누누이 공부하라고 이르셨던 타심통(他心通)이라 하겠다. 저는 분명 느낀다. 저희 어머니께서 저렇게 분노하시는 이유를 그리고 그런 어머님의 격한 마음이 제 가슴에 저미게 느껴졌다. 이심전심(以心傳心)처럼 어머님께서 이렇게 노하시는 이유가 제 세포하나하나 속으로 전율이 되어 들렸다. 저 역시나 어머님 마음이 전해지는 순간 제 마음에도 분노(憤怒)가 전해지며 온 몸이 부들부들 떨려왔다. 한사람에게는 두 달 간병비가 그리 많지 않은 액수다. 그리고 제가 달라고 독촉 한 일도 없다. 형편 어렵다고 하면 받지 않아도 되는 돈이다. 그런데 자식 누구하나 앞장서서 건보에서 나온 돈은 그냥 어머님 용돈으로 드리자는 말을 한마디도 했던 사람이 없었다는 사실이 어머님께서는 너무나 서글프고 분개(憤慨)하신 이유이다. 그 돈은 어머님 생명을 연장하는 방편(方便)역할이라는 뜻이다. 그러나 그 돈을 큰 자식이나 작은 자식이나 아무도 어머님께 드리자고 나섰던 자식이 없어다는 사실이 문제가 된 이유다. 아 정말 우리 형제들 소행(所行)을 생각하니 어머님 얼굴 뵙기가 민망하고 죄스럽기 그지없음이다. 아니 부끄럽기 그지없다. 저런 심성을 가진 사람들이 내 형제고 우리 엄마의 자식들이라는 사실이 너무나 부끄럽고 부끄럽다. 돈 몇 푼에 울 엄마를 이렇게 천 길 낭떠러지로 밀쳐내 버린 꼴이 되었다. 너무 실망스럽고 허무하여 저 또한 마음 가눌 길이 없다. 친정아버지 돌아가시고 난 뒤 시골 재산을 6남매가 바로 분배를 하고자 할 때 저는 형제들에게 어머니 돌아가시고 난후에 서로 나눠가져도 늦지 않으니 모든 재산은 엄마 앞으로 해드리자. 라고 제안했었다. 그래서 이 경우 저라면 1초에 망설임 없이 그동안 엄마 용돈 한번 제대로 드린 적 없으니 이번 돈도 어머니 용돈으로 드리자. 라고 권하였을 것이다. 우리 형제들은 얼마나 곤곤(困困)했는지 건보에서 나온 돈을 이런 방법으로 쓰는 것을 방조(傍助)했으니 큰 올케가 작년 이모들이 병문안 오셨을 당시 울 언니 맛있는 것 사더라. 라고 주신 돈 병원비에 보태 쓴다고 자기 달라는 말과 같으면 같았지 다르지 않다는 것이다. 지금 보이지 않는 세계에서는 부모 위해 돈 한 푼 쓰는 것을 그리도 아까워하는 자식들을 신(神)에 세계에서는 괘씸하게 여기신다는 의미이다. 저는 이 일을 어찌 풀어가야 될지 눈앞이 깜깜하고 막연(漠然)하다. 아니 이 벌(罰)을 어떻게 감당(堪當)해야 될지 막막(寞寞)한 것이다. 하늘은 상(賞)과 벌(罰)이 뚜렷하게 반영(反影)된다는 사실을 우리 형제들이 모르고 있으니 이 일을 어찌할거나? 심히 염려스럽다. 일반사람들은 대부분 눈에 보이는 것만 생각하고 걱정하는데 저는 눈에 보이지 않은 것과 눈에 보이지 않은 세계가 더 무섭단 것을 이미 잘 알고 있어 더욱 무섭게 느껴진 것이다. 차후(差後)에 일어날 일이 더 무섭고 더 두렵고 두렵다. 제 입장에서는 바로 이 순간(瞬間)이 지옥이라 생각이 들었다. 저희 어머님께서는 한평생 오직 자식들 잘 되라고 일구월심(日久月深) 빌면서 살아오신 분이건만 어쩌자고 자식들은 돈 몇 푼에 어머님 은공(恩功)을 이렇게도 무참히 짓밟아야 했는지 자나 깨나 합심된 마음으로 울 엄마 쾌차를 같이 빌어 주고 같이 힘을 모아 울 엄마 자유로운 몸이 되도록 정성을 같이 쏟았으면 좋으련만 왜? 하필이면 형제들 합심이 어머니에게 들어갈 돈을 나눠쓰는데 이렇게 멋지게 단결(團結)되었단 말인가? 심히 부끄럽고 어처구니가 없다. 나의 방정맞은 생각은 이번 일이 왠지 어머님 생명(生命)을 놓치게 하는 행위라는 예감(豫感)이 방정맞게 들고 보니 내 입에서도 자꾸만 이 일을 어찌 할꼬. 라는 탄식(歎息)만 절로 나온다. 아 정말 이 일을 어찌해야 할지 침묵 속 무거운 기운(氣運)이 감도는 가운데 적막(寂寞)함도 서려있어 숨 쉬며 들이마시는 공기마저 가슴을 서늘하게 베고 지나가는 느낌이 든다. 저는 사람들이 대부분 큰일을 겪으면서 하시는 말씀이 주로 하늘이 무너지는 기분이다. 라고 말씀 하실 때 정말 하늘이 무너지는 기분이 어떤 것이지 많이 궁금했다. 그런데 지금 이 느낌이 바로 하늘이 무너지는 느낌이지 싶다. 잘 달리던 기차가 천 길 만길 낭떠러지 앞에서 멈춰 서서 기우뚱 기우뚱거리다 곧 곤두박질하며 떨어질 것 같은 공포가 엄습한 것이다. 마냥 이렇게 속절없이 넋을 잃고 있을 수는 없는 일이다. 어떻게 해서든 다른 방법을 찾아 어떻게라도 수습을 해야만 했다. 너무나 실망하고 속상하시는 어머님 마음 달랠 길 없어 그저 저는 어머님 얼굴을 애처롭게 처다 보고만 있는 상황이다. 무엇을 그리도 어머니께서는 골똘히 생각하시는지 한참 동안 미동(微動)도 없이 눈을 감고 계셨다. 나는 불안감이 밀려와 그저 옆에 쥐죽은 듯 앉아 어머님 하명(下命)이 있기를 기다리고 있는 중이다. 울 엄마 갑자기 몸을 가볍게 일으켜 앉으셨다. 어머니는 불과 몇 달 전만 하여도 옆 사람 부추김 없이는 일어나 앉으시는 것도 겨우 하셨던 분이시다. 지금은 이렇게 혼자 일어나 앉으시는 것이 많이 수월해지셔 가볍게 혼자 일어나시고 가볍게 앉으셨다. 누웠다. 하시니 보기는 좋았다. 이렇게 가볍게 몸을 일으키실 때면 희망이 보여 저는 천만다행이라 여기며 희망을 놓지 않고 여기까지 왔다. 그러나 지금은 그런 생각도 부질없다는 생각이 든다. 어머님 병세가 좀 좋아졌다든가 나빠졌다. 라고 하는 그 생각 자체가 이젠 호사라는 생각이 든 것이다. 몸을 일으켜 소파에 앉으신 저희 어머님 그저 처분만 내리시길 기다리고 있는 저에게 이마를 갖다 대어 주신다. 이렇게 이마 땅을 하자고 하시는 뜻은 저에게 이 또한 운명이니 너무 서글퍼 하지 말라는 뜻으로 느껴졌다. 이 또한 좁게 생각하면 집착(執著)이다. 그러나 넓게 보면 이 또한 순리(順理)라 여기라는 의미인 것이다. 저는 무감각하게 어머님의 이마 땅에 부응하지만 마음은 죄스러워 어머님 얼굴 마주보기가 부끄러웠다. 어머님께서는 몸 둘 바를 몰라 하는 저의 손을 잡아주시며 그것이 아니다잉. 라는 말씀을 재차 하시면서 저의 눈과 마주쳐주신다. 저는 어머님 눈과 마주친 순간 그것이 아니다잉. 라는 그 말씀에 깊은 뜻이 제게 오롯이 전해졌다. 바로 이 부분이 어머니와 저와의 심심상인(心心相印)의 교감이라 생각한다. 어머께서 저에게 마음으로 전해주시는 메시지는 건보에서 나온 그 돈이 필요한 것이 아니고 자식들의 진실(眞實)한 정성이 필요 할 뿐 돈이 없어서 그런 것이 아니다. 그러니 그 돈을 둘째가 붙여주더라도 나에게 주려고 하지 마라. 그리고 나도 절대로 이런 상황을 바라지는 않지만 신에 세계(世界)에서 요구(要求)하고 원(願)했던 이유는 자식들 효자로 만들어 참다운 사람을 만들기 위해 훈련을 시키는 과정이다. 병든 부모 섬기는데 꾀부리지 말고 형제들 서로 합심하여 병든 부모에게 정성을 들리라는 뜻이다. 그러니까 다시 말해 병든 부모에게 관심을 갖고서 자식의 의무를 다하라는 뜻이다. 병든 부모님에게 쓰는 돈을 너무 아까워하지 말라 그리고 이 일은 내가 원하는 일이 아니다. 오직 진실과 정성만이 통하는 영(靈)의세계라 나도 어떻게 할 수 있는 일은 없고 오직 자식들의 진심어린 정성만이 내 몸을 자유롭게 해주는 열쇠일 뿐이다. 그러니까 너희가 모르는 또 다른 세계에서 병든 부모님을 향한 자식들 정성과 마음을 헤아려 보는 시험이라고 보면 된다. 그러니 둘째가 돈 붙여주면 나주지 말고 너 써라. 저는 어머니께서 제게 전해주시는 마음을 듣고 나니 마음 한쪽이 아련해졌다. 이렇게 해석 한 것이 어머님의 정확한 메시지인지는 증명 할 수는 없다. 제 마음에 유입(流入)된 어머님의 마음이다. 그러나 이 또한 열린 마음이고 세상사 밝은 이치(理致)를 헤아릴 줄 아는 자(者)의 영역일 것이다. 세상사 이치가 바로 이렇게 돌아가는 것이 바로 순리다. 라는 것을 아는 자(者)만 아는 영역이 될 것이다. 저희 어머님의 입으로 직접 전(傳)한 말씀이 아니다 보니 어떤 부분에서는 갑을논박에 소재가 될지도 모르겠다. 분명한 것은 오래 동안 제가 저희 어머니를 모시면서 저의 마음에 전달된 어머니 마음에 소리요 어머니 마음에 메시지라 분명 허투루 해석되지는 않았다는 것이다. 초인(超人)처럼 특별하신 어머니를 모시다보니 남들보다는 좀 다르게 어머니의 마음과 소통이 원활하게 이루어졌던 부분을 감안 했을 때 틀린 해석은 분명 아니다. 그 옛날 세존께서 수많은 중생들 앞에서 설법을 하시고자 연단에 올라서서 연꽃 한 송이를 들어 보이니 가섭이라는 제자가 부처님의 뜻을 빨리 알아차리고 미소를 지었다는 설화가 있다. 그때를 비유해서 말하지 않아도 아는 마음 즉 마음을 마음으로써 전(傳)하는 법 바로 염화미소(拈華微笑)이며 시중이라는 제자 또한 석가모니께서 연꽃을 든 뜻을 알아차렸기에 염화시중 (拈華示衆)이라는 고사성어(故事成語)가 만들어진 시원(始原)이라 하겠다. 제가 수양(修攘)이 깊어 깊이 깨달은 것은 분명 아니다. 저를 낳아주신 저의 소중한 어머님 마음정도는 마음으로 헤아려보려 노력함은 있다. 그래서 어머니와 저는 굳이 많은 말이 필요한 것은 아니었다. 제가 영민(穎敏)하지 못하여 더러는 어머님의 깊으신 뜻을 빨리 헤아리지 못 할 때도 있었지만 일상(日常)생활에 있어 어머님과 의사소통하는 부분에 대해서는 문제

되지는 않았던 것이다. 지금 어머님의 깊은 뜻을 어느 정도 알고 나니 그저 어머님께 죄스럽고 부끄러운 마음이 일어 고개를 들지 못했다. 고향 집 냉장고 사건까지 머리에 스치니 그저 어머니에게 미안하고 송구스러운 마음뿐이다. 너무나 부끄럽고 죄송스러워 하염없이 작아지는 죄인(罪人)의 마음이다. 너무나 부끄럽다. 더구나 돌이킬 수 없는 강을 건넌 듯. 후회막급(後悔莫及)이다. 되 돌 릴 수만 있다면… 아 이 일을 어찌 할거나 누가 있어 우리 두 모녀의 기막힌 사연을 알아줄까. 하염없이 작아지는 나는 어머니를 바로 바라 볼 수가 없다. 더구나 나도 모르게 몸이 자꾸만 작아져서 마루에 코가 닿을 정도다. 어머니께서는 제 마음을 읽으셨는지 고개 들지 못하고 있는 제 머리를 쓰다듬어주시며 또 다시 그래서 그래. 라고 하신다. 다시 강조하신 그래서 그래. 라는 어머니 말씀을 해석하자면 이것은 어머님께서는 원하시는 일은 아니라 할지라도 하늘에 뜻이라 어머님 힘으로도 어쩔 수 없는 영역이라 거부 할 수 없다. 라는 뜻으로 저에게 전해진다. 그렇다면 저희 어머니께서도 어찌하지 못하는 또 다른 세계… 저는 어머님 마음을 전달 받고나니 막막하다. 되돌릴 수만 있다면 되돌려놓고 싶다. 더구나 너무 막막하니 불안감이 밀려온다. 어찌하면 좋을지 난감하고 난감 하다. 정말 다시는 되돌릴 수는 없는 일이 되어 버렸는지? 이 상황이 저는 어이없고 난감하여 불안감이 밀려온다. 이번 일로 저희 어머니를 놓칠 것 같은 예감을 떨쳐버리지 못하고 있다. 피를 나눈 형제라 할지라도 분명 이 상황만큼은 제 마음 같지가 않을 것이 확실하다. 좀 더 여유롭게 사는 형제들이나 곤곤하게 사는 형제들이나 이럴 때에는 모두 합심하여 한 마음으로 어머님 봉양하는데 더 지극했으면 좋았으련만 운명의 장난인지 현실이 각박하여 간병 비 내는 것이 버거웠는지 어쩌자고 이렇게 형제간에 일심(一心)을 하였을까? 싶다. 어머님의 슬픈 모습을 보노라니 형제들이 원망스럽다.

좀 더 성숙한 마음을 가졌던 형제 한 사람이라도 있었더라면 건보에서 나온 돈은 공돈이니 어머니지갑을 채워드리자고 왜 권하지 못했을까? 어쨌든 이것이 정녕 운명이고 천 길 낭떠러지라면 저는 어찌해야 할지 너무나 아쉬움이 남는다. 이 사건이 저희 어머님의 운명(運命)을 결정 짖는 시험대(試驗臺)라는 생각이 자꾸만 방정맞게 든다. 한 순간의 작은 욕심으로 이제까지의 우리의 수고로움이 물거품이 된 것 같아 제 마음은 저 밑 나락으로 떨어져 버린 것 같은 불안한 마음이 일어난다. 그래서 그래. 라는 말씀을 하시고난 후부터는 저희 어머님의 표정이 몹시도 쓸쓸하고 서글퍼 보여 더욱 미안하고 죄스러워 몸 둘 곳이 없을 정도다. 이 일을 어쩌면 좋을지 참으로 난감하고 서글프고 불안한마음 가눌 길이 없다. 더군다나 둔한 제 마음도 이러할 진데 세상만사를 미리 내다보고 계시는 저희 어머님의 마음은 오죽하겠는가 싶어 더욱 마음이 괴롭고 무겁다. 이승에서는 분명 인명은 재천이라고 말을 한다지만 천상(天上)에서는 지극(至極)한 자식(子息)들의 정성(精誠)이 닿으면 명(命)정도는 자식들이 원하는 대로 들어주시지 않을까? 싶어 갖고 온갖 고초를 겪으면 이제껏 살아온 몸인데 그리고 지성(至誠)이면 감천(感天)이다. 라는 말을 진리(眞理)라 여기며 살아왔었는데 그것은 저 혼자 만에 착각이었을까 아니면 무지(無知)한 자(者)의 몽상(夢想)이었을까 그러나 저 혼자의 힘으로는 어떤 부분만큼은 역부족이라는 것을 깨닫고 형제와 함께 합심하여 어머니 일으켜 드리려했던 것이 저의 착각이었는지 그저 마음 둘 곳 없어 아득하다. 아직 실망하기에는 이르지 않겠는가? 라는 생각을 한다. 더욱 미련도 아직 남아 있다. 이제라도 형제합심해서 부모님의 소중한 생명을 연장할 수 있는 방법을 모색해보는 것도 좋을 것 같다. 아직 기회는 있지 않겠나? 싶다. 지극한 정성은 고사하고 부모님에게 돌아가야 할 돈 마저 나눠 쓰는 경우가 되었으니 참으로 난감하고 고약한 처사(處事)가 아닌가 싶어 형제들이 원망스럽다. 이 일을 어떻게 풀어 제자리로 돌려놓는단 말인가? 참으로 괴롭고 괴로운 일이다. 소파에 시름없이 앉아 계시는 어머니께서는 연이여 그래서 그래. 라는 말씀 외에는 다른 말씀은 아직까지 없으시다. 그러니 옆에서 보고 있는 저의 마음은 까맣게 타들어가는 심정이 되었다. 차라리 역정이라도 내시면 제 마음도 후련하겠는데 저와 어머니의 사이에 무거운 침묵만 흐른다. 바로 이 시간이 소위 말하는 살얼음판위에 서있는 경우이지 싶다. 어머니께서는 이날 이후부터는 바라는 것도 없고 원하는 것도 없고 희망하는 것도 없을뿐더러 요구하는 일도 없어졌다. 살아가야할 이유가 없어져 버린 듯한, 느낌이 맞을 것이다. 그러다보니 집안 분위가가 적막하고 침울하다. 저 역시 다른 식구들이 불러도 대답을 했는지 무엇을 달라고 했는지 감각도 없고 무기력함의 연속이다. 이 상황에서 무엇을 어떻게 해야할지 생각도 없고 뾰족한 방법도 없는 것 같아 더욱 제 속은 타들어 갈 뿐 그저 말없이 어머님의 처분만을 바라고 있는 무기력한 저만 있을 뿐이다. 어머니와 저는 한동안 이렇게 무거운 침묵 속에서 며칠을 보냈다. 그리고 11월 18일이 되었다. 저희 어머니께서는 평소와 같이 아침식사를 마치시고는 옆에서 과일을 깎고 있는 저에게 갑자기 하나, 둘, 셋, 넷, 다섯 하며 손가락을 여러 차례 반복해서 숫자 30을 세어주신다. 저는 대충 30일이라는 날짜를 꼽아주신 것은 알겠으나 정확하게 무엇을 의미하는지 몰랐다. 그래서 어머님께 숫자를 세어주시는 의미를 알고자 엄마 이 숫자가 무슨 뜻이에요? 라고 물어보았다. 어머니께서 다시 하나 둘 셋 넷 다섯을 세면서 30이라는 숫자를 손가락으로 세어 보이시며 이렇게 말씀을 하신다. 나는 이제는 괜찮을 것이다 이제는 괜찮아. 라고 하시는 것이다. 그 의미는 30일만 지나고 나면 어머니께서는 다 낳으신다는 뜻으로 해석되었다. 순간 제 생각은 이제 어머니께서 모든 병을 다

털고 일어나신다는 뜻으로 해석되어 어두운 마음은 기쁨이 되었다. 일주일간에 긴 침묵 속에서 저희 어머니께서는 요단강건너서 스스로 운명에 흠을 고쳐 명(命)을 잇고 오신 것이라 생각이 들었던 것이다. 저는 마음속으로 엄마 정말 정말 수고 많으셨어요. 라는 마음에 인사를 드렸다. 어머니의 반복되는 이제는 나도 괜찮을 것이다. 라는 그 말씀에 저는 그때서야 허락 받은 호흡으로 숨을 쉴 수가 있게 되었다. 저희 어머니께서 30이라고 헤아려주시는 숫자는 곧 한 달을 의미 하는 것 같았다. 나는 괜찮을 것이다. 라는 말씀은 한 달 후에는 모든 병 훌훌 털고 일어나신다는 뜻으로 해석 되었다. 저는 다시 확인코자 저희 어머니께 다시 한 번 되물었다. 그 이유는 제가 해석한 뜻과 어머니께서 의도 하시는 뜻이 일치 하는가를 확인하기 위함이다. 저는 엄마 그럼 하나, 둘, 셋은 한 달을 의미하고. 나는 괜찮을 것이다. 라는 뜻은 엄마께서 한 달 후에는 다 나아서 걸어 다니실 수가 있다는 뜻이죠? 라고 물었다. 어머니는 1초의 망설임도 없이 그렇지 바로 그것이야 바로 그것이다잉. 라고 말씀을 하시며 제 얼굴을 부드럽고 따뜻한 손으로 쓰다듬어 주신다. 저희 어머니의 이 따뜻한 손길이 그동안 얼어붙었던 제 가슴을 녹여주시는 순간이라 하겠다. 제가 그토록 정말 듣고 싶었던 말씀이었다. 저는 어머님 말씀 끝에 그래요. 저는 엄마 말씀만 믿고 있을 게요. 그리고 꼭 엄마는 쾌차 하실 것이라 저는 믿습니다. 라는 말을 하였다. 제 말을 들으신 어머니께서도 바로 그것이다 바로 그것이야. 라고 또 해주셨다. 어머님께서는 며칠 만에 옆에 앉아 있는 제 쪽으로 몸을 돌려 이마 땡을 해주셨다. 저는 정말 감격적인 순간을 맞이하는 기분이었다. 아니 지옥을 빠져나온 느낌이 맞을 것이다. 이제껏 그렇게도 진전 없었던 와병(臥病)생활 2년을 한 달 후에는 접을 수 있게 완쾌(完快)가 되신다고 하니 이 아니 기쁠 수 있겠는가? 싶다. 저는 저희 어머니의 희망적인 말씀을 듣고 나니 저에게는 또 다른 희망이 생겼다. 사람에게 희망(希望)이 생겼다는 것은 어쩌면 험한 가시 덤 풀 숲을 헤쳐가노라면 저 언덕너머에는 황금연못이 기다리고 있다는 뜻이다. 그래서 저는 또 다시 희망을 갖고서 비록 한 달간이라 할지라도 혼신(渾身)에 힘을 쏟아 저희 어머니의 꺼져가려는 불빛을 지켜드려야 할 의무(義務)가 생긴 것이다. 세상에서 소이 말하는 인생에 원리는 신념(信念)에 원리이고 생명(生命)에 원리는 조물주(造物主)에 원리(原理)라고 했으니 저는 나의 명(命)이나 어머니의 명(命)을 하늘에 맡기며 오늘도 열심히 꾀부리지 말고 울 엄마 모심에 최선을 다 하자. 라는 마음을 다시금 갖았다. 저는 세상 모든 것을 내려놓으신듯한 어머님 모습 속에서 세상에 떠도는 진리(眞理)라는 것도 시대의 흐름이나 역사 흐름에 따라 변하는 것이 진리이고 보면 진리라는 것도 어떤 측면에서 보는가에 따라 달리 해석을 하게 되니 분명 진리란 불변에 법칙은 아니라는 것이다. 그러니까 진리는 시대의 흐름 역사의 변천 그리고 추구하는 이념으로 진리는 타당하게 변하더라는 뜻이다. 저는 저희 어머니의 말씀이 오히려 진리(眞理)이며 신앙(信仰)이라 여기며 살아왔던 것 같았다. 이 말은 저희 어머니의 말씀을 무한(無限) 신뢰(信賴)하였던 터라 지금까지 믿고 따라왔던 가장 큰 이유다. 이번 일도 예전 같은 믿음으로 저희 어머니를 무한(無限) 신뢰하고 믿고 따를 것이다. 저희 어머님 이렇게 쓰러지시기 전에도 신병(神病)으로 많이 아파하시다가도 손가락으로 하나, 둘, 셋을 세어 날짜를 짚어주셨고 그 날짜가 되면 그렇게 아파하셨던 것들이 감쪽같이 사라질 때가 많았던 사례들이 많아 더욱 나는 울 엄마를 믿고 따르리라 다짐했다. 더러는 통하지 않았던 경우도 없지 않았다. 어머님 말씀처럼 그 날짜가 되면 얼마간의 차도를 보이셨던 일들이 비율적으로 많았기에 저는 무한(無限) 신뢰(信賴)하며 믿고 또 믿어 그 어떠한 의구심(疑懼心)도 갖지 않을 생각이다. 저는 어머니가 노하신 이후로 며칠간 이지만 마음이 죽을 만큼 힘들었다. 어머니께서 30일만 지나면 괜찮을 것이다. 라고 하시니 오히려 저에게는 전화위복(轉禍爲福)이 되어 새로운 희망(希望)이 다시 생긴 것이다. 이번 기회를 거울삼아 울 엄마 모시는데 꾀부리지 않고 정신일도하려 다짐한다. 꾀부려는 징조가 보이면 꼭 사단이 일어났으므로 저는 감히 꾀부리고 싶어도 꾀부릴 수 없는 것이 나의 현실이다. 울 엄마 간병은 유독 탈이 많아 꾀부리려 해도 꾀부릴 수가 없었던 것이 저희 어머님 간병이었지 싶다. 울 엄마가 손꼽아 주신 날짜를 희망가 삼아 저는 오늘도 엄마 발밑을 사수한다. 그리고 무료해지려 하면 또 다시 퐁당퐁당 노래를 불러 드린다. 이 노래는 저희 어머님 빨리 쾌차하시라는 저의 희망가(希望哥)다. 그 옛날 저희 어머니께서는 여러 날 아파 못 일어나는 저를 위해 주무시지 않고 제 곁을 지켜주셨던 모습을 아련히 상기(想起)하며 저는 열심히 이렇게 희망가를 부른 것이다. 다음날 어머니께서는 평소처럼 말끔하게 씻으시고 제가 차려드린 나물반찬에 밥을 맛있게 잡수셨다. 그리고 잊지 않으시고 저에게 이마 땡을 해주시며 맛있다. 라는 말씀을 어김없이 해주셨다. 밥상을 물리신 어머니께서는 제 휴대폰을 가져오라하셨다. 제 휴대폰을 가지고 오라고 하시는 이유를 모른다. 그렇지만 저는 그 이유를 묻지 않고 어머님께 제 휴대폰을 갖다 드렸다. 제 휴대폰 배경화면이 근역강산맹호기상도[槿域江山猛虎氣像圖]를 몇 년 전부터 저는 깔아놓았었다. 근역(槿域)이라는 말은 무궁화가 자생하는 나라라는 의미(意味)로 알고 있다. 그리고 저는 지구(地球)상에 굳이 국경(國境)이 필요(必要) 하지 않다는 것을 깨달은 사람이다. 그래서 우선은 남북이 대치하고 있는 것을 원치 않아 평화통일(平和統一)을 염원(念願)하는 한 개인(個人)에 열망(熱望)에서 저는 근역강산맹호기상도를 제 휴대폰 배경화면에 깔아 놓았던 이유다. 그런데 갑자기 이 사진을 보시면서 본인 휴대폰 배경화면에 제 것처럼 깔아 달라고 하신 것이다. 저는 어머니가 원하시는 대로 어머님의 스마트폰 배경화면에다 맹호기상도로 바꿔드렸다. 그걸 보신 어머님께서는 맹호도가 마음에 드셨는지 사진으로도 몇 장 현상해서 달라고 하신 것이다. 저는 이 정도 주문은 미룰 필요 없어 어머니 주문에 부응하여 집 근처사진관으로 달려갔다. 요즘 시스템이 좋아 30분이면 현상이 되어 맹호기상도 사진 3장을 현상했다. 그리고 바로 옆 문구점에 들려 두 장을 양면으로 겹쳐 코팅을 해 앞뒤 분간 없이 보시라고 어머님께 갔다 드렸다. 그리고 나머지 한 장은 제가 소지했다. 저희 어머니께서는 양면으로 된 맹호(猛虎)도를 가르치시며 저에게 이것이 바로 나다. 이것이 바로 나야. 라는 알 수 없는 말씀을 하시며 사진을 조심스럽게 본인 누워있는 머리맡에 살포시 놓아두셨다. 그리고 또다시 조용히 이것이 바로 나다잉. 라고 하신 것이다. 참 의미심장(意味深長)한 말씀이라 여겨지는 부분이라 둔한 저로서는 이해가 빨리 되지 않았다. 저는 이해가 되지 않아 그저 어리둥절한 표정으로 어머님만 바라보게 되었다. 어머님께서 그렇게 말씀 하셨던 이유를 지금도 정확히는 알지 못한다. 어렴풋이 제게 전해오는 느낌만 조금 하고 있을 뿐이다. 그리고 그 짐작은 어머니께서 남북통일을 성사시키는데 일조하게 될 것이라는 의미가 담겨있는 것 같다는 생각이 든다. 제 짐작일 수도 있다. 저는 조용히 어머님 옆에 앉아서 어머님의 행동을 조심스럽게 지켜만 보고 있는 상황이다. 제가 어머님 말씀을 잘 이해를 못해서 멍하고 앉아 있으니 어머님께서는 머리맡에 있는 핸드백 속에 있는 지갑을 꺼내 백만 원씩 넣어두었던 봉투 세 개를 저에게 꺼내 주셨다. 저에게 돈 봉투 세 개를 건네주시며 조서방 트럭 하나 사줘라. 라는 말씀을 뚜렷이 하신다. 이 돈으로는 트럭 사는 계약금으로 쓰라고 하셨다. 어머니가 사위 트럭 사주라고 돈을 주시는 이유는 엊 그제 고향 집 내려

갈 때 남편에게 제 차를 주고 나니 우리가 시골 내려가는 과정이 많이 불편했던 것이 마음에 걸리셨던 이유라 생각이 든다. 어머니께서는 사위 일 다니는데 불편하지 말라고 차를 하나 사주라는 뜻이다. 우리가 고향 다녀오는데 곤란하지 않기 위해서는 분명 남편 차가 필히 따로 필요했었다. 그래서 사위 트럭하나 사서 주고 우리가 고향 내려 갈 때마다 눈치 보지 말고 다니자는 의중이시라 생각이 든다. 그러나 저는 어머니가 내민 돈을 받을 수가 없었다. 그래서 저는 어머니에게 일단 트럭 사는 것은 좀 더 생각을 해보고 다른 방법을 찾아봅시다. 라고 하며 저는 그 돈을 어머니 지갑에 다시 넣어드렸다. 그리고 어머님께 엄마 우리가 꼭 차가 필요하고 돈이 필요하면 그때 가서 엄마께 말씀드릴게요. 라고 말씀 드렸다. 어머님께서도 아 그래. 라고 하신다. 저는 저희 어머니의 지갑이 두둑하면 제 기분이 제일 좋다. 그래서 가능한 제 기분 좋게 만들려고 엄마가 용돈을 제에게 주시면 마음만 받겠다고 하며 거절하며 살아왔던 이유다. 평소에 어머니께서 종종 자신에 지갑을 열어 누구누구한테 돈을 붙여주라고 돈을 세어주시면 저는 그 심부름이 제일하기 싫은 심부름이었다. 그렇지만 저희 어머님께서 시키시는 일이라 거부할 수 없는 심부름이 되었던 것이다. 저희 어머님 경지에서 헤아려 볼 때. 분명 그 사람이 곤란한 처지에 놓여있다는 사실을 알고서 시키신 심부름이라 더욱 거부 할 수 없었던 이유라 생각한다. 이렇게 저렇게 저에게 돈 심부름을 엄마가 시키시는 일들은 저희 형제들은 아무도 모르는 일이다. 저희 어머님께서는 제가 모시고산 지난 십여 년 동안 남모르게 여러 사람들에게 자기 용돈 아껴서 작은 돈이라도 일부러 찾아가서 갖다 주기도 하고 더러는 송금해주기도 하였던 일들이 참 많았다. 그 심부름은 오롯이 제 몫이었다. 그리고 이런 사실을 저 외는 아무도 모르는 저희 어머님의 행적(行蹟)들이라 하겠다. 그런 돈들은 자식들이 명절 때

나 가끔 이모님들이나 외삼촌이 주신 돈이며 나라에서 기초노령연금과 장애연금을 모아두었다가 준 돈들이며 그 외 나머지 돈들은 나의 지인들이 어머니를 찾아와 고민을 풀어헤쳐놓으면서 마음에 위로를 받고서 저희 어머니 맛있는 것 사 드리라고 주고 간 돈이 대부분이다. 이런저런 이유로 저희 어머니의 지갑은 항상 두둑해 있었다는 사실이다. 울 엄마의 이런 행동들을 옆에서 지켜보며 깨달은 것이 있다면 저희 어머님께서는 항상 누군가에게서 돈을 받았으면 꼭 다시 곤경에 처해있는 사람들에게 되돌려 주셨다는 것이 제가 지켜본 저희 어머님의 참모습이다. 저는 더욱더 저희 어머니의 소중한 돈을 저를 위해 저희 집을 위해 쓰고 싶지 않았던 이유다. 저희 어머니께서 돈을 가치 있게 쓰시는 것 같아 이 부분이 너무 존경스러웠던 부분이기도 하다. 남을 위해 써버린 어머니 돈은 제가 채워드려야 된다는 의무감 정도는 갖고 있어 제아무리 내 형편이 애옥살이 형편이라 할지라도 울 엄마 지갑을 채워드리는데 주력했고 보람을 느끼고 즐거움을 그곳에서 찾았다. 기뻐하시는 어머님 얼굴에서 나름 저도 행복감을 느꼈고 남들이 가져보지 못한 흐뭇함도 한 몫을 했었다 그리고 연로하시고 병약하신 분들에게는 돈도 일정부분 힘을 주는 큰 요소라 생각하는 사람이다. 그래서 더욱 어머니께서 자동차 계약금 하라고 꺼내 주신 돈을 더욱 받을 수가 없는 이유다. 반면 저희 형제들은 제 형편이 궁하다보니 그동안 제가 저희 어머니를 꼬드겨 어머니의 돈으로 나의 영리(營利)를 취(取)했을 것이라 착각(錯覺)하고 농도 짙은 곡해(曲解) 아주 단단히 하고 있는 부분이지 싶다. 이런 사실들을 전혀 모르다보니 10년 가깝게 차이 나는 손 위 누나에게 둘째 동생이 서슴없이 도둑년이고 사기꾼이라며 온갖 육두문자로 거침없이 쏟아 냈을 것이다. 그것은 분명 어림없는 소리이다. 그리고 자기들의 착각이고 곡해(曲解)고 오해(誤解)가 깊은 소리이다. 이렇게 오해가 깊게 된 이유도 2000년도에 제가 친척 소개로 S.M.K이라는 네트워크 일명 다단계를 하게 되면서 오해가 깊어졌을 것이라 유추한다. 그러나 저는 그 오해도 저희 어머님께서 언젠간 말문을 여시게 되면 자동으로 풀릴 오해라 생각했기에 그동안 제게 씌워진 누명 정도는 견디며 진실을 밝히기 위해서는 저희 어머님 쾌차가 답이라 이제껏 저희 어머님 모심에 있어 작은 정성이라도 들였던 한 이유이기도 하다. 그때 사연도 책 한권 불량이지 싶다. 사실 진실이 아니라는 것을 모르니 오해가 일었던 것이고 오해란 사람을 참으로 곤란하게 만든다는 사실만 기억한다. 그렇게 오해가 생긴 뒤로는 사소한 것도 오해가 깊어져 지난 10여 년 동안은 나의 수난시대였다. 참으로 마음을 비우지 않고서는 견디기 힘든 시기라 하겠다. 형제들에 비난과 멸시는 오히려 제 마음을 굳게 그리고 정직하게 떳떳하고 당당하게. 라는 단어를 각인 시켜놓게 만든 개기가 되어 주었던 동기(同期)이기도 하였다. 하늘은 저에게 참되게 살라는 메시지라는 뜻으로 간주하여 더욱 진실 되게 그리고 더 깨끗하게 살라는 과제라 여기게 된 부분이기도 하다. 오해(誤解)의 곡선을 너무 자주 타다보니 적응력(適應力)이 생겼는지 감각(感覺)이 무디어졌는지 알 수 없으나 마음을 비우고 주변(周邊)의 질타(叱咤)을 거울삼아 더욱 더 청렴하게 더 진솔하게 살아가자! 라는 슬로건을 이마에 새겨두었던 사례다. 사회는 자신을 극기(克己)하는 훈련장이라 저는 생각했다. 그리고 누구에게나 시련과 사연은 있다는 것이다. 다만 같은 훈련을 받았는데 힘들다고 느끼며 받는 훈련과 이왕 받을 훈련이라면 즐겁게 하자. 라는 각자(各自)의 마인드콘트롤이 필요한 차이만 있었으리라 생각했다. 저는 남들과는 다르게 정규과정 학교를 전혀 다니지 못한 케이스다. 남들보다는 내세울 것이 유독 없는 사람이다. 외가에서 살면서 사회생활을 하지 전혀 하지 않고 늦은 나이에 결혼을 하였기에 사회성도 많이 떨어진다. 그러다보니 저는 오직 정직(正直)하게 근면(勤勉)하게 사는 것을 목표로 삼았던 이유라 하겠다. 내세울 것 없는 자(者)가 신뢰(信賴)마저 주위로부터 받지 못한다면 저는 분명 설 곳이 없다는 것을 잘 알았던 이유다. 그러므로 저는 형제들 오해의 모진 소리들을 채찍 삼아 저를 참되게 만드는데 반면교사(反面敎師)삼았고 저를 닦는데 교과서 삼았던 부분이라 하겠다. 힘들었던 지난날의 삶이 오히려 저를 연단(鍊鍛)시켜주는 수련(修練)장이 되었지 않았을까. 라는 생각을 가끔 한다. 하지만 유독 의협심(義俠心)이 강한 둘째 동생만은 사실과 진실을 알지 못한 체 자신의 안목과 판단에 의존해서 온갖 욕설로 저를 죽이니 살리니 라는 말을 읊어 될 때는 마음이 많이 아팠고 그것을 받아 웃어넘기기까지는 시간이 많이 필요했던 사연이다. 오해에 소재를 만든 사람이 바로 나라는 사실에 입각해서 마땅히 감내해야 될 부분이라 생각했었다. 그래도 저희 어머님의 탁월한 성품과 메가톤급 고집을 조금이라도 알고 누나인 저를 조금이라도 알았더라면 제가 저의 이익(利益)을 추구(追求)하기 위해 어머니를 이용했을 것이라는 의심(疑心)은 하지 않았을 것이라는 부질없는 아쉬움도 많이 남아있는 부분이다. 저의 처신(處身)이 미흡(未洽)해 둘째 동생 마음을 불편하게 만든 부분에 대해선 제가 오히려 가해자(加害者)라는 사실을 인정하는 부분이다. 둘째 동생도 언젠가 진실을 알게 되면 오해를 풀고 편한 마음으로 저를 대하지 않겠나? 라는 생각을 갖고 있다. 이번 소행을 보니 너무나 부끄러운 동생이라 여겨진 것이다. 자기 편리를 보자고 고향집으로 퇴거를 해놓은 어머님 주소를 자기 집으로 전입을 해놓더니 건강보험에서 환급된 돈을 형제들 밀린 간병 비를 내주는 인심을 썼다는 사실이 괘씸한 것이다. 울 엄마 사선(死線)을 넘나들 때는 이제껏 모르쇠로 일관(一貫)하여 어머님 병세가 어떠한가? 라는 안부전화 한통 없던 인사(人士)가 진정한 자식이라면 이리해서는 절대로 안 되는 처사(處事)다. 그리고 어머님 쓰러지기 몇 달 전 더러는 못난 형제들이 노인양반이 무슨 돈이 필요하며 환자가 돈쓸 일이 어디 있다고? 라는 말을 일부 형제가 했다는 말을 들었을 때 제 생각은 환자이든 노인양반이든 돈이 없어서 못쓰는 것이고 자식들이 주지 않아서 써보지 못하는 것이라고 생각했다. 어머님 80평생 매월 생활비나 용돈을 따로 챙겨주지 않았던 죄(罪)로 이러한 상황들이 연출되어 그 죄 값을 치르느라 어머니 병원에 눕혀놓고 이 사단을 치렀건만 그런 사실을 모르고 있는 형제들이 너무나 미련해 보이고 너무나 야속하게 생각이 들었다. 눈에 보이지 않는 세상 벌(罰)이 오히려 무섭다는 사실을 모르니 안타까운 심정이다. 어머니는 건보에서 나온 돈을 본인에게 돌려주지 않고 자식들의 밀린 간병비가 되었다는 사실 이후부터는 급격(急激)하게 기분(氣分)이 다운되어계신 것이다. 제가 돈을 따로 챙겨드린다고 하였더니 어이구 참 말로. 라고 하시며 몇 차례 크게 역정을 내셨던 부분이다. 저는 그 의미를 잘 알고 있다. 그러나 저만이라도 저희 어머님 지갑을 채워드리고 싶은 마음에 여러 번 돈을 드려보지만 메가톤급 저희 어머니의 확고한 뜻을 바꾸기에는 역부족이고 역정만 내시니 난감하다. 저는 이 상황이 여간 조심스러웠고 어머니에게 말을 붙여보는 것조차도 불편한 상황이다. 형제들은 막내 여동생에게서 이 상황에 대해 말을 대충이라도 들었을 것이라 생각하고 혹시나 하는 마음으로 따로 어머님께 용돈이라도 형제들이 챙겨주지나 않을까라는 기대감에 일주일가량을 기다렸다. 그렇지만 그렇게 마음먹은 제가 어리 섞었다는 느낌이 든다. 이번 사건은 울 엄마 운명과 연관되어 있다는 것을 직감으로 느꼈다. 그래서 저는 잠시 어머님께서 주무시는 틈을 타 처음으로 둘째 동생에게 속에 말을 장문 써 카톡으로 보낸다. 대략 내용은 하늘이 궂다가도 밝게 개는 것도 하늘의 성질을 다하는 것이고 땅이 질다가도 단단히 굳어지는 것도 땅에 지 성질을 다 하는 것이다. 그리고 네가 나를 그렇게 오해를 하다가 이해를 하는 것도 네 성질을 다하는 것이라 여긴다. 그러니 네가 나에 대해 오해를 하던 이해를 하던 그것은 너에 몫이라고 생각한다. 그리고 나는 누구마냥 세상을 앙앙(怏怏)거리며 시비지심으로 살기 보다는 Winwin하면서 수호지심(守護之心)으로 살고자 함이라 이제껏 그 누구의 행동들을 불평하고 불만을 가져 시비(是非)로는 살아오지 않았다. 그리고 나의 작은 행동 하나라 할지라도 내 자식들의 이정표가 될 것 같아 나의 인생길 함부로 즈려밟지 않고 살아왔노라. 라는 내용을 보내게 된다. 이 내용은 둘째에게 보낸 내용 일부다. 그러나 한번쯤은 어머님 떠나시기 전에 하나에서 열 가지를 고깝게 보는 큰올케나 둘째 남동생에게 이런 내용쯤은 꼭 전해주고 싶었던 내용이다. 이 시점에서 이런 내용을 써서 둘째 남동생에게 보내게 될 줄은 꿈에도 생각한적 없다. 그렇지만 제가 이런 말을 꼭 전해주고 싶었던 시기는 저희 어머니가 모두 병을 여의시고 쾌차하였을 때 꼭 전하고 싶었던 말이다. 이제는 왠지 요단강을 건너시는지 울 엄마의 운명은 내 손을 떠나 있음이 강력하게 느껴진 것이다. 이 시점에서 저는 무엇을 예감했는지는 이야기 할 수는 없지만. 그래도 저희 어머님 살아계실 때 둘째 동생에게만은 꼭 이말 정도는 전해야 되겠다는 생각을 가졌던 이유다. 이 글을 둘째 남동생에게 보냈던 시기는 저희 어머님 돌아가시기 대략 20여일 전쯤이다. 저는 왠지 건보에서 나온 돈이 큰 화근(禍根)이 될 것이라는 짙은 생각이 자꾸만 들어 불안한 마음을 가누지 못했던 시기다. 저의 예감을 전혀 무시하고서 울 엄마의 말씀 나는 이제 괜찮을 것이다. 라는 말씀에 희망을 가져보려 나의 불길한 생각들을 지우려 노력중이다. 둘째에게 장문에 글을 막 보내고 났더니 주무시고 계셨던 어머니가 벌떡 일어나시며 무엇을 눈치를 채셨는지 전화기를 들고 있는 저에게 무슨 일이냐?라고 하시며 들고 있던 제 휴대폰을 달라고 하신 것이다. 저는 이유를 몰라 휴대폰을 어머님께 드리며 둘째에게 몇 자 적어 보냈어요. 라고 했다. 어머니께서는 휴대폰을 저에게 돌려주시며 무엇이라 썼는지 읽어 달라고 하셨다. 저는 어쩔 수 없이 어머님에게 제가 둘째에게 보낸 카톡 내용을 읽어드리게 되었다. 이런 글을 써서 우리 엄마 마음을 불편하게 해드렸나 싶어 마음은 초긴장 상태다. 울 엄마 카리스마 넘치고 그 누구도 근접 할 수 없는 냉철함의 불호령이 떨어 질까봐 저는 잔뜩 긴장한다. 혹여 제가 실수해 또다시 저희 어머님 심기(心氣)를 불편하게 만들면 어떡하나? 라는 걱정이 앞섰다. 보낸 문자를 저는 떨리는 마음으로 조심스럽게 읽어 드린다. 나의 기분은 천길 낭 떨어 지로 떨어진 기분이며 이제까지의 나의 행동에 대해서 심판을 받는 심정이다. 둘째에게 보낸 내용을 들으신 후 어머니께서는 잘했다. 라는 말씀을 하신다. 그리고선 제게 바로 그것이다잉 바로 그것이야. 라는 말씀을 엄숙하게 강한 어조로 아주 임팩트 있게 하신 것이다. 다시 바로 그것이다 바로 그것이야. 를 강조 하시며 제 눈을 아주 위엄(威嚴) 있게 쳐다보셨다. 저희 어머님의 그 눈빛은 그 누구도 범접할 수 없는 근엄함이 서려있었다. 아니 엄한 저희 어머니의 눈빛이 저를 떨게 만들고 있는 것이다. 제가 잔뜩 긴장을 하고 석고대죄(席藁待罪)하는 심정(心情)으로 오직 어머니 처분이 내리길 기다리는 마음으로 어머니를 바라보고 있으니 어머니께서는 다시 표정을 바뀌어 온화한 미소가 드리워진 다정한 울 엄마 얼굴로 바뀌며 제게 다시 바로 그것이야 바로 그것이다잉. 라고 하시는 것이다. 어머님 말씀 속에는 아주 근엄함과 냉철함이 내포 되어있다는 것을 실감했다. 또다시 바로 그것이다 그것이야. 를 강조하실 때는 분명 우리들에게 다시 되 뇌여 줘서 어리석은 인간이 되지 말라는 뜻이지 싶다. 제가 둘째에게 보낸 내용 중에 저에게 되짚어주고 싶은 내용이 있다는 느낌도 받는다. 그러니까 둘째에게 보낸 내용 중에 일부로 이곳에다 옮겨 쓰지 않았던 이유는 공연스레 자화자찬(自畵自讚)으로 비추어 질까봐 염려스러워 일부내용을 배제시켰던 이유였다. 어머니께서 유독 그 부분을 자꾸만 가르치시며 반복해서 하시는 말씀이 바로 이것이다. 라고 하셔서 저는 많은 고민 끝에 그 내용을 이곳에 옮기게 된 이유다. 울 엄마가 되짚어 바로 그것이다. 라고 강조하신 부분을 설명하자면 저희 어머니에게는 형제 10남매가 계셨다. 그 10남매 중에 4남매는 일본에서 살고 계셨다. 일본에서 사신 4남매 중 3남매와 고향에 사셨던 오빠 언니한분을 포함 5남매는 저희 어머님의 손위 분들이라. 일찍 작고를 하셨고 엄마 밑으로 여동생 이모 한분도 저희 어머니 보다 먼저 작고하셨다. 그러다보니 생존하신 분은 오직 네 분뿐이다. 그리고 어머니 바로 밑 남동생이신 외삼촌 한분께서 지금 현재 일본에서 살고 계셨다. 일본에 살고계신 외삼촌께서는 일본 가족들을 종종 모두 데리고 나와 한국에 사는 형제들과 만남을 종종 가졌다. 6 ~ 7년 전 외삼촌께서 가족들과 한국 나오니 한국에 살고 있는 형제들 모두 만나보고 싶다는 소식을 전해 듣고 저도 어머니를 모시고 외삼촌을 만나 뵈려가게 되었다. 그 당시 저희 어머님의 연세가 76세였고 외삼촌의 연세도 74세이신 걸로 기억을 한다. 그런데 외삼촌께서는 그때까지도 회사일이 바빠 쉬고 싶어도 쉴 수가 없다고 하실 정도로 젊으셨고 정열적으로 자기 하시는 일에 보람을 느끼시는 열정적이신 분이셨다. 저는 그런 외삼촌의 열정이 참 보기 좋은 사례이다. 더구나 외삼촌은 답습하고 싶은 인품도 갖추셨기에 제 인생에 롤 모델로 삼아도 부족함이 없을 정도로 훌륭하신 분이셨던 것이다. 타국에서 나름 성공하신 제일교포이셨다. 물론 타국에서 중소기업을 이끌어 가기란 험난하셨을 텐데 그래도 타국에서 직원들이 100여명이 넘는다고 하시니 성공하신 사례라고 저는 생각한 부분이다. 우리가 생각하는 성공(成功) 기준을 어디에다 두느냐에 따라 성공의 척도 편차차이가 다르게 평가 할 수 있 겠으나 일단 저는 저희 외삼촌을 존경한다. 제가 서울에서 살면서 다른 친척들에 비해 저는 외삼촌을 자주 뵈었다. 그래서 저희 외삼촌 인품(人 品)과 인격(人格)을 눈여겨 볼 기회(機會)가 많았기에 존경(尊敬)하게 된 이유다. 그 당시 제가 김해에서 비행기 타고 어머니모시고 호텔에 도 착을 하고보니 서울과 광주에서 사시는 여러 식구들이 먼저 도착해 있 었다. 저희 모녀가 다른 가족들 보다 늦게 도착하고 보니 다들 어머니를 마중하시며 반가워하는 분위기가 너무나 화기애애하여 바로 이곳이 낙 원이구나 싶을 정도로 화목한 시간이 되었다. 한국에 나오신 외삼촌께 서는 가족들이 만나는 하루라도 마음 편하게 쉬어가라고 롯데호텔라운 지 한 층 전체를 렌트 해두셔서 그곳에 모인 우리가족들이 마음 편안하 게 떠들 수 있었다. 호텔에 제일 늦게 도착한 저희 모녀를 반겨주신 외 삼촌께서는 누나인 어머니와 반가운 재회인사를 나누신 뒤 옆에 있는 저도 안아 주시며 옷소매를 걷어 재친 저의 팔목을 쓰다듬으시며 선희 야 너를 보노라니 세상을 다 깨우친 사람에 모습을 하고 있구나. 라는 말씀을 하신 것이다. 저는 생각지도 않는 외삼촌 그 말씀 듣기 민망하여 못난 저를 그렇게 봐주시니 감사합니다. 라는 인사를 드리게 된다. 외삼 촌께서는 다시 제 손을 더 힘껏 잡아 주시면서 엄마를 잘 모시고 있는 것이 눈에 보여 너무 보기 좋구나. 라는 말씀을 하면서 다시 힘을 주어 제 손을 꽉 잡아 주신다. 그리고 다시 하시는 말씀이 선희야 고맙다. 나 는 우리 누나가 가난한 집으로 시집을 가셔서 내 마음이 항상 많이 아팠 다. 이렇게 너희들이 엄마를 잘 모시고 있는 것을 보니 내 마음이 너무 좋구나. 라는 말씀을 해주신 것이다. 그때 어머니께서는 외삼촌께서 하 시는 말씀을 옆에서 가만히 듣고 계시다가 외삼촌 말씀이 끝나니 조용 히 제게 말씀하시기를 바로 그것이다 바로 그거야잉. 라고 하셨던 것이다. 제가 저희 어머님의 바로 그것이다. 라는 말씀을 해석하기를 사람이 진실하고 참된 일을 행(行)하고 사노라면 굳이 말하지 않아도 아는 사람은 아는 법이다. 라고 깨닫고서 제 마음 속에 깊이 새겨 두었던 사례다. 그런데 지금 저희 어머니께서는 둘째 동생에게 보냈던 내용 이 부분을 어쩌면 저에게 다시 각인(刻印)시켜주고 싶은 부분이셨는지 제게 다시 그곳을 다시 읽어 보라하시며 바로 그것이다. 라고 되풀이 하신 것이다. 저희 어머니께서는 저에게 따로 특별히 전하고 싶었던 말씀은 사람은 어떠한 경우라도 진실하고 참되게 살아가노라면 굳이 사람들에게 말하지 않아도 하늘은 알고 있으니 세상 사람들 이러쿵저러쿵 하는 소리에 귀기우리지 말고 참되게 살라는 의미다. 그러니까 울 엄마가 제게 가장 전해주고 싶은 말씀은 누가 뭐라 해도 너만이라도 참된 인간이 되라. 라는 뜻이 될 것이다. 어머니가 제게 각인(刻印)시켜주시고자 하신 말씀인 듯. 갑자기 제 마음속으로 세상 사람들이 손가락질을 하고 누명을 씌우고 온갖 서러움을 주더라도 고깝게 생각하지 말고 묵묵히 너의 할 도리나 하면서 세상을 향해 바르게 살다보면 알아보는 자가 있으니 너무 날카롭지도 않게 너무 무디지도 않게 마음을 닦아 가며 살아가라. 라는 느낌이 뜨겁게 전해진다. 제가 어머님의 뜻을 잘 못 이해하고 잘 못 해석해 아무런 의미(意味)와 가치(價値)없이 살아 갈까봐 자꾸만 어머니께서는 바로 이것이다. 라는 말씀을 되 뇌이고 되 뇌이어 저에게 각인(刻印)시켜주셨다. 특히나 이렇게 반복하시는 어머님에 뜻은 아마도 제 가슴 속 깊이 이 뜻을 간직하여 삶이 속이거나 세상이 고깝게 하거든 이 말씀들을 치료제 삼아 흔들림 없이 살아가라고 하시는 뜻으로 느껴진다. 제가 받은 느낌과 해석이 저희 어머니께서 의도 하시는 뜻과 부합하였는지는 정확(正確)히는 알 수 없다. 그러나 저는 확실히 느낀다. 저희 어머니의 의도도 저와 같다는 걸 아무튼 저에게 거짓 없는 마음으로 세상을 살아가라는 당부이며 앞으로도 변함없이 일심(一心)으로 살라는 뜻이다. 자고로 사람이라 함은 생명을 주신 부모님을 항상 공경하고 부모님의 몸과 마음이 되어 부모님께서 말하지 않아도 부모님 생각을 마음으로 느끼는 것이 본디 우리가 가져야 할 마음이고 몸가짐이라 저는 생각하고 각심하는 부분이다. 부모 늙고 병중일 때는 부모 섬기기를 더욱더 지극(至極)해야 한다는 사실을 깨닫는다. 형제들에 이번 처사(處事)는 너무나 실망스럽다. 병든 어머님 수중에 돈 들어가는 것이 그리도 아까웠는지? 큰놈이나 작은놈이나 한통속이 되어 저희 어머님 가슴에 이렇게 큰 한(恨)남기고 말았으니 이 일을 어찌 할 것인지 답을 찾지 못하고 있다. 더구나 너무나 한심스러운 소행이라 생각이 들어 마음이 저민다. 어쩌자고 소이 고등동물이라 일컬은 인간들이 생명을 주신 부모님 가슴에 이리도 슬픔을 안겨주는지 애석(哀惜)하고 애석하여 가슴속 깊은 곳에서부터 뜨거운 눈물만 소리 없이 흐른다. 우리 엄마는 다른 부모님들에 비해 자식들의 모범이셨다. 그래서 더욱 존경받을 자격이 있으신 분이시다. 이 사단이 일어났으니 어찌하면 좋을지 어찌해야 옳는지 어찌해야 할지 그저 막막하고 막막하다는 생각만 있다. 모든 부모님들 특성이 자식들이 곤경에 처하게 되면 자신을 희생해서라도 자식을 살리려 온갖 고초들을 감내(堪耐)하시며 살아오신 분들이시다. 하물며 보통 어머니들도 그러할 진데 우리어머니는 유독 특별하도록 자식들 잘 되라고 일구월심 정화수 떠 놓고 빌며 살아오신 분이시건만 어쩌자고 우리엄마 마음을 저리도 슬프게 만들었을까? 정말 가난이 원수다. 현대는 물질만능(物質萬能)시대라서 그런지 요즘 현대 사회는 맞벌이를 해서 살아도 생활이라는 것이 다람쥐 쳇 바퀴 돌듯 돌아도. 돌아도 매 그 자리이다. 대부분 자식들은 본인들 의식주(衣食住)마저도 고달프고 힘들어 늙고 병든 부모님 모시기를 꺼려하는 추세가 되어가니 이 현실이 참으로 안타까운 현상이 아닐 수 없다. 그렇지만 그래도 그렇지 부모를 몇 십 년 부양하는 것도 아닐 것이고 몇 십 년 병수발 하는 것도 아닌데 일단 현대인들은 부모님 모시는 것을 꺼려하는 추세라 제 입장에서는 이런 흐름이 안타까울 뿐이다. 부모님들은 많은 것은 바라지 않는다는 것을 알았으면 한다. 특히 생활이 곤란하면 비록 보리밥 한 그릇에 따뜻한 시래기국 하나라 할지라도 정성을 다한다면 부모님들은 그것으로 충분하다고 여기신 것이다. 그렇지만 요즘 자식들은 너나 할 것 없이 곤란을 핑계 삼아 부모님 섬기는 것을 주저 하고 양보 하는 사람이 많아 졌으니 세상이 변해도 너무 많이 변했다. 자식 된 도리를 다 하지 않으면 당장 화(禍)는 오지 않더라도 자동으로 복(福)은 사라지는 이치를 모르고 있으니 한심스러운 부분이라 하겠다. 자고로 사람이라 함은 생명(生命)을 주신 부모님 섬기기를 하늘 섬기듯 지극해야 되는 것을 우리는 잊지 않았으면 좋겠다. 동기간(同氣間)에는 이해타산(利害打算)를 가리지 말고 우애(友愛) 하려하는데 힘쓰며 서로 양보하는 마음으로 사는 것이 오히려 지혜로울 것이라 생각한다. 형편이 애옥살이라 할지라도 자신의 양심(良心)과 도덕성(道德性)을 저버려서는 안 되는 것을 알았으면 한다. 저희 어머님께서 세상을 이와 같은 마음으로 살아가노라면 언젠가는 세상도 바뀌어 자신보다는 타인을 이롭게 하고 남을 배려하였을 때 진정한 복을 누리게 될 것이라는 것을 강조하심이라 사료(思料)된다. 어머님께서는 꺼져가는 생(生)을 부여잡고 마지막 인사인지 저에게 세상을 떳떳하게 당당하게 어떤 누명을 쓰더라도 비굴하지 않게 살라는 당부말씀을 저에게 하시는 중이지 않나 싶다. 바로 그것이다. 라는 말씀을 다시금 강조하시고 강조하신 이유는 앞으로도 사람의 도리를 기본이라도 하고 사노라면 언젠가는 말하지 않아도 예전에 외삼촌이 알아주듯이 알아주는 사람이 나타나게 될 것이다. 라는 의미로 저에게 강하게 어필

되었던 부분이라 하겠다. 더구나 어머님께서 바로 그것이라는 말씀을 반복 하신 이유가 아마도 저에게 신신 당부하시고자 하신 뜻이라 생각이 든다. 말하지 않아도 아는 사람은 아는 법이다. 라는 것을 강조하시고자 저에게 이 대목을 여러 번 반복해서 읽어보게 했던 진면목(眞面目)이라 생각한다. 울 엄마의 의도(意圖)는 정작 저에게 세세연년 잊지 않도록 이렇게 각인(刻印)시키고 세뇌(洗腦)시켜서 사람의 근본도리를 망각(忘却)하지 말고 살라는 이유 여겨진다. 저는 마음으로 어머님의 깊은 뜻을 깊이 새기겠다는 의미로 울 엄마 이마에 제 이마를 대고 알라 브. 라고 했다. 어머님께서도 어눌한 표현으로 알라뷰 라고 하시며 엷은 미소를 지어주셨다. 저희 모녀는 발음은 어떨지는 모르겠지만 알라뷰 라는 이 단어를 자주 사용하고 살았다. 그래서 우리 모녀에게는 어색하지 않은 단어다. 일상에서도 항상 엄마 사랑해 엄마 알라뷰 라는 말을 저는 달고 살았고 어머니께서도 말씀은 어눌하셨지만 사랑해 아라브 라고 답을 항상 주셨다. 제가 이 좋은 단어들을 어디다 쓰겠는가 싶다. 그래서 이 좋은 단어들은 당연히 바로 저희 어머님과 우리 가족들한테 아낌없이 사용했을 때 아름다운 말이지 않겠나 생각했던 부분이다. 사춘기 저희 아이들에게 잔소리가 하고 싶을 때면 은유법(隱喻法)으로 저는 알 자에 악센트주어 알러브 라고 하며 살아왔다. 더러는 사람이 함께 살면서 때론 거친 단어들을 사용하면 속은 좀 후련하겠으나 서로에게 상처가 될 것 같아 저는 가능한 알러브 라는 단어를 외치며 산 이유이다. 저희 어머님께서는 지금 표현은 자유롭지 못하시지만 세상사를 멀리 내다보고 계신 분이고 더구나 말씀은 비록 어눌하셨지만 깨달은 각인(覺人)이시며 초인(超人)이 맞으시다. 보통사람들은 눈에 드러난 부분만 가지고 평가를 하다 보니 말씀이 어눌한 부분을 보고 대부분 언어장애(障礙)가 있는 사람으로 치부하는 경황이 많았다. 그렇게 보는 것은 당연하다. 저희 어머님만큼은 자식들에게 마음을 마음으로 듣는 것을 가르치시고자 말문을 닫게 된. 사례라 저는 생각했었다. 그래서 저는 더욱 저희 어머님의 마음을 마음으로 듣고자 했던 이유다. 그렇지만 워낙 난이도가 높은 경지라 쉽게 다가가지 못하는 것이 나의 현 상황이지만 그래도 어느 정도 어머님의 마음을 마음으로 느껴보려 하고 그렇게 마음으로 느끼려 노력중이다. 저희 어머님에 말씀을 100%로 이해하고 해석 하지는 못하지만 그래도 시간이 좀 걸리더라도 이해하려는 마음을 갖고자 노력한다. 저는 꺼져가려는 저희 어머님의 생명에 빛을 작은 정성이라도 쏟아 저희들 곁에 오래오래 계시기를 바라는 마음으로 오늘도 엄마 파이팅이라 외친다. 어느덧 11월도 가고 12월 달을 맞이했다. 그동안 저희 집은 특별 할 것이 없이 조용했다. 어머님께서는 근래 들어 누워만 계실뿐 TV도 보지 않으시고 제가 엄마 식사 합시다. 라고 하면 일어나시는 정도라 적막했다. 마누라 보살핌을 포기한 남편도 이제는 불평불만(不平不滿)이 멈추어 집안 부위기가 평온하고 조용해진 것이다. 하루 일상은 단순하게 아침 6시에 기상해 어머님 목에다 수건 걸어놓고 무릎 위에다는 또 다른 수건을 올려놓아 옷이 젖는 것을 최소한 방지하여 씻겨 드린다. 그 다음 어머님께서는 세수 할 때 사용했던 용기들을 제가 정리 할 때면 어머니께서는 소파에 앉으셔 열심히 에센스 바르시고 로션을 정성스럽게 바르셨다. 그 다음 저는 조그마한 상에다. 어머님 식사를 따로 챙겨 어머님 앞에다 갖다놓고 어머님에게 식사를 떠드리는 과정을 매일 반복하고 있다. 아마 수저질을 하시지 않은지가 벌써 2년이 되었다. 어머님께서는 수저질을 능히 하실 수가 있으면서도 일체 수저질을 거부하시고선 그저 더러 겸연쩍으면 나도 모르겠다. 는 말씀만 반복하시곤 수저질하시길 이제껏 거부하셨으니 분명 무슨 조화가 있을 것이라 여기며 이젠 더 이상 어머니가 직접 수저질 하시는 것을 잊고 산지 오래다.

본인도 남이 떠주는 수저질이 많이 불편 하실 것이다. 그러나 그 불편함을 참고 꿋꿋하게 입만 내밀고 계시니 신기하기도 하다. 더구나 어떤 이유에서 그러시는지에 대해선 그 이유를 저는 잘 알지 못한다. 하지만 어머님만 알고 있는 또 다른 이유가 있을 것 같아 강요하지는 않는다. 그래서 역시나 오늘도 수저질을 하지 않으시고 식사를 마쳤다. 식사를 마치신 어머님께서는 저에게 달력을 갔다 달라고 하셨다. 그래서 저는 화장실 문에 걸어둔 달력을 때어 어머님 앞에 놓아 드린다. 어머님께서는 달력을 짚어 보이시며 또 다시 하나, 둘, 셋, 넷을 세어서 열여섯을 지나 열일곱을 세어주시며 저에게 이젠 나도 괜찮을 것이야. 라는 말씀을 또 다시 하셨다. 아마 이렇게 날짜를 세어주신 이유가 이렇게 날짜가 지나고 나면 괜찮을 것이다. 라는 뜻이 분명했다. 그러니까 우리들이 그렇게 오매불망(寤寐不忘)빌고 바라고 학수고대(鶴首苦待)하며 기다리고 기다리던 그날이 눈앞에 다가 온다는 뜻이 된다. 어머께서 쓰러지신지 벌써 햇수로 2년째이고 보니 이집이나 저 집이나 경황없기는 매한가지였다. 그렇지만 저처럼 암환자를 배우자로 두고 있는 사람은 없었지만 그래도 부모님 병환이 깊으셨기에 다들 멀리서 애타는 마음은 누구라고 덜 하지는 않았으리라 생각한다. 하지만 옆에서 사선(死線)을 넘나드는 어머님을 안고서 저처럼 불안과 공포 그리고 두려움에 떨어야 했던 경험들은 없었을 것이다. 지난 2년 동안 저는 어머님을 놓치지 않으려고 몸부림치면 살았던 날들이 잠시 주마등처럼 스쳐지나갔다. 참으로 말로나 글로는 표현이 되지 않을 정도의 사선(死線)에서 긴장감들이 순간 스친다. 이제는 저희 어머님 말씀만 믿고 저는 건강해지신 울 엄마와 형제들이 다시 만나 이곳저곳으로 여행 다니는 것만 상상하면 될 것이라 생각한다. 저는 어머님께서 달력에다 짚어주시는 날짜를 세어보니 그 날짜가 대충 보아 공교롭게도 저희 친정아버지 기일 날짜와 같다는 생각을 잠시 했다. 확실하지는 않지만 어쩌면 저희 아버지 기일 날이 우리가 학수고대 하는 날이 되지 않겠는가라는 짐작만 해본다. 저희 형제들이나 제가 그렇게 바라고 원하는 그날 저희 어머니가 모든 병을 훌훌 털어버리시고 자유로운 몸이 되서 자리를 박차고 일어나시는 그날 철없는 나는 그 날이 다가온다는 생각을 하니 벌써부터 마음 한편이 많이 가벼워진 것 같은 기분이 든다. 그런데 한 장 밖에 남지 않은 달력을 쳐다보니 다른 해와 조금 차이가 있다는 걸 느낀다. 아마 중간에 윤달이 끼어있어서 그랬을 것 같다는 생각이 들었다. 예전 같았으면 친정아버님 기일이 보통 크리스마스 날이 되었든지 아니면 크리스마스 전날이 되었든지 아무튼 하루 이틀간의 사이로 주로 크리스마스를 맞이해 우리 집 아이들과 함께 제삿날 주로 참석했던 기억이 있다. 그런데 이번 아버지 기일이 이전과는 다르게 10여일 정도의 차이가 나고 있다. 아마도 짐작컨대 분명 윤달이 있었으리라 짐작한다. 허긴 날짜가 차이 나는 것이 뭐 대수겠는가 싶다. 저희 어머니께서 모든 병을 털고 일어나신다는 것이 중요하고 기쁜 일이지 저희 형제들이나 제가 오매불망소망하고 바라는 일이 있다면 오직 저희 어머님 쾌차 하시는 것뿐이지 않겠나 싶다. 이젠 날짜가 빨리 지나 갔으면 하는 마음이다. 그런데 저의 기쁜 마음과 상반되게 저희 어머님 표정이 영 밝지 못하시다는 것이 문제다. 왜? 저리도 어머님 표정이 어두운지 의문스럽다. 얼마 지나지 않아 다 나으신다는 말씀과는 다르게 표정이 밝지 않으신 것이 여간 의문스럽다. 속없이 기뻐했던 마음이 갑자기 불안하다. 요즘에 들어 어머님께서는 무엇을 그리 생각하시는지 몰겠지만 어머님 얼굴에서는 언제부터인지 모르겠지만 희노애락(喜怒哀樂)의 감정이 전혀 서려있지 않다는 것이다. 보통은 어디가 불편하면 불편하다던가? 좋으면 좋다는 감정 표현이 얼굴에 나타나는 것이 보통 사람들의 표정이고 살아있는 사람에 몸짓이라 생각한다.

하지만. 근래에 들어서 저희 어머님 표정이 무심해 가까운 표정들이였다는 느낌이다. 그 무심함 속에서 꼭 잊지 않으시고 하시는 말씀은 맛있다.라는 말씀이었지 싶다. 어쩌면 울 엄마의 맛있다. 라는 그 말씀 때문에 저는 이렇게 무표정한 표정을 보지 못했지 않았나?싶다. 저는 어머님께서 잡아준 날짜를 손꼽아 기다리면서 또 다시 10여일을 보낸 듯하다. 그런데 건보에서 나온 돈으로 간병 비를 저에게 준 뒤로는 형제들 어느 누구하나 어머니의 안부를 묻는 사람이 없어 약간 서운한 마음이 들어왔다. 저희 어머님께서도 저에게 아무에게도 따로 연락을 하지 말라고 당부하셨다. 그리고 일어나 앉으시며 저에게 하나, 둘, 셋, 넷, 다섯 하시며 뚜렷하게 다섯를 손가락으로 세어주시며 나 이제 괜찮아 질 것이다. 라고 하신다. 그럼 이 말씀은 이젠 5일이 남았다는 뜻이 될 것이다. 저는 5일만이라도 정신일도(情身一道)하여 잘 버텨야 될 것 같다는 생각이 들었다. 어머니께서는 저에게 이 말씀을 끝으로 더 이상 말씀이 없으셨다. 저는 너무나 무료하게 계시는 어머님 모습이 안쓰러워 말이라도 붙여 보고 싶은 마음에 조심스럽게 엄마 며칠 있으면 아이들 겨울방학이 되니 그때 우리 한 달 간만이라도 고향집에 내려가서 지내다 옵시다. 라고 말을 하였다. 그러나 어머님께서는 그다지 내키지 않으신지 아 그래 라는 말씀만 가볍게 하실 뿐 반응을 크게 보이지 않으시고 눈만 감고 계신다. 어머니 기분상태가 많이 좋지 않다는 것이 느껴졌다. 그러니까 나뭇잎이 시들은 후에는 물을 아무리 주어도 의미(意味)가 없다는 뜻이다. 어머니는 지금 생(生)의 기운을 놓아버린 상태같다. 그러니까 삶에 의미를 놓아버린 상황이지 싶다. 나는 꺼져가는 어머님 혼불 앞에 무엇을 어떻게 지켜야 될지 막연하여 생각이라는 자체도 할 수 없다. 마냥 어머니를 이렇게 쓸쓸하게 홀로 두고 싶지는 않다는 생각이 든다. 그리고 그 생각이 형제들 힘이라도 빌려 울 엄마 기분을 좀 풀어드리고 싶다는 생각을 했다. 어머님께서 일체 형제들에게 연락하지 말라는 신신당부가 며칠전에 있었던터라 형제들에게 연락하지 않고 지금껏 어머님 눈치만 살피고 있었다. 이렇게 쓸쓸하게 누워계시는 어머님을 보고 있노라니 가슴이 미어진다. 그래서 요즘 들어 소식 한 통 없는 형제들에게 어머님께 안부전화라도 드리라는 의미로 저는 형제들 카톡을 통해 나마저 엄마를 포기 할까봐 두렵다. 라는 짧은 문자하나 어머님 몰래 보낸다. 이런 내용의 문구를 보내는 내 생각은 지푸라기라도 잡고 싶은 심정으로 지금 어머님 상태가 너무 좋지 않아 형제들이 지금 상황의 심각성을 파악해서 병 깊으신 어머님께 안부 전화라도 드려 우리엄마 희망을 잃지 않게 해주었으면 좋겠다는 뜻으로 은유법을 써 문자를 그렇게 보낸 이유다. 그런데 저의 예상과는 전혀 다르게 어머님께서 누워계시다가 갑자기 벌떡 일어나시며 이유도 모르게 고함을 냅다 지르시는 것이다. 나는 어머니가 갑자기 소리를 지르시는 이유를 모른다. 소리 지르시는 부분이 이해가 되지 않아 그만 넋을 잃고 어머님의 얼굴만 멍하니 쳐다보고 있다. 그런데 어머니는 무엇에 그리도 노하셨는지 부처님처럼 인자하신 우리 엄마의 모습은 온데간데 없고 노기(怒氣)가득한 얼굴로 저를 보시며 그것이 아닌데 그것이 아니어.라는 통한에 소리를 지르시고 있다. 저는 울 엄마가 이렇게까지 분노하고 고함치는 이유를 모르니 당황스러워 그저 멍하니 앉아 어머님 처분만 기다리는 신세가 되었다. 그러나 나는 생각이라는 것을 할 수 있다는 사실이다. 나는 생각을 해 본다. 과연 나는 무엇을 어떻게 잘 못했고 무엇이 이렇게 우리 엄마를 격노하게 만들었을까? 그리고 무엇이 어디서 잘 못 되었기에 또 우리 엄마 마음을 이렇게 상하게 하였는가? 라는 생각을 잠시 하게 된다. 이렇게 우리 엄마가 노하실 때는 분명 내가 무엇인가를 크게 잘못 했을 것이다. 침묵이 흐른다. 허나 이 상황이 너무 당황스럽다. 이렇게 화내시는 부분에 대해서는 분명 이유가 있을 것이라 생각이 든다. 엄마와 나 사이 무거운 침묵의 시간이 잠시 흘렀다. 제가 형제들에게 보낸 문자가 문제 같다는 생각은 들지만 어떤 이유로 잘못되었는지는 아직 나는 이해를 못하고 있다. 어리석은 생각인 줄 알지만 형제들에게 지금 어머님 상황의 심각성을 알려주고 싶은 마음에 무심해져가는 형제들에게 오직 병중이신 어머님에게 관심 좀 가져달라는 의미로 보낸 문자다. 명세코 그 이유 말고는 다른 의미가 전혀 없었다는 사실을 알아 줬으면 한다. 다만 위중하신 어머니의 혼불이 시들어가고 있으니 자식들 여럿이 번갈아가며 어머니께 목소리라도 들려드려 어머님 힘내시게 응원해줬으면 하는 차원에서 보낸 문자다. 저희 어머님 이렇게 노하신 것을 보니 분명 신(神)의 세계에서는 나의 이런 문자가 아주 못마땅하게 여겼으며 하늘에서 진정 바라지 않은 문자였던 것 같다는 생각이 든다. 좋을지 어떡하면 이 사태를 원만하게 수습 할 수 있는지 어쩌면 좋을지 이 미련하고 멍청한 딸이 또 멍청한 짓을 저질러 우리 엄마 마음을 또 노하고 한스럽게 만들었는지 이 일을 어찌하면 좋을지 짐작컨대 분명 문자가 잘 못 되어도 한 참 잘 못 되었던 모양이다. 그저 막막하다. 아니 이 순간만큼은 도저히 내 자신을 용서 할 수 없다는 생각이 든다. 더구나 이 멍청한 딸 때문에 우리엄마 실망이 크실 것을 생각하니 미안하고 죄송하고 부끄럽다. 어머님께서 노하시는 이유는 분명 문자에 있는 것이라 생각하니 절로 어머님 눈치가 보인다. 이 부분 나마저 포기 할까 두렵다. 라는 이 부분이 비록 형제들에게 경각심으로 보냈을망정 하늘에서는 그 생각 그 자체가 크게 잘 못된 것이라는 것이다. 왜? 몰랐을꼬? 왜? 이리 미련하였을꼬? 분명 어머님은 하늘과 일치하고 계셔서 분명 거짓이 통하지 않는다는 사실을 알면서 왜? 나는 형제들에게 이렇게 집착을 하였을까? 정말 언니 말처럼 너나 잘하면 되지. 라는 말이 맞는 말이다. 아 정말 괴롭다. 나는 미련스럽게 격노하고 계시는 어머님에게 또 변명 아닌 변명을 한다. 엄마 나는 요즘 엄마가 이렇게 몸이 좋지 않은데 자식들이 연락한번 하지 않고 있어 엄마에게 관심 좀 가져달라는 의미로 문자를 보냈어요. 그런데 제가 형제들에게 보낸 문자가 크게 잘못되었나 봐요? 라고 했다. 어머니께서는 저의 이 말 끝에 그것이 아니다. 그것이 아니어. 라는 말씀만 연거푸 하시고선 더 이상 아무런 말씀을 하지 않으셨다. 오랫동안 무거운 침묵이 흐른다. 이 상황을 어찌해야 좋을지 난감하기 그지없어 속절없이 어머님 처벌만을 기다린 신세다. 형제들에게 보낸 문자가 진정 그렇게 잘못 되었는가? 이 일을 어떻게 수습을 해야 좋을지 저 역시 깊은 생각에 잠겨본다. 돌이킬 수 없는 저의 큰 실수 되돌릴 수 없는 이 상황 어쩌자고 저는 이렇게 어리석은 글을 써 보냈을까? 후회스럽다. 후회한다. 어쩌자고 나는 저희 어머님 마음을 이렇게 허무하게 만들었을까? 어쩌자고. 마땅히 그 어떠한 경우라도 저희 어머니를 지켜 드려야겠다는 마음가짐을 나만이라도 가졌어야할 이 시기에 왜? 하필이면 나는 이런 부정적(否定的)인 문자를 보냈을까? 후회스럽다. 천번 만번 후회된다. 나의 불찰(不察) 나의 큰 실수가 확실하다. 진정이든 진정이 아니든 포기하려는 마음을 비추었다는 사실이 분명 크게 잘못 된 것이라 생각한다. 어머님에게 관심 좀 가져달라는 의중(意中)의 비유법이 틀렸으며 타인(他人)의 힘을 빌려 곤란함을 면해 보려했던 나의 생각과 방법이 틀렸다. 때 늦은 후회다. 되돌릴 수만 있다면 깨끗이 지워 다시 쓰고 싶다. 왜? 나는 그런 문자를 써 저희 어머님을 노하게 했으며 답(答)없는 형제들 마음을 상하게 하였을까 싶다. 아 정말 괴롭다. 너무 어리석었다. 그리고 너무 미련한 처사(處事)이고 지혜롭지 못한 큰 실수다. 진정으로 나의 정성으로 어머님을 지키려는 마음을 갖지 않았다는 사실이 부끄럽고 죄스러워 나는 어머님 얼굴을 바로 볼 수가 없다. 이젠 활시위는 제 손에서 당겨진 것 같다는 느낌이 든다… 과녁판이 아닌 허공으로 때 늦은 후회가 밀려온다. 순간의 나의 실수가 저희 어머님을 놓치게 되는 계기가 되지 않기를 빌고 또 빈다. 무거운 침묵 속에 째깍 째깍 쉼없이 돌아가고 있는 시계 초침소리가 너무도 귀에 거슬린다. 이 일을 어찌하면 좋을지 저 막막하다. 뇌가 정지되었는지 생각 자체도 할 수 없다. 더구나 내 숨소리마저 구차하게 들린다. 살벌한 긴장감만 감도는 이 분위기가 정말 싫다. 누가 있어 나의 이 기막힌 이 상황을 이해 할 수 있을까? 어머님께 잘 못을 빌고 용서를 구하는 것이 좋을 것 같다. 그래서 저는 용기를 내서 엄마 내가 미련하여 몰라서 그랬어요. 그러니 용서해주세요. 그리고 정말 죄송해요. 라고 했다. 제 말을 조용히 듣고 계신던 어머니께서 긴 침묵을 깨고 그것이 아니다잉 그것이 아니여. 라는 말씀만 하실 뿐 다른 말씀은 없으시다. 그러니 옆에서 어머님 처분만 기다리고 있는 제 마음은 더 불안한 마음이 되어 천 길 낭떠러지에 떨어진 느낌이 들어 더 안절부절 하다. 아마 살얼음판을 걷는 심정이 이런 마음이지 싶다. 이 부분에서 제가 깨달은 것이 있다면 어떠한 경우라도 확고(確固)한 신념으로 어머님을 일으켜 세워드려야겠다는 마음가짐이 필요했지만 저는 이 부분이 많이 부족했다는 사실을 깨달은 것이다. 무거운 침묵이 장시간 연속이 되어 까만밤을 어떻게 밤을 지새웠는지 모르겠다. 날은 새고 밝았지만 달라진 것은 없다. 그래서 구름 위를 걷는 심정이다. 이젠 어머니가 세어주신 날짜가 3일 남았다. 더군다나 공교롭게 3일째 되는 날이 저희 친정아버지 기일이 된다. 그래서 저는 희망을 가져본다. 친정 아버지 기일날 기적이 있을 것이라고 저는 평소처럼 어머님을 씻어드리고 옷도 새로 갈아 입혀드렸다. 저희 어머님은 워낙 깔끔하신 분이라 옷을 매일 갈아입혀드린다. 어머님의 옷을 갈아 입혀 드릴 때면 선명하게 나있는 고관절 수술 자국이 눈에 항상 들어왔다. 대략 30cm정도의 이 흉터는 지난 2년 동안 저희 어머님을 너무나 고생시켜드렸던 흔적이다. 제가 처음부터 어머님 말씀만 믿고 병원으로 모시고 가지 말았어야 했는데. 라는 후회를 수 백 번 하게 만들었던 상흔(傷痕)이다. 더구나 어머님의 혼불이 시들어가는 이 시점에서는 많은 후회가 밀려왔다. 만약 고관절로 쓰러지시고 혼절해 계시는 어머님을 병원으로 이송하지 않고 울 엄마의 특별한 힘만 믿고 어머님 스스로 깨어나시고 스스로 치유 하시도록 옆에서 보필만 하고 지켜만 봤더라면 어떤 결과가 있었을까?라는 부질없는 생각이 자꾸만 밀려와 마음이 더 혼란스러운 상흔이다. 현실적인 이야기로는 불가능 하였을 것이다. 그러나 커다란 모험이며 커다란 도전이 되었을 수도 있었을 것이라는 생각이 들어 조금 미련은 남는 부분이다. 완쾌를 가정하면 현대의학에 의존(依存)하지 않고 자연치유가 되셨다면 주변반응은 어땠을까? 반면 냉정히 말해서 병든 부모님을 방치한 죄인(罪人)이 되었을 것이다. 그러나 어머님 의사(意思)를 존중했더라면 수월하게 낳았을 조화(造化)도 있었을 것이라는 아쉬운 생각이 자꾸만 밀려온다. 저는 어머님을 치료한답시고 이병원 저병원 전전하며 고생 고생만 시켜드린 불효녀가 되었다. 그리고 이번 문자 사건으로 실망을 시켜드린 못난 딸이 되었으니 미안하고 죄송스럽기 그지없다. 저는 어머님의 아침 식사를 총각김치와 가지나물 그리고 고사리나물을 해서 상에 올려드렸다. 그리고 한 수저 한 수저를 조심스럽게 떠 드린다. 여전히 저희 어머님 총각김치 씹는 소리가 와삭와삭하게 들려 저의 귀를 자극했다. 와삭와삭 총각무 씹는 소리에 민감한 반응을 보인 제 목에서는 저절로 침이 꿀꺽하고 속없이 넘어간다. 침 넘어간 소리를 들으신 저희 어머니가 맛있다 이것도 맛있고 저것도 맛있다 라는 말씀을 오늘도 잊지 않고 해주신 것이다. 더구나 죄인이라 어머님 눈치만 살피고 있는 저에게 식사를 하시다가 이마 땡을 해주셨다. 그러나 왠지 쓸쓸함이 묻어있다는 느낌이 확 느껴졌다. 평소보다는 느낌이 너무도 쓸쓸했다. 그리고 어머님의 몸 상태는 한 달 전부터는 뭐라고 단정 짓기는 그렇지만 조짐(兆朕)이라고 해야 할까 예감(禮監)이라고 해야 될지 모르겠으나 생과사의 갈림길에 서 계시다는 느낌이 든다. 이런 기분 이런 느낌때문에 한 달 넘게 연락주지 않은 형제들에게 쓸데없는 문자를 보내게 되었던 이유였을 것이라 생각한다. 이제는 어머님에게는 시간이 많이 남아있지 않다는 예감이 든다. 식사를 이렇게 맛있게 하시는 모습을 보면 때론 제 생각이 방정맞은 생각일 수도 있다는 생각을 한다. 어머니께서는 어제 저에게 이런 말씀을 신신당부 하셨다. 그러니까 특별히 당부하신 말씀은 나에게 무슨 일이 일어나더라도 병원에 꼭 데리고 가지 말고 꼭 기다려라 꼭 기다려야 쓴다. 병원 절대로 데려가지 말고 라는 말씀을 누누이 하셨다. 그래서 어제 어머님께 여쭙기를 그럼 엄마 이제 다 나으신 것이죠?라고 물었었다. 어머니께서 아주 근엄하게 그렇지 라고 말씀을 하셔서 나름 긴장을 풀지 못하고 있는 상황이다. 한편으로는 저희 어머님 말씀을 철썩같이 믿고 기적을 바라며 어머님 말씀처럼 나는 이제 괜찮을 것이다. 라는 말씀에 나름 강하게 희망도 걸고 있다. 그야말로 저희 어머니가 손꼽아 주신 날이 되었다. 더구나 아버지 제삿날이라 왠지 긴장이된다. 물론 한 달 전부터 30일을 새어주셨고 보름 전에도 16일을 새어주셨던 부분이다. 그리고 5일전에도 분명히 어머니는 다섯을 새어주셨다. 그리고 바로 오늘이 울 엄마가 손꼽아 주신 그 날을 맞이하게 되었다. 그래서 나름 기적을 내심(內心)기대하는 마음 이 크다. 어머님께서 모든 병을 이제는 훌훌 털고 일어나실 것이라는 기대가 제 마음을 꽉 채우고 있다고 해도 과언은 아니다.

오늘은 친정아버지 기일이라 오후쯤이면 마산 큰 동생네로 형제들이다 모일 것이라 생각한다. 더욱 혹시나 형제들이 가까운 마산으로 오게 되면 병 깊은 신 어머님에게 다녀가지 않을까? 하는 기대도 없진 않다. 가까운 거리라 하더라도 퇴근시간 걸리면 예상 못하는 일이라 비록 이곳까지는 다녀가지 못 하더라도 전화라도 하지 않을까싶다. 그러다보니 내 마음은 오직 전화기에 눈이 가있어 언제부터인지는 모르지만 일각(一刻)이 여삼추(如三秋)처럼 애타게 기다리는 마음이다. 저는 아침 식사를 맛있게 드신 후 아무런 말씀 없이 가만히 누워 계시는 어머님의 발밑에 앉아 앙상한 가지처럼 말라버린 어머니 다리만 주물러 드리는 것 말고는 특별히 해드릴 것이 없는 상황이다. 저도 말없이 어머님 눈치만 살피며 어머님 다리 붙들고 주무르고만 있다. 그렇지만 마음속은 혹시나 형제들에게서 전화가 오지 않을까하는 기대감에 어머니 휴대폰에 신경이 온통 가있다. 너무도 애달프게 형제들 전화를 기다리고 있는 중이라는 표현이 맞을 것이다. 나의 이런 바램들이 다 부질없다는 것을 알면서도 왜 그런지 자꾸만 휴대폰으로 눈이 가고 마음이 가는 것을 피하지 못하고 있는 중이라 하겠다. 오늘은 왠지 우리들의 심판 날처럼 느껴졌다. 울 엄마를 놓칠 것 같은 예감(豫感)이 든다. 저는 그저 무감각(無感覺)속에서 어머님 다리만 부여잡고 쪼물쪼물 주물주물 자동적 감각 없이 하는 중이다. 나의 의식(意識)은 다른 세상을 쫓고 있었다. 당연히 어머님 쾌차를 비는 일심(一心)은 분명 아니다. 너무 불안하여 좋은 생각이 떠 올려 지지가 않는 이유라 생각한다. 어느덧 부질없는 망상 속에서 3~4시간이 지나 점심때가 넘어 버렸다. 어머님 시장하실 것 같아 서둘러 점심을 차려 어머님께 갖다드렸다. 그런데 평소와는 다르게 식사를 한 수저만 드시고서는 더 이상 드시기를 거부하신다. 제가 왜? 식사를 못하시는지를 여쭸다. 엄마는 이제껏 누워만 있었던 터라 아직 소화가 되지 않아 나중에 드시겠다고 하신 것이다. 이제껏 저희 어머니가 이렇게 상을 물리신 일은 드문 일이다. 하지만 오늘은 식사를 거절하시니 마음이 불편하다. 나는 어머님께서 물린 상을 부엌으로 갖다놓고 소파에 말없이 앉아 계시는 어머니 눈치를 살피며 조심스럽게 어머니 옆에 앉았다. 어머니는 눈치 보며 조심스럽게 앉은 저에게 그랬어. 라는 말씀을 하시며 제 얼굴을 쓰다듬어주신다. 차마 저는 어머님 얼굴을 쳐다 볼 수가 없었다. 어찌자고 이런 큰 실수를 하였는가싶어 가슴이 저민다. 어머니는 숨죽이고 있는 저에게 온화한 목소리로 이제 나는 괜찮을 것이다. 라고 다시 한 번 확신을 제게 주신다. 그리고선 또다시 만약에 무슨 일이 일어나더라도 병원에는 데리고 가지 말고 지켜만 보고 있어라. 라고 재차 당부하신 것이다. 어머니는 잠시 무언가 생각을 하시더니 꼭 그래야 쓴다. 라는 말씀으로 다짐을 시키신다. 하지만 마음이 놓이지 않으신지 다시 꼭 그래야 쓴다. 라는 말씀을 여러 차례 반복하시며 저 눈을 하염없이 바라보셨다. 저는 울 엄마 눈 속에서 서글픔을 보았다. 그리고 이것이 마지막 인사가 된다는 느낌마저 들었다. 그러나 저는 이 불길한 느낌을 지운다. 끝까지 어머님 말씀에 희망을 걸고 싶다. 저는 어머님 말씀 끝에 재차 그럼 나는 그동안 아무것도 하지 말고 엄마를 이렇게 지켜만 보고 있으라고요. 라고 여쭈었다. 어머니께서는 망설임 없이 그렇지 바로 그것이야잉 바로그것이야. 라고 하신다. 저는 또 다시 그럼 제가 엄마 옆에서 그저 이렇게 지켜만 보고 있으면 엄마가 다 낫는다는 뜻이죠. 라고 하며 다시 물었다. 나의 해석이 잘 못 되지 않았을까 싶은 마음에 저희 어머님의 깊으신 뜻을 확인하고자 되물었던 이유다. 어머니께서는 순간에 망설임도 없이 근엄하며 단호하게 그렇지 그래 바로 그것이다 바로 그것이야 라는 말씀을 아주 근엄한 어조로 단호하게 말씀하신다. 나는 어머님의 단호하신 말씀과 강한 눈빛 속에서 확신을 갖고서 어머님 의사를 존중해드리기로 결심한다. 저는 어머님께 알았어요.

나는 엄마 말씀만 무조건 믿고 따르겠습니다. 라고 했다. 제 말이 끝나자마자 어머니께서는 그렇지 바로 그것이야 바로 그것이다. 라는 말씀을 1초에 망설임도 없이 하셨다. 말씀은 그렇게 평온한 듯, 냉정한듯하시나 표정(表情)은 가름하기 어려울 정도로 만감(萬感)이 교차하다. 나는 어머님 표정에서 여러 형상들이 만들어지는 것을 나는 본 것이다. 돌아올 수 없는 강을 건너려는 자의 서글픔이 짙게 묻어 있는 표정, 어머니는 제게 당부말씀을 마치신 뒤 옆에 있는 티슈를 가지런히 여러 장 개어놓으시고 나서 그 옆에 놓여있는 맹호도 사진을 살포시 베게 위에 올려놓으신다. 그리고 점잖 하시기 그지없으신 저희 어머님 말없이 소파에 앉으신 체 조용히 눈을 감으셨다. 저는 어머님 행동이 유독 수상했다. 엄마 저에게 따로 해 주실 말씀은 없으세요. 라고 여쭈었다. 저희 어머님 주저 없이 없어 라고 하신다. 그렇지만 그래도 저는 불안한 마음이 일어 재차 그럼 저는 엄마만 믿고 이렇게 엄마 옆에 가만히 앉아 있을게요. 라고 한다. 어머님께서 오냐. 라고 하시며 잠을 청하신 듯 별다른 말씀 없이 눈을 감으셨다. 아마 이렇게 어머니께서 본격적으로 눈을 감으신 시간이 점심때가 조금 지났으니 오후 2시가 다 되었던 시간이라 여겨진다. 어머님께서는 그렇게 소파에 앉아서 5 ~ 6 시간을 아주 편안하게 주무셨다. 그래서 제가 밤 9시가 되어 어머니에게 편히 주무시라며 자리를 잡아 눕혀드렸다. 참으로 이 상황만 보면 오랜만에 어머니께서 단잠을 주무신 것이라 오히려 제가 더 기분이 좋았던 것이다. 어찌 보면 어머니는 이렇게 단잠 속에서 스스로 자신의 몸을 치유하시는 중이라 여겨졌다. 그러므로 어머님의 주무시는 표정은 아주 평온하게 아주 평화스럽게 아주 고귀한 모습으로 단잠을 주무셨다. 지난 2년 동안 어머니께서는 잠을 잘 주무시지 못했다. 이제껏 못 주무셨던 잠을 이렇게 원(願)도 한(限)도 없이 보상 받아 주무시는 것 같이 아주 단잠을 주무신 것이라 생각이 든다. 그런데 이제는 너무나 편안하게 주무시는 것을 보니 정말 어머님 말씀처럼 다 나으신듯하여 너무 감사한 마음이 들었다. 그리고 이제껏 보지 못했던 평화롭고 편안함이 온 몸 전체에 서려있는 듯 그 기운이 내게 느껴졌다. 이제껏 약간 불편해 보였던 어머님 복부가 주무시는 사이에 많이 줄었다. 그래서 더욱 편안해 보이는 것이 눈에 확 들어왔다. 저는 더 시간을 갖고 어머님을 더 지켜보기로 한다. 저는 이렇게 3~4시간을 더 지켜보다가 저녁시간이 지났는데도 불구하고 일어나시지 않으셔서 저는 할 수 없이 어머니를 불러 깨웠다. 그리고 저녁 식사라도 하자고 여쭈었다. 그러나 싫다고 하신다. 그래서 저는 어머님께 지금 마산에 아들들이 다 모였을 텐데 연락이라도 해볼까요? 라고 여쭈어보았다. 어머니께서는 손 사레를 치시며 아니 라는 말씀을 하신 것이다. 속이 울렁거리신지 눈을 뜨시지 않고 일어나 앉으시며 트림을 하신 듯하더니 아기 주먹만 한 짙은 팥죽색 덩어리를 토해내셨다. 저는 깜짝 놀라 엄마 이거 뭐에요? 라고 물으니 어머니께서는 눈도 뜨지 않은 채 그래서 그래 라고 하시며 이제 나는 괜찮을 것이다. 라는 말씀을 하시며 제에게 이마 땡을 해주신 것이다. 하지만 팥죽색 덩어리는 응고된 핏덩어리라 저는 석연치 않아 그럼 이것은 속에 독(毒)을 빼고 있는 중이에요? 라고 물었다. 어머님께서는 눈도 뜨시지 않으시고 그렇지 바로 그것이야 이제는 나는 괜찮을 것이다. 라고 하시며 소파에 등을 대고 누우셨다. 어머님께서는 이제껏 단어 몇 개로 20년 넘게 사시는 동안 정말 자주 쓰셨던 단어가 바로 그것이다. 라는 단어가 아닐까? 싶을 정도로 바로 그것이야. 라는 말씀을 아주 적절하게 사용하셨다. 저는 어머님 말씀을 듣고 나니 통하고 내려간 가슴이 좀 진정 되었다. 저는 어머니 입 행구시라고 물을 갖다드리고 나니 물 한 목음 드시더니 어머님께서는 바로 누워버리셨다. 저도 어머니 모처럼 편히 주무시도록 더 이상 말을 걸지 않았다. 어머니께서 주무시니 조금 전에 아기 주먹 크기의 구토(嘔吐)물이 눈에 아른거렸다. 그것은 혈이 굳어 생긴 핏덩이다. 예감이 좋지 않다. 이 내용물(內容物)은 분명 내부에서 출혈(出血)이 있었다는 신호라 이렇게 마냥 간과(看過)만 하고 있어도 되는지 마음이 불안해진 것이다. 저희 어머님 신신당부(申申當付)말씀이 있는지라 저는 어머님을 믿기로 하고 그냥 지켜보기로 한다. 왜? 내부(內部)에 출혈이 생겼을까? 라는 생각을 조용히 해본다. 돌아가지 않는 머리로 이것저것유추를 해보니 아마도 어제 제가 형제들에게 보낸 문자로 역정 내실 때 위출혈이 생기지 않았을까? 라는 추측만 했다. 그렇지 않고는 특별히 자극된 일 없고 자극된 음식도 없었으며 어머님 드시는 소화기내과 약도 몇 개 월 분이 드시질 않으셔 그대로 있듯 일절 자극받을 만한 이유는 없다. 느낌은 제가 형제들에게 보낸 문자 내용 때문에 격노(激怒)하실 때 아마도 내부에 큰 충격이 있었지 않았을까? 하는 생각만 있다. 팥죽색 토물이 더 이상 나오지는 않지만 긴장을 놓아서는 안 될 것 같다. 저의 방정맞은 행동으로 어머님을 슬프게 하고 노하게 하였으니 이일을 어찌 수습을 해야 될지 마음이 무겁다. 저는 일어나시지 않는 어머님을 깨워 물이라도 드시라고 물을 수저로 떠서 입에 갖다 대니 저희 어머님 인상을 찌푸리며 못마땅하신지 물을 거부시며 혀를 끌끌 차신다. 그래서 저는 물을 거두며 다시 어머니를 그저 지켜만 보기로 한다. 그리고 몇 시간이 흘렀을까? 새벽 1시를 가르치는 시계가 보였다. 더구나 이시간은 아버지 제사가 끝나도 벌써 끝 날 시간이라는 생각이 든다. 그렇지만 내가 그렇게 바라고 있던 어머님 안부를 묻는 사람은 한 사람도 없었다. 실망감이 든다. 아니 원망이 서려진 것이다. 병 깊으신 어머님께 아버지 제사 지내고자 마산에 형제들이 다 모였다는 인사정도는 할 줄 알았다. 그러나 나의 바램과는 다르게 아들들에게선 연락이 오지는 않았다. 더구나 평일도 아니고 아버지 기일로 마산에 식구들이 다 모였으면 의당 병중이신 어머님께 연락을 해드리는 것이 당연히 자식 된 도리건만 뭐가 그리도 바쁜지 1분이면 할 수 있는 안부를 끝내 하지 않았다. 병 깊은 어머님에게 이곳 까지 와서 연락하지 않는 동생들에게 왠지 괘씸하고 서운한 마음이 든다. 저의 부질없는 바램이겠지만. 그래도 그렇지 어쨌든 병든 부모님을 생각하는 마음은 각자의 몫이 아니겠는가? 싶다. 그렇지만 김해 근처까지 와서 아버지 제사를 지낼 때에는 당연히 어머님에게 자기들끼리 모여 아버지제사를 지내겠노라는 연락을 취하는 것이 어머님에 대한 예의가 아닐까 싶다. 아무튼 서운하다. 설령 내가 미워도 그렇지 엄마 휴대폰으로 1분이면 목소리 듣고 안부 여쭈면 될 일인데 이 시간은 저희 어머님 생사(生死)의 갈림일 수도 있을 텐데 나에게는 너무나 많은 미련이 남는 시간이다. 더구나 내 스스로 기대하지 말자. 라고 마음먹어 놓고도 아직 미련을 놓지 못하고 있는 내 자신이 속물스럽다. 미련 버리지 못한 채 그렇게 기다리기를 새벽 2시가 넘는다. 미동도 없이 편안하게 주무시는 어머님 얼굴빛이 너무나 편온 해 보인다. 나는 이 상황에서 더 이상 더 무엇을 바라겠는가싶을 정도로 평화로 보였다. 일단 나의 소망은 오직 우리 엄마 모든 병 여의시고 가볍게 일어나시길 기원할 뿐이다. 시계가 새벽 3시를 알리고 있다. 형제들에게서 연락 오기를 오매불망(寤寐不忘)기다렸던 내 자신이 미워지고 미련스럽게 느껴졌다. 어쩌면 이것도 집착이었나 제 자신에게 묻는다. 저는 다시 소파에 앉아서 주무시는 어머니 입술이 마른 것 같아서 수저로 물을 떠 입에 넣어 드렸다 그런데 어머니 또다시 물을 거부하시며 인상을 찌푸리셨다. 나의 이런 행동들이 오히려 저희 어머니를 귀찮게 하는 행동 같았다. 그래서 나는 더 이상 이런 자질구레한 챙김을 자제했다. 그런데 시간이 지나면 지날수록 어머님의 의식이 점점 흐려지시고 있다는 사실이다. 저는 간간히 엄마 하고 불러본다. 그러면 어머니께서는 무의식중이라도 엉 하는 대답을 새벽 3시까지는 해주셨다. 그런데 3시가 넘으면서 부터는 엄마! 하고 불러 봐도 대답 없이 그저 평온하게 주무시는 중이다. 그러나 마냥 지켜보기에는 불안했다. 그래서 저는 시간을 보면서 언니에게 연락을 해야 할지 말아야 할지 망설임 끝에 제사에 참석하지 않은 언니에게 가능한 빨리 와주었으면 좋겠다는 연락을 새벽 4시 쯤 새벽에 연락을 받은 언니도 어느 정도 눈치를 챘는지 알았다는 말을 하고 전화를 끊었다. 특히 언니는 제 연락을 받고 바로 출발을 했는지 아침 6시가 조금 넘어 도착했다. 어머님께서는 제일 좋아하는 큰딸이 왔건만 반겨 주지 못하셨다. 언니도 편안하게 주무시는 엄마의 모습을 보고 엄마가 이렇게 편안하게 주무시니 너무 좋다. 정말 우리엄마 이렇게 주무시는 모습은 정말 오래만이네. 이제는 평창 했던 배도 많이 홀쭉해져서 다 나으신 것 같다. 라는 말을 하며 언니는 편안히 주무시는 울 엄마 배를 문지른다. 다시 엄마 이렇게 배도 홀쭉해지고 그동안 고생 많으셨어요. 라는 말을 어머니께 하는 것이다. 사실 3 ~ 4시간 전만해도 제가 엄마 하고 제가 부르면 엉 이라는 대답은 하셨다. 지금은 아무런 반응을 전혀 보이지 않고 앉아 계시니 고개가 점점 처져 제가 고개를 받쳐 눕혀 드렸다. 울 엄마온기가 평소처럼 따뜻하게 느껴졌다. 울 엄마 이 모습은 그야말로 아주 평온 하게 주무시는 모습 그 자체였다. 세상에서 제일 평온한 모습이 바로 이 모습이 아닐까 싶을 정도로 평온한 것이다. 그러나 이 모습이 우리는 울 엄마와 영원한 이별이 되고 울 엄마는 다시는 돌아올 수 없는 요단강을 건너시는 중인 줄 몰랐다. 더구나 이렇게 허무하게 우리들 곁을 영영 떠나실 줄 정말 모르고 울 엄마 말씀만 철썩 같이 믿고 있는 중이다. 동그라미 그리려다 무심코 그린 얼굴 내 마음 따라 피어났던 하얀 그때 꿈을 무지개 따라 올라갔던 오색 빛. 하늘나라 엄마 지켜드리지 못해 정말 죄송해요. 내일 모레가 추석이라고 주말을 이용해서 언니가 왔다. 작년 이맘때 교통사고로 발목을 다쳐 그동안 고생이 많았던 언니다. 그래도 다행스럽게 장애 없이 많이 나았다니 이 또한 우리에게는 감사 할 일지 싶다. 지난 2월경 남편 항문복원 수술할 때 나 대신 어머님 간병 한다며 김해에 왔을 때는 언니가 발을 딛지를 못해 많이 아파 보였고 불편해 보였는데 이 또한 시간이 가고 달이 가니 완쾌가 되어 이 또한 다행이라 여긴다. 오랜만에 언니를 만나니 무척 반갑게 느껴졌다. 사실 3개월 전 언니는 자기도 사고가 나서 발목이 낫지 않았는데도 불구하고 엄마 간호도 하며 동생을 잠시라도 쉬게 하려는 마음에서 엄마 수발들겠다고 김해 왔었던 것이다. 그런데 하필이면 공교롭게도 언니가 이곳에 도착 한지 1~2시간도 되지 않아 형부가 일하시다가 갈비뼈가 부러져 급히 병원으로 이송 중이라는 연락을 받고 그 어두운 밤에 다시 전주로 부랴부랴 내려갔었던 사연이 있었다. 그때 언니가 전주로 내려가면서 저에게 했던 말인즉 이것도 다 니 복(福)이여 이렇게 너에게 조금이라도 편리를 주려왔건만 평소에는 전혀 일 나가지도 않던 사람이 일을 나가 다쳤다고 하니 분명 너는 엄마 전담(全擔)반이 맞나 보다. 라는 말을 하며 김해를 떠나갔었다. 언니가 그 말을 남기고 간지가 엊그제 같았는데 벌써 서너 달이 지났다. 언니와는 자주 통화하는 편이다. 그리고 이곳에 안부를 자주 물어주던 유일한 사람이다. 그러다 보니 왠지 멀리 떨어져 있었던 사람 같지 않았다. 언니 자신도 부상자이면서 그동안 형부 간호(看護)한다고 고생 많았을 것이다. 아무튼 이 무렵 언니네나 우리 집에 유독 사건 사고가 많았던 해지 싶다. 다른 말로 비유하자면 불행(不幸)이 패키지였던 시기다. 언니가 들어오니 집안 분위기가 활기(活氣)가 돌았다. 물론 어머니께서도 제 마음처럼 오랜만에 애지중지(愛之重之)한 큰딸을 만나보시니 마음이 흐뭇하신지 얼굴색이 아주 건강해 보였다. 아니 어머니 얼굴에 생기가 돌고 있었다. 지난 10여 년 동안 어머니를 모시면서 확실하게 느낀 점은 자식들이 부모님의 활력소라는 것이다. 그리고 언제나 그리운 대상(對象)이 바로 자식들이라는 것을 알게 되었다. 오랜만에 언니를 맞이한 울 엄마 눈가가 뜨겁게 촉촉이 젖어 가는 것이 제 눈에 보인다. 우리 엄마는 예전에는 그 누구보다 정신세계가 강하셨고 매사에 여장부였던 분이셨다. 그래서 이렇게 유약(柔弱)해지신 모습이 낯설게만 느껴지지만 최근 들어 자식들만 보면 눈가가 촉촉이 젖는 것을 보니 옆에서 바라보는 제 마음이 아려온다. 이 또한 세월 탓이지 싶다. 더구나 저 또한 언니가 오고 보니 왠지 저도 그동안 홀로 엄마와 사투를 벌었던 서러움을 위로받는 느낌이 들었다. 더구나 한동안 집안 분위기가 어쩌면 평온은 하였다고는 하지만 더러는 무료함보다는 분위기가 활기가 없어 다소 쓸쓸함이 깃든 시기였다. 그런데 이렇게 언니가 오고 나니 반전을 맞이한 듯 분위기가 활기가 돌고 먹을 것도 많아지고 할 이야기도 많아 이런저런 이야기를 하면서 시간 가는 줄도 모르고 저희 자매는 어머님 옆에 앉아 재잘거리고 있다. 그런데 이 모습은 왠지 엄마 옆이라서 그런지 행복해 보이기까지 했다. 오랜 가뭄 끝에 단비가 내린 것처럼 쓸쓸했던 공간이 따사로운 햇살이 내려 째듯 모든 것이 평온해 보이고 울 엄마 옆이 낙원처럼 느껴지는 순간이다. 참 오랜만에 저희 자매는 어머니 누워계시는 소파 밑에 나란히 앉아 더러는 노모님의 고집(固執)으로 난감(難堪)했던 일들과 유별(有別)나신 엄마 때문에 편리한 현대문명 혜택을 전혀 받지 못하게 하신 부분에 대한 불만들을 모아 이제껏 우리를 일부로 고생 사서 시키시는 부분에 대해 농담 삼아 원망(怨望)의 감정을 표출(表出)했다. 그랬더니 옆에서 가만히 듣고 계시던 어머님께서는 빙긋이 웃으시며 나도 몰겠다. 라는 말씀으로 한마디 거들어 주셨다. 어머니께서도 저희를 일부러 고생시키시려는 의도는 전혀 없다는 사실이다. 그리고 어머님 의도하고는 다르게 펼쳐지는 현실이 어머님 자신도 당황스럽거니와 우리도 당황스럽기는 매한가지였지 않았나 싶은 것이다. 저는 울 엄마 저변(低邊) 의중(意中)을 알고 남음이다. 그래서 울 엄마가 원(願)하신 일이라면 가능한 이루어드리고 싶었던 이유다. 저희 자매는 오랜만에 어머니 양옆에 앉아 그동안 있었던 사소한 이야기로 시간 간 줄 모른다. 사실 지난 2년간을 돌이켜보면 어머니께서 사선(死線)을 넘나드는 위험(危險)한 고비들이 많아 우리도 덩달아 너무나 당황했고 고달프고 힘든 일들이 많았다. 그렇지만 돌이켜보면 죽을 만큼 힘들지는 않았지 않았는가? 라는 생각한다. 저는 저희 시어머니 간 병 할 때를 생각하면 울 엄마 간병은 새 발의 피(血) 수준이었다. 저의 시어머니 병간호는 의학의 힘을 일체 배제하고 종교적(宗敎的)인 행위(行爲)인 그러니까 오직 정성으로 냉수 목욕재계 하루에 서너 번하고 장시간 끓고 앉아 기(氣)를 쌓아서 통증으로 몸부림치시는 시어머니에게 기(氣)라도 넣어 드리는 과정이다. 이 과정의 행위들이 의학적으로는 설명할 수 없는 부분이지만 시어머니는 통증이 자자드는지 통증에서 오는 신음(呻吟)소리가 확연하게 줄어들곤 하여 우리는 이런 행위를 멈추지를 못했다. 아니 우리가 해드릴 수 있는 것이라고는 해봐야 이것뿐인지라 우리는 이것이라도 해서 하루하루를 버티며 2년을 넘기게 되었던 이유다. 저는 종교적인 이유로 치료를 거부하신 시어머니가 이해가 되지 않았다. 그리고 결혼 한지 3 ~ 4년밖에 되지 않아 오해가 있을 리 없건만 무슨 운명에 장난인지 시어머니는 저에 대한 오해가 깊어 저를 완전히 경멸하는 시점까지 갔었다. 시한부 목숨이 되어 버린 시어머니를 탓할 수 없는 것이라 오해는 하늘에 맡기고 그저 며느리 된 도리(道里)에 전념(專念)했고 그러다 보니 얼마 가지 않아 우연인지는 알 수 없으나 신명(神明)님들 덕분에 시어머니와 오해가 풀려 시어머님 가시는 날까지 저에게 많이 미안해하셨다. 그때는 정말 육체적으로 정신적으로 정말 힘든 시기 시어머님께서는 통증이 심하면 진통제라도 드셨으면 참 좋겠는데 모든 의학의 치료법들을 종교적인 이유로 거부하시는 사례라 제 입장으로는 많은 갈등과 애로(隘路)사항들이 저희 친정어머님 못지않게 따랐던 것이고 제가 종교를 떠나게 된 동기이기도 한다. 저희 어머니는 그래도 병원 치료를 받으셨고 통증이 시어머님처럼 심하시지 않았지만. 폐에 물이 차 호흡 곤란과 발뒤꿈치 괴사로 폐혈증 때문에 물이 빠지지 않고 자주 폐가 막혀 응급실을 자주 들락거리고 간담도 길마저 막혀 시술을 여러 번 하시는 사례라 울 엄마께서 고생을 많이 하시게 된 동기다. 그렇지만 그래도 시어머님처럼 24시간 통증에 시달리는 고통은 없어 옆에서 간 병 하는 저로서는 친정어머니 간병은 월등히 수월했다. 돌이켜 생각해보면 일체 현대의학을 거부하신 시어머님은 시어머님대로 고통이 심했고 그런 환자 수발을 들 수밖에 없었던 저 역시도 육체적으로나 정신적으로 힘들었던 시절이었다. 특히나 시한부 6개월 선고를 받고 나서 병원 가시는 것을 일체 거부하시고 오직 집에서 제가 해드리는 음식에 의존하시다 결국은 2년 겨우 넘기시고 떠나신지라 간 병 했던 제 입장에서는 허무하고 허무하여 저 자신도 한동안 마음 가누지 못했었던 기억이 있다. 아마 이때 시어머님을 떠나보내면서 종교에 의존하며 꼭 시어머니는 일어나실 것이라는 믿음에서 생긴 실망감이 종교적인 이야기가 나오게 되면 저도 모르는 사이 마음에 문을 닫았던 이유다. 아니 종교도 진리를 빙자한 이념 갈등이라는 것을 깨달은 것이다. 그래서 그때 종교(宗敎)의 규율이나 규범에서 벗어나 자유로운 인간으로 살고 싶다는 생각을 많이 했다. 그런데 막상 친정어머니께서도 종교를 벗어난듯 하였지만 결국은 종교 안에 있는 것처럼 모든 부분을 병원에 의존(依存)하기보다는 일정 부분이라도 자식의 도리로써 정성(精誠)을 다하게끔 하였으니 결론은 자식들에게 정성으로써 부모님께 효를 다하라는 하늘의 메시지지 않았을까? 라는 생각을 하게 되었다. 언니와 함께 어머니 옆에 앉아 이런 여유로운 시간을 보내고 있다는 사실이 행복했다. 더구나 어머니께서 차츰차츰 기력을 회복하고 계시고 발뒤꿈치 괴사도 이제는 다 아물었으니 이제 정말 요양만 잘 하면 우리 엄마는 곧 걷게 되실 것이다. 옛 속담처럼 시간이 약이 되었는지 이제는 매일 4 ~ 5차례씩 거즈를 갈아드리는 일이 없어져 그저 어머니 발밑에 앉아 다리를 주물러 드리고 어머니 돌아 뉘시면 옷을 바르게 펴드리는 정도의 손길 정도만 어머님께 해드리는 것이 전부이다. 우리 자매는 어머님 덕분에 이렇게 어머니 옆에 도란도란 앉아 시시콜콜하게 이런저런 이야기에 여념이 없다. 어쩌면 바로 이 순간이 작은 행복이라면 행복이지 않나 싶을 정도로 망중한을 보내고 있다. 행복해서 웃는 것이 아니라 웃어서 행복하다. 라는 말의 의미를 조금이라도 공감(共感)하는 차원이지 싶은 생각도 든 부분이다. 조금 남다르신 어머니께서 이렇게 저렇게 일부러 자식들 고생을 시키시는 부분에 대해서는 아주 특별한 이유가 분명 있을 것이라는 생각하는 부분이다. 지금도 그 이유를 깨닫지는 못했다. 더구나 어머니께서 자신의 몸을 희생시키시는 이유는 앞으로 살아가게 되는 자식들 운명(運命)의 흠을 알게 모르게 고쳐주시는 과정이라는 생각은 지금도 변함없다. 아주 특별한 경험을 저희에게 만들어주신 어머님 덕분에 남들은 쉽게 경험할 수 없는 경험들을 많이 하게 되었던 부분을 저에게는 큰 행운이었다는 사실을 잊지 않을 것이다. 저희 형제들도 언젠가는 어머님의 뜻을 훗날이라도 깨닫게 되면 감사하게 생각할 때가 있을 것이라 생각한 부분이다. 일반 사람과는 조금 차원이 다르셨던 울 엄마를 존경하며 어머님 모심에 꾀부리지 않으려 노력할 것이다. 더구나 저희 어머니는 다른 분하고 다르지 않은 듯. 하면서도 어딘지 모르게 다르신지라 이 병상 생활도 빨리 회복하셔서 예전처럼 가족들 모두 대동하고 여기저기 여행 다니실 것이라고 기대도 해본다. 저는 이렇게 의지할 수 있는 언니가 옆에 있으니 왠지 든든하고 괜스레 기분이 좋다. 어쩌면 어머님께서도 자식들이 여럿이 옆에 있으면 어딘지 모르게 든든하실 것이라는 생각이 번뜩 든다. 그래서 더러는 누워계시는 분들에게는 정신적으로 옆에 지원군이 있다면 그것은 큰 의지가 되는 것이고 그 의지 되는 부분이 시너지 효과를 일으켜 기력 회복하시는데 큰 도움이 되는 부분이 아니었을까? 라는 생각을 문득 해보았다. 물론 확신할 수는 없겠으나 무시할 수도 없는 일이라 여겨진다. 저는 언니와 함께 유별(有別)나고 탁월(卓越)하시고 고집(固執)은 메가톤급이신 울 엄마 흉을 좀 보고 났더니 그동안 겪은 서러움도 사라진 느낌이다. 자고로 사람은 가끔 마음속에 불만을 은유법(隱喩法)을 써서라도 표출을 하고 나면 속은 좀 후련하고 시원한듯하다는 느낌을 받았던 사례다. 이렇게 저렇게 어딘가 하소연이라도 하는 이유는 흔히 사람들이 말하는 삶에서 받는 스트레스를 풀어보는 경우가 아닐까? 싶다. 이 시간 만큼은 언니에게 그동안 별난 두 환자 보기가 많이 힘들었다고 하소연하는 시간 되었다. 저희 자매는 만나면 즐겁다. 언니와 이제껏 살면서 얼굴 붉힌 적 한 번도 없었다는 사실이 자랑스럽다. 더군다나 언니의 재치 있고 유머러스한 말들과 박식한 학식과 조예(造詣) 깊은 역사 이야기가 우리 귀를 항상 흥미롭게 하고 척박한 환경 속에서도 팔자 타령하지 않고 끊임없이 노력하는 나에게는 우주에 단 한 사람 나의 언니가 여러 가지 부분에서 저는 자랑스럽다. 특히 한 인간으로서 존경해도 부족함이 없는 사람이 바로 우리 언니가 아닐까? 생각한다. 언제였는지는 모르겠지만 제가 언니에게 언니는 나중에 기회가 되면 역사박물관 큐레이터로 직업을 바꾸소. 라는 말까지 하였던 기억이 있다. 언니는 그만큼 역사에 대해서는 해박한 지식을 갖고 있다는 사실이다. 그래서 우리나라도 전문지식을 갖추고 있는 사람들을 학벌 위주보다는 재능과 소질 위주로 채용해서 다양하게 활용해 나라 발전에 기여(壽與)할 수 있는 기회가 열렸으면 하는 바람도 크다. 어느새 시간이 쏜살같이 지나갔다. 어떻게 보냈는지는 기억이 없지만. 언니와 만남이 즐거웠는지 벌써 헤어질 시간이다. 회자정리(會者定離)이자정회(離者定會)라고 하듯 사람은 만나면 반듯이 헤어지는 것이고 헤어지면 다시 만나는 것이 자연에 순리라 했다. 우리는 그 법칙작용을 피해가지 못하는지 언니는 또 떠나가는 것이다. 아니 언니는 추석이 내일모레라 어머니께 자식 도리로서 미리 인사를 하려 이렇게 먼 길을 왔을 뿐이다. 언니가 떠나간 자리는 많이 허전했다. 하지만 마냥 같이 있지는 못한 것이 우리들의 삶에 현실이라 저는 아쉬운 이별을 고 하는 것이다. 우리네 삶은 잠시라도 생활 전선에서 노력하지 않으면 다음 달에 경제적 어려움을 겪어야만 된다는 것이 숙제라 더 이상 붙잡지 못한다. 모든 사람이 다 그렇게 살지는 않겠지만 서민들 대부분은 우리와 유사한 형편이 보편적이라 생계(生計) 걱정을 안 하고 살 수 없다는 것이 현실이다. 그래서 언제나 서민들은 고달프다. 특히나 꾀부리지 않고 열심히 노력했으나 결과는 언제나 똑같이 궁(窮)하다는 사실이 마음 아프다. 어쩌면 나라제도가 잘못되었는지 나라는 부자인데 국민 생활수준은 고달프기 그지없다. 삶에 노예형국이라 생각이 든다. 저는 언제나 이런 생각을 하고 있다. 국민이 나라를 위해 있는 것이 아니라 국민을 위해 나라가 있는 것이라고 그러나 제도가 낡아 그런지 형편 성에 맞지 않게 현시대는 열심히 노력해도 늘상 형편이 나아지는 것보다는 돌아서면 부족하다는 생각이 든다. 국민 7~80%가 항상 여유롭지 못한 생활을 하고 있다는 사실이다. 나라는 부자로 세계 10위국이라고 하는데 국민 생활은 56위라는 사실이 가슴 아프다. 그러나 저는 늘 희망을 않고 살고 있다. 그러니까 정역 시대가 돌아오면 강력한 구심점이 되어 주실 분이 출현하실 것이라는 예언된 부분이 현실이 될 것이라는 사실을 예언서 정감록이나 격암유록에서 자주 등장하는 글 중에 사인불인(似人不人)이라는 글을 인용하면 즉 사인불인이란? 사람 같지만. 사람이 아니다. 그러니까? 신(神)이 직접 사람 모습으로 강림하셔서 나라 질서를 바로 잡으신다는 대목이 자주 반복되는 부분을 되 새게 보면 아마도 우리가 그렇게 열망하고 학수고대하고 기다리는 백마 탄 초인(超人)이며 메시아며 마이트리아며 미륵이시지 않을까? 하는 기대하는 마음으로 살기 때문이다. 그 세상이 바로 미륵사상(彌勒思想)에서 운운(云云)하는 오만극락이며 지상낙원이 될 것이라는 뜻이라 여겨진다. 더구나 사람의 도리를 다하고 사노라면 반듯이 맞이하게 되는 세상 지상낙원 특히 서양에서 말하는 유토피아. 조선시대에서 금서(禁書)로 여겨졌던 격암유록이나 정감록에도 명시되어 있는 내용이다. 해인시대(海印時代)가 올 것이고 그것은 하늘에서 직접 내려오신 신인(神人)만이 지상 극락으로 우리를 인도(引導)하시게 될 것이라는 암시(暗示)다. 저는 누가 뭐래도 나름 올곧게 정의롭게 살아가는 사람들에게 희망을 주는 예언서를 믿었기에 더러는 삶이 힘겨워도 저 나름 바르게 살고자 노력했던 이유가 될 것이다. 우리 역사 5000년 동안 기다리고 기다렸던 신인(神人)을 맞이할 때 바로 지구가 하나 되며 사회가 극락이 되고 지상낙원이며 파라다이스며 유토피아가 전개될 것이라 확신하는 바이다. 나라가 국민을 위해 존재해야 하는데 요즘 세상은 나라위해 국민이 있는지 서민 경제는 바닥을 치고 있어 패지 줍고 다니시는 어르신들 얼굴 보기가 부끄럽다. 어르신들은 척박했던 이 나라 발전을 위해 적게나마 일조하셨던 분들인데 현 사회에서는 늙고 병들어 경제적 능력이 없고 보니 생활고를 겪으시는 모습이 내 부모인 냥 그냥 지나치기에는 가슴이 아픈 모습이다. 저는 언니를 보내고 또다시 일상을 속으로 들어왔다. 더구나 주부에게는 숙제가 되는 추석이 내일 모레로 가까워졌다. 어머니께서는 저에게 또 없다. 라는 말씀을 하신다. 아마도 가을에 입으실 옷이 마땅치 않으신 모양이다. 엊그제 사 온 옷은 평상복이라 아마도 이번 없다. 라는 의미는 아마도 외출복을 의미하신 뜻이라 생각이 든다. 저는 그 뜻을 학인 차 어머님께 엄마 입고 나갈 옷이 없다고 그러시는 것이에요? 라고 물었다. 어머니께서 바로 그렇지. 라고 말씀하신다. 요즘 어머님 입으신 옷들이 대부분 늘어나 지난번에 산 것 가지고는 부족도 하리라 생각하고 이제는 서서히 외출하실 채비를 하신듯 하여 기분이 좋다. 누워만 계시니 늘어진 옷들이 돌아누울 때마다 말려 들어가 많이 불편하셨을 것이라는 생각도 들었다. 이 상황을 겪어보지 않은 사람은 이런 불편함을 모른다. 표현을 잘못하시는 분들의 고충은 더 불편하셨으리라 생각한다. 어머님께 빠른 시간 내로 시간을 내어 옷을 사다 드리겠다고 말씀을 올렸다. 어머님께서는 이번에는 카라 없고 잘 늘어나는 재질이었으면 좋겠다는 뜻을 비춰주셨다. 그렇지만 예전처럼 꼭 사야겠다는 의지가 없어 보인다는 느낌이 한편으로는 들었다. 삶에 대한 애착을 놓아버린 사람 같다고나 할까? 옷에 대한 의욕이 없으신 듯하니 약간 서글픈 마음도 없진 않다. 저는 이틀 후 아이들에게 어머님을 부탁하고 또 주문하신 옷들을 사려 다녔다. 주말을 이용해야 했던 이유는 그나마 아이들이 집에 있는 시간이 이때뿐이라 주말을 주로 이용하게 된다. 아이들이 주말이라도 할머니를 잠시라도 살펴줄 수가 있어 그나마 다행이라 여겨진 부분이다. 저는 언제나 어머님 옆에다 울 엄마 지킴이를 세어 놓고 다녀야만 잠시 잠깐이라도 집 현관을 나섰던 시기다. 그렇지 않고서는 단 몇 분에 외출(外出)도 생각할 수 없었던 시기(時期)이지 싶다. 어머니께서는 제가 옆에 없으면 탈이 유독 잘 났기에 절대로 아이들에게 어머니를 맡겨 두고서 어디를 여유 있게 다녀온다는 것은 상상도 못 할 일이라 비록 아이들이 지키고는 있다지만 저는 최대한 시간을 줄여서 다녀와야만 한다. 아마 이때 화장실을 다녀올 때도 꼭 어머니께 허락을 받고 다녀왔을 정도였으니 이 상황이 어떤 상황이었는지 짐작이 되리라 생각한다. 막상 용기 내어 여러 가게를 들러보고 있지만 마음은 항상 어머님 곁을 맴돌고 있어 불안하고 조급해진다. 어머님께 맞을만한 옷을 본다고 여러 옷을 찾아보지만 마음이 불안하고 안정이 되지 않아 그런지 눈에 옷이 잘 들어오지 않는 것이 문제다. 울 엄마가 유독 옷 고르시는 것이 까탈스러워 저는 어머니가 옷 사달라고 심부름시키시면 불안하고 걱정부터 앞섰다. 항상 매장에 들어서면 지금 사 간 옷을 어머니께서 싫다고 하시면 나중에 바꾸러 와도 되나요? 라는 말부터 묻게 된 이유다. 저는 매장 서너 군데를 더 둘러본 뒤 신축성 있는 니트 하나와 까실까실한 인견으로 만든 상의가 외출할 때도 점잖아 보여서 하나 더 샀다. 그리고 뜀박질하다시피 하여 주차장으로 가서 차를 빼 어머님께 달려갔다. 그리고 조심스럽게 방금 사 온 옷을 꺼내 숨 고를 시간 없이 입혀드렸다. 그런데 다행스럽게도 어머니께서 입어보시더니 좋다. 라고 하시며 마음에 드셔하신 것이다. 이 얼마나 다행스러운 일인가 싶다. 일단 어머니가 좋다. 라고 하시니 땀 흘리며 사 온 보람이 있어 저도 기분이 좋다. 언니 다녀가기 전에 사다 드린 외출복은 입지 않으시고 옆에 두고만 계셔서 마음에 들지 않으신 것이라 생각하고 외출복이라고 사 온 옷은 얼마 전에 반품처리를 했었다. 그런데 다행스럽게 이번에 사 온 옷이 마음에 드신다고 하시니 땀 흘리며 다녀온 보람이 있어 다행이라 여겨진다. 이번 추석 때 고향 집에 내려가시고 싶으신 마음이 강하셔서 그랬는지 이번 옷만은 수월하게 넘어간듯하다는 느낌이 왠지 느껴지기도 한다. 우리 엄마 생각은 비록 누워 계시더라도 고향 집에는 꼭 다녀오시고 싶은 마음이 크다는 사실이다. 그러니까 어머니 마음속에는 오매불망 잊지 못하시는 고향 집이 아닐까 싶다. 고향 내려가셔서 해야 할 일이 많으신 어머님이라 생각한다. 이런 강한 의식들이 저희 어머님을 사선(死線)에서도 버티게 했던 원동력이 되었던 이유가 아니었을까? 싶다. 본인이 해야 할 일은 많은데 이렇게 속절없이 누워계시는 부분이 몹시 괴로우신 부분이기도 하였을 것이라 생각이 든다. 그렇다고 병든 몸으로 혼자 갈 수 없기에 저와 동행(同行)하기를 원하신 이유이기도 하였으리라 유추해봄이다. 고향으로 내려가고 싶은 마음은 바쁘지만 이곳 집이 팔리지 않는다는 이유로 고향 가는 것이 미루어지고 있는 저의 현실이 저희 어머님 애간장이 다 타들게 하고 있는 부분이라 생각하면 제 마음도 괴롭고 괴롭다 하겠다. 그렇다고 어머니 입장에서는 딸자식 보고 병든 신랑과 어린 자식들을 팽개치고 고향 내려가서 살자고 억지 부릴 수는 없는 형편이라 어머님께서도 딸 형편 고려해서 지금 이 과정을 감내하고 계신다는 것이 느껴졌다. 속절없이 누워만 계시고 몸은 타인의 도움 없이는 거동 못 하시는 저희 어머님 마음은 얼마나 괴로우시고 편치 않으실까? 싶은 생각이 든다. 그러다 보니 저는 저대로 그저 어머님 눈치만 살피고 있는 것이 지금의 나의 처지라 하겠다. 주고 싶은데 너무 가난해서 주지 못하는 빈자(貧者)의 마음도 이렇지 않겠나 싶다. 그러니까 마음은 어머님 소원을 받들고 싶으나 사정이 여의치 않아 그 소원하나 받들어 드리지 못하는 저의 심사(心思)가 괴롭고 애달픈 마음이며 무능력한 딸자식의 탄식이 절로 나온다. 이곳 집이 빨리 팔리지 않아 저희 어머님을 저렇게 무력하게 계시게 하고. 있는 것만 같아 그저 눈감고 조용히 누워만 계시는 어머님 모습을 옆에서 바라만 보고 있는 저는 죄인(罪人) 아닌 죄인(罪人)이 되어 몸들 바를 몰라 하고 있다. 분명 제가 이 상황에서도 해드릴 수 있는 부분이 있을 텐데 그 부분을 아직 찾지 못했는지 아니면 때가 되지 않았는지 알 수 없다. 그러나 저는 항상 어떤 상황이 마지노선이라 생각이 되면 일단 이곳에 미련 남기지 않고 저 혼자라도 어머님 모시고 훌쩍 떠날 준비는 되어있다. 저희 어머님 명령만 떨어지기를 기다고 있을 뿐이다. 사 온 옷을 머리맡에 가지런히 개어놓으시고 지금 어머님께서는 무슨 생각을 저리도 골똘히 하시는지? 그저 무력해 보여 옆에서 지켜보고 있노라면 깊은 시름만 늘어간다. 제 마음은 어서 저희 어머님을 마음 기쁘게 해드리고 싶은 욕망이다. 그런데 하늘은 저에게 기회를 주시지 않은 듯 그저 속절없이 이렇게 세월만 보내는 형국이라 마음만 애달프고 애처롭다. 어떻게 보면 저도 참으로 안타까운 사연을 만들고만 있는 것은 아닌지 의문스럽다. 저도 이곳 생활을 빨리 접고 어머님의 소원대로 고향 집으로 모시고 갔으면 하는 마음이 이제는 급하다는 생각을 한다. 무력하게 누워계시는 병든 어머님 원(願)이라도 더 늦기 전에 들어드리고픈 마음이 굴뚝같은 것이다. 하지만 이렇게는 고향으로 가는 것을 원치 않으시니 애간장 녹는 마음은 어머니의 마음이나 저의 마음이나 매한가지가 아니겠는가 싶다. 저는 이 시점에서는 어머님에게 딱히 해드릴 수 있는 것이 없었다. 그러므로 그저 어머님의 발밑에 앉아 앙상하게 변해버린 노모님의 다리를 부여잡고 주무르고만 있는 것 말고 딱히 해드릴 것 없음이 슬픈 것이다. 이젠 추석이 그야말로 내일로 다가왔다. 저도 이제는 추석 상 차릴 시장도 대충이라도 봐야 한다. 그래서 마음이 바쁘다. 그런데 점심밥 물리고 얼마 되지 않아 내일 추석이라고 큰 남동생이 미리 어머님을 뵙고 간다고 과일 세트를 사 들고 어머님께 인사차 들린 것이다. 그래도 장남이라 뭔가 달라도 다르다. 어쩌면 장남의 보이지 않은 책임감도 무시할 수 없는 것이 우리나라 전통풍습에 여파다. 하지만 추석에 어머님을 모시고 마산 가서 함께 지낼 의사는 이번에도 전혀 없다는 것이 느껴졌다. 이 시점에서는 어머님을 모시고 가는 것을 바랄 수도 없는 처지라 바라는 것은 아니지만 빈말이라도 엄마 이번 추석은 마산으로 내려가서 손주들과 추석 하루만이라도 같이 지내고 올까요? 라는 말을 저는 은근히 바라고 있었다. 이젠 언제부터인지 모르지만 저도 그런 마음을 이젠 놓아버렸다. 어머님께서도 몸을 부려버린 상태라 같이 갈 사항도 못되지만 그래도 빈 말이라도 자식들과 손자들이 많이 모이는 곳으로 갈까요? 라는 어머님의 의사 정도는 인사차 물어주었으면 하는 아쉬움은 남아있다. 남동생은 잠깐 어머님 얼굴 보고는 차가 밀린다고 선걸음으로 떠나갔다. 어머니는 잠시 왔다 떠나가는 장남을 소파에 앉아서 배웅하셨다. 장남을 보내는 어머님 안색이 쓸쓸함이 가득함을 느끼게 했다. 아니 어머님 눈가가 촉촉이 젖어 있음이 보인 것이다. 참 예전에는 그렇게도 굳건해 보이셨던 저희 어머님이시건만 이제는 80을 넘고 병든 노구 되고 늙은 몸마저 자유롭지 못하시게 되니 마음이 많이 울적하신 뜻이라 여겨진다. 언니를 보내고 나니 그야말로 추석 당일을 맞이했다. 이번 추석은 어머님 핑계로 다른 해 보다는 음식들을 많이 줄인다고 줄였지만 차례 상이고 보니 손이 많이 가는 음식들뿐이라 음식 만든다고 시간이 제법 걸렸던 것 같다. 하지만 저는 산 조상이 먼저였다. 가급 적 음식은 어머님께서 주무시는 틈을 타서 만든다고 만들었지만 그것은 무리였다. 어머님께서 주무시는 것이 토끼잠이라 간간이 혼자 일어나셔 TV를 보고 계신 듯하였다. 평소 같았으면 TV를 보시지 않는 편이다. 추석날인 오늘 아침부터 힘드실 텐데 유달리 앉아 계시니 나의 신경이 곤두섰다. 울 엄마 입장에서 사돈 식구들이 차례 상 차린다고 왔다 갔다 하는 상황이라 마음이 많이 불편하셨던 이유라 생각이 든다. 어머님 자리가 아니라서 어딘지 모르게 불편하셨다는 뜻이 될 것이다. 저 역시도 우리 엄마가 좌불안석이 되어 눕지 못하시고 소파에 다소곳이 앉아계시는 모습을 보노라면 화가 났다. 왜? 딸자식 집에 계시는 부모들은 사위 눈치를 봐야 하는가? 싶어 딸자식으로 태어난 것이 억울했던 이유다. 부모님 생활 문화권이라는 것이 대부분 딸집은 다녀가는 곳이지 머물 곳이 아니라는 옛날 사고방식 때문에 유독 명절 때가 되면 친정 부모님들은 마음 불편해 하시는 것을 느꼈다. 우리 가족들은 서로 조심한다고 추석날 아침 차례를 조용하게 지냈다. 어머님께서는 사돈 차례 지내는 동안 소파에 다소곳이 앉아 차례지내는 모습들을 엷은 미소를 지으시며 보고 계셨지만 어딘지 모르게 쓸쓸함이 묻어있다는 사실을 감출 수가 없었다. 엷은 미소를 머물고 계신 어머님 이 모습이 더욱 안쓰러웠다. 명절날만이라도 그동안 흩어져있던 자식들과 함께 모여 화기애애한 분위기 속에서 차례를 지낼 수 있도록 해드려야 했었는데 내가 우리 엄마 보필 잘못해 이렇게 사돈네 차례 지내는 모습 바라보며 우두커니 앉아 불편하지만 불편하지 않은 척 엷은 미소 짓고 계시는 울 엄마 모습이 너무 안쓰럽게 느껴진 것이다. 제 마음이 그리 봐서 그랬는지는 모르겠지만 소이 말하는 꿔다놓은 보리자루… 사돈 차례 지내는데 우두커니 앉아 계시는 어머님 모습이 그리 썩 좋지 않다는 생각이다. 이 마음도 버려야 된다는 것도 알고 있다. 어딘지 모르게 그 무엇에 미련이 남았는지 자꾸만 나는 어머님의 쓸쓸한 표정에 신경이 곤두서 있다. 이 시간이 어머님께 너무 죄스러운 마음이다. 마음으로 엄마 어서어서 쾌차해서 다음 명절 때에는 고향 내려가서 아들딸들과 함께 지내게 우리 파이팅 해요. 라고… 몇 일후 추석을 지내고 났더니 완연한 가을이 되었음을 실감하게 된다. 우리 동네 가로수 은행잎들이 어느새 하나같이 노란 색으로 물 드려져 있었다. 나의 시름을 뒤로하고 주변 풍경만 보노라면 자연 그 자체가 풍경화다. 황금물결 넘실대는 김해평야(金海平野)의 풍요로운 들판의 풍경은 보는 자(者)의 시름과 사연과는 무관(無關)하게 평화로운 풍경을 선사하고 있으며 넓은 들녘은 풍요로운 결실을 맺었노라고 한껏 폼 내고 있는 것이 느껴지는 그야말로 전형적인 농촌들녘의 풍요로운 풍경을 보고 있다. 그 또한 며칠사이로 한포기 한 평 한마지기 또 한 필지의 황금물결의 평야도 가을걷이가 시작되면 이렇게 황금물결 일렁이었던 풍요로운 가을들판은 사라지고 퇴비로 쓰기위해 잘라 놓은 볕 집단들이 논바닥 주인이 되어 차가운 겨울을 맞이하게 될 것이라 생각한다. 우리네 인생도 사계절에 비유를 하자면 풋풋한 젊은 날은 봄과 같이 새파랗고 활기가 넘치고 중년이 되어서는 갖은 경험들로 무르익어 여름철에 무성하게 자란 잎과 같이 세상을 품으며 초로에 들어서는 인생사는 젊은 시절과 중년(中年)에 갈고 닦았던 재능(才能)과 학문(學文)그리고 인격(人格)을 갖추어 가을철 알곡이 되고자 뜨거운 태양을 견디어 내듯이 인생도 자기 극기로 자신 업적의 결과를 얻게 되는 것 같다는 생각이 든다. 지상에 태어날 때는 분명 누구나 태어난 이유가 있었을 것이란 뜻이고 그 이유에 부합(符合)하며 살았는가? 라고 누군가 물었을 때 살아온 삶의 의미(意味)가 다르지 않았겠는가 생각한다. 자신이 태어난 의미를 알고 살아가는 사람은 더러는 삶이 힘겹고 고달파도 소이 불교에서 말하는 윤회(輪回) 악순환(惡循環)의 고리를 타파(打破)하고자 모진 풍파를 견디어내려 노력하였을 것이다. 자신이 이 세상에 태어난 이유를 모르는 사람은 신세타령과 향락(享樂)을 즐기다가 세상을 떠나는 차이가 있을 뿐이라 생각한다. 하늘은 우리의 사소한 것 하나도 놓치지 않는 것이 하늘에 아카식 빅 데이터라는 것을 알았으면 한다. 우리가 알게 모르게 쌓아두었던 업적은 업적대로 죄업은 죄업대로 기록이 블랙박스에 담겨 그 업적은 자신의 이력서요 성적표라 거스르지 못한다는 것이 자연에 이치(理致)라는 것을 나는 깨달은 부분이다. 우리 인간(人間)은 한줌에 흙으로 다시 돌아가는 과정을 수 억 번의 윤회(輪回)를 걸쳐 생(生)이 다시 사(死)가 되고 사(死)가 다시 생(生)으로 변한다는 윤회설을 되새겨보면 우리는 자고로 선업(善業)을 쌓고 쌓아 윤회를 멈추는 것을 목표로 살아감이 과제이지 아닐까? 싶은 생각이다. 그리고 나이 들면 세상사 잡다한 소리에 귀기우리지 말라고 귀가 어두워지는 뜻이고 눈이 침침해지는 이유 또한 눈을 통해서 보는 것은 모든 것이 허상(虛像)이고 물거품이요 환영(幻影)이니 인간사 미련두지 말고 윤회가 없는 세상을 생각하라는 의미로 눈은 침침해지지 않겠는가? 라고 의구심을 품는다. 나이 들면 기억이 희미해지는 것은 과거에 찌든 마음을 깨끗이 청소해서 씻을 것은 씻고 잊을 것은 잊어 인간세상에서 얽히고설킨 인연에 집착하지 말고 지워버릴 것은 지워버리라고 기억이 쇄잔 해지는 이유라 해석해 봄이다. 생(生)은 곧 사(死)를 뜻하니 저 또한 어느 시점에서 한줌에 흙이 된다는 사실이 이미 태어나면서 정해진 이치일 것이다. 그렇지만 잠시 머무는 이 지구별에서 과연 나는 무엇을 추구하였는가? 라고 묻는다면 소유(所有)적 가치(價値)를 추구하기보다는 존재적 가치를 추구하지 않았을까? 싶은 생각을 해보았다. 유수(流水)같은 세월(歲月)은 우리의 사정(事情)을 전혀 봐주지 않고 흐른다. 어느덧 10월도 중순이 되었다. 어머니께서는 또 고향집에 다녀오자고 하셨다. 날씨가 더 추워지기 전에 한번 다녀오는 것도 좋을 것 같다는 생각을 했다. 이번에는 사정이 좀 다르다. 차가 없다. 남편이 몸이 우선해져서 현장 일을 다니게 되어 현장 다니는 길에 교통편이라도 편했으면 해 내 차를 내주었다. 형편이 여유롭지 못해 따로 차를 구입하지 못했던 이유다. 이 무렵 나의 경제사정은 하석상대(下石上臺)이며 초근목피(草根木皮)하던 시절이라고 이해하면 될 것 같다. 현장에서 다용도로 쓰는 트럭을 구입을 못 하고 남편이 일단 제 차를 가지고 일하려 다니게 된 사연이다. 제 입장에서는 남편 일하는데 지장이 없도록 편리를 주는 것이 우선이라 차가 없어서 고향 잠깐 다녀오는 것이 조금은 망설어지는 차원이다. 그러나 용기를 내어 남편에게 양해를 구했다. 당연히 좋은 소리는 하지 않았다. 차를 내어주어 고향집을 한번 들리게 되었다. 우리는 한 달 만에 다시 찾은 고향이다. 늦가을에 알맞게 누런 은행잎들과 은행 열매들이 고향집 입구와 마당 전체를 누렇게 이불을 덮어 놓은 듯 푹신하게 깔아 놓고 있었다. 옆집 커다란 은행나무에서 떨어진 은행잎들이다. 보기에는 아름다운 풍경이라 하겠다. 저는 부득불(不得不) 푹신하게 깔린 은행잎과 은행 열매들을 저는 어쩔 수 없이 밟고 지나가야만 되는 코스다. 옆집에서 빨리 은행들을 주었더라면 지나가는 길이 이렇게 마음 불편(不便)하지 않았을 것이다. 어쩔 수 없다. 걷지 못하시는 어머님을 업고 들어갈 수는 없기에 저는 가능한 은행을 깨지 않고 조심해서 지나간다. 하지만 막상우리 차가 지나가니 떨어진 은행 열매들 깨진 소리가 퍽 퍽 유독 크게 들린다. 소리가 이렇게 큰 이유는 은행 알맹이가 실하다는 뜻이 될 것이다. 저는 은행 깨진 소리를 들으니 왠지 아깝다는 생각도 살며시 들었다. 옆집 은행나무의 수령이 어림잡아 4~500년이 되었다고 알고지만 알이 유독 실하고 맛도 좋고 찰지기 까지 하여 저희 어머니가 종종 옆집 친척 분께 사먹기도 하였던 기억이 있는 것이다. 저는 차를 마당에다 주차를 하면서 차 정면이 텃밭을 보게 주차를 하였다. 이유는 뒷산에 모셔진 외할머니 묘소를 어머니께서 바라보실 수 있도록 시야를 확보해드리는 차원이다. 작년 여름에는 어머니를 휠체어다 모시고 집 모퉁이를 돌아 외할머니 산소 앞까지 갔었다. 그때 어머니께서는 휠체어에 앉아 계시고 저는 산소 앞 여기저기에 돋아난 찔레꽃 가시덤불들을 문구용 커터 칼로 잘라냈던 기억이 희미하게 떠올랐다. 어머님께서는 외할머님 묘소를 차창 너머로 바라보시고서 저에게 그래서 그래. 라는 말씀을 하신다. 저는 어머니의 그래서 그래. 라는 말씀을 잠시 되 뇌어 봐야 될 것 같았다. 어머님께서 그래서 그래. 라는 말씀을 하실 때는 이유가 있을 것이라 짐작하여 어머님의 의중이 무엇을 내포하고 있는지? 생각을 하게 된다. 저는 어머니께서 갑자기 이런 방법으로 그래서 그래. 라고 하시면 이 말씀을 어떻게 해석을 해야 될지 난감하다. 어머님 말씀을 수수께끼 낱말처럼 풀어야 했기에 머리가 하얗게 된다. 저는 엄마는 어떤 의미로 그래서 그래. 라는 말씀을 하셨을까? 하라고 잠시 생각을 했다. 문득 떠오른 생각에 따라 엄마 우리 측량한번 더 할까요?라고 묻게 된다. 어머니께선 바로 그렇지 바로 그거야잉. 라고 하신 것이다. 제 말이 어머님 뜻과 일치하니 바로 그래요. 우리 내년 봄에 사촌오빠와 의논해서 측량한번 더 합시다. 라고 말을 하였다. 제가 어머님 뜻을 빨리 알아채니 기쁘신지 어머니는 갑자기 생기어린얼굴로 바로 그것이다잉 바로 그것이야. 라고 하시며 얼굴이 밝아지신다. 수 십 년 동안 이웃으로서 일가로서 말도 제대로 못하시고 속만 끓이고 살아온 부분이 바로 이 부분이고 저희 어머님 심기를 가장 불편하게 했던 부분이 바로 이 부분이라 하겠다. 10여 년 전에 어머님께서는 30만원을 주고 분명히 옆집 밭과 우리 산 경계를 확실하게 하기 위해 일부러 사람을 사서 측량을 해 빨강깃발이 달린 말뚝까지 여러 군데 박아 놓았었다. 그런데 빨강 깃발까지 빼버리고 자꾸만 경계를 침범해서 산을 훼손시키고 있으니 우리 엄마 입장에서는 몹시 불쾌한 처사다. 아무리 말 못하시고 사람이 살고 있지 않다고 해서 주인이 없는 것도 아니고 관리를 안 하는 것도 아닌데 자꾸만 옆집 아짐께서 산에 경계를 침범하고 산소 밑까지 파서 농사를 짓고 계시는지라 어머니 마음이 이제껏 몹시 불편하신 것이다. 내 것이 아닌 것에는 욕심을 부리지 말아야 하는데 자꾸만 산을 훼손 시켜가며 밭농사를 짓고 계시니 어머님 마음이 많이 언짢다. 인간 욕심이라는 것이 한도 끝도 없다지만 굳이 남의 땅을 훼손 시켜가면서까지 경작을 해야 하는 것인지 의문스러운 부분이다. 그것도 남도 아니고 일가이고 이웃이면서 말 못하시는 저희 어머니의 마음을 불편하게 만들고 있으니 참으로 원망스럽다. 이제껏 묘소 부근만큼은 훼손시키지 말아 달라고 신신당부를 하며 살았건만 자꾸만 산소 밑을 파고들면서 까지 경작을 하시니 어머님 심기가 몹시 불쾌하신 것이다. 어머니께서는 이런 이유 때문에 더욱 고향 내려오셔 살아야겠다고 고집하신 이유이기도 하였을 것이라 유추한다. 어머니께서는 자기 용돈을 털어 분명하게 말뚝에 빨강 깃발 달아 경계(境界)를 분명히 해두셨지만 그 일이 이제는 허사(虛事)가 되고 보니 또 다시 측량을 해 경계를 확실하게 해두고 싶은 마음이 크신 것이다. 부모님들께서 일구어낸 재산을 한 평이라도 이유 없이 남의 손에 넘어가는 것을 방지코자 하시는 것이 울 엄마의 의도(意圖)라 저는 생각한다. 어머니께서는 제가 측량을 다시 하자는 말에 안심이 되셨고 어머님 뜻이 전달이 되어 더 이상 머물 이유가 없으신지 고향집 방문도 열어보지 않고 바로 김해로 가자고 재촉하신다. 어머니께서는 이번에도 걷지 못한다는 이유로 차에서 내려 보지 않으셨다. 저는 어머니가 내리지 않으시니 저도 차에서 내려 보지 않고 외할머니 산소에 벌초가 잘되어있는지를 돌아보며 할머님 묘소 옆에 수령을 알 수 없는 감나무를 한 참을 물끄러미 쳐다보고 나서야 고향집 마당에서 차를 돌려 김해로 방향을 돌려 김해를 향해 열심히 달렸다. 고향을 다녀오고 나니 자꾸만 우리엄마 마음을 불편하게 하시는 옆집 아짐이 좀 달리 생각 되었다. 처사(處事)가 바람직하지 못하시는 분이 우리 텃밭을 그것도 공짜로 일구고 계시니 마음 한쪽이 불편해진 것이다. 둔한 제 마음도 이렇게 못마땅한데 말 못하시는 저희 어머님 마음은 오죽하겠나 싶어 안타까운 마음이 든다. 사람은 감정에 동물이다. 저희 어머니께서 인심 사나운 분은 더더욱 아니다. 사람인지라 기분은 분명 좋지 않은 것이 사실이다. 저는 준 것과 도둑맞은 것에 대한 차이는 미묘한 차이가 아니고 엄청난 차이라는 것을 경험한다. 피곤한 하루다. 또 한 편으로는 보람된 하루다. 저희 어머니의 마음속에 깊은 시름을 한 가지를 내년 봄이면 해결 할 수가 있을 것 같아서다. 어머님에 걱정이 무엇인지를 알았으니 그 걱정을 빠른 시일 안에 해결해드릴 것이다. 고향집을 다녀오셨으니 다소 기분이 좀 나아지셔야 하는데 저의 예상과는 다르게 울 엄마기분이 썩 좋지가 않다. 도대체 무슨 일일까? 몹시도 그늘진 표정을 짓고 계시는 어머님 표정이 제 마음을 무겁게 한다. 아직도 제가 모르고 풀리지 않는 숙제가 또 있는 모양이지 싶다. 어머님께서는 따로 말씀은 없으시다. 집이 팔리지 않는 다는 이유로 제가 고향으로 내려가지 않고 있어서 그러실 것이라 짐작만 한다. 저는 어머님 안색이 너무 어두워 조심스럽게 어머니 눈치를 살피며 엄마 우리 아이들 겨울방학이 될 때까지 집이 안 팔리면 방학동안 시골 내려가서 한 달 동안만이라도 있다가 올라옵시다. 라고 했다. 어머니는 바로 아 그래 라고 하시며 그럴까? 라고 하신다. 저도 네 그래요 우리 휴양 차 이곳을 떠나 고향에 가서 겨울방학 동안만이라도 있다가 옵시다. 라고 하였다. 저희 어머님 쓰러지시기 전에는 우리들은 종종 아이들 방학을 이용해 며칠씩 머물다 오곤 했던 고향집이라, 고향집에 가서 한 달 정도는 크게 무리는 아니었다. 어머니께서는 그럴까? 라는 말씀 외에는 크게 반응을 보이시지를 않는다. 겨울 방학까지는 2달 정도가 남아있어 그랬는지는 모르겠다. 다른 때 같았으면 좋아 하셨을 텐데 어머님의 기분이 영 저기압이다. 누워서 하시는 동작이란 고작 괴사로 함몰된 발뒤꿈치만 만지작거리고 계시는 것이 전부다. 추가로 덮는 이불에 나있는 보푸라기만 더듬어 떼 내시고 계신 것이 하루 일과다. 어머님의 이런 동작들이 왠지 불만이 많아서 욕구불만을 이렇게 표출하시는 느낌이지 싶다. 일단 요즘 엄마 옆 분위기가 무겁다. 저는 자동적으로 어머니 눈치만 살피고 있는 것이다. 이 또한 어머님 마음대로 할 수 없는 영역이고 그렇다고 제가 할 수 있는 것도 더더욱 아니라 저는 집이 매매가 안 되니 다시 전세도 가능 하다는 문구를 추가해서 전단지를 붙이는 것이 고작 제가 할 수 있는 행동이라 제 자신이 한심스럽게 느껴진다. 어느덧 11월이 되었다. 조석으로 제법 쌀쌀함을 느낀다. 저는 어머님 누워 계실 때 추우실까봐 전기 온열 매트를 깔아 드렸다. 그리고는 더우면 끄시라고 작동 방법을 가르쳐 드렸다. 어머니께서는 못마땅하다는 듯 아이고 참말로 라고 하신다. 모든 것이 귀찮다는 말씀 같았다. 예전에 저희 어머님 성품으로는 언제나 아 그래. 라고 분명 답하셨을 텐데 왠지 퉁명스런 어머니의 말투가 제 마음을 울적하게 한다. 저마저 이런 기분으로 있을 수가 없어 어머님께 단감을 썰어서 갖다드렸다. 어머니 일어나 앉으시고서 단감을 맛있게 드신다. 저는 그 틈을 타 어머님의 기분도 풀어 드릴 겸 광주 둘째동생 아이들 사진이 내 카톡으로 왔기에 광주 손자들 사진들을 보여드렸다. 어머니는 사진 속 손자들을 한참 보시더니 갑자기 본인 휴대폰을 저에게 건네주셨다. 그러시면서 하신 말씀이 자기 휴대폰도 스마트폰으로 바꿔달라고 하신 것이다. 저는 무언가를 요구하시는 어머님의 기분이 좀 나아지신 것 같다는 느낌이 들어 기뻤다. 요즘은 돈을 많이 주지 않더라도 쓸 만 한 스마트폰이 나와 있어 어머니 휴대폰 바꿔드리는 것은 어려운 문제가 아니었다. 주중이라 어머니를 혼자 두고 가지는 못한 사항이었다. 나는 자주 거래하는 대리점에 전화를 걸어 사정 애기를 하였다. 그곳 지점장님께서 마치 직원이 저희 집 쪽으로 출장 나갈 일이 있다고 말씀을 하시며 그때 서류랑 휴대폰을 함께 보내주시겠다고 하신다. 궁적상적(弓的相適)같다는 생각이다. 누가 궁(窮)하면 통(通)한다고 말했던가싶다. 우연(偶然)의 일치겠지만 나의 편리를 봐주니 이 또한 잘된 일이 아닌가한다. 며칠 기다렸다가 주말을 이용 할 수밖에 없었을 상황인데 저는 지점장님과 통화를 마치고 난후 두어 시간지나 직원분이 저희 집으로 와주셔서 서류를 작성하고 조금 저렴한 스마트폰으로 어머님 전화기를 바꿔드리게 되었다. 이렇게라도 어머님 휴대폰을 스마트폰으로 바꿔드리고 나니 저 역시도 기분이 좋다. 나름 어머님께서도 관심을 가지시고는 한 참을 유심히 살펴보시니 왠지 생기가 있으신듯하니 마음이 뿌듯하다. 나는 내 폰에 저장되어있는 손자들 사진과 저희 6남매 가족사진들을 어머님 휴대폰으로 옮겨드렸다. 새로 산 스마트폰에 가족사진들이 크게나오니 울 엄마 기분도 한결 좋아지셨다. 울 엄마는 핸드백 속에다 언제나 저희 6남매와 찍은 사진하고 이모님들과 찍어 두었던 사진들을 잘 챙겨 가지고 다니시며 종종 그 사진들을 꺼내서 보시곤 하셨다. 저희 어머니 핸드백 속은 항상 사진들이 많이 들어있다. 가끔 어머니와 저는 가족들과 함께 찍은 사진들을 꺼내보면서 함께 라서 즐거웠던 날들을 회상(回想)하며 또 우리 다시 날 잡아 놀러 가자는 이야기를 종종하였다. 지금은 그런 모습들은 다시 돌아 올 수 없는 추억이 되어버린 것 같아 아쉬운 마음이 많이 든다. 어머니께서 빨리 회복 하시면 가능하기도 하겠지만. 예전처럼 들로 산으로 바다로 자유롭게 다닌다는 것은 일정 부분 한계도 없지는 않을 것 같다는 생각도 든다. 어머님 쾌차하시고 날 따뜻해지면 여행 좋아하시는 저희 이모님들과 다시 날 잡아 떠나 볼 계획이다. 저희 이모님들께서는 저희 어머니가 어디 가자고 말씀 하시면 언제 어디든 가리지 않고 오실 분들이다. 물론 이모님들도 저희 어머님과 함께 다니시는 것을 좋아해주셔서 부담 없어 더욱 좋은 것이다. 저는 울 엄마 쾌차해지시면 이모님들과 언니를 모시고 2박 3일 정도의 일정으로 인접지역이라도 다녀 올 생각을 하고 있다. 우리 모녀가 이럭저럭 흐르는 시간에 몸과 마음을 맡긴 체 지내다 보니 11월 달로 접어들어 선지 벌써 일주일이 넘었다. 매월 말일이 되면 내야 될 세금이 밀려 마음이 무겁다. 남편 병원비를 일정부분 카드로 냈기에 카드 값을 어떻게 메꿔야 할지 고민스러운 생각에 마음이 더욱 무겁게 느껴진 부분이다. 몸은 어머님 발밑을 사수하고 있으나 금전적으로 밀려오는 압박감에 어딘지 모르게 불안한 마음이다. 어떻게 하면 급한 불부터 꺼야 될 것인가라는 생각에 마음이 무겁고 무겁다. 내 삶이 더 험한 세상도 살아왔는데. 라는 생각도 든다. 방법을 찾아보노라면 분명 방법은 있지 않겠나 싶은 마음에 잠시 시름을 던져버리고 울 엄마 맛있는 것이나 챙겨드려야 할 것 같아 냉장고를 뒤졌다. 일전에 사둔 수입산 포도가 눈에 들어와 어머니를 갖다드렸다. 어머니께서 일어나 앉으시고선 한입 자수시더니 맛있다. 라고 하신다. 어머니께서는 포도 정도는 누워서 잡수실 때가 종종 있지만 어머니는 일어나 앉으시고 드시니 보기가 좋다. 딱딱한 단감이나 무를 잡수실 때는 대부분 앉으셔서 드셨다. 겨울철에는 김장용 무를 일부러 사서 잘라 들리곤 한다. 어머님께서는 어찌나 무를 와삭와삭 잡수시는지 울 엄마 무우 드시는 소리가 유독 와삭거려 옆에 있는 저도 자동으로 침이 꿀꺽하고 넘어 갈 정도로 맛있게 잡수신 것이다. 불과 1~20년전 만 해도 100세 시대가 아니라 82세 연세에 이렇게 딱딱한 무를 맛있이 잡수시는 일은 흔치 않는 일이다. 시절(時節)이 좋아 요즘은 건강(健康) 백세 시대(時代)가 되어 80세 연세는 보통 연세라 자랑거리는 아니지만 저희 어머님 치아(齒牙)만큼은 백만 불짜리가 아닌가라는 생각이 들 정도로 건치라 이 또한 우리들 복(福)중에 복(福)이지 싶다. 시골에서 살면서 어머님 충치 치료 갔을 때 그곳 치과의사선생님께서 우리 엄마에게 할머니 치아는 백만 불짜리입니다. 라고 하셨을 정도로 우리 엄마 치아는 정말 건치(健齒)다. 옛 속담 중에 오복(五福) 중에 하나가 치아건강이라고 하셨던 옛 선조님 말씀이 바로 진리라 여긴다. 어떤 음식이든 맛있게 잡수시는 저희 어머니가 이렇게라도 계셔 저는 너무나 감사하고 행복하다. 울 엄마는 음식 만들어 주는 사람의 성의(誠意)를 헤아려서 그랬는지는 모르겠으나 언제나 맛있다 이것도 맛이고 저것도 맛있다. 라는 말씀을 잊지 않고 해주신지라 이 또한 모시고 있는 저에 복(福) 이지 싶다. 저희 어머님이 바로 나의 롤 모델이지 싶다. 울 엄마처럼 나이 들어가고 싶은 생각을 많이 하게 된다. 저희 어머님 성품을 답습(踏襲)하고 싶고 어머님의 하해(河海)같은 아량도 배우고 싶은 것이다. 아마도 저희 어머님의 인자(仁慈)하신 모습이 부러운 사례다. 참사람의 모습이 바로 이런 모습이지 않겠나 하고 생각한 부분이다. 어머니의 이러한 모습도 어떻게 생각하면 보는 사람의 안목에 따라 다소 차이는 있겠지만 대부분 사람들이 저희 어머님을 좋은 인상과 점잖으신 노인으로 인식해주는 부분을 생각하면 보편적으로 저희 어머님께서 인생을 잘 살아오신듯하다는 느낌이다.

제 눈에 비춰지는 저희 어머님의 인상은 더 이상 바랄 것 없는 고매(高邁)한 인품이고 부처님처럼 온화한 모습이라 더욱 저는 이렇게 인자하신 울 엄마모습을 배우려 하는 차원이지 싶다. 누가 뭐래도 나는 저희 어머니가 자랑스럽고 존경스럽다. 아무나 따라 할 수 없는 영역(領域) 또한 분명 있었다. 보통사람들이 볼 수 없는 심안(心眼)의 경지(境地)에 이르신 초인(超人)이시고 생불(生佛)이셨다. 이 경지는 본인만이 아는 경지다. 보통 사람들에게 말로써 지식으로써 아무리 가르쳐주고 싶어도 아무나 따라갈 수 없는 경지다. 설명하기가 난해한 부분이 바로 이 부분이라 생각한다. 동물들에게 피자 맛을 설명(說明)하는 것처럼 난해(難解)한 부분이다. 아는 사람은 가르침에 기대지 않고도 아는 법(法)이 바로 이 무위법(無爲法)이고 이 영역이라 하겠다.

김선희 회상록

어머니의 숨결 Ⅲ

초판1쇄 발행 2025년 04월 15일

지 은 이 김선희
펴 낸 이 박선해
펴 낸 곳 도서출판 신정

주소 경상남도 김해시 우암로 8
전화 010-3976-6785
전자우편 sinjeng2069@naver.com
출판등록 김해, 사00008. 2020년 9월 22일

ISBN 979-11-92807-28-7 03810

정가 15,000원

* 이 책은 저작권법에 따라 보호받는 저작물이므로 무단전재와 무단복제를 금지하며, 이 책 내용의 전부 또는 일부 내용을 재사용하려면 사전에 저작권자와 도서출판 신정의 동의를 받아야 합니다.
* 저자의 의도에 따라 작품의 보조동사와 합성(=합성명사)어는 띄어쓰기나 방언에 따라 표현이(지역어 향토어 속어 은어 표현 표기법 기타 등) 달라질 수가 있습니다.
* 잘못된 책은 교환해 드립니다.